KB160477

당률총론

당률총론

김 택 민

경인문화사

　중국 중세사를 전공하는 학자라면 누구나 자주 접하게 되는 『당률소의』는 단순한 법전이 아니라, 그 자체로 옛 중국 사회에 대한 역사상을 생생하게 보여주는 훌륭한 자료라는 것이 평소 필자가 지닌 생각이다. 이 같은 생각을 가지고 『당률소의』의 총칙인 명례율의 조문들을 자료로 하여 집필한 것이 이번에 출간하는 『당률총론』이다. 단책의 제목이 현행 『형법총론』과 유사하고 체제도 그것에 따른 바가 많아서, 마치 당률의 총칙을 형법적으로 해석한 당률총론 교과서처럼 보이기도 한다. 그러나 필자는 당률에 대한 형법학적인 이해를 돕기 위해서 쓴 것이 아니라 당대의 역사를 그려낼 수 있는 역사책으로 쓴 것이다. 당률의 총칙을 자료로 역사책을 쓰면서 여전히 형법총론 교과서의 체제를 따른 것은, 달리 마땅한 체제가 떠오르지 않기도 했지만, 오히려 그러한 체제로 책을 구성하는 것이 이 총칙이 가지고 있는 역사성을 잘 드러낼 수 있는 방법이 될 수 있으리라고 생각했기 때문이다.

　당률은 모두 12편으로 구성되어 있는데, 그 중 제1편 명례율이 총칙이다. 단 57조로 이루어진 명례율을 편의적으로 총칙이라고 하지만, 현행 형법 총칙과는 다른 점이 매우 많다. 그 차이를 단적으로 말하면, 현행 형법의 총칙은 죄의 성립 여부에 초점이 맞추어져 있는데 반해, 당률의 명례율은 먼저 용서할 수 없는 죄인 십악을 특정하고, 이어서 황제의 친속과 관인 및 관인의 친속에게 형을 감면하고 관인들이 죄를 범한 경우 특별 처분하는 규정 등에 초점이 맞추어져 있다. 따라서 어떤 죄가 용서할 수 없는 죄이고 누구에게 형사상 특전이 부여되는가를 고찰해 보면 이 시대의 역사상을 새롭게 그

릴 수 있을 것으로 생각하였다. 단 오래 전의 법률을 자료로 쓴 책이기 때문에 생소하게 느낄 독자들이 적지 않을 것이므로, 개략적인 내용을 서술하여 안내하기로 한다. 『당률총론』은 총론편 3장과 명례편 10장으로 구성하였다.

〈총론편〉

1장은 당률의 기본적 성격을 규명한 것인데, 주안점은 다음과 같다.

① 당률은 보편성이 제한적인 법이다. 우리는 당률과 그것을 계승한 명률이 우리의 법에 지대한 영향을 미쳤기 때문에 자칫 다른 세계에서도 받아들인 법으로 보기 쉽다. 그러나 당률은 중국 주변의 농경지역에 일부 전해졌을 뿐 그 밖의 다른 세계에는 거의 전파되지 못했다. 당률의 전파력이 이처럼 약한 이유는 중국문화의 토대인 유교의 예와 그것을 기반으로 한 법의 가치를 다른 세계에서는 공유할 수 없기 때문일 것이다. 이처럼 보편성이 제한적인 당률이지만 우리는 그 영향을 지대하게 받았고, 당률을 계승한 명률을 우리의 법으로 삼아 현실에서 적용하기도 했으며, 그리하여 중국법을 바탕으로 형성된 문화의 일부 유산을 이어받은 것도 분명한 사실이다. 이것이 바로 현대의 우리가 『당률소의』를 역사로 읽어야 할 이유이다.

② 당률의 입법목적은 전적으로 인민들을 통제하고 관리하는 데에 초점이 맞추어져 있다. 당률의 입법자들은 법망을 벗어나서 날뛰는 자들에게 재갈을 물리고 굴레를 씌우기 위해서 율을 제정했다고 언명하였다. 이는 로마법에서, "입법목적은 품덕 있게 사는 것, 타인을 해치지 않는 것, 그의 것을 각자에게 주는 것"이며, "정의는 각자에게 그의 권리를 부여하려는 항구적이고 영구적인 의지이다(『법학제요』1장)."라고 선언한 것과는 매우 다르다. 물론 로마법은 사법이

중심이고 당률은 공법인 형법이라는 점을 고려하면, 당률의 입법자들이 개인의 품덕이라든지 권리라든지 하는 것에 대해서 전혀 언급하지 않았다고 해서 이상할 것은 없다. 그렇지만 당률의 입법자들이 인민을 각자의 권리를 향유하면서 품덕 있게 살아갈 존재로서가 아니라 통제하고 관리하지 않으면 죄를 범할 수 있는 존재로 인식하고 있었다는 것은 당률의 성격을 이해하는데 중요한 의미가 있다. 단 그렇다고 해서 당률에 개인의 권리에 대한 조문이 없느냐 하면 전혀 그렇지는 않다. 정작 각칙의 조항에는 개인의 신체와 재산을 보호하기 위한 조문들이 치밀하게 갖추어져 있을 뿐만 아니라, 이러한 법들이 실제로 운용되었다는 것이 최근 발견된 출토문서를 통해서 확인된다.

③ 당률은 황제가 정한 법이다. 당 전기의 법의 체계는 익히 알려진 바와 같이 율·령·격·식이고, 이밖에 법적 효력을 가진 것들이 더 있다. 그렇지만 중요한 것은 입법권이 오직에게 황제에게만 있고, 신민은 그 지배를 받을 뿐이라는 점이다. 물론 이러한 것은 일반적으로 알려진 사실이기 때문에 특별할 것은 없다.

2장은 당률의 총칙에 대한 것이다.

명례율은 당률의 총칙이지만 죄론에 해당하는 것은 갱범·경합범과 공범에 관한 조문뿐이고, 나머지는 대부분 형벌이나 형의 집행, 그리고 형의 감면에 관한 총칙이다.

명례율에 정한 총칙은 뒤의 명례편에서 설명할 것이기 때문에 총론편에서는 요강만을 언급하였다. 죄에 관한 총칙은 명례율에는 매우 적지만 율을 운용하기 위해서는 많은 원칙이 필요하다. 죄에 관한 총칙들은 각칙의 필요한 부분에 규정되어 있는데, 통례로 규정된 조문은 극히 적고 대부분은 해당하는 본조에 그 죄행의 처벌방법으로 규정되어 있다. 따라서 이를 망라해서 하나의 체계를 세워 논하는 것은 매우 복잡하고 난해한 일이다. 이에 대해서는 다이옌후이[戴炎輝]의 탁월한 기존 연구(『唐律通論』 제1편 4장 犯罪)를 이용해서 설명했다. 이 부분은 형법학에 관심이 높지 않은 독자라면 건너뛰어도 좋다고 생각되지만, 당률의 형법적 수준을 가늠할 수 있는 내용을 많이 담고 있으므로 읽어 보기를 권한다.

3장은 당률의 사상적 기반과 죄의 구조에 대한 것으로, 이 책의 중요한 부분 중의 하나이다.

당률의 사상적 기반은 유가사상이며, 법은 예를 도입해서 하나같이 이를 기준으로 정했다고 한다. 전국시대에 최초로 출현한 율은 본래 유가사상이나 예와는 거리가 멀었으나, 유가들의 꾸준한 시도 끝에 유가사상과 예를 기반으로 하는 당률이 완성되었다. 예를 기준으로 하여 제정된 율의 중심 내용은 다음 세 가지이다.

① 황제의 친속이나 관인 및 관인의 친속에게는 일반인보다 우월한 형사상 특전을 부여하고, 그들이 범한 죄에 대해서는 일반인과 다르게 처분하는 것이 원칙이다. 황제의 친속이나 관인 및 관인의 친속은 특별한 신분이므로 이들이 죄를 범한 경우 형을 면하거나 감해주어야 한다는 것, 그리고 관인들은 황제의 조력자들이므로 이들이 죄를 범한 경우 일반인과 달리 처분해야 한다는 것이다.

② 당률의 모든 죄행은 객관적인 해악의 정도가 동등할지라도 신분에 따라 죄형의 등급이 다르다. 신분은 관품의 고하, 양인과 천인, 친속의 존비장유와 친소를 말하는데, 신분에 따라 죄의 경중이 다르다. 해악이 같은 행위라도 관품이 낮은 자가 높은 자를 범하면 죄가 무겁고 반대로 높은 자가 낮은 자를 범하면 죄가 가볍다. 마찬가지로 천인이 양인 이상을 범하면 죄가 무겁고 그 반대의 경우에는 죄가 가볍다. 또한 비유가 존장을 범하면 죄가 무겁고 그 반대의 경우

는 죄가 가벼운데, 그 가운데서도 친한 비유가 범한 경우가 더욱 무겁고 그 반대의 경우는 더욱 가볍게 된다. 이 같은 신분의 형법상의 효과는 당률을 이해하는 데 중요하다.

③ 예의 절차적 규범과 금기를 위반한 행위에 대한 처벌 규정을 두고 있다.

〈명례편〉

1장은 형벌과 형의 집행에 관해서 논한 것이다.

명례율의 1~5조에 규정되어 있는 5형 20등은 죄의 무게를 재는 저울의 눈금과 같은 것이다. 위금률 이하 445개 조에 규정된 수천의 죄행은 태10부터 참형까지 20등 중 하나로 처벌하거나, 본조에 정한 기본형이나 다른 조항에 규정된 기본형에 몇 등을 더하거나 감하는 방식으로 처벌하도록 규정되어 있는데, 이는 당률의 각칙 445조에 정한 모든 죄를 5형 20등 중의 한 눈금으로 측정한다는 것을 의미한다. 단 해악의 정도나 죄의 질이 같은 죄행이라도 신분이나 정황에 따라 형의 등급이 다르다. 또한 형의 등급이 같을지라도 신분에 따라 이를 집행하는 방법이 다른데, 이 경우에도 본조에 규정된 형을 기준으로 이를 대체하여 집행한다. 따라서 5형 20등은 한마디로 말하면 죄의 경중을 정하는 척도인 동시에 다른 형으로 대체해서 집행할 때의 기준이 되는 것이다.

정해진 형은 정황과 신분에 따라 형을 다르게 집행한다. 예컨대 과실죄는 원칙적으로 동으로 죗값을 치르게 한다. 일반인이라도 죄인 자신이 복역하면 가족의 생계가 어려운 경우나 특수 직역인이 유·도죄를 범한 경우 장형으로 대체해서 집행하고, 부인이 유죄를 범한 경우나 조부모·부모가 노인·장애인이어서 시양해야 하는 자는 유형 대신 장형과 노역으로 대체해서 집행한다. 관인들이 범한 유·도죄는 역임관의 임명장으로 당하게 한다. 이처럼 당률은 같은 형이라도 죄인의 신상에 따라 집행의 방법을 달리한다.

당률의 각칙에는 재산범이 매우 많은데, 기본적인 장죄는 강도·절도·수재왕법·수재불왕법·수소감림·좌장의 6종이 있고, 또 이에 준하는 죄들이 있다. 그 범행의 결과물인 장물의 처분 방법과 평가 방법이 명례율에 규정되어 있다.

죄를 논하여 형이 이미 정해졌더라도 다시 심의하여 죄와 형을 경정할 수 있다. 예컨대 뒤에 발견된 새로운 증거가 있거나, 판관이 고의나 과실로 죄를 증감하거나, 망실한 물건을 뒤에 습득하거나, 놓친 죄인을 다시 체포했을 때 다시 심의해서 형을 정하되, 원래의 형의 일부분이 집행되었을 경우에는 남은 형을 정하고 이미 집행된 형에 대해 보완하거나 구제한다.

2장은 십악에 관한 것이다.

명례율 6조에는 용서할 수 없는 죄 10개의 항목을 열거하고 각 항목마다 하나 또는 몇 개의 죄를 주기한 것 외에 특별한 규정이 없다. 그렇지만 명례율 7조 이하에서 규정하고 있는 특별처분에는 대부분 십악을 범한 경우 적용하지 않는다는 것을 특기하고 있다. 즉 십악에 해당하는 죄를 범한 자들은 황제의 친속과 관인 및 관인의 친속에게 부여하는 형사상 특전이 허용되지 않고, 관인들이 죄를 범한 경우에 적용되는 특별처분이 허용되지 않으며, 조부모·부모의 시양을 위해 사형의 집행유예를 요청하는 것도 허용되지 않는다. 또한 십악 중 일부의 죄는 통상의 은사령으로 사면되지 않는다.

십악의 소는 그 의의에 대해서 "십악은 명교를 훼손하고 국가의 기강을 무너뜨린 죄이므로 명례편의 맨 앞에 두어 명확한 경계로 삼는 것이다."라고 해석하였다. 여기서 명교는 삼강육기(三綱六紀)를 가리킨다. 삼강육기의 삼강은, 군주는 신하의 근본이고[君爲臣綱], 아버지는 아들의 근본이며[父爲子綱], 남편은 아내의 근본이다[夫爲婦綱]라는 윤리이다. 육기의 기는 삼강의 부수적인 것으로, 스승은 제자의 기, 관장은 속민의 기, 백숙부는 조카의 기, 형은 동생의 기, 친족은 서로의 기, 외삼촌은 생질의 기, 장인은 사위의 기, 친구는 서로의 기가 된다는 것이다. 그런데 십악의 각 항목에 주기된 40여 개의 죄들은 대부분 삼강육기의 윤리를 위반한 행위 중 어느 하나에 해당한다. 그 중에서도 군위신강에 해당하는 것이 압도적으로 많고, 그 다음은 부위자강에 해당하는 것이 많으며, 부위부강은 비록 삼강의 하나라고 하지만 죄의 비중은 앞의 두 강에 비해 현저하게 낮다. 육기에 해당하는 것은 삼강에 해당하는 것에 비해 매우 적다. 따라서 십악으로 단죄되는 죄를 선정하는 기준은 삼강의 윤리를 위반한 죄에 해당하는 것이 우선적이었으며, 그 가운데서도 군위신강에 해당하는 것이 가장 우선적이고 그 다음은 부위자강과 부위부강에 해당하는 것을 포함시켰다는 뜻이 된다.

당연한 논리이지만, 군위신강의 윤리에 해당하는 죄를 가장 우선적으로 십악에 포함시켰다는 것은 그 죄행들을 가장 극악한 죄로 간주해서 절대 용서하지 않겠다고 선언한 것으로 이해할 수 있다. 즉 황제 지배체제 유지를 위해 정립된 군위신강의 윤리를 위배하는 죄행을 십악에 우선적으로 포함시켰다는 것은 황제 지배체제를 위해하는 행위는 절대 용서하지 않는다는 것을 의미한다. 따라서 당률은 황제의 지배체제 유지를 위한 형법적 장치였다고 말할 수 있다. 그 다음으로 부위자강의 윤리에 위배되는 죄행이 선정되었다는 것은 당률이 가부장적 가족 질서를 유지하는 형법적 장치였다는 것을 의미한다. 부위부강의 윤리를 삼강의 하나로 간주하고 이에 위배되는 죄들을 십악에 포함시킨 것은 당률이 가부장제에서 남편에 대한 부인의 종속성을 강제한 형법적 장치임을 의미한다. 요약하면 십악은 황제의 지배체제에 위해를 가하고 가부장적 질서를 훼손하며 남편의 권위를 훼손한 행위이므로 용서할 수 없고, 그 때문에 황제의 배려에 의해 베푸는 일체의 특전을 배제하고 용서하지 않겠다는 것을 천명한 것이다. 이러한 의미에서 십악은 당률의 강령이자 율 전체를 관통하는 통칙이라고 말할 수 있다.

   3장에서는 지배층에게 형사적 특전을 부여하는 규정에 관해서 설명했다. 지배층에 대한 특전은 명례율 7~16조의 9개 조항에 규정되어 있는 의장·청장·감장·속장이다. 의장은 황제의 10촌 이상, 황태후의 8촌 이상, 황후의 6촌 이상의 친속과, 직사관 3품 이상 등 고위 관인이 십악 이외의 죄로 사형에 해당하는 죄를 범한 경우 의국을 열어 형의 집행 여부를 논한 뒤 황제의 재가를 청하고, 유죄 이하는 1등을 감하는 특전이다. 청장은 황태자비의 4촌 이상 친속, 의장에 해당하는 자의 기친 이상 친속 및 손자, 5품 이상의 관인이 사형에 해당하는 죄를 범한 경우 집행 여부에 대해 황제의 재가를 청하고 유죄 이하는 1등을 감하는 특전이다. 단 이들이 십악이나 살인, 간죄·도죄·약취죄 등을 범한 경우에는 특전을 받을 수 없다. 감장은 청장에 해당하는 자의 조부모·부모 등과 6·7품의 관인이 유죄 이하를 범한 경우 1등을 감한다는 특전이다. 특전이 제한되는 죄는 청장의 경우와 같다. 속장은 감장 이상에 해당하는 자와 7품 이상 관인의 일부 친속, 9품 이상 관인 자신, 5품 이상 관인의 첩이 죄를 범한 경우 십악 등 특정된 죄를 제외하고 모두 실형에 처하지 않고 속동으로 죗값을 치르게 하는 특전이다. 이상에서 보듯이 황제의 친속이나 황제와 혼인한 인척은 사형에 해당하는 죄를 범하더라도 형을 면할 수 있고,

유죄 이하는 죄를 감하고 아울러 속동으로 죗값을 치르게 하여 실형에 처하지 않으며, 관인의 경우 관품이 높으면 사형을 면할 수도 있고, 유죄 이하는 죄를 감하고 속동으로 죗값을 치르게 하는 등의 특전이 부여되었다.

4장은 관인들의 죄행에 대한 특별처분에 관한 것이다.

관인의 특별처분은 명례율 17~23조의 7개 조항에 걸쳐 규정되어 있는데, 관당·제명·면관·면소거관이 바로 그것이다. 관당은 관인이 유·도죄를 범한 경우 역임관의 임명장으로 죄를 대신하게 하는 것이다. 제명은 특정된 죄를 범한 경우 일체의 관·작을 해면하고 관품을 수여하기 전의 출신 자격으로 되돌리는 것을 말한다. 면관·면소거관은 가지고 있는 관품의 일부를 해면하는 것이다. 이상의 처분을 받은 자는 현직을 해면하고 일정 기간이 지난 뒤에 서용되되, 서용하는 관품은 원래의 관품에서 강등하는 것이 원칙이다. 이 때 강등하는 관품의 임명장은 회수하되, 그 관품으로 형을 대신하게 한다. 이상의 처분은 관인이 죄를 범한 경우 현직을 해면하고 일정 기간 서용을 제한하는 등의 징계처분의 성격을 갖지만, 범한 죄는 관품으로 대신하게 하고 실형을 면하므로 특전의 성격도 있다.

5장은 명례율 26~28, 30~31조에 규정된 양인 및 천인의 처벌에 관한 특례에 관한 것이다.

특례를 요약하면, ①부·조가 시양을 받아야 할 사람인데 기친으로 성정(20세 이상)이 없는 경우 형의 집행을 유예한다. ②도형에 해당하는 죄를 범하고 복역해야 하는 죄인의 가내에 죄인 외에 다른 성정이 없는 경우 장형으로 대체해서 집행한다. ③특수직역인 및 부인이 유죄를 범한 경우 유배하지 않고 장형과 노역으로 대체해서 집행한다. ④노·소·장애인이 죄를 범한 경우 실형 대신 동을 징수하거나 형의 집행을 면제한다. ⑤관호·부곡 및 관·사노비가 유·도죄를 범한 경우 장형으로 대체해서 집행하고 노역을 면한다.

6장은 은사의 조건 및 제한에 관한 것이다.

은사는 절대적인 황제권의 성격과 황제의 법률 운영 방식을 잘 보여주는 제도이다. 은사령이 내리면 은사의 명을 적은 사서(赦書)가 나온 날의 일출 이전에 범한 죄는 모두 사면하는 것이 원칙이다. 은사는 원칙적으로 범행의 발각 여부나 형의 확정 여부와 관계없이 적용되며, 현재 수감된 죄수나 복역 중인 죄수도 모두 포함된다. 단 유죄수가 유배지로 가는 도중에 은사령이 내린 경우 일정을 어긴 자는 사면되지 않는다. 또한 사서에 통상의 은사령으로 면제되지 않는 것도 면제한다는 언급이 없는 한 사면의 범위에 포함되지 않는 죄가 있다. 그러나 이는 통상의 율에 의한 은사의 제한 규정일 뿐이다. 만약 황제가 특별히 용서해서 방면하는 경우 통상의 율은 효력을 잃는다. 왜냐하면 은사는 율을 초월하는 군주의 고유 권한이기 때문이다. 단 은사령이 내리면 죄는 용서하지만 범죄의 결과에 대해서는 존속을 용인하지 않고 원상회복을 요구한다. 그리하여 특정의 범죄에 대해서는 은사령이 내린 뒤 일정 기한 내에 죄인이 자수하기를 명하고, 자수하지 않으면 그대로 처벌한다.

7장은 자수 감면에 관한 것이다.

죄를 범하고 자수하면 원칙적으로 죄를 면제한다. 자수하지 않고 도망했다가 같이 도망한 죄수를 붙잡아서 자수하는 경우에도 죄를 면제한다. 단 이 경우에는 자기보다 죄가 무거운 자를 붙잡거나 도망자의 반 이상을 붙잡는 경우에 한한다는 등의 조건이 있다. 절도죄 등 장죄를 범하고 주인에게 자수하고 재물을 돌려주는 경우 죄를 면하기도 한다. 공무상 과실죄를 범하고 자수하는 경우 죄를 면한다. 자수와는 반대로 죄를 범한 친속을 숨겨주어도 죄를 묻지 않는다는 규정도 있다.

8장은 공범에 관한 것이다.

명례율에 정한 공범의 처벌 규정은 "공동으로 죄를 범한 때에는 조의자를 수범으로 하고, 수종자는 1등을 감한다."는 것이다. 이 조항에 규정한 공범은 사전에 공모 또는 서로 의사를 소통하여 공동으로 실행한 범죄이며, 현대 형법 이론으로 말하면 임의적 공범에 해당한다. 따라서 2인 이상의 참가나 단체의 행동을 전제로 하여 성립하는 필요적 공범은 이에 포함되지 않는다. 필요적 공범은 재물을 받고 법을 왜곡한 죄나 감림 구역 내에서 재물을 받은 죄 등의 뇌물죄가 대표적인 것으로 각칙에 별도로 규정되어 있다. 당률에서 교령범은 공범에 속하지 않는다고 해석해야 한다. 교령은 타인을 교도·교사하여 죄를 범하게 한 것으로, 이용된 자의 범죄 구성요건에 해당하는 행위는 그대로 교령범 본인의 행위가 된다. 따라서 교령범은 명례율의 공범 규정이 적용되지 않는다.

9장은 갱범과 경합범에 관한 것이다.

갱범은 범한 죄가 이미 발각되었거나 판결이 끝나고 복역 장소에 배속되어 있으면서 다시 죄를 범한 것을 말한다. 이 같은 경우에는 죄를 병과한다. 경합범은 2개 이상의 죄가 함께 발각된 것을 말하는데, 이 경우 그중 무거운 것으로 논한다. 장물로 인한 죄를 여러 번 범했다면 모두 누계하되 절반하여 죄준다는 규정도 있다. 이 밖에 한 사건이 2죄로 나누어지는 경우의 처벌법, 하나의 행위에 적용될 명례와 본조가 경합하는 경우 본조를 적용한다는 원칙, 하나의 행위에 2개 이상의 죄명이 적용될 수 있을 경우 그중 무거운 것을 적용한다는 원칙, 사실의 착오에 관한 처벌 원칙을 규정한 조문도 있다. 이상을 합해서 경합범으로 설명한다.

10장은 율의 적용범위와 율에서 사용하고 있는 명칭의 정의에 관한 것이다. 천인의 범행에 대해 본조에 해당하는 규정이 없는 경우 양인에 준한다는 규정, 동류의 외국인 사이의 범행은 본국의 법에 의거한다는 규정, 본조에 명례율과 다른 규정이 있을 경우 본조를 적용하며, 무거운 죄라도 범행할 때 알지 못한 경우 일반인의 범행으로 처벌한다는 원칙을 정한 규정도 있다. 또한 죄를 판결하는데 해당하는 조문이 없을 경우 다른 조문을 유추해서 적용할 수 있다는 규정도 있다. 당률은 신분과 정상에 따라 죄의 등급을 달리 정할 뿐만 아니라, 경우에 따라서는 죄를 더하거나 감하기도 하고, 별도로 지정한 특수한 신분에 대해서는 죄를 무겁게 처분하는 경우도 있기 때문에 명칭의 정의가 중요하다. 이밖에 다른 죄를 준거로 적용할 때 사용하는 용어가 적지 않으므로 이에 대한 정의를 이해하는 것도 중요하다.

『당률소의』를 본인과 함께 공동으로 역주한 동학 4인(이완석·이준형·임정운·정재균)은 본서의 어설픈 초고를 꼼꼼히 읽고 바로잡아 주었다. 표는 막내딸 유나가 만들어 주었다. 중국어 요지는 고려대학교 한국사학과 중국인 유학생 다이린지엔씨가 번역해 주었다. 경인문화사는 상업성이 없는 본서를 기꺼이 출간해 주셨다. 모두에게 감사드린다.

머리말

제1편 총설

제1장 서 설 3

제2편 명례편

제1장 형벌과 형의 집행 141

제5장 일반인 및 천인의 처벌에 관한 특례　329

제6장 은사의 조건 및 제한 361

제8장 공 범 429

제1편

총 설

제1장
서 설

제1절 당률의 기본적 성격

Ⅰ. 당률의 제정 및 전파

1. 당률의 제정과 후대의 율

당 고조는 건국 직후인 무덕7년(624) 수 문제 때의 율을 기반으로 율을 제정하였다. 이후 태종 때(627~649) 일부 개정하고, 고종 영휘 연간(650~656)에 다시 일부 개정하였다. 이때 율과 율의 주를 해석 한 『율소(律疏)』도 편찬되었다. 『율소』는 율에 대한 해석서로 당시 과거의 하나로 시행되던 명법과(明法科)의 표준으로 삼기 위해 편찬 된 것이다. 그러나 『율소』는 황제의 명으로 편찬된 법정의 율 해석 이며, 그 자체로 법적 효력을 갖는 법전이라고 말할 수 있다. 율과 율소는 원래 별도로 편찬되었으나, 후대 사람들이 이용의 편의를 위 하여 율과 소를 결합하여 하나의 책으로 구성하였다. 이것이 지금 전하는 『당률소의』이다.

이후 당 전기에만 5~6차에 걸쳐 개정된 율을 반포하였으나, 그 율 들은 지금 남아 있지 않기 때문에 자세한 것은 알 수 없다. 당 후기 에는 율이 반포되지 않았다.

송의 율은 태조 건륭4년(963)에 반행된 『송형통(宋刑統)』이 유일하 다. 『송형통』은 『당률소의』를 기본으로 하고 수시로 반포되는 칙 등 을 첨가한 법전이다. 이후 송에서는 다시 율을 반포하지 않고, 대신 수시로 발령되는 칙을 모은 『편칙(編敕)』으로 율을 보충하였다. 원에 서는 율을 반포하지 않았다. 명에서는 『대명률』을 반포하고, 청에서 는 『대청률』을 반포해서 시행했는데, 당률과 다른 점이 적지 않지만 기본적으로 당률에 따른 법전이다.

2. 당 율령의 전파와 제한적인 보편성

당의 율령은 동아시아의 농경지역인 한반도, 일본, 베트남에 전파되었다. 단 전파 시기는 지역에 따라 차이가 있다.

신라는 무열왕 원년(654) 율령을 참작해서 이방부격(理方府格) 60여 조를 제정했다고 하니(『삼국사기』 권5), 당의 율령의 영향이 있었다는 것을 짐작할 수 있다. 그러나 관제나 골품제도 등을 보면 당의 율령을 적극적으로 수용했는지는 알 수 없다. 고려는 『고려사』(권84) 형법지 서두에 "고려 일대의 제도는 대개 당을 모방하였으며, 형법은 『당률』을 채택하되 때의 마땅함을 참작하여 썼다."고 되어 있으므로 당 율령의 영향이 컸음은 말할 필요도 없다. 조선은 『경국대전』(권5) 형전에 "율은 『대명률』을 쓴다."고 천명하였으니, 명의 율을 국가의 형법으로 삼았다는 것을 알 수 있다.

일본은 7세기 후반부터 당의 율을 받아들이기 시작하여 701년과 717년에 율령을 반포하였다. 양차에 걸쳐 반포된 율령은 일본의 연호에 따라 전자는 다이호율령[大寶律令], 후자는 요로율령[養老律令]이라 한다. 지금 『요로율령』의 율은 일부가 전해지고 영은 전부 남아 있다. 단 이 율령은 중세 이후 적용되지 않다가 1868년 명치유신 이후 서양의 형법을 도입하기 전까지 잠시 사용한 적이 있다.

베트남은 11세기와 13세기에 형서(刑書)를 제정했다는 기록이 있으나 내용은 알 수 없다(유인선, 『베트남의 역사』, 124쪽, 143쪽). 15세기 중엽 레[黎] 왕조는 당률을 근간으로 하여 『국초형률(國朝刑律)』을 제정하였는데, 일명 『레조형률[黎朝刑律]』이라고도 한다. 이 법은 중국의 법을 참조하였지만 베트남의 관습이 많이 반영되어 있다(앞의 책, 191쪽). 1815년에는 『대청률』을 모방하여 『황월유례(皇越律例)』를 제정하여 반포했으나, 현실에서 적용되지는 못했다.

이상으로 보듯이 당의 율령은 주로 동아시아의 농경지역에 영향을 미쳤지만, 그마저도 일본의 경우 고대에 일시 적극적으로 수용하는 듯하다가 중세 이후에는 적용되지 않았고, 베트남의 경우는 후대에 와서 당률이나 청률을 받아들였으나 관습법을 대체할 수는 없었다. 따라서 중국의 율령을 장기간 중단 없이 적극적으로 수용한 지역은 한반도뿐이다. 뿐만 아니라 농경지역 외에 몽골 초원과 만주의 대부분, 티베트 고원, 아시아 서남부 지역 등 중국과 접하고 있는 주변의 여러 민족들에게는 중국의 율령이 전파되지 못했다.

이렇듯 다수의 주변 민족들이 중국의 율령을 수용하지 않은 이유는, 유교의 예와 그것을 바탕으로 정한 형법, 상장례, 형식화된 효 등을 중심으로 하는 중국문화의 가치를 공유할 수 없기 때문일 것이다. 달리 말하면 중국의 문화에 기초한 율령은 극히 일부 지역을 제외하고 다른 지역에서는 수용할 수 없을 만큼 보편성이 불충분한 법이라고 말할 수 있다.

II. 당률의 입법 목적과 형법의 적용 원칙

1. 당률의 입법 목적

당률의 입법 목적은 653년 태위 장손무기(長孫無忌)가 황제에게 『당률소의』를 편찬하여 바치면서 쓴 〈진표(進表)〉에 가장 잘 드러나 있다. 〈진표〉는 먼저 "제(帝)가 출현하여 천하를 통어하고, 천하의 뜻을 통달하여 천하의 임무를 이룸에 있어서, 교훈을 지어 중국에 임하고 가르침을 내려 민을 이끌지 않음이 없었음을 알 수 있다."고 선언하면서, 원래 형법은 천지 창조 때부터 우주의 질서 원리 속에 자리매김 되어 있었기 때문에 선왕(先王)이 출현해서 세상을 다스릴 때는 반드시 가르침을 지어 민을 가르쳤다는 것을 밝혔다. 그 역사적인 예로 주(周)의 왕이 등극한 뒤 여후(呂侯)가 만든 법, 순(舜)이 섭정할 때 고요(皐陶)가 만든 법, 춘추시대 진(晉)의 숙어(叔魚)가 행한 재판, 전한 초 소하(蕭何)가 만든 구장률을 열거하고, 예전의 철인은 법을 넘치는 물을 막는 제방에 비유하고 선현은 재갈과 굴레에 비유하였다고 설명하였다. 다시 말하면 법이란 넘치는 물이나 재갈과 굴레가 풀린 말처럼 규범을 벗어나서 날뛰는 자들을 제어해서 그들의 입에 물리는 재갈이고 그들의 머리와 어깨에 씌우는 굴레와 같다는 것이다.

입법 목적에 대한 이러한 논법은 〈명례편〉에 대한 소에서도 거의 그대로 반복해서 천명하고 있다. 즉 "기를 받아 영을 머금은 것 가운데 사람이 우두머리이므로, 민들의 뜻에 따라 사재(司宰)를 세우고 정치와 교화를 위해 형법의 시행에 의지하지 않음이 없다. 다만 그 중에는 정이 방자하여 무능하고 어리석으며 견식이 낮아 죄와 과오를 범하는 자도 있어, 크면 천하를 어지럽게 하고 작으면 법도를 어기게 되므로 제도를 세우지 아니하였다 함은 전에 듣지 못하였다."고 한 것이 그것이다. 다시 말하면 인간은 만물의 영장이지만 군주와 관리들에 의해 통솔되고 가르침을 받아야 하며, 그 가르침에 따르지 않을 경우 형벌로 제재를 받아야 하는 존재라는 것이다.

이처럼 당률은 군주와 관리들의 교화에 따르지 않는 범법자들을 처벌할 목적으로 제정한 것이지만, 다른 한편으로는 "형벌로 형벌을 그치게 하고, 사형으로 사형을 그치게 한다."고 한 법언으로 표현되듯이 일반적인 예방의 효과를 목적으로 내걸기도 한다. 달리 말하면 당률은 범법자들을 처벌하기 위한 것만을 목적으로 하는 것이 아니라, 형벌의 시행을 통해 인민들을 두렵게 함으로서 감히 규범을 벗어나서 법을 위반하지 못하게 하는 예방적 효과를 거두는 것을 목적으로 하고 있다고 볼 수 있다.

2. 형법의 적용 원칙

『당률소의』〈진표〉 및 〈명례편〉의 소는, 법을 위반한 자들을 처벌함과 동시에 이를 통해 일반 사람들로 하여금 법과 규범을 준수하게 하기 위해 율을 제정했다는 것을 천명하면서, 그 목적을 달성하기 위해서는 몇 가지 중요한 고려사항이 있다는 것을 강조한다.

첫째는 경법(輕法)과 중법(重法)을 때에 맞게 써야 하고, 너그러움과 엄함을 조화롭게 써야 한다는 것이다. 경법과 중법에 대해서는 두 가지 관련되는 기사를 찾아볼 수 있다. 하나는 『주례』(권34, 1059~61쪽)「추관 대사구」에 "첫째 신방의 형벌은 경전(輕典)을 적용하고, 둘째 평방(平邦)의 형벌은 중전(中典)을 적용하며, 셋째 난방(亂邦)의 형벌은 중전(重典)을 적용한다."고 한 것이다. 다른 하나는 『한서』(권23, 1091~2쪽)「형법지」에 묵죄(墨罪) 500, 의죄(劓罪) 500, 궁죄(宮罪) 500, 월죄(刖罪) 500, 사죄(死罪) 500의 2,500조를 시행한 것은 평방의 중전이고, 주의 정치가 어지러워져 묵벌 1,000, 의벌 1,000, 빈벌 500, 궁벌 300, 대벽(大辟)의 벌 200의 3,000조를 시행한 것은 난방의 중전으로 평방의 중전보다 500조가 많다고 한 것이다. 여기서 평방의 중전과 난방의 중전을 비교해 보면 묵죄·의죄는 후자가 전자보다 많지만 사죄는 오히려 전자가 후자보다 많다. 이로 보면 중전이란 형벌이 무거운 법전이라기보다 조문이 조밀한 법전을 뜻하는 것으로 생각된다. 위의 『한서』 기사에는 언급이 없으나, 짐작컨대 신방의 경전이란 유방이 진의 함양을 점령한 뒤 시행한 약법(約法)

3장처럼 간략한 법을 의미할 것이다. 따라서 경법과 중법을 때에 맞게 써야 한다는 뜻은, 경법 또는 중법을 때에 맞게 제정해서 시행해야 한다는 뜻이라기보다는 정해진 법을 때로는 간략하게 시행하고 때로는 적극적으로 시행하는 것처럼, 때의 형편에 맞게 해야 한다는 것으로 이해된다. 〈진표〉에서 『율소』 30권은 세 가지 형법, 즉 중(重)·중(中)·경법(輕法)을 위한 준칙이자 백대의 표준이 될 것이라고 한 것은 바로 이 점을 말한 것으로 생각된다.

둘째는 형벌 시행은 신중히 하고 동시에 무거운 형벌은 피하고 가급적 가벼운 형벌을 시행해야 한다는 것이다. 이렇게 해야 되는 이유에 대해서는, 가벼운 형벌을 시행하면 성세를 이루고 무거운 형벌을 시행하면 멸망한다는 것이 역사를 통해 증명되기 때문이라고 단언한다. 예컨대 하(夏)의 우(禹)는 형벌을 신중히 시행한 까닭에 성세를 이루었지만, 은(殷)의 주(紂)는 가혹한 형벌을 함부로 시행하여 멸망했으며, 삼족주멸의 법을 시행한 진(秦)과 오학(五虐)을 제정한 치우(蚩尤) 역시 멸망했다는 것이다. 때문에 역사상 훌륭한 인물들은 가혹한 형벌을 삭제하고 너그럽고 간편한 법을 시행하는 것을 숭상했으며, 이렇게 해야 군주의 지위와 국가가 장구하게 보존된다는 것이다.

셋째는 형법의 시행 권한을 신하에게 위임해서는 안 된다는 것인데 그 이유는, 형법의 시행 권한이 신하의 수중에 들어가면 권한을 가진 자가 마음대로 가혹한 형벌을 시행하게 되고, 그렇게 되면 형정(刑政)이 문란해져서 마침내는 반란이 일어나 세상이 어지러워지게 되기 때문이라는 것이다.

III. 당률의 민사법과 개인의 권리

1. 당률의 민사법

당률의 입법 목적과 시행원칙을 천명한 〈진표〉와 〈명례편〉의 소에는, 인민을 교화해서 법을 범하지 못하게 하되 이에 따르지 않고 법을 범한 자들은 형벌을 가하여 응징하며, 인민들이 이를 보고 두려워하여 감히 법을 범하지 못하게 한다고 천명한 바와 같이, 전적으로 인민들을 통제하고 관리하는 것에 관심의 초점이 맞추어져 있다. 이에 반하여 개인의 권리에 대해서는 전혀 언급된 바가 없다. 이 점은 로마법의 서두에서 "정의는 각자에게 그의 권리를 부여하려는 항구적이고 영구적인 의지이다(『법학제요』 1장)"라고 선언한 것과는 매우 다른데, 당률은 공법인 형법이고 로마법은 사법인 점을 고려하면 개인의 권리에 대해서 전혀 언급된 바가 없다고 해서 이상할 것은 없다.

〈진표〉와 〈명례편〉의 소에 개인의 권리에 대해 언급이 없다고 해서 당률이 개인의 권리를 외면하고 인권에 관한 입법을 소홀하게 했는가 하면 전혀 그렇지 않다. 오히려 당률에는 개인의 생명과 재산을 보호하기 위한 법조문이 구체적으로 세밀하게 마련되어 있고, 생명과 재산을 침해한 행위에 대해서는 형사적인 처벌과 동시에 민사적인 배상까지도 치밀하게 규정된 조문이 구비되어 있다. 예컨대 구타·상해죄는 단순 구타죄부터 중상해죄까지 무려 9단계로 구분해서 형에 차등을 두고 있고(투1~5), 살인은 모의살인(적9) 및 고의살인·투구살인(투5), 오·희살인(투35), 과실살인(투38)까지 세밀한 규정을 두고 있어, 개인의 신체와 생명을 보호하는데 매우 세심하게 배려하고 있다는 것을 확인할 수 있다. 이 밖에도 사람이 무리지어 모여 있는 곳에서 말이나 수레를 달리거나(잡4), 타인의 집을 향해 활을 쏘거나(잡5), 많이 모여 있는 사람들을 놀라게 하는 것과 같이 위험한 행위를 한 자를 처벌하고, 만약 이로 인해 상해가 발생하면 가중 처벌하는 규정을 두었다. 또한 실화·방화죄(잡40~46)를 다양하게 세분화해서 처벌 규정을 구비해 두고, 이로 인해 발생하는 살상 및 재산상의 손실에 대한 처벌 규정도 갖추어 두고 있는 점도 특기할 만하다.

당률은 재산권 침해에 관해서도 매우 치밀한 규정을 두고 있다. 예를 들면 강도(적34)·절도범(적35)은 무겁게 처벌할 뿐만 아니라, 범인으로부터 장물의 2배를 추징하여 피해자의 손해를 보전하는 규정을 두었다(명32.1b 주의 소). 또 남의 토지를 몰래 경작한 자(호16)와 남의 토지를 거짓으로 인지해서 몰래 판 자는 형사책임을 져야하는 것은 말할 필요도 없지만, 수확물을 관이나 주인에게 돌려주어야 한다(호17)는 조문도 있다. 심지어는 사적으로 전을 주조한 공구 및 전과 동, 불법 도살한 말과 소의 고기 등은 사가에서 소유할 수 있는 물건이므로 몰수해서는 안 된다고 규정하고 있다(명32.1b의 문답). 또한 유실물을 습득한 자는 곧바로 관청에 신고하고 그 물건은 주인에게 돌려주도록 규정하고 있는데(잡60), 당령에는 홍수로 유실된 죽·목을 습득한 경우 강변에 쌓아 표지를 분명히 세우고 관에 보고하며, 주인이 알고 확인한 경우에는 장강과 황하에서 습득한 경우 5분의 2를 습득자에게 상으로 주고, 나머지 하천의 경우는 5분의 1을 상으로 주며, 30일의 기한이 지나도 주인의 확인이 없으면 습득한 사람에게 전부 주도록 한 규정도 있다(습유849쪽).

2. 민사쟁송의 실례

당률은 인권을 보호하기 위한 규정을 치밀하게 갖춰놓고 있는데,

이러한 법들이 실제로 운용되었다는 것이 근래의 출토문서를 통해 확인되고 있다. 다만 문서들이 워낙 영성하여 전모를 그리기는 쉽지 않은데, 그렇지만 당시에 민간에서 일반적으로 존재했던 재산분규, 혼인분규, 권리 침해 행위에 대한 소송 등 당시의 민사적인 쟁송을 심판한 일단의 사례들을 확인할 수는 있다. 특히 당 대종 보응원년(762) 6월의 〈강실분행차 상인안(康失芬行車 傷人案)〉(『中國珍稀法律典籍集成』 갑편4책, 190~194쪽)의 경우 비교적 온전하게 남아 있어, 이를 통해 소송으로부터 심판에 이르기까지 사법절차가 엄정하게 진행되었다는 점, 그리고 침해인의 책임을 명확히 하고 법에 의거해서 그 책임을 지도록 한 것을 확인할 수 있다. 문건에는, 수레 모는 사람 강실분이 과실로 수레를 전복하여 두 명의 어린 아이를 상해하였다는 것, 가해자는 자기의 과실을 완전히 승인했고, 법관은 율에 의거해서 가해자에게 피해인에 대한 치료를 명하는 판결을 했다는 것 등이 기록되어 있다.

민사쟁송에 관한 당대의 심판기록은 극히 영성하지만, 송대 이후에는 상당히 많은 기록이 남아 있어 전통시대 중국에서 시행된 재판의 전모를 그려볼 수 있다. 특히 남송대에 편찬된 『명공서판청명집(名公書判淸明集)』에는 민사소송에 관한 재판 기록이 다수 기재되어 있어, 이 시대의 민사쟁송의 실태와 재판의 실례를 파악할 수 있다. 여기서 송대의 민사쟁송에 대한 구체적인 설명은 피하지만, 그 기록을 통해서 중국의 위정자들이 개인의 신체와 생명과 재산을 보호하고 각 개인에게 그 자신의 몫을 돌려주어야 한다는 권리의 개념에 대해 충분히 인식하고 있었다는 것을 확인할 수 있다.

제2절 당 전기의 법

I. 율·영·격·식

1. 율

당률은 12편 502조이다. 제1편 명례율은 통칙이며, 모두 57조이다. 제2편 위금률부터 제12편 단옥률까지는 각칙이며, 모두 445조이다.

명례율은 ① 형벌의 종류와 및 형벌의 집행, ② 용서할 수 없는 죄 열 가지, ③ 형의 감면, ④ 갱범·경합범 및 공범, ⑤ 죄조의 적용원칙 및 용어 정의의 다섯 부분으로 분류할 수 있다.

위금률 이하 각칙은 사율(事律)과 죄율(罪律)로 구분된다.

사율은, 2편 위금률(2권), 3편 직제율(3권), 4편 호혼율(3권), 5편 구고율(1권), 6편 천흥률(1권), 11편 포망률(1권), 12편 단옥률(2권)로 모두 13권 242조이며, 주로 국가의 행정과 관련이 있는 조문들로 구성되어 있다. 내용은 궁궐 등의 숙위(위금), 관리들의 직무 수행(직제), 호구·세역 및 혼인과 양자(호혼), 창고와 가축의 관리(구고), 군사와 토목·건축(천흥), 체포와 도망(포망), 죄수 관리와 판결(단옥) 등에 관한 죄를 규정한 조문들로 구성되어 있으며, 혼인과 양자를 제외하면 대부분 국가적 법익침해죄에 해당한다.

죄율은, 7편 적도율(4권), 8편 투송률(4권), 9편 사위율(1권), 10편 잡률(2권)로 모두 11권 203조이며, 대부분 사회적 또는 개인적 법익침해죄로 구성되어 있다. 적도율은 주로 비윤리적인 살상죄와 강도·절도죄에 관한 규정들이다. 투송률은 상해죄와 고소·고발에 관한 규정들이다. 사위율은 위조와 거짓으로 한 행위를 처벌하는 규정들이다. 잡률은 이상의 각률에 포함되지 않은 잡다한 죄에 관한 규정들이다.

2. 영

당은 십 수차에 걸쳐 영을 제정해서 반포했고 그 때마다 편 수 및 조문 수가 다른데, 『당육전』(권6, 183~184)에는 영 27편 1546조라고 기록되어 있다. 율과 달리 영은 본래의 법전은 전하지 않고, 『당육전』 등에 일부의 조문이 축약된 형태로 전한다. 다만 『당육전』은 영에 의거해서 관료기구와 관직을 배열하고 그 아래에 각 관직의 직장에 해당하는 영의 조문을 요약해서 기재하는 형식으로 편찬했으므로, 비록 완문은 아니라도 많은 적지 않은 영의 조문이 전재되어 있다. 1933년에 일본학자 니이다 노보루[仁井田陞]가 집필한 『당령습유(唐令拾遺)』는 『당육전』을 기본 자료로 하고 『영의해(令義解)』 및 기타 당령 일문(逸文)을 모아 당령을 33편으로 정리한 책이다. 여기에 모아놓은 영문은 원래 조문의 반에 미치지 못하지만 좋은 참고자료가 되고 있다. 1997년에는 이를 보충한 『당령습유보(唐令拾遺補)』가 이케다 온[池田溫] 등에 의해 출간되었다.

『당령습유』를 기준으로 하면, 영의 제1편은 관품에 관한 규정이고 제2~7편은 관료기구 및 그 직원에 관한 규정이다. 제8편 사령부터 33편 잡령까지는 제도에 관한 규정이다. 여기에는 국가의 제사, 호구의 편제와 관리 및 혼인·양자, 학교, 관인의 선발과 고과 및 봉록, 봉작, 군대의 편제, 황제와 관인의 의복, 황제와 관인의 위의, 음악, 관문서의 서식, 토지와 세역, 국가의 창고, 국가의 가축, 의료, 죄수의 관리와 형 집행, 국가의 토목과 건축, 상장례, 도량형과 기타 잡다한 제도가 규정되어 있다. 이처럼 영은 국가의 운영과 사회질서에 관한 모든 제도에 관한 규정이 망라되어 있기 때문에 대단히 복잡다단한데, 간단히 정리해서 말한다면 『신당서』(권56, 1407쪽)의 찬자가 말한 바와 같이 존비귀천의 등급과 국가사회의 모든 제도와 규범 전반을 정한 법이라고 말할 수 있다.

3. 격

율과 영으로 상세한 규정을 갖추어 두고 있더라도, 법이 작동하는 현장에서는 율령을 적용하기 어려운 사안이 발생할 수 있다. 이 경우 황제는 제(制)·칙(勅)을 내려 새로운 원칙을 제시함으로써 율령의 부족한 부분을 보충해 나가는 것이 상례이다. 사실 전통시대 중국의 법은 본래 황제의 명령에 따라 제정되는 것으로 황제의 명령에 따라 개정될 수도 있고 폐지될 수도 있으며, 경우에 따라서는 율에 규정이 없는 형벌로 처벌할 수도 있고 영에 규정이 없는 제도를 시행할 수도 있다. 그러므로 황제가 때때로 발령하는 제·칙이 적지 않게 되는데, 그 가운데 영구히 법칙으로 삼을 만한 것을 고사(故事)로 삼은 것이 격이다(『당육전』권6, 185쪽). 달리 말하면 율령은 완성되어 이미 선포된 법전이고, 격은 임시로 정한 법 또는 신법이라고도 할 수 있다. 이 때문에 "제·칙으로 죄를 판결하여 임시로 처분하고 영구적인 격으로 삼지 않은 때에는 뒤에 그 제·칙을 선례로 인용할 수 없다(단18)." 또는 "범죄를 아직 판결·집행하지 않았는데 격이 개정된 경우, 개정된 격이 무거우면 범행 때의 법에 의거하는 것을 허용하고 개정된 격이 가벼우면 가벼운 법에 따르는 것을 허용한다(옥관령, 습유776쪽)."는 적용원칙을 규정해 둔 것이다.

4. 식

식은 행정 절차나 서식 또는 각종 제도의 시행 세칙에 대한 규정이다.

II. 율과 영·식의 관계

1. 율·영의 연혁

『한서』 등 사서나 유교 경전에는 하·은·주 시대에도 법이 제정되었다는 기록이 있으나 신뢰하기 어렵다. 그러나 적어도 춘추시대 후기부터는 성문법이 출현한 것으로 보이며, 전국시대 초기 위의 이회(李悝)가 정한 법경 6편은 체계적인 법전으로 보아도 틀리지 않는다. 법경 6편은 도법(盜法)·적법(賊法)·수법(囚法)·포법(捕法)·잡법(雜法)·구법(具法)이다. B.C 5세기 말 상앙(商鞅)이 이 법을 진(秦)에서 시행하면서 명칭을 율로 바꿨다. 이 명칭은 이후 청 말까지 그대로 썼다.

상앙 이후의 진 및 전국시대 각국의 법 제정에 관해서는 『한서』 등 사서에 일체 전하는 바가 없고, 단지 전한의 소하가 상앙의 율 6편에 사율 3편을 더하여 구장률을 정했다고만 기록되어 있다. 진의 통일 과정에서 6국의 사서를 모두 불태웠다고 하므로, 그로 인해 각국에서 제정해서 시행한 법이나 그에 관한 기록도 모두 사라지게 된 것으로 보이고, 진의 법에 관한 기록도 유사한 이유로 전하지 않게 된 것으로 생각된다.

그러나 1975년 중국 호북성 운몽현(雲夢縣) 수호지(睡虎地)에서 진율의 간독(簡牘)이 발견되고, 2001년에는 장가산(張家山) 한묘(漢墓)의 간독이 정리되어 비교적 완정한 법전형태를 갖춘 여후2년(呂后二年, B.C.186)의 율령이 세상에 알려짐으로써 이 시대의 법에 대해 보다 풍부한 정보를 확보할 수 있게 되었다. 특히 진율과 한 율령의 간독에는 6편 혹은 9장의 율명(律名) 외에 많은 율령의 명이 있고 각 편명 아래 다수의 조문을 포함하고 있어, 진한의 율이 사서의 기록된 바와 같이 단지 6편 또는 9장만 있었던 것이 아님이 확인되었다.

더구나 간독의 율들은 죄와 형을 정한 조문만 있는 것이 아니라 후대의 영처럼 당위만을 규정한 것도 포함되어 있어, 율과 영이 분화되어 있지 않고 모두 율이라 칭하고 있었다는 것을 확인할 수 있다.

율과 영이 분화되지 않고 단지 율이라 칭하는 관행은 한의 성립이 후에도 그대로 이어졌다. 다시 말하면 한에서는 법의 수요가 급증함에 따라 부율(副律)·방장율(傍章律) 등이 제정됨으로써 율이 수십 편에 이르렀지만 모두 율이라 칭했다. 한편 영이라 칭하는 법도 있었는데, "결사(決事)를 모아 영갑(令甲) 이하 300여 편을 만들었다."(『당육전』권6, 184쪽)고 하듯이 영은 사례·판례를 의미했다.

이렇듯 전·후한 4백년 동안 시행된 법조문이 수만에 이르렀으나 법전으로 편찬되지는 못했다. 그러다가 후한 말에 이르러 조조가 비로소 율령을 정리하기 시작해서 그의 아들 위 문제가 율 18편을 제정하였고, 율과는 별도로 주군령(州郡令) 45편, 상서관령(尙書官令)·군중령(軍中令) 180편을 편찬했다. 이어서 성립한 진(晉)의 무제는 율 20편과 영 40편을 편찬했다. 이 율은 죄와 형을 정한 조문만을 모은 형법전이고, 영은 양한 시대에 필요에 따라 발령되어 시행된 잡다한 법령이나 사례·판례 중 실제 행정에 사용 가능한 것만을 모아 정리한 법전이다. 이 때의 율령 편찬은 형법전인 율과 행정법전인 영을 분리하여 편찬하는 관행이 성립했다는 점에서 역사적 의미가 있다. 이후 남북조의 각 왕조에서는 계속 율과 영이 제정되었다.

2. 율과 영·식의 관계

위·진 이후 법이 율과 영으로 분화되어, 율로는 죄와 형을 정하고 영으로는 행위규범을 정했다. 따라서 행위규범을 정한 영과 이를 위반한 자를 처벌하는 율이 서로 짝을 이루고 있다고 볼 수 있다. 단 영에는 금하는 바가 있으나 율에 처벌 규정이 없는 경우도 있다. 이를 대비하여 잡률 61조에 "무릇 영을 위반한 자는 태50에 처한다. 별식(別式)은 1등을 감한다."는 규정을 두었다.

(1) 위령죄

잡률 61조는 "무릇 영을 위반한 자는 태 50에 처한다."고 규정하고 있는데, 율 자체에 처벌 대상 행위의 구체적 내용을 정하지 않고 '영(令)을 위반한 자'라는 포괄적인 대상을 설정한 것이다. 원래 영문은 많고 항상 변동이 있는 행정법규이므로, 이를 위반한 자를 일률적으로 처벌하기 위해 이 조문을 둔 것이다. 다만 '영에 금하는 바가 있으나 율에 죄와 형에 대한 조문이 없는' 경우에 한한다. 예를 들면 의제령(儀制令, 습유510쪽)에는 "길을 갈 때 천인은 귀인을 피해 가야 하고, 가는 자는 오는 자를 피해야 한다."고 규정되어 있고, 호령(습유258쪽)에는 "공호·악호·잡호·관호는 서로 다른 신분과 혼인해서는 안 된다"고 규정되어 있는데, 율에 이를 위반한 행위에 대한 처벌 규정이 없다. 그러므로 이 경우에 위령죄를 적용하여 처벌한다. 또 일정한 수속을 거쳐 해당 관사에 다른 사람의 죄를 고발하였지만 다른 사람의 성명을 빌어 한 경우(투50.1의 소)나, 관직에 임명된 후 부모가 80세 이상이 되거나 독질이 되었데도 사임하여 시중들 것을 청하지 않은 경우(명20.2의 문답) 위령죄를 적용한다.

(2) 위식죄

식은 율·령의 시행세칙이다. 식을 위반한 자는 처벌한다. 예를 들면 예부식에 정한 "5품 이상은 자색 옷을 입고, 6품 이하는 주색 옷을 입는다."는 규정을 위반하고 금하는 복색을 입은 자는 위령죄에서 1등을 감하여 태40에 처한다(잡61.2의 소). 이 외에 절충부의 교열에 도착하지 않은 자는 위식죄에 준하여 처벌하고(천6.3의 소), 종군하는 자가 행군하기 전까지 장비를 갖추지 못한 경우, 찾아 구함은 허용하되 위식죄에 따라 처벌한다(천7.2의 소).

III. 기타 법적 효력이 있는 규범

1. 해서는 안 되는 행위

잡률 62조는 "무릇 해서는 안 되는데 행한 자는 태40에 처한다. 이치상 그 사안이 중대하면 장80에 처한다."고 규정하고 있는데, 그 주는 "'해서는 안 되는' 행위란 율령에 조문은 없으나 이치상 해서는 안 되는 것을 말한다."라고 해석하였다. 이 조문을 설정한 이유에 대해서 소는 "여러 잡다한 경범죄는 종류가 매우 많아 법이 모두 다 포괄하기 어렵다. 만약 율·령에 해당 조문이 없고 또 죄의 경중이 서로 분명하지 않아 유추할 조문도 없으면 사안에 따라 처단하되, 그 정상을 헤아려 죄를 줌으로써 빠진 것을 보충해야 하기 때문에 이 조문을 두었다."고 밝히고 있다. 율·영·식에 명문이 없고 유추할 여지도 전혀 없을 때 마지막으로 이 조문에 따라 처벌한다는 뜻이다.

이 조문은 유교의 덕과 예로 민의 범법을 예방해야 한다는 뜻을 존중하여 요행을 바라는 무리들을 징계하기 위해 설정된 것이라고 할 수 있는데,[1] 도덕 내지 사회규범이나 인간의 자연적인 감정으로

---

1) 정나라 자산이 형서를 주조하자 숙향이 비판하였다. 숙향은 민이 형법이 있다는 것을 알면 법의 결과를 미리 예측하여 피하려고 하기 때문에 오히려 범죄가 많아질 수 있으므로, 덕과 예와 같은 포괄적인 규범으로 규제해야 한다고 주장한 것이다(『左傳』권43, 昭公6년 3월, 1411~1416쪽). 유가의 법률사상은 이를 계승하여 법보다는 덕과 예를 중시하였는데, 이 조문은 이러한 정신을 계승하

판단하여 용인될 수 없는 행위를 처벌 대상으로 삼은 것이다. 이 같은 포괄적인 처벌 규정은 유교의 덕과 예를 위반한 행위까지 범죄 구성요건이 될 수 있는 소지가 있었고, 나아가서는 실제로 판관의 자의적인 판결에 악용되기도 했다.

2. 관습

잡률 42.1조는 "실화한 자나 때가 아닌데 전야를 태운 자는 태50에 처한다."고 규정하고, 그 주는 "'때가 아니다'라는 것은 2월 1일 이후부터 10월 30일 이전을 말한다. 만약 지역에 따라 시기가 다른 경우에는 그 지역의 법에 따른다."고 해석하였다. 지역의 법에 따른다는 것에 대해 소는 "북방은 일찍 서리가 내리고 남방은 추위가 늦어 풍토 또한 원래 다른데, 각각 반드시 수확을 다 마친 뒤에 불을 놓아야 하므로 불을 놓는 시기도 일률적으로 영문에 따를 수 없다."고 해석하였다. 위의 조문과 주 및 소에 따르면 당시에는 관습을 위반한 행위도 범죄 구성요건이 될 수 있었다.

3. 임전 중의 사법권

임전 중의 장군은 통상 법률에 구애받지 않고 임의로 감형·가형 등의 전권을 행사할 수 있다(천8.3). 다만 회군 후에는 군령 위반 행위에 대해 해당하는 율문 규정이 있으면 율문에 따라 처벌하고, 규정이 없으면 논하지 않는다(천11.2).

여 입법화된 것이다.

제2장
당률의 총칙

제1절 명례율의 성격

Ⅰ. 현행 형법의 총칙과 명례율

1. 개설

명례율 57개조는 총칙이지만, 현행 형법 총칙과는 다른 점이 매우 많다. 그 차이를 단적으로 말하면, 현행 형법의 총칙은 죄의 성립 여부에 초점이 맞추어져 있는데 반해, 명례율은 누구에게 얼마만큼 죄형을 감면해 줄 것인가 하는 점에 초점이 맞추어져 있다고 말할 수 있다. 이러한 차이는 명례율의 조문들을 현행 형법 총칙 체계에 대입해서 분류해 본 뒤, 죄와 형의 비중을 비교해 보면 확연히 드러난다. 그러므로 먼저 현행 형법총칙의 구성과 현재 통용되고 있는『형법총론』에서 죄와 형에 관한 부분의 비중을 살펴본 뒤, 이에 대응하는 명례율의 죄와 형에 관한 조문을 확인해 보려고 한다.

2. 현행 형법의 총칙

현행 형법총칙은 모두 86개조이고, 4장으로 구성되어 있다.

제1장 형법의 적용범위(제1~8조).

제2장 죄 : 제1절 죄의 성립과 감면(제9~24조), 제2절 미수범(제25~29조), 제3절 공범(제30~34조), 제4절 누범(제35~36조), 제5절 경합범(제37~40조).

제3장 형 : 제1절 형의 종류와 경중(제41~50조), 제2절 형의 양정(제51~58조), 제3절 형의 선고유예(제59~61조), 재4절 형의 집행유예

(제62~65조), 제5절 형의 집행(제66~71조), 제6절 가석방(제72~제76조), 제7절 형의 시효(제77~80조), 제8절 형의 소멸(제81~82조).

제4장 기간(제83~86조).

이처럼 형법총칙은 4장으로 구성되어 있는데, 이 가운데 제2장 죄에 관한 총칙은 32개 조항이고 제3장 형에 관한 총칙은 42개 조항으로, 후자가 3개 조항이 많다. 그렇지만 현재 통용되고 있는 『형법총론』교과서는 대부분 죄에 관한 부분이 압도적으로 많다. 즉 제2장 제1절 죄의 성립과 감면에 관한 조문은 15개조인데, 형법총론에서 이에 관한 설명이 차지하는 비중은 전체의 40%에 달한다. 여기에다 제1장 및 제2장 제2~4절의 미수법·공범·누범·경합범에 관한 설명을 더하면 형법총론에서 죄론의 비중은 전체의 85%에 달한다. 이에 비해 제3장 형에 관한 해설 부분은 15% 미만으로 매우 적다.

3. 명례율

명례율 57개 조항을 현행 형법 총칙의 체제에 대입해 보면 다섯 부분으로 분류할 수 있다.

첫째는 형벌과 형의 시행 원칙을 규정한 조문들이다. 오형 20등(명1-5), 유형의 집행 및 유·도형의 대체 집행(명24, 25, 27, 28), 장물의 몰수와 추징(명32, 33), 형의 경정 및 구제(명44)에 관한 조문들을 여기에 포함시킬 수 있다.

둘째는 감면할 수 없고 사면의 대상에서 제외되는 죄 열 가지 십악(十惡, 명6)이다.

셋째는 감면 대상과 감면의 방법을 정한 조문들이다. 황친·관인·관친의 형사상 특전(명7~14), 관인 처벌의 특례(명15~23), 사형·유형의 집행 유예(명26), 노·소·장애인에 대한 형의 감면(명30, 31), 사면의 조건(명35, 36), 자수 감면(명37~39), 공무죄 처벌원칙과 자수 감면(명40, 41), 친속을 숨겨준 죄의 면제(명46)에 관한 조문들을 여기에 포함시킬 수 있다.

넷째는 공범과 갱범·경합범의 처벌원칙에 관한 조문들이다. 공범의 처벌원칙(명42, 43), 갱범 및 경합범의 처벌 원칙(명29, 45)에 관한 조문들이 여기에 속한다.

다섯째는 형법의 적용범위 및 법률 용어를 정의한 조문들이다. 형벌의 적용범위를 정한 것에는 천인의 범죄(명47)와 외국인의 범죄(명48), 명례율의 적용(명49), 유추해석(명50)에 관한 조문이 있다. 법률 용어를 정의한 것에는 장물의 평가(명34), 법률 용어 해석(명51~57)에 관한 조문이 있다.

이상으로 보듯이, 첫째·둘째·셋째는 형벌과 형의 집행 및 감면에 관한 총칙이고, 다섯째는 형법의 적용범위 및 용어를 정의한 것이다. 오직 넷째 공범과 갱범·경합범만이 죄에 관한 총칙에 대응한다. 다만 둘째의 신체 조건에 따른 형의 감면 규정은 현행 형법총칙의 경우 2장 1절 죄의 성립과 감면에 포함되어 있어, 명례율의 규정을 형의 감면 원칙에 포함시키는 것은 문제가 있어 보인다. 그렇지만 형법총칙의 신체조건에 따른 감면 규정은 책임 능력이 미약한 것을 고려하여 벌하지 않거나 형을 경감한다는 원칙인데 비하여, 명례률의 규정은 수형(受刑) 능력을 고려하여 형을 감하거나 면하는 것을 규정한 것으로 현대 형법총칙 규정의 성격과는 다르다. 단적으로 말하면 명례율의 신체 조건에 따른 형의 감면은 형에 관한 총칙이지 죄에 관한 총칙이라고 볼 수 없다. 따라서 명례율에서 죄에 관한 총칙은 갱범·경합범 및 공범에 관한 규정뿐이라고 말할 수 있다. 정리해서 말하면, 명례율은 비록 총칙 규정이지만 죄의 성립 여부에 관한 규정은 매우 적고, 형사상 특전과 특별처분 및 죄형의 감면 및 대체집행에 관한 규정 등 형에 관한 통례를 핵심적인 내용으로 구성되어 있는 특징을 보여준다.

이처럼 명례율이 전적으로 형에 관한 총칙을 중심으로 구성되어 있는 이유에 대해서 명확히 말하기는 어렵다. 아마도 죄라는 것은 선왕 이래 황제들이 정한 것으로 죄의 성립 여부는 판관이 판단할 수 있는 것이 아니라고 생각했기 때문이 아닐까 짐작할 뿐이다. 달리 말하면, 죄의 성립에 관해서 포괄적인 원칙을 정해놓고 판관으로 하여금 죄의 성립 여부를 판단해서 결정하게 한다는 것은 있을 수 없는 일이라는 입장을 견지하고 있었을 가능성이 크다.

II. 명례율의 내용

1. 형벌의 종류와 형의 집행 원칙

(1) 형의 종류

명례율 1조부터 5조까지는 오형 20등과, 태10의 동 1근부터 교·참형의 120근까지 형의 등급에 따른 속동이 규정되어 있다. 각률 445조의 모든 죄에 대한 형은 오형 20등 중의 한 등급으로 정해지므로 죄의 경중을 헤아리는 척도가 된다. 이 때문에 오형 20등에 관한 조문을 법전의 맨 앞에 배열한 것으로 보인다.

(2) 형의 집행

형의 집행에 관해서는 명례율 24·25조의 유형의 집행에 관한 규정만 있다. 태·장·도·사형의 집행에 관해서는 명례율에 규정이 없고 대신 단옥률에 형의 집행 원칙을 위반한 관리를 처벌하는 규정이 있다. 태·장형의 집행 원칙 위반죄는 단옥률 14조, 도·유집행원칙 위반죄는 단옥률 24조, 사형의 집행 원칙 위반죄는 단옥률 26·28·29·31·33 등에 규정이 있다. 관리들이 지켜야 할 형의 집행원칙들은 율에 규정이 있지 않고 옥관령에 있다(습유757~774쪽). 명례율에 유형의 집행에 관해서 특별히 규정을 둔 것은 다른 종류의 형과는 달리 처분해야 할 절차가 있고, 또한 유배지로 가는 중에 은사령이 내린 때 처분 원칙이 필요하기 때문인 것으로 보인다.

(3) 도·유형의 장형으로 대체 집행

명례율 27조는 도형에 해당하는 죄를 범해 복역해야 하는데 집에 죄인 외에 겸정이 없는 자는 장형으로 대체해서 집행한다는 원칙, 28조는 공·악·잡호 및 태상음성인과 같은 특수신분인이 범한 유죄에 대해서 유배하지 않고 장형으로 대체해서 집행하고 도죄를 범한 경우 집에 겸정이 없는 예에 따른다는 원칙, 47.2조는 관호·부곡·관사노비가 유·도죄를 범한 경우 장형으로 대체해서 형을 집행하고 거작은 면한다는 원칙을 정한 조문이다.

(4) 장물의 처분 원칙

명례율 32·33조는 장물의 처분 원칙에 관한 규정이다. 장물 및 금물의 몰수와 주인에게 돌려주는 원칙, 정장 및 배장의 추징 원칙이 여기에 규정되어 있다.

(5) 형의 경정과 보구

명례율 44조는 잘못 처결된 형을 경정하고 보구하는 원칙에 관한 규정이다.

2. 십악

명례율 6조는 십악(十惡)이다. 십악은 특별한 규정이 없이 모반·모대역·모반·악역·부도·대불경·불효·불목·불의·내란의 10개 항이 열거되어 있고, 각 항에는 하나 혹은 몇 개의 죄가 주의 형식으로 열거되어 있다. 여기에 열거되어 있는 죄의 수를 헤아리는 것은 쉽지 않은데, 일단 이 죄들이 규정되어 있는 본조는 대략 29개 조항이다. 여하튼 오형 20등 다음에 십악이라는 명목으로 29개 조항에 규정되어 있는 죄들을 열거해 둔 것은, 이들 죄를 범한 자는 명례율 7조 이하에 규정된 형사상의 특전이나 관인들이 범한 죄에 대한 특별처분에서 배제되며, 사·유형의 집행유예 처분을 받을 수 없고, 은사령으로 죄를 면하는 것이 허용되지 않는다. 이로 보면 죄의 감면 및 집행유예에 관한 조항에서 은택을 제한하는 죄를 일일이 적시하는 것이 불편하므로 이를 먼저 십악이라는 명목으로 포괄적으로 지정해 둔 것으로 이해할 수 있다. 따라서 십악은 통칙이라고 하더라도 죄에 관한 통칙이 아니라 형의 감면 규정에 관한 통칙인 셈이다.

3. 형의 감면 및 집행유예

(1) 황친·관인·관친에 대한 형사상 특전

명례율 7조부터 16조까지는 황제의 친속과 관인 및 관인의 친속이 범한 죄에 대한 감면 또는 속면에 관한 규정이다. 황제와 황후 및 황태자비의 친속들은 폭넓은 형사상 특전이 부여되고, 관인은 관직·관품의 고하에 따라 차등적으로 형사상 특전이 부여된다. 단 십악 등의 죄를 범한 경우 형사상 특전이 배제된다.

(2) 관인이 범한 죄에 대한 특별처분

명례율 17조부터 23조까지는 관인이 십악 등의 무거운 죄를 범하면 관·작을 모두 박탈하는 제명, 간·도죄 등을 범하면 관직을 해면하고 2관의 임명장을 회수하는 면관(免官), 관료기구나 관직이 부·조의 이름과 같은데도 이를 무릅쓰고 관직에 취임한 때에는 관직을 해면하고 1관의 임명장을 회수하는 면소거관(免所居官), 지은 죄를 관의 임명장으로 대신하게 관당(官當) 등에 관한 규정이다. 이들 규정들을 한마디로 압축해서 말하면 관인들이 범한 죄에 대한 특별처분이라고 말할 수 있다.

(3) 형의 집행유예

명례율 26조는 십악이 아닌 범행으로 사형에 해당하는 죄를 범한 자의 조부모·부모가 늙거나 장애가 있어 시양해야 하는데 집에 기친 성정(成丁)이 없는 경우 황제의 재가를 청할 수 있고, 유죄를 범한 경우 임시로 머물러 존친을 시양할 수 있게 한다는 규정이다. 이 경우 유죄는 십악이라도 가능하다.

(4) 신체 조건에 따른 특별처분

명례율 30·31조는 70세 이상과 15세 이하 및 폐질자가 범한 유죄 이하는 속동을 징수하고 형을 면하는 원칙, 80세 이상과 10세 이하 및 독질자가 모반 등의 죄로 사형에 해당할 경우 황제의 재가를 청하며, 90세 이상과 7세 이하는 형을 가하지 않는다는 원칙을 정한 조문이다.

(5) 사면의 조건

명례율 35, 36조는 사면의 조건에 관한 규정이다. 은사령이 내리면 사면의 조서가 나온 날의 일출 이전에 범한 죄는 모두 사면한다. 단 은사령이 내려 그 죄를 용서하더라도 범행의 결과가 그대로 존속하는 것은 용인할 수 없으므로 반드시 100일 내에 자수하고 고쳐 바로잡아야 할 것은 바로잡고 징수할 것은 징수해야 한다는 것이 이 조항들의 규정이다. 여기에는 은사가 제한되는 죄의 범주에 대해서는 언급이 없는데, 단옥률 20.2조의 소에 십악 등 통상의 은사령으로 면제되지 않는 죄가 적시되어 있다.

(6) 자수 감면

명례율 37조는 죄를 범하고 자수한 자는 죄를 감면한다는 규정이고, 38조는 공동으로 범하고 같이 도망한 자가 다른 공범을 체포하여 자수한 때 죄를 감면하는 규정이다. 39조는 절도나 사기로 타인의 재물을 취한 자가 주인에게 자수한 경우 죄를 감면한다는 규정이다. 명례율 40조는 공죄의 연좌에 관한 규정이지만, 41조의 공무상 과오를 자수한 경우 용서한다는 규정과 연결되어 있다.

(7) 친속을 숨겨준 죄의 면제

명례율 46조는 동거가족 및 대공 이상 친속 등이 범한 죄를 숨겨주어도 숨겨준 죄를 묻지 않고, 소공 이하 친속의 경우는 죄를 3등 감한다는 규정이다. 단 모반(謀叛) 이상의 죄를 범한 경우는 이 율을 적용하지 않는다.

4. 공범 및 갱범·경합범

(1) 공범

명례율 42조는 공동의 죄를 범한 경우 종범은 죄를 1등 감한다는 원칙과 아울러 주범과 종범을 구분하는 기준에 관한 규정이다. 43조는 수범과 종범을 구분하는 기준에 대한 특례 규정이다.

(2) 갱범과 경합범

명례율 29조는 갱범은 거듭해서 처벌하되 역은 4년을 초과할 수 없고 장형은 200대를 초과할 수 없다는 규정이다.

명례율 45조는 두 개 이상의 죄가 발각된 경우 처벌하는 규정이다.

5. 죄조의 적용 및 용어의 정의

(1) 죄조의 적용

명례율 47.1조는 천인의 범행에 대해 본조에 해당하는 규정이 없는 경우 양인에 준한다는 규정이다.

명례율 48조는 동류의 외국인 사이의 범행은 본국의 법에 의거한다는 규정이다.

명례율 49조는 본조에 명례율과 다른 규정이 있을 경우 본조를 적용하며, 무거운 죄라도 범행할 때 알지 못한 경우 일반범으로 처벌한다는 원칙이다.

명례율 50조는 죄를 판결하는데 해당하는 조문이 없을 경우 유추해서 적용할 수 있다는 규정이다.

(2) 용어의 정의

명례율 51조는 승여(乘輿)·거가(車駕)·어(御) 등 황제에 대한 별칭을 사용해서 정한 죄조와 제·칙에 관한 죄조를 태황태후·황태후·황후·황태자에게도 적용한다는 원칙, 본조에 동궁에 대한 죄명이 없을 경우는 황제에 대한 죄에서 1등을 감한다는 원칙을 정한 조문이다.

명례율52조는 기친·손·자 및 복제와는 달리 죄조를 적용하는 친속의 명칭을 정의한 규정이다.

명례율 53조는 다른 죄조를 준거로 적용할 때 사용하는 용어에 관한 정의이다.

명례율 54조는 감림하는 범위 내에서 특정의 죄를 범한 경우 가중 처벌하는 감림·주수에 대한 정의이다.

명례율 56조는 죄형을 가감하는 원칙에 관한 정의이다.

명례율 57조는 종교단체 및 학교 내의 칭호에 관한 정의이다.

(3) 단위의 정의

명례율 34조는 장물의 평가 단위에 대한 정의이다.

명례율 55조는 시간의 단위인 일(日)·연(年), 인원의 단위인 중(衆)·모(謀)에 대한 정의이다.

제2절 죄조의 총칙

I. 개설

당률의 명례율은 총칙이지만 정작 현행 형법총칙이나 형법총론 교과서에서 중시하는 죄에 관한 총칙은 공범과 갱범·경합범에 관한 조문만 있을 뿐이라는 점은 앞에서 언급한 바와 같다. 이처럼 명례율에 규정된 죄에 관한 총칙은 극히 빈약한 편인데, 죄에 관한 총칙적 규정들은 각칙의 필요한 부분에 별도의 조문으로 통례로 규정한 예도 있으나, 일반적으로는 해당하는 본조에 구체적인 처벌방법으로 규정해 두고 있다. 따라서 죄에 관한 총칙들은 각 본조에 분산되어 있어, 이를 망라해서 하나의 체계를 세워 논하는 것은 매우 복잡하고 난해한 작업이다. 그렇지만 다행히도 다이옌후이[戴炎輝]의 『당률통론(唐律通論)』(제1편 4장 범죄)에 잘 정리되어 있어 그 전모를 파악할 수 있다. 다만 본서는 당률의 형법적 성격을 이해하기보다 당률의 역사적 성격을 이해하는 것에 주안을 두고 있기 때문에, 다이옌후이가 정리한 것을 바탕으로 간략하게 설명하려고 한다.

II. 죄형법정주의

1. 죄형법정주의

현행 헌법 제13조 1항은, "모든 국민은 행위시의 법률에 의하여 범죄를 구성하지 아니하는 행위로 소추되지 아니한다."고 규정하고 있고 형법 제1조 1항도, "범죄의 성립은 행위시의 법률에 의한다."고 규정함으로써, "법률 없으면 범죄도 없고 형벌도 없다"는 죄형법정주의 원칙을 밝히고 있다. 당률에도 이와 유사한 규정이 있는데, 단옥률(16.1조)의 "죄를 판결할 때에는 모두 반드시 율·영·격·식의 정문(正文)을 완정하게 인용해야 한다. 위반한 자는 태30에 처한다."는 조문이 그것이다. 단 이 조문은 율문 규정이 없는 경우 처벌하지 않는다는 정도로 적극적인 죄형법정주의를 채택한 것이 아니라, 판관이 적용할 율문을 완정하게 인용하도록 강제한 것에 불과하다. 달리 말하면 이 조문의 취지는 판결할 때 완정한 조문을 인용하지 않으면 단장취의(斷章取義)하여 법을 왜곡할 수 있으므로 이를 경계한 것으로, 법이 없으면 죄도 없다는 식의 죄형법정주의와는 거리가 멀다.

더구나 율령은 대개 황제의 명에 따라 제정되며, 인민들은 법률 제정에 관여할 수 없고 다만 수여받는 존재일 뿐이었다. 법을 개정할 수 있는 권능도 오직 황제에게만 있고, 황제는 사안에 따라서 임시로 제서·조칙을 내려 처분할 수 있었다(단18의 소). 즉 황제는 입법권자로서 반드시 기존의 율에 근거해서 형을 처단해야 한다는 구속이 없기 때문에, 이 경우 죄형법정주의 원칙은 지켜지지 않는다. 또한 일부 율에는, "상주하여 황제의 재가를 받는다."는 구절이 있는데,[2] 이 경우에도 황제는 율과 관계없이 형을 결정할 수 있기 때문에 죄와 형을 법으로 정하는 원칙은 지켜지지 않는다. 또한 황제는 사죄를 범한 자를 특별히 면하여 유배에 처할 수도 있고(명18.3a), 본죄가 유형에 해당하지 않지만 특별히 유배할 수도 있으며(명11.2f의 주), 본래 범한 죄가 면관에 이르지 않으나 특별히 제명하거나(명21.1b), 본래 범한 죄가 면소거관이나 관당에 이르지 않으나 특별히 면관할 수도 있다(명21.3b).

뿐만 아니라 명례율에 유추해석을 허용하는 규정(명50)을 두고 있는 점, 영을 위반한 죄(잡61.1), 식을 위반한 죄(잡61.2), 해서는 안 되는 행위를 한 죄(잡62) 등 율 자체에 처벌할 행위를 구체적으로 정하지 않고 포괄적인 규정을 두고 있어 죄형법정주의가 훼손될 여지가 매우 많다. 따라서 당률은 죄형법정주의와는 거리가 먼 법이라 할 수 있다.

2. 신법 우선의 원칙

현행 형법 제1조 2항은 "범죄 후 법률의 변경에 의하여 그 행위가 범죄를 구성하지 아니하거나 형이 구법보다 경한 때에는 신법에 의

---

2) 명례율 8.1, 9.1a③, 26.1, 30.2, 위금률 2.2b의 주, 8.2, 직제율 32.1a의 주, 사위율 6.2 등.

한다."고 규정하고 있다. 당률에는 이와 유사한 조문이 없다. 다만 옥관령(습유776쪽)에, "범죄가 아직 발각되지 않았거나 이미 발각되었어도 판결이 내려지지 않았는데 격이 개정된 경우, 만약 바뀐 격이 더 무거우면 범행시의 격에 따르는 것을 허락한다. 만약 바뀐 격이 가벼우면 가벼운 것에 따르는 것을 허락한다."고 규정하여, 거의 같은 원칙을 천명하고 있다. 바꿔 말하면 신법은 재판에 소급 적용할 수 없고 범죄시의 법에 따라야 하며, 다만 구법과 비교하여 신법이 가벼워 피고에게 이익을 줄 수 있는 경우에만 신법에 따르는 것을 허용한다는 것이다.

Ⅲ. 보고(保辜)

1. 개설

현행 형법 제17조는 "어떤 행위라도 죄의 요소가 되는 위험발생에 연결되지 아니한 때에는 그 결과로 인하여 벌하지 아니한다."고 규정하고 있다. 발생한 결과가 행위자의 행위에 의한 것이라는 확실한 증거가 있지 않는 한 처벌할 수 없다는 것이 이 총칙이 규정하고 있는 원칙이다. 당률에는 이 같은 포괄적인 총칙 규정은 없다. 다만 투송률 6조에, 행위를 한 때로부터 일정 시한 안에 결과가 발생하면 그 결과에 의거하여 처벌한다는 보고(保辜)를 규정해 두고 있는데, 이는 살상죄에 한하여 적용되는 규정이다.

2. 보고 기한

(1) 보고 기한(투6.1)

1) 가해 도구에 따른 보고 기한

① 손발로 사람을 구타하여 살상한 경우 보고 기한은 10일이다. 손발로 사람을 구타한 경우, 상해가 있든 없든 10일 안에 피해자가 사망하거나 상해가 발생하면 각각 그 결과가 구타로 인한 것이라고 판단하여 죄를 묻는다는 뜻이다.

② 손발 외의 다른 물건으로 사람을 구타하여 상해한 경우 보고 기한은 20일이다. 손발이 아닌 다른 물건으로 구타하여 사람을 상해한 경우 20일의 기한 안에 발생하는 결과에 대해서 죄를 묻는다는 뜻이다. 다른 물건은 손발보다 위험의 정도가 크므로 보고 기한이 긴 것이다.

③ 날붙이[끼] 및 끓는 물이나 불로 사람을 상해한 경우 보고 기한은 30일이다. 날이 선 날붙이 및 끓는 물이나 불은 더 위험한 물건이므로 보고 기한이 타물보다 더 길다.

2) 피해 정도에 따른 보고 기한

지체를 부러뜨리거나 어긋나게 한 경우 및 뼈를 부순 경우 보고 기한은 50일이다. 뼈를 부러뜨리거나 신체를 어긋나게 하거나 뼈에 금이 가게 한 경우 손발로 구타했든 타물로 구타했든 불문하고 모두 보고 기한은 50일이다. 이 경우는 가해한 도구의 위험 정도에 따라 보고 기한의 장단을 정한 위의 세 가지와 달리 상해의 정도가 무겁기 때문에 보고 기한을 길게 정한 것이다.

3) 축산에 의한 살상의 보고 기한(구12.3의 소)

고의로 축산을 풀어놓아 사람을 살상한 경우 타물로 사람을 상해한 것(투1)으로 간주하여 보고 기한을 20일로 하고, 보고 기간 안에 사망했다면 투살죄에서 1등을 감한다. 보고 기간 뒤에 사망하거나 다른 원인으로 사망한 경우에는 당연히 타물로 사람을 상해한 법에 따른다(투6.2). 가령 고의로 가축을 풀어놓아 자·손을 뿔로 받거나 발로 차거나 물어서 사망에 이르게 한 죄는 도1년반에서 1등을 감하여 도1년에 해당한다. 나머지 친속 비유에 대해 가해한 경우 각각 본복에 따른 투살상죄에서 1등을 감한다.

(2) 낙태의 보고(투3.2의 주 및 소)

임부를 구타하여 낙태시킨 자는 도2년에 처한다. 낙태는 임신 중에 구타하여 태아가 낙태된 것을 말한다. 낙태죄는 임부의 보고 기한 안에 태아가 죽으면 처벌한다. 태아가 상해를 입었지만 임부의 보고 기한이 지난 뒤에 죽은 경우나 보고 기한 안에 낙태되었지만 태아가 아직 모습을 갖추지 않은 경우에는 각각 본조의 구타상해의 법에 따르고, 낙태에 대한 죄는 없다(투3.2의 소). 낙태의 보고 기한도 손발로 가해한 경우 10일, 타물로 가해한 경우 20일, 날붙이 및 끓는 물이나 불로 가해한 경우 30일이다(투6.1).

존비·귀천 관계가 있는 임부를 구타하여 낙태시킨 때에는 각각 도2년에서 가감하는데, 모두 반드시 임부와의 관계에 의거하여 죄를 정하며 태아에 의거하여 존비를 따지지 않는다. 만약 태아를 기준으로 형을 정하면 혹 기만이 생길 수 있기 때문에, 보고는 임부의 보고로 그치고 태아를 기준으로 보고를 정하지 않으며 태아에게 가해할 마음이 없는 것으로 한다.

만약 임부를 구타한 죄가 도2년보다 무겁다면 골절상과 같은 죄를 준다. 가령 누나를 구타하여 낙태시켰다면, 누나를 구타한 죄는 도2 년반에 해당하고 골절상의 죄는 유3000리에 해당하므로(투27.1), 누나를 구타하여 낙태시켰다면 유3000리에 처한다.

(3) 보고 기한 안에 회복된 경우

싸우다가 구타하여 사람의 지체를 부러뜨리거나 어긋나게 한 자 및 한쪽 눈을 멀게 한 자는 도3년에 처한다. 단 보고 기한 안에 평시처럼 회복된 때에는 각각 2등을 감한다(투4.1). 즉 사람의 뼈를 부러뜨리거나 어긋나게 하거나 한쪽 눈을 멀게 한 경우는 보고 기한이 50일이니(투6.1), 기한 내에 뼈마디가 평시처럼 회복된 때 및 눈이 사물을 볼 수 있게 된 때에는 모두 2등을 감하여 도2년에 처한다.

(4) 보고 기한 내와 기한 외의 사망

기한 안에 사망한 때에는 각각 살해한 것으로 논하지만, 기한이 지난 뒤 및 비록 기한 내일지라도 다른 이유로 사망한 때에는 각각 본래의 구타하여 상해한 처벌법에 따른다(투6.2). 다른 이유라는 것은 별도로 다른 질환이 더해져 사망한 경우를 말한다(투6.2의 주). 가령 사람을 구타하여 머리에 상처가 났는데 풍이 머리의 상처로 들어가 풍으로 인하여 사망에 이른 경우 등은 역시 살해한 것으로 논하지만, 머리의 상처로 인해 풍을 얻은 것이 아니라 별도의 다른 병으로 인하여 사망했다면 이것이 다른 이유가 되며, 각각 해당 신분인에게 적용될 본조의 투구상해의 법에 의거하여 처벌한다.

기한 안에 사망한 때에는 각각 살해한 것으로 논한다는 것은, 보고 기한 안에 피해자가 사망한 때에는 각 신분에 따라 규정한 본조의 살해죄에 의거해서 단죄한다는 것을 말한다. 기한이 지난 뒤라는 것은, 가령 손발로 사람을 구타한 경우 보고가 10일이니 누계하여

1000각이 지났다면 이것을 기한이 지난 경우라고 한다.

3. 보고 기한의 적용 범위(투6.1의 주와 소)

구타와 상해가 반드시 함께 있어야 하는 것은 아니다. 다른 조항의 구타와 상해 및 살해는 각각 투송률 6.1조의 규정에 준한다. 구타와 상해가 반드시 함께 있어야 하는 것은 아니라는 것은, 구타 및 상해 각각 보고 기한이 10일임을 말한다. 그렇지만 사람을 상해한 것은 대개 반드시 구타로 인한 것인데 지금 반드시 함께 있어야 하는 것은 아니라고 말한 것은 넘어뜨리거나 엎어져(투35.2) 또는 공갈·핍박하여 상해(적14.3)한 것이 있는데, 이것은 곧 구타하지 않았는데 상해나 손상이 있는 경우이다. 이 경우에도 보고 기한을 10일을 보고 기한으로 하여 죄를 정한다. 다른 조항의 구타와 상해 및 살해는 각각 이에 준한다는 것은, 모든 조항에서 사람을 구타하거나 또는 사람을 상해하거나, 고의살인(투5.2)·투구살인(투5.1)·모의살인(적9.3) 및 강도하여(적34.1) 살상이 있는 경우 보고는 모두 이에 준한다는 것을 말한다.

IV. 정당화

1. 개설

범죄 구성 요건에 해당하는 행위라도 정당한 사유가 있어 위법성이 없다면 범죄는 성립되지 않는다. 현행 형법에서는 위법성을 배제하는 정당한 사유에 대해 명문 규정을 두고 있는데, 정당행위[20조],

정당방위[21조], 긴급피난[22조], 자구행위[23조], 피해자의 승낙[24조]
이 그것이다. 당률에도 이와 유사한 규정들이 있다. 다만 당률에는
정당한 사유에 의한 위법성 배제 원칙에 관한 통칙 규정이 없다. 오
직 해당하는 죄조에 구체적으로 사유를 적시하고 죄를 경감하거나
논하지 않는다는 규정을 두고 있을 뿐이다.

2. 법령에 따른 행위

(1) 죄인의 체포
죄인이 무기[仗]를 가지고 대항해서 체포자가 구타해서 살해하거
나, 도주하는 죄인을 추격하다가 살해한 때는 모두 논하지 않는다
(포2.1). 도주자가 무기를 지녔든 맨손이든 체포자가 도주하는 죄인
을 쫓다가 살해한 때에는(포2.1의 주) 모두 논하지 않는다. 죄를 처
벌하지 않는 이유는 죄인을 체포하는 공무 집행을 중시하고, 죄인이
도주하여 놓칠 것을 염려하기 때문이다.

(2) 고문
만약 법에 따라 고문하거나 장형·태형을 집행하다가 뜻하지 않게
죄수가 죽은 경우 논하지 않는다(단9.4a).

(3) 공무 집행
감림하는 관원이 공무를 집행하다가 직접 장으로 사람을 쳐서 사
망에 이르게 하거나, 또는 사람을 을러메다가 사망에 이르게 한 경
우는 모두 과실살인의 법에 따른다(단15.1, 투38).

(4) 법적으로 허용된 정당화

피격되어 골절 이상의 상해를 입은 사건이 발생하거나, 강도·절도 및 강간 사건이 발생한 경우, 비록 주변의 제삼자라도 모두 죄인을 체포·포박하여 관사에 송치할 수 있다(포3.1). 나머지 범죄는 그렇지 않다. 만약 동일 호적 내의 사람을 간(姦)한 자는 비록 화간이라도 가격하고 체포하는 것을 허용한다(포3.1의 주). 원래 친속은 죄가 있더라도 숨겨주고 고발해서는 안 되지만(명46), 친속이 타인과 화간한 경우 모두 체포하여 관에 넘길 수 있다. 이는 고의로 고발한 것이 아니라 죄인을 체포하는 것으로 인해서 친척까지 관에 넘기게 된 것이므로, 체포자는 친속을 고발하거나 체포한 죄에 해당하지 않는다(투44~46). 화간한 사람은 쌍방 모두 율에 따라 처단한다(포3.1의 문답).

3. 교령권 및 주인권에 의한 행위

(1) 교령권에 의한 행위

① 부모·조부모는 자·손이 교령을 위반한 경우 처벌할 수 있고, 처벌하다 뜻하지 않게 사망하게 된 경우 무죄이다(투28.2d의 소). 이는 부·조의 형벌권을 승인한 것이다.

② 존장이 비유를 침해한 행위는 죄가 면제되거나 감경되는데(투27.4), 이는 광의의 교령권 행사로 간주하기 때문이다.

③ 남편이 처를 구타하여 상해를 입힌 죄는 일반인범에서 2등을 감하고, 첩을 그렇게 한 때에는 4등을 감한다(투24.1). 이는 처첩에 대한 남편의 교령권을 인정하여 부분적으로 정당성을 승인하기 때문이다. 이 점에 대하여 투송률 24.1조의 소는, "처가 남편과 동등하다는 것은 육체적으로 그렇다는 것이며, 뜻으로는 동생과 같다. 그러므로 일반인범에서 2등을 감하는 것이다."라고 해석하였다.

(2) 교령에 따른 행위

조부모·부모가 죄수로 수감되어 있는데 자·손이 시집가거나 장가 간 경우, 조부모·부모의 죄가 사죄라면 도1년반, 유죄라면 도1년, 도죄라면 장100에 처하지만, 조부모·부모의 명을 따른 때에는 논하지 않는다(호31).

(3) 주인권에 따른 행위

① 주인이 잘못이 있는 부곡을 처벌하다가 사망에 이른 경우 무죄이다(투21.2). 이는 주인의 형벌권을 승인한 것으로, 징벌하다가 뜻하지 않게 가내의 천인을 사망에 이르게 한 경우 처벌하지 않는다.

② 주인이 죄 있는 노비를 관청에 처벌을 요청하지 않고 살해한 때에는 장100에 처하고, 죄 없는 노비를 살해한 때에는 도1년에 처한다(투20). 골절상 이하는 율문 규정이 없는데, 이는 주인권 행사로 간주하여 범죄 구성 요건에 해당시키지 않기 때문인 것으로 보인다.

4. 정당행위 및 사회 상규에 따른 행위

(1) 정당행위

① 정치에 대한 잘못을 비판하다가 비판이 황제에게 미친 경우에는, 특별히 아뢰어 황제의 판단에 맡긴다(직32.1a의 주).

② 공갈로 배상[償償]을 요구하였는데 사안에 까닭이 있는 경우는 공갈죄가 구성되지 않는다(적38.1의 주2).

③ 성내의 거리에서 수레나 말을 달렸으나, 공적 또는 사적인 긴급한 일로 달린 때는 처벌하지 않는다(잡4.2a).

④ 야간 통행금지를 위반하였으나 정당한 사유가 있을 때에는 처벌하지 않는다(잡18.1b).

⑤ 호적이 있는 곳이 아닌 다른 지방에서 부랑하는 자는 처벌하지만, 재물을 구하기 위해, 또는 관리가 되고자 학업을 위해 타지에 머물다가 귀환하지 않은 경우는 처벌하지 않는다(포12.1).

⑥ 담당 관리가 고발을 접수하고도 즉각 습격하여 체포하지 않았으나, 만약 사안이 작전을 세워 공격해야 하기 때문에 그 시한을 어겼을 경우에는 처벌하지 않는다(투39.2).

(2) 사회 상규에 위배되지 않는 행위

① 처·첩이 함부로 떠난 때는 도2년에 처한다. 다만 부부간에 분쟁이 있어 서로 화내어 잠시 떠난 경우에는 이 죄를 적용하지 않는다(호41.3 및 소).

② 죄인을 추격하여 체포하다가 제압할 수 없어 행인에게 도움을 요청했는데 돕지 않은 자는 장80에 처한다. 그러나 행인이 형세상 죄인 체포를 도울 수 없을 경우는 논하지 않는다(포4.2).

③ 타향에서 객사하여 유골만 수습해서 고향에 돌아간 자는 사체를 잔해한 죄로 처벌하지 않는다(적19.4의 소).

④ 적모·계모·자모나 양부모가 본래의 부모를 살해한 경우는 고발하는 것을 허락하고, 부모를 고발한 죄를 적용하지 않는다(투44.2).

⑤ 재물을 걸고 놀이를 하면 처벌하지만(잡14.1), 활쏘기는 무예를 익히는 것이므로 비록 재물을 걸었더라도 처벌하지 않는다(잡14.1a의 소).

⑥ 역마를 사용하는 사신이 이유 없이 문서를 남에게 부탁한 때는 처벌하지만, 자신의 병환이나 부모상이 있는 경우는 처벌하지 않는다(직34.1a의 소).

5. 정당방위

당률에는 정당방위에 관한 통칙 규정이 없고 단지 각각의 정황에 따라 형을 면제 또는 감경할 뿐이다. 불의 또는 부정에 맞서 스스로의 법익을 방위할 수 있는 권능이 개인에게는 주어지지 않고, 오직 국가 권력에 의지하여 구제를 요청할 수 있을 뿐이다. 다만 극히 제한적으로 정당방위가 위법성을 배제하거나 형을 감경하는 사유가 되기도 한다. 또한 극히 제한적으로 긴급피난을 인정한다. 주요 조문은 다음과 같다.

(1) 자기 방위

1) 요건

마땅히 정당해야 하고 또 구타당한 뒤에 구타한 경우에 한한다. 가령 을이 갑을 범하지 않았고 허물도 없는데 얻어맞아 항거하다가 갑을 구타한 때는, 을은 사유가 정당하므로 본래 구타한 죄에서 2등을 감한다(투9.2). 이는 타격을 받은 자의 자기 방위를 위한 반격이다. 다만 이 경우도 위법성을 완전히 배제하는 것은 아니고 단지 구타한 죄에서(태40, 투1.1) 2등을 감할 뿐이다. 싸우다가 쌍방이 동시에 서로 구타하여 상해한 때는 각각 경중에 따라서 쌍방을 법대로 논한다. 원래 사사로운 싸움은 용납되지 않기 때문에 싸움의 원인을 묻지 않고 쌍방을 모두 상해한 정도에 따라 처벌한다.

2) 과잉 방위

뒤에 구타했고 반격의 사유가 정당하더라도 구타하여 사망에 이르게 한 때에는 감하지 않는다(투9.2의 주). 다른 사람이 병장기나 날붙이로 자신을 핍박하기 때문에 병장기나 날붙이를 사용하여 저항하다가 살상한 때는 싸우다가 살상한 죄의 처벌법에 따른다(투5.1의 주). 바꾸어 말하면 싸우다가 살인했더라도 병장기나 날붙이를 사용했다면 역시 살인죄를 적용하되, 다만 고의살인죄로 처벌하지 않을 뿐이다.

타인이 구타당하여 골절 이상의 상해를 입었거나 또는 강도·절도 및 강간당했다면 이웃 사람이라도 모두 체포·포박할 수 있는데, 범인이 무기를 가지고 저항하거나 도주하는 경우 살해해도 죄를 묻지 않는다(포3.1). 단 범인이 맨손으로 저항하는데 살해한 자는 도2년에 처한다(포2.2).

(2) 조부모·부모를 위한 방위(투34)

1) 요건

조부모·부모가 타인에게 구타당해 자·손이 즉시 현장에서 반격하여 그를 구타한 경우, 골절상 이상의 상해가 아니라면 논하지 않는다. 조부모·부모를 위한 정당방위의 경우 위법성 배제가 상당히 폭넓게 인정된다. 그러나 이 경우에도 두 가지 조건을 전제로 한다. 첫째, '즉시'라는 조건이다. 즉 바로 현장에서의 행위만 정당방위로 인정된다. 이 조문에서 '즉시 현장에서[율문은 卽, 소는 當卽]'라고 명기한 것은, "싸움이 끝나고 흩어진 뒤에 구타하여 상해한 행위는 고의로 상해한 법에 따른다."는 투송률 5.3조의 규정이 적용됨을 밝힌 것으로 보아도 좋을 것이다. 둘째, 골절상 이하의 경우에만 위법성이 완전히 배제된다. 골절상인 경우는 일반인범에서 3등을 감하므로, 정당방위는 부분적인 위법성 배제 사유가 된다. 그러나 모두 자·손이 처음부터 싸움에 참여하지 않은 경우에 한하며, 처음부터 싸움에 참여한 경우는 수범과 종범으로 구분하여 처벌한다.

2) 과잉 방위

공격자에 대해 반격한 경우 골절상 이상이 아니면 논하지 않는다. 골절상인 경우는 싸움으로 인한 골절상죄에서 3등을 감한다. 사망에 이른 경우는 3등을 감하지 않고, 일반적인 법에 따라 교형에 처한다. 병장기나 다른 날붙이를 사용하여 살해한 경우는 참형에 처한다(투5.1b).

(3) 야간 침입자에 대한 정당방위(적22)

1) 요건

밤에 이유 없이 침입한 자를 주인이 바로 그 때 살해한 경우는 논하지 않는다. 정당행위로서 위법성이 완전히 배제되기 때문이다. 단이 경우 몇 가지 요건을 전제로 한다.

① 타인이 밤에 이유 없이 해당 집의 건물이나 뜰 안으로 들어온 경우이다.

② 주인이 침범한 것이 아님을 알지 못한 경우이다. 현재 위험이 있고 들어온 사람이 침범자가 아님을 주인이 알지 못함을 말한다. 바꾸어 말하면 들어 온 사람이 침범자가 아니라는 것을 확실히 안 경우 주인은 그를 공격하여 살해해서는 안 된다. 여기서 침범자가 아니라는 것은, 길을 잃고 잘못 들어갔거나, 또는 술에 취해 정신을 못 차리거나, 노·소·장애자나 부인 등으로 침범할 수 없는 자라는 뜻이다. 그러나 주인이 반드시 들어온 사람이 침범자라는 사실을 적극적으로 알 것을 요구하는 것으로 보아서는 안 된다.

③ 주인이 즉시 그를 살해한 경우여야 한다. 바꾸어 말하면 시간

간격이 있는 경우는 살해한 죄가 용서되지 않으며, 들어온 바로 그 시점에 주인이 가격하여 살해했다면 논하지 않는다. 그러나 밤에 들어온 간통범이라면 알고 살해했더라도 논하지 않으므로, 정당 행위로서 위법성이 완전히 배제된다(적22의 문답).

2) 과잉 방위의 처벌
① 침범이 아님을 알면서 살상한 경우 싸우다 살상한 죄에서 2등을 감한다.
② 이미 붙잡은 뒤에 살상한 경우는 모두 싸우다 살상한 죄로 논하되, 단 살상한 죄가 사죄에 이른 때에는 가역류에 처한다. 침입자가 구류·결박되어 저항할 수 없을 때는 비록 침입자의 죄가 무겁더라도 살상해서는 안 된다.

6. 긴급피난

(1) 부당한 구금으로부터 도망
사안의 정상으로는 신체 구금에 해당하지 않는 사람이 관인에게 억울하게 구금당한 경우, 항거하고 도주해도 구금 중에 도망한 죄를 받지 않고 몰래 도망한 죄를 받는다(포15.2의 문답). 몰래 도망한 경우는 공·악호가 집에서 도망한 경우와 같이 1일에 태30에 처하며, 10일마다 1등을 더하되, 최고형은 도3년이다(포11.1의 소). 이는 죄수가 구금 중에 도망한 죄가 유2000리인 것에 비하면 긴급피난으로 인한 감경의 폭이 큰 셈이다. 더구나 몰래 도망한 죄만을 말하고 공공연히 도망한 경우에 대해서는 말하지 않았는데, 이 경우는 당연히 무죄라고 보아야 한다.
구금에 항거하다가 사람을 살상한 때는 단지 고의로 살상한 죄로 처벌한다(포15.2의 문답). 고의 상해죄는 가장 가벼운 것이 장70이고 가장 무겁더라도 유3000리이므로(투5.2), 구금된 자가 도망하다가 상해한 죄가 가역류인 것에 비하면 긴급피난으로 인한 감경의 폭이 큰 셈이다. 고의 살인죄는 참형이므로 수감 중에 도망하다가 살인한 죄의 형과 같다.

(2) 축산의 침범으로부터 피난

침범하는 동물을 살상한 경우 긴급피난에 해당한다. 그 침범이 인간의 행위가 아니기 때문이다. 이는 두 종류의 정형으로 나눈다.

1) 요건

축산이 사람을 들이받거나 물려고 하기 때문에 살상한 경우는 처벌하지 않으며 배상하지도 않는다(구9.2). 이 때에도 즉시 살상한 경우에만 적용된다. 시간 간격이 있는 경우에는 모두 고의로 도살하거나 상해한 것으로 간주하며, 감손된 가치를 배상하여야 한다(구9.2의 주 및 소).

2) 과잉피난의 처벌

관이나 개인의 축산이 관이나 개인의 물품을 훼손하거나 먹기 때문에, 그 즉시 축산을 도살한 자는 고의로 도살한 죄 도1년반(구8.1a)에서 3등을 감하여 장90에 처하고, 축산을 살상하여 감손시킨 가치를 배상케 한다. 축산의 주인은 축산이 훼손한 물품의 가치를 배상케 한다(구9.1). 달리 말하면 갑의 축산이 을의 물건을 침손하여 을이 그 즉시 도살한 경우, 을은 장90의 처벌을 받고 도살로 감손된 축산의 가치를 배상해야 하므로 형사책임과 민사책임을 지게 되고, 축산의 주인 갑은 축산이 훼손한 물품의 가치를 을에게 배상해야 하므로 민사책임을 지게 된다. 이 행위는 과잉피난으로 인한 것이기 때문에 그 책임 또는 위법성을 완전히 배제하지 않는 것으로 해석해야만 한다.

V. 책임형식

책임 형식에 관한 구별이 가장 상세한 것은 살상죄이다.

1. 모살

모(謀)는 두 사람 이상이 함께 모의한 것을 말한다. 만약 살해하려고 한 정황이 분명하게 드러난 경우에는 비록 한 사람이라도 두 사람이 모의한 것과 처벌법이 같다(적9.1의 소).

모살에는 예비 단계, 살인을 모의하여 실행하였으나 상해한 단계, 살인을 모의하여 살해한 단계의 구별이 있다. 예비 및 상해한 단계의 죄는 형을 감경한다. 즉 일반인에 대해서 살인을 모의한 자는 도3년에 처하고, 모의하여 상해한 자는 교형에 처하며, 살해한 때에는 참형에 처한다. 모살죄는 원칙적으로 수범과 종범으로 나누며, 종범은 형을 감경한다. 모살은 정이 무겁기 때문에 고살에 비하여 형이 무겁다. 다만 존장의 비유에 대한 모살죄는 존장의 비유에 대한 고살죄(적6.3)에 준한다. 즉 존장이 비유를 살해할 것을 모의한 죄는 일반인 고살죄(참형)에서 2등을 감해서 도3년, 살해를 모의하여 상해한 죄는 1등을 감해서 유3000리, 살해한 죄는 고살죄에 따라 교형에 해당한다. 이 경우의 존장은 부·조를 포함한다. 다만 그 수범은 모두 해당 신분인 모살죄에 따라 논한다. 조의자(造意者)는 비록 실행하지

않았더라도 그대로 수범이 된다. 남에게 독약을 먹인 행위는 모살의
한 형태이다(적16.1의 문답).

2. 고살

(1) 고살죄의 본질
싸움으로 인한 것이 아니라 싸울만한 이유 없이 살인한 것이 고살
(故殺)이다(투5.1b의 소). 고살의 본질은 싸움으로 인한 것이 아니라
고의로 살해한 범행을 말한다. 다만 고의라고 하더라도 이는 사건 당
시에 살의가 일어난 것을 가리키는 것으로, 결코 미리 모의한 살인이
아니다.

이는 일반인범에 대한 것으로, 신분인 사이의 고살은 내용이 조금
씩 다르다. 예컨대 부·조가 자·손을 고의로 살해한 죄는 가르침이나
명령을 위반하지 않았는데도 고의로 살해한 죄를 말하며(투28.2b의
소), 자·손이 부인을 고의로 살해한 죄는 자·손의 부인이 부·조를 구
타하거나 욕하지 않아 죄가 없는데도 살해한 죄이다(투29.2b의 소).
이는 징벌할 만한 이유가 없는 경우들이다. 부·조가 자·손의 부인을
징벌하다가 살해한 죄는 일반인범에 비해 극히 경미하다.

싸우다가 구타하여 살해했다면 원래 살해할 마음이 없었기(투5.1a
의 소) 때문에 고살이 아니라 투살이고, 고살죄(참형)에 비하여 형이
가볍다(교형). 그러나 싸움으로 인한 것이라도 싸움이 끝나고 시간
이 지난 뒤에 살상한 경우는 고의로 살상한 죄에 대한 처벌법에 따
른다(투5.3). 성내어 다툰 뒤에 각기 흩어져 소리가 서로 들리지 않
을 만큼 멀리 떨어진 곳으로 갔다가 다시 와서 살상한 경우 고살상
의 법에 따라 처벌한다(투5.3의 소).

(2) 고살죄의 형벌

고살죄의 형은 참형이다(투5.1b). 싸움으로 인하지 않고 고의로 사람을 구타하여 상해한 때에는 싸우다가 구타하여 상해한 죄에 1등을 더한다(투5.2).

(3) 고살로 간주하는 행위

어떤 경우의 살인은 고의가 없더라도 고의가 있는 것으로 간주된다.

1) 싸우다가 날붙이로 살인한 경우

비록 싸우다가 살인했더라도 날붙이를 사용하여 살해한 경우는 고살과 같다(투5.1c). 싸우다가 날붙이를 사용한 것은 곧 해하려는 마음이 있었던 것으로 간주하기 때문에 고살과 같은 법으로 처벌하는 것이다(투5.1c의 소).

2) 싸움 중의 오살상

싸우다가 살상한 경우라도 고의가 개입된 것으로 간주하는 예가 있다. 가령 갑이 을과 싸우다가 갑이 날붙이나 몽둥이로 을을 치려 하였는데 착오로 병에게 적중되어 사망하거나 상해한 때는 싸우다 살상한 죄로 논한다. 이 경우 과실죄를 적용하지 않고 싸우다 살인한 죄를 적용하는 것은 그가 원래 해할 고의가 있었기 때문이다. 다만 사죄에 이를 경우에는 1등을 감하여 유3000리에 처한다(투35.1과 소).

(4) 신분에 따른 고살죄의 가감

고살은 모살에 비하여 정이 가벼우나 투살에 비해서는 무겁다. 존장이 비유를 살해하려고 모의한 때는 각각의 고살죄에서 2등을 감하고, 살해를 모의하여 상해한 자는 1등을 감하며, 살해한 자는 고살죄

의 법에 의거하여 처벌한다(적6.3). 존장이 비유를 고의로 살해한 죄
는 모두 해당 신분인과 싸우다가 살해한 죄에 더한다(투24~33). 만
약 노리는 바가 있어 존장이 기친 이하의 비유를 살해한 때는 교형
에 처한다(적40.2의 주).

양인이 부곡을 모의하여 살해한 죄는 고의로 살해한 죄와 같다(투
19.2c의 소). 가축을 도살한 경우는 고살죄만 있고, 모살죄는 없다
(구8~12).

3. 투살상

투살은 서로 싸우다가 구타하여 사망에 이른 것으로 살인할 의도
를 갖지 않음을 말한다(투5.1a의 소). 투살죄의 형은 교형이고(투5.
1a), 싸우다가 상해한 죄는 상처의 정도에 따라 형이 다르다(투1~4).
다만 신분에 따라 가감한다.

4. 희살상

희살상(戱殺傷)은 죽음에 이르기까지 함께 힘을 겨루기로 동의하
고 놀이하다가 살상한 것을 말한다(투37.1a의 주). 여기서 희(戱)는
'장난하다'의 희는 아니다. 만약 본래 사람을 살상할 만한 일이 아니
라 우연히 장난하다가 예기치 않게 사람을 살상한 경우는 희살상을
적용할 수 없다. 예컨대 두 사람이 정원에서 살구를 먹다가 한 사람
이 장난으로 살구 씨를 던지자, 다른 사람이 피하다가 넘어져 머리가
돌에 부딪쳐서 사망한 경우 따위는 희살이 아니라 과실살이다(『大淸
律輯註』, 懷效鋒·李準 點校, 691쪽). 요컨대 희살상은 살상의 결과가
예상되거나 미필적 고의가 있는 것인데, 다만 쌍방이 합의하였기 때

문에 그 형을 감경하는 것이다. 일반인 사이의 희살상은 투살상죄에서 2등을 감하지만, 흉기를 사용하거나, 높은 곳에 올라가거나, 위태한 곳을 밟거나, 물속에 들어가는 것으로 내기해서, 그 때문에 상상한 때에는 투살상죄에서 1등만 감한다(투37.1b).

5. 과실살상

과실살상은 행위를 한 사람이 범죄 사실에 대하여 결코 인식하지 못하고, 뜻밖에 사람을 살상하기에 이른 경우를 말한다. 원칙적으로 각기 상황에 따라 속동으로 논한다(투38). 자세한 것은 아래에서 서술한다(아래 Ⅶ 과실).

6. 기타 특별한 형태의 살상

책임 형식이 같더라도 율에서는 서로 다른 처벌법을 적용하는 경우가 있다. 성 및 관·사의 사택, 또는 도로를 향해 활을 쏘거나 탄환을 발사하거나 기와나 돌을 던졌는데 살상이 발생한 때에는 투살상죄에서 1등을 감하고(잡5.1c), 고의로 성이나 집안에 활을 쏘아 그로 인해 사람을 살상한 때에는 투살상으로 논한다(잡5.2). 태묘·태사·금원을 향하여 활을 쏘거나 탄환을 쏘거나 기와나 돌을 던져 사람을 살상한 경우도 역시 투살상으로 논한다(위22.2). 이는 본질상 과실살상인데 정책상 투살상으로 논하는 것이다. 궁전을 향하여 활을 쏘아 사람을 살상한 때에는 고살상으로 논한다(위16.3).

VI. 고의로 방임한 것과 적발하지 못한 것

1. 주사가 고의로 방임한 것과 적발하지 못한 것

(1) 범행을 고의로 방임함

당률에는 담당 관리가 죄를 범하는 것을 알면서 고의로 방임하거나[故縱] 죄를 범하는 정을 알면서 행하는 것을 허락하거나[知而聽行] 죄를 범하는 것을 알지 못한 사이에[不知情] 범행을 용인한 경우 처벌하는 규정이 자주 보인다.

고의로 방임했다는 것과 죄를 범하는 정을 알면서 행하는 것을 허락했다는 것은, 담당 관리가 죄를 범하는 것을 알면서 금하지 않고 그 행위를 방임한 것을 말한다(위1.3c, 잡16.3). 이는 율에서 통상적으로 보이는 편면 공범으로 원칙적으로 죄인과 죄가 같다. 사후 공범인 경우도 있는데, 예를 들면 전임자가 정원을 초과해서 임용한 사실을 알면서도 그대로 허용한 경우가 그것인데, 이 경우 후임자는 전임자의 죄에서 1등을 감해서 처벌한다(직1.2).

(2) 범행을 적발하지 못함

사람이 법을 위반하는 것을 감시하는 것이 직무인 담당 관리가 소홀하여 적발하지 못한 것을 불각(不覺)이라고 한다. 이는 책무를 훼손한 것이고 주의에 흠결이 있는 것이기 때문에 처벌하며, 정형에 따라 고의로 놓아준 죄에서 2등 내지 4등을 감한다. 주사가 정을 알지 못한 경우도 역시 같다.

다만 죄의 등급을 감하는 법을 적용하지 않거나 특례를 적용하는 경우도 있다. 예를 들면 이정이 호구의 탈루나 나이 또는 장애를 증감한 정을 알지 못한 경우는 처벌이 가볍지만(호2.1), 정을 안 경우에는 모두 가장과 같은 법으로 처벌한다(호2.2). 숙직하는 사람이 도적이 통과하는데도 적발하지 못한 때에는 태50에 처하지만(잡18.2b), 만약 알면서 통행을 허용했다면 당연히 주사가 고의로 방임한 것과 같은 죄에 해당한다(잡18.2b의 소). 주수가 고의로 방임하여 죄수를 잃은 때에는 체포 기한을 주지 않고 바로 죄수의 죄로써 논하지만(포16.4a), 주수가 감시소홀로 죄수를 잃은 때에는 죄수의 죄에서 2등을 감한다(포16.1a).

담당 관리가 정을 알지 못한 때는 때때로 처벌하지 않는 예가 있다. 예를 들면 서로 다른 기관 사이의 공무에 대한 과실과 착오, 즉 다른 기관에서 보내온 문서의 상태가 은미하고 모호하여 숨겨진 내용이 있으나 찾아내지 못한 경우에는 죄를 논하지 않는다(명40.6). 시마친 이상의 상이 있는 자임을 알면서도 종묘 제사의 집사나 배종의 임무를 맡긴 담당 관리는 태50에 처하지만, 정을 알지 못했다면 처벌하지 않는다(직11.1). 담당 관리가 사기 행위를 용인했더라도, 정을 알지 못한 경우는 처벌하지 않는다(사27).

2. 일반인이 정을 안 경우와 알지 못한 경우

(1) 일반인이 정을 안 경우의 처벌

비교적 가벼운 경우는 죄인의 죄에서 1등을 감하는데, 예를 들면 정을 알면서 죄인을 숨겨주거나 도와서 목적지에 이르게 한 경우이다(포18.1). 부곡·노비가 주동하여 죄인을 숨겨주었는데 주인이 뒤에 알았다면, 주인도 부곡·노비와 죄가 같다(포18.1의 주1).

노비가 사사로이 딸을 양인에게 시집보내 처·첩이 되게 한 때에는 절도에 준해서 논하는데, 이를 알고 혼인한 남자는 같은 죄로 처벌한다(호43.4b). 상대방이 부모나 남편의 복상 중임을 알면서도 혼인한 자는 5등을 감하며, 정을 모른 자는 처벌하지 않는다(호30.2).

주인이 노에게 양인의 딸을 처로 삼게 한 경우 도1년반에 처하는데(호42.1a), 노가 스스로 장가갔고 주인이 정을 안 경우는 2등을 감하여 장100에 처하며(호42.2b), 정을 알지 못한 경우는 처벌하지 않는다(호42.2b의 소).

(2) 일반인이 정을 알지 못한 경우의 면죄

율에는 일반인이 정을 알지 못한 경우는 처벌하지 않는다고 규정한 조문이 매우 많다. 조문에 규정이 없어도 소에서 처벌하지 않는 것으로 해석한 예도 또한 적지 않다. 이 점은 담당 관리의 경우와 같지 않다. 그 뚜렷한 예를 들면 다음과 같다.

① 독약을 판 자가 산 사람의 사람을 해치고자 하는 의도를 알지 못했다면 처벌하지 않는다(적16.1a의 주).

② 죄인을 은닉한 경우, 죄인에게 몇 가지의 죄가 있더라도 단지 알고 있는 죄로만 처벌한다(포18.2).

③ 고독을 조합하거나 소지한 자의 동거 가족은 연좌·처벌되지만, 만약 동거 가족이 피해자인 경우, 독해를 입은 사람과 그 부모·처첩·자손이 독약을 제조한 사정을 알지 못했다면 처벌하지 않는다(적15.4).

④ 도망한 부녀를 처첩으로 삼은 자가 실정을 알지 못했다면 또한 무죄다(호36.2b의 소).

(3) 정을 안 것으로 간주하는 경우

율에는 실정을 안 것으로 간주하는 경우가 있다.

① 고독을 조합하거나 소지한 자의 동거 가족은 사정을 알지 못하더라도 유3000리에 처하는데(적15.2), 사정을 안 것으로 간주하기 때

문이다(적15.4의 문답1).

② 죄인을 은닉한 경우, 사건이 발각되어 죄인이 추격을 받아야 죄의 정을 안 것으로 간주한다. 그러나 국가를 배반한 것과 같은 경우는, 추격당하지 않더라도 도망갔다면 곧 실정을 안 것으로 간주한다(포18.1의 소).

(4) 정을 안 자의 면죄

법에 따라 서로 숨겨주어도 죄가 되지 않는 일정 범위의 친속이 공범인 타인과 함께 온 경우, 그들 모두를 숨겨주더라도 처벌하지 않는다. 타인이 조사받게 되면 친속의 죄가 드러날 것을 염려하기 때문이다(포18.1 주2, 명46). 비유가 죄인을 은닉했는데 존장이 알고도 허락했다면 비유만 처벌한다(포18.1의 주1).

(5) 늦게 정을 안 경우와 도중에 안 경우

① 노비나 첩을 살 때 약취하거나 유인한 실정을 알지 못했으나, 산 뒤에 알고 말하지 않은 경우는 실정을 안 것으로 논한다. 여러 번 전매된 뒤 실정을 알고 산 자는 모두 처음 산 사람과 죄가 같다(적48.2의 주).

② 어떤 사람에게 죄가 있음을 모르고 기거하기를 허용하고, 뒤에 죄가 있음을 알면서도 계속 숨겨준 자는, 모두 법률 규정과 같이 처벌한다. 그러나 이리저리 옮겨 다니면서 서로 부탁하여 죄인을 숨겨준 경우, 실정을 안 자는 처벌하고 실정을 모른 자는 모두 논하지 않는다(포18.1의 주4).

VII. 과실

1. 과실죄

우리 형법 총칙 13조는 "죄의 성립요소인 사실을 인식하지 못한 행위는 벌하지 아니한다. 단, 법률에 특별한 규정이 있는 경우에는 예외로 한다."고 규정하고 있다. 달리 말하면 "고의가 없는 행위는 벌하지 아니한다(형법개정안 제11조)."는 규정이다. 또 14조는 "정상의 주의를 태만함으로 인하여 죄의 성립요소인 사실을 인식하지 못한 행위는 법률에 특별한 규정이 있는 경우에 한하여 처벌한다."고 규정하고 있다.

당률의 명례율에는 고의가 없는 행위 및 과실에 의한 행위는 처벌하지 않는다는 규정이 없고, 각칙의 본조에 산발적으로 보인다. 고의가 없는 행위 및 과실범에 대한 처벌규정의 형태는 전적으로 과실범만을 규정한 조항도 있지만, 통상적으로 과실범은 고의범의 형에서 등급을 감하여 처벌하는 방식으로 조문을 구성한다. 또한 과실은 살상의 경우는 '과실(過失)'로 표현되어 있지만, 이 밖에 정상에 따라 '실(失)'·'오(誤)'·'실착(失錯)'·'불각(不覺)'·'부지정(不知情)'·'불비(不備)' 등 다양한 용어로 표현된 조문이 있다. 과실살상의 경우 속면하는 것이 원칙이지만(투38) 반드시 실형에 처하는 경우가 있고(투28), 과실살상 외의 과실범 가운데는 일반인에 대한 고의범과 같거나 심지어는 고의범보다 무겁게 처벌하는 경우도 있다. 이처럼 당률에는 과실범에 관한 처벌규정이 광범위한 조문에 걸쳐 있고, 또한 정황에 따라 조문의 구성방식과 용어 및 처벌방법이 다양하지만, 여기에서는 과실범의 처벌원칙만 간단히 정리하여 제시하는 것으로 그친다.

2. 과실살상죄

(1) 본질

과실살상의 본질에 관해서 투송률 38조의 주는 "이목의 감각이 미치지 못하거나, 생각이 미치지 못하거나, 함께 무거운 것을 들다가 힘으로 제어하지 못하거나, 또는 높은 곳에 올라가거나 위험한 곳을 밟고 섰다가 발이 미끄러지거나 또는 짐승을 사격하다가 그로 인해 사람을 살상하기에 이른 것 따위는 모두 과실살상이다."라고 해석하였다. 이는 모두 범죄 사실을 예견할 수 없는 상황에서 발생한 결과라는 것이다.

(2) 처벌원칙

1) 속으로 논함

사람을 과실살상한 때에는 각각 그 정상에 의거해서 속(贖)으로 논한다(투38). 이는 특별한 규정이 없으면 실제 상해의 정도에 따라 명례율 1~5조에 규정된 속동의 수로 죗값을 갚게 한다는 뜻이다. 단 수레나 말을 타다가 말이 놀라 제지할 수 없었기 때문에 사람을 살상한 때에는 과실죄에서 2등을 감한다(잡4.2c).

2) 속동은 피해자의 집에 들임

옥관령(습유792쪽)에는 "사람에게 손상을 입히거나 무고하여 죄를 받을 자가 죄를 속할 수 있을 경우 속동은 피해자의 집에 들인다. 두 사람이 서로 범하여 다 같이 죄를 얻거나 동거인이 서로 범한 경우 동은 관에 들인다."고 규정되어 있다. 율의 소에서도 과실범의 속동에 관해서 이 같은 뜻으로 해석한 예가 다수 있다(적16.2d, 투30.1d,

36.1e, 잡4.2c, 35.2, 단15.1 등의 소). 속동을 피해자의 집에 들인다는 규정으로 보면, 속은 한편으로는 벌금형이지만 다른 면으로는 민사손해보상의 성질이 있다. 또한 상해에 대해서는 보고 기간이 있는데(투6), 이는 가해자에게 피해인의 상처를 치료할 의무를 과하는 것이다.

(3) 실형에 처하는 과실살상죄
과실살상은 때때로 실형으로 처벌한다.

① 조부모·부모(투28.1b), 남편의 조부모·부모(투29.1a), 형·누나·기친존장·외조부모(투27.3)·남편(투25.1c)을 과실로 살상하거나, 부곡·노비가 주인과 주인의 기친 및 외조부모(투22)를 과실로 살상한 경우는 속동을 거두지 않고 실형에 처한다.

② 절도하다가 과실로 사람을 살상한 자는 투살상으로 논한다(적42.1). 이 경우 과실살상은 속동을 징수한다는 규정에 따르지 않는다(적42.1의 소).

(4) 업무상 과실살상죄
① 짓거나 허물 것이 있는데 신중하게 대비하지 않아 과오로 사람을 살해한 자는 도1년반에 처한다(천21.2a). 단 과오로 상해한 때에는 무죄이다(천21.2b의 소).

② 의사가 사람을 위해 약을 조합하거나 겉봉에 설명하거나 침을 놓는 것을 착오로 본방(本方)대로 하지 않아 사람을 살해한 때에는 도2년반에 처한다(잡7.1). 단 상해한 때에는 각각 과실법과 같다(잡7.1의 소). 상해가 없을 때에는 율문이 없고 소에서 해석한 바도 없으므로 무죄로 추정된다.

3. 공무상 과실죄의 처벌

(1) 통상의 공무상 과실죄의 처벌

통상의 공무상 과실죄는 고의죄에서 3등 감하여 처벌하는 것을 원칙으로 한다. 직제율 2.3a조는 "과실로 고과와 시험을 사실대로 하지 않은 경우 고의범에서 3등을 감한다."고 규정하고서, 그 주에 "다른 조항의 과실은 이에 준한다."고 하여 과실죄 처벌에 관한 일반원칙을 밝혔다. 또한 이 주에 대한 소는 "전체 율 안에서 공적인 일의 착오된 것에 대해 본조에 '과실은 감한다.'는 율문이 없는 경우 모두 이에 준하여 3등을 감한다는 것을 말한다."고 해석하였다.

(2) 특별한 공무상 과실죄의 처벌

공무상 과실죄라 하더라도 통상의 공무상 과실죄의 처벌원칙에 따르지 않는 경우가 적지 않다. 이 모두를 구체적으로 적시하는 것은 생략하기로 하고, 오직 통상의 경우에는 전혀 죄가 되지 않거나 죄가 된다고 하더라도 경형에 그치는 과실 행위를 중형으로 처벌하는 규정만을 들어 설명하기로 하겠다.

황제의 약을 조제하는데 착오로 본방과 같지 않거나 겉봉의 설명에 착오를 범한 경우 의관은 교형에 처한다(직12.1). 황제의 음식을 조리하는데 착오로 식금을 범한 주식은 교형에 처하고(직13.1), 황제가 타는 선박을 착오로 견고하게 제작하지 않은 공장은 교형에 처하며(직14.1), 감독하는 담당 관리가 및 주식이 착오로 잡약을 가지고 황제의 음식을 만드는 주방에 이른 때에는 교형에 처한다(직17). 이처럼 황제의 시봉과 관련하여 착오로 범한 행위는 중형으로 처벌한다.

이 밖에 황제의 명을 받는데 잊거나 착오하거나, 제서를 베끼는데 착오한 자는 만약 일의 뜻을 잃지 않았다면 태50에 처하고, 이미 일의 뜻을 잃었다면 장70한다(직23.1). 상서 또는 일을 아뢰는 문서에 착오로 황제와 선대 황제의 이름을 범한 자는 장80에 처하고, 구두 및 다른 문서에 착오로 황제와 선대 황제의 이름을 범한 자는 태50에 처한다(직25.1).

VIII. 미수

1. 현행 형법의 미수범과 당률의 미수범

미수범에 대해서 형법 총칙 제25조는 "범죄의 실행에 착수하여 행위를 종료하지 못하였거나 결과가 발생하지 아니한 때에는 미수범으로 처벌한다."고 규정하고, 제29조는 "미수범으로 처벌할 죄는 각 본조에 정한다."고 규정하고 있다. 실행에 착수하지 않은 음모 또는 예비행위에 대해서는 제28조에 "법률에 특별한 규정이 없는 한 벌하지 아니한다."는 규정을 두고 있다.

당률의 명례율에는 미수에 관한 통칙 규정이 없다. 단지 처벌할 필요가 있는 각 본조에 '미(未)'자나 '부(不)'자를 더한 처벌규정을 두고 있을 뿐이다. 예컨대 재물을 얻지 못함[不得財](적35.1, 34.1)·재물을 들이지 못함[財未入](적38.2)·이루지 못함[未成](위31.3c)·황제에게 아직 올리지 않음[未進御](직12.3과 주) 등과 같은 것이다. 또 명례율에는 실행에 착수하지 않은 음모 또는 예비행위에 대해서도 통칙 규정이 없고, 단지 음모 또는 예비행위를 처벌할 필요가 있는 각 본조에 '모(謀)'자를 더한 규정을 두고 있다. 예컨대 모반(謀反, 적1.1)·모대역(謀大逆, 적1.3)·모반(謀叛, 적4.1)·모살(謀殺, 적9.1) 등과 같은 것이다. 모(謀)는 2인 이상이 모의한 것이다(명55.5). 단 모의의 정상이 명백히 드러났다면 1인이라도 2인이 모의한 것과 같다(명55.5).

당률의 미수범에 관한 규정 중에서 황제나 존장을 침범한 것과 같은 중죄는 모의 단계에서 결과를 실현한 것과 같은 형에 처하는 예가 적지 않은 것이 특징이다. 그러나 통상적으로 율은 실제 피해를 중시하기 때문에, 결과가 실현되지 않은 행위에 대하여 결과가 실현된 때의 죄에서 감하거나 처벌하지 않는 것이 원칙이다.

다만 절도하려 하였으나 재물을 얻지 못하고, 간음하려 하거나 사람을 약취하려 하였으나 미수에 그쳤으면 감형한다(명9.2의 소). 결과가 발생하지 않은 과실의 미수범도 처벌하는 예가 있다. 예컨대 황제가 복용할 약을 조제함에 과실로 처방대로 하지 않은 자는 교형에 처하는데(직12.1), 아직 올리지 않은 때는 1등을 감한다(직12.3a). 다른 조문의 황제가 복용할 것 등에 대해 범한 과실죄에서 올리지 않은 경우는 모두 이에 준한다(직12.3b의 주).

때에 따라서는 범죄의 기수와 미수가 다른 사람의 행위로 결정되는 예가 있다. 예를 들면 어보·인장·부·절을 위조하거나(사1, 2, 3), 습득하여 팔거나 빌려준 경우 산 사람이나 빌린 사람이 사용해야만 비로소 각기 위조죄로 논한다(사4.1). 위조된 도장을 사용한 문서를 빌려주거나 팔았을 경우에도 빌리거나 산 사람이 행사해야 비로소 각기 위조죄로 논한다(사4.2). 도장을 사용하지 않았거나 문서를 시행하지 않은 때는 모두 시행한 죄에서 3등을 감한다(사4.3과 소와 문답1).

2. 미수범의 처벌

(1) 모의죄

가장 무거운 죄, 예를 들면 모반(적1.1), 기친 이상 존장을 살해하려고 모의한 죄(적6.1), 주인을 살해하려고 모의한 죄(적7.1) 등은,

처음 모의한 단계와 이미 실행한 단계를 구분하지 않는다. 즉 미수범도 기수범과 형이 같다. 이 밖에 모의죄는 이미 착수했으나 결과를 실현하지 못한 미수범보다 형이 가볍다. 모의죄와 미수죄 및 기수죄를 비교해 보면 다음과 같다.

① 대역을 모의한 자는 교형에 처한다. 이미 실행에 옮긴 때의 죄는 참형에 해당한다. 또 연좌한다(적1).

② 시마친 이상의 존장을 살해하려고 모의한 자는 유2000리에 처한다. 모의를 실행하여 상해한 죄는 교형에 해당한다(적6.2).

③ 주인의 기친 등을 살해하려고 모의한 자는 교형에 처한다. 모의를 실행하여 상해한 죄는 참형에 해당한다(적7.2).

④ 소속되어 섬기는 부주 등을 살해하려고 모의한 자는 유2000리에 처한다. 모의를 실행하여 상해한 죄는 교형, 살해한 죄는 참형에 해당한다(적5).

⑤ 옛 남편의 아버지나 옛 주인을 살해하려고 모의한 자는 유2000리에 처한다. 모의를 실행하여 상해한 죄는 교형, 살해한 죄는 참형에 해당한다(적8).

⑥ 비유를 살해하려고 모의한 존장은 고의살인죄에서 2등을 감하여 처벌한다. 모의를 실행하여 상해한 때에는 1등을 감하고, 살해한 때에는 고살법에 의거한다(적6.3).

⑦ 일반인을 살해하려고 모의한 자는 도3년에 처한다. 모의를 실행하여 상해한 죄는 교형, 살해한 죄는 참형에 해당한다(적9).

(2) 단순 예비의 죄

1) 모의는 없이 범죄를 예비한 행위만으로 처벌하는 경우

① 독약을 사서 사용하지 않은 자는 유2000리에 처한다. 약을 먹

인 죄는 교형에 해당한다(적16.1). 단 약을 먹여 살해한 죄에 대해서는 명문이 없는데, 살해하려고 모의했다면 당연히 모살죄를 적용할 것이다.

② 사사로이 주전하려 했으나 주전 기구를 아직 완비하지 못한 자는 장100에 처한다. 기구가 이미 완비되었으나 주조하지 않은 죄는 도2년, 주전한 죄는 유3000리에 해당한다(잡3.1).

2) 미수범의 처벌

범죄의 실행에 착수하여 결과를 실현하지 못한 미수범은 통상적으로 기수범에서 감형한다. 감형하는 등급 수는 각 범죄의 경중에 따라 다르다.

위에서 보는 바대로 모의죄나 단순 예비죄 가운데 모의나 미수만으로 최고형에 이르지 않는 경우 미수범의 죄는 기수범의 죄보다 가볍다. 이 밖에 미수범의 감형 등급은 다음과 같다.

① 1등을 감하는 경우 : 궁·전 담이나 관을 넘으려 했으나 아직 통과하지 않은 경우(위24.2의 주), 성문을 함부로 여닫은 죄의 미수(위24.4c), 제서·관문서를 위조하거나 내용을 증감했으나 시행하지 않은 경우(사6.1b, 8.1c), 양자가 합의하여 노비로 팔려고 했으나 팔지 못한 경우(적45.3b), 황제의 약, 황제의 출행에 사용되는 배, 황제의 음식을 만들 때 과오를 범했으나 올리지 않은 경우(직12.3의 주) 등이다.

③ 2등을 감하는 경우 : 병기를 사사로이 제조하려 했으나 완성되지 않은 경우(천20.4a), 딸의 출가를 허락하고 다시 다른 사람에게 혼인을 허락했으나 성혼되지 않은 경우(호26.2a), 죄수를 절취했지만 도망시키지 못한 경우(적10.2b), 무덤을 파헤쳤지만 아직 다 열지 않은 경우(적30.1c), 속이고 관직을 구하려 했으나 얻지 못한 경우(사

9.5와 주), 거짓으로 봉작을 승계하려 했으나 실패한 경우(사10.3의 소) 등이다.

④ 3등을 감하는 경우 : 외국인에게 금지된 병기를 주려했지만 외국인이 아직 입수하지 못했거나 외국인과 혼인하려 했으나 아직 성혼되지 않은 경우(위31.3c), 어보·인장·부·절을 위조하려 했지만 완성하지 못했거나 시행하지 않은 경우(사4.3) 등이다.

⑤ 5등을 감하는 경우 : 율을 어기고 혼인하려 했으나 하지 않은 경우(호46.4), 궁·전의 문에 난입하려 했으나 문지방을 넘지 않은 경우(위3.1), 넘으려는 관에 이르렀으나 아직 넘지 않은 경우(위금25.1c와 주) 등이다.

(3) 장죄의 미수범

① 절도(적35.1), 사기(사12.1의 소), 공갈(적38.2) 등을 행하였으나 재물을 얻지 못한 경우는 얻으려 한 장물의 수를 논하지 않고 재물을 얻은 죄의 최저형에서 1등을 감한다.

② 강도하였으나 재물을 얻지 못한 때는 재물을 얻은 죄의 최저형에서 2등을 감한다(적34.1a②).

③ 감림·주수가 사기하였으나 아직 재물을 얻지 못한 경우에는 얻으려 한 장물 액수에 준하여 처벌하되, 재물을 얻은 죄에서 2등을 감한다(사12.1의 주와 소).

④ 감림·주수가 양인을 거짓으로 인지하거나[妄認] 착오로 인지하여[錯認] 노비·부곡으로 삼으려 하거나 노비 및 재물을 거짓으로 인지하거나 착오로 인지하려고 한 경우에도, 역시 얻으려 한 장물의 액수[노비는 재물로 환산]에 준하여 처벌하되 2등을 감한다(사14.3의 소).

(4) 다른 죄에 따라 처벌하는 미수범

미수범을 다른 죄에 따라 처벌하는 경우도 있고, 해서는 안 되는 행위를 한 죄(잡62)에 따라 처벌하는 경우도 있다.

① 이름을 속이고 숙위할 수 없는 사람을 자기 대신 숙위시키려고 하여 대신할 사람이 이미 궁전에는 들어왔으나 아직 근무하는 곳에 이르지 않았다면 궁전에 난입한 죄에 따라 처벌하고, 아직 궁문에 들어오기 전에 사실이 발각되었다면 해서는 안 되는 행위를 한 죄 가운데 무거운 죄로 처벌한다(위23.4의 문답).

② 활을 쐈는데 궁전에 도달하지 않은 때는 해서는 안 되는 행위를 한 죄 가운데 무거운 죄로 처벌한다(위16.1c의 소).

③ 다른 사람의 재물을 받고 청탁받은 일을 아직 실행하지 않은 때는 감림하는 대상에게서 재물을 받은 죄의 처벌법에 따른다(직46.1c의 소).

제3장
당률의 사상적 기반과 죄의 구조

제1절 당률의 사상적 기반

I. 법가의 법에서 유가의 법으로

1. 법가와 유가의 법사상

기원전 5세기 말 이회가 위에서 법경 6편을 정하고, 이어서 상앙이 진에서 법을 율이라 고쳐 시행했다. 이 때는 7개 나라가 패권을 장악하기 위해 치열한 각축을 벌이면서 적극적으로 산업을 장려하고 강력한 군대를 양성하는 부국강병책을 시행하였는데, 이를 효과적으로 실행하기 위해서는 새로운 제도를 정립할 필요가 절실했다. 그러나 당시에는 봉건제도가 여전히 실효적으로 유지되고 있어 혈연적 관계망으로 형성된 지배층의 특권이 상당부분 인정되고 있었으므로, 이를 혁파해서 군주 중심의 정치체제와 지배질서를 확립하지 않으면 부국강병을 실현할 수 없었다. 이러한 시대적 요구에 부응해서 이회·상앙 등 법가들이 출현하여 법을 제정해서 실행한 것이다.

법가들이 정한 법을 관통하는 가장 중요한 원칙은, 공이 있으면 반드시 상주고 과가 있으면 반드시 벌주되, 어떤 행위에 대해 상주고 어떤 행위에 대해 벌줄 것인가는 객관적 절대표준에 의거해야 한다(『商君書』 賞刑)는 것이었다. 아울러 일체의 사람은 법률 앞에 평등해야 하며 차별이나 개별적 대우가 있어서는 안 되므로, 재상·장군에서 대부·서인에 이르기까지 왕의 명령에 따르지 않고 나라의 법을 범한 자는 사형에 처하고 용서해서는 안 된다는 것이 대원칙이었다.

이처럼 전혀 융통성이 없고 완전히 객관적인 행위만으로 처단해야

한다는 법가의 정신은 유가사상과는 완전히 상반되는 것이다. 유가
는 가족 중의 친소·존비·장유, 사회의 귀천상하와 같은 차이가 다
같이 중요하다고 인식하고, 이러한 차이가 사회질서를 유지하는데
불가결한 것이라고 보았다. 유가가 그리는 이상적인 사회질서는 귀
천·존비·장유가 각각의 지위에 부합하는 행위규범에 의거해서 권
리·의무를 이행하여 총화를 이루는 것인데, 그러기 위해서는 법만으
로 통제해서는 안 되고 예를 통한 교화를 우선해야 한다고 강조하였
다(취통쭈(瞿同祖), 『中國法律與中國社會』, 270~3쪽).

　　당시 각국의 조정은 법가의 주도하에 부국강병을 추진하고 있었지
만, 재야에서는 지배적인 정치사상이 존재하지 않고 제자백가가 쟁
명하고 있었다. 그 중 유가와 법가는 정치에 대한 사상적 차이 때문
에 서로 격렬하게 공박하면서 치열한 논쟁을 벌였다.

2. 율령의 장구

　　유·법 논쟁은, 전한 이후 진의 멸망을 교훈으로 삼아 유가만을 존
중하게 됨으로써 백가가 도태되고 법가도 세력을 잃게 되면서 사라
졌다. 그렇지만 한의 조정은 유가만 존중한다고 하면서도 법은 여전
히 법가의 법을 그대로 썼다. 그러나 이 같은 상황 아래에서도 유자
들은 양한대 내내 예를 법에 반영해야 한다는 주장을 꾸준히 제기하
였다. 그들의 주장은 관철된 경우도 없지 않았으나, 후한말까지 이
회·상앙이 정한 법의 기조는 그대로 유지되었다.

　　이처럼 자신들의 주의주장과는 상반되는 법이 그대로 존재하는 상
황에서 유가들은 변신을 시도하였다. 그들은 법의 공능을 인정하고
예치와 법치를 겸해야 한다고 주장할 뿐만 아니라, 그들의 선학들은
전혀 염두에 두지 않던 황제의 전제지배체제를 두둔하고 이를 사

상적으로 뒷받침할 논리를 개발하는데 부심하였다. 아울러 율을 유가의 예로 해석하는 작업을 부단히 전개하여 유가 경전을 바탕으로 율을 해석하는 장구학(章句學)이 크게 성행하였다. 그리하여 숙손선(叔孫宣)·곽령경(郭令卿)·마융(馬融)·정현(鄭玄) 등 10여 가의 장구가 각각 수십만 언에 이르게 되었으며, 재판에 직접 사용될 수 있는 것만도 모두 2만 6,272조, 773만 2,200여 언에 이르게 되었다(『晉書』권30, 923쪽). 이처럼 율령장구가 번잡하게 되었으므로 위 문제는 정현의 장구만 쓰고 다른 가의 장구는 쓰지 못하게 명했다(『晉書』권30, 923쪽). 이후 위 말의 집권자 사마소(司馬昭)가, 전대의 율령과 율주를 개혁하였으나 법망이 주밀할 뿐만 아니라 여러 유가의 장구 중 정현의 장구만을 쓰는 것은 편향적이라 그대로 이어 쓸 수 없다고 보고 지양하도록 했다(앞의 책, 927쪽). 그러나 이후 장구학은 더 이상 발전하지 못했다.

3. 예를 법에 도입함[以禮入法]

유교의 훈습을 받은 인물들이 국정에 주도하게 되는 후한에서는 경전의 뜻으로 율을 해석하는 작업을 넘어서 더욱 적극적으로 예와 율을 결합하는 작업을 시도하였다. 예를 들면 진총(陳寵)은 법률가이지만 유교의 영향을 많이 받은 인물인데, 화제(和帝) 영원6년(94) "형법이 번다하여 삼공·정위에게 율령을 모아 평하도록 명하셨는데, 경전의 뜻에 부합하여[應經合義] 시행할 만한 것은 대벽죄 200조, 내죄(耐罪)·속죄(贖罪) 2,800조, 합계 3,000조로, 예와 더불어 서로 부합합니다[與禮相應]. 그 나머지 1,989조는 전부 삭제하는 것이 좋겠습니다."(『晉書』권30, 920쪽)라고 상주하였다. 이 상주문에서 "경전의 뜻에 부합한다."든지 "예와 더불어 서로 부합한다."고 표현한 문구로 보면, 율은 예에 부합해야 하고 법률은 응당 예를 준칙으로 삼아야 할 뿐만 아니라, 그 지배를 받아야 한다는 것이 이미 그 시대의 풍조가 된 정황을 알 수 있다(瞿同祖, 앞의 책 333쪽). 이와 같은 법사상을 가진 유자들이 위의 율 제정 작업에 참여하게 되면서 법가의 법에 유가사상이 반영되어 깊은 영향을 미쳤으며, 그 결과 예를 율에 도입하는 작업이 이루어진 것이다. 예를 율에 도입하는 작업은 위의 뒤를 이은 진에서 보다 적극적으로 이루어졌고, 이후 남북조와 수·당에 이르기까지 그 작업이 꾸준히 확대되어 "하나같이 예를 기준으로 했다[一準乎禮](『四庫全書提要』 권82)고 하는 당률이 성립한 것이다.

II. 예의 본질과 죄의 관계

1. 예의 본질

당률은 "하나같이 예를 기준으로 했다."(『四庫全書提要』 권82)고 하는 바와 같이, 예를 기준으로 죄와 형을 정해서 조문을 구성한 법이다. 그렇다면 여기서 말하는 예란 무엇이며, 죄와 형을 정하는 기준은 어떠한 것인가?

먼저 예의 본질을 말하면, 한마디로 말하면 차별화이다. 이는 유가사상의 근간인데, 유가는 근본적으로 사람은 하나같이 평등하다는 것을 부인한다. 다시 말하면 현명한 사람과 아둔한 사람의 구분이 있으므로 사람들의 직업은 마땅히 달라야 하며, 이에 따라 귀천상하의 구분이 있어야 한다는 것이다. 힘으로 수고하는 농·공·상인은 기능을 발휘하여 재화를 생산해서 윗사람에게 봉사하고, 마음으로 수고하는 사대부는 치세의 술로 인민을 다스리므로 사람들에게서 먹을 것을 취하는 것처럼 각각 그 책임 및 역할이 있으며, 그로부터 우월과 종속 관계적 대립이 형성된다고 본다. 또한 지위가 낮은 사람은 지위가 높은 사람을 섬기고 불초한 사람은 현명한 사람을 섬기는 것이니, 욕망의 만족을 향수하는 것도 귀천·상하의 지위에 비례하는 것은 천지간의 자연스런 대원칙으로 고칠 수 없다는 것이다(瞿同祖 앞의 책, 270~9쪽). 이러한 대원칙을 현실사회에서 구현한 것이 예인데, 그것은 존비·귀천·대소의 지위를 차례지우는 것이고 내외·원근·친소의 등급을 차별하는 것이라고 본다(董仲舒, 『春秋繁露』, 奉本).

이 같은 유가사상의 본질은 법률사상에도 그대로 관통한다. 신분이 귀하고 지위가 높은 사람은 신분이 천하고 지위가 낮은 사람과 동등하게 하나의 법에 따라 처분되어서는 안 되고, 신분에 따라 각각 다른 처분을 받아야 마땅하다고 보는 것이다. 이 같은 예의 본질과 유가의 법률사상을 법에 도입하여 하나같이 예를 기준으로 하는 당률이 성립된 것인데, 중요한 내용은 다음의 세 가지로 요약할 수 있다.

2. 예를 기준으로 정한 율의 중요 내용

(1) 황친·관인·관친에 대한 형사상 특전 및 관인에 대한 특별처분

예를 법에 도입하여 정한 율의 중요한 내용 중 첫째는 황제의 친속, 관인, 관인의 친속이 범한 죄에 대해서는 형사상 특전을 부여하고 관인들이 범한 죄에 대해서는 특별하게 처분하는 규정을 둔 것을 들 수 있다.

한의 유자들은 선왕이 시행한 제도라고 하면서 지배층에 대한 형사적 특전을 율에 도입하고자 부단히 시도했는데, 위·진대에 이르러 비로소 율에 도입되기 시작했고, 당률에 이르러 체계적으로 완비되었다. 당률에서 지배층에게 형사적 특전을 부여하는 규정은 명례율 7~16조의 9개 조항으로 구성되어 있는 의장·청장·감장·속장이다. 이는 명례편 3장에서 상세하게 설명하게 될 것이기 때문에 여기서는 그 내용을 간단히 한마디로 말하면, 황제의 친속, 관인, 관인의 친속이 범한 죄에 대해서는 지위가 높을수록 특전의 폭이 넓고 지위가 낮을수록 특전을 제한하는 죄의 범위가 넓어서, 의장·청장에 해당하는 자는 사형에 해당하는 죄라도 형의 집행을 면제하고 유죄 이하는 1등을 감하며, 감장·속장에 해당하는 자 역시 유죄 이하는 1등을 감하고, 이들 모두는 실형에 처하지 않고 동으로 죗값을 갚게 하는 등 서인과 차별되는 특전을 부여한다.

관인들의 죄행에 대한 특별처분에 관한 원칙은 명례율 17~23조의 7개 조항에 걸쳐 규정되어 있다. 특별처분은 관당·제명·면관·면소거관을 말하는데, 관인이 죄를 범한 경우 일부 죄를 제외하고는 현직을 해면한 뒤 관·작을 삭제하거나 일부 임명장을 회수하는 것으로 실형을 대신하거나 면제하는 방법으로 처분한다는 것이 중요한 내용이다. 물론 이 또한 황제의 조력자인 관인들이 범한 죄는 서인이 범한 죄와 같은 처분을 해서는 안 된다는 유자들의 일련의 주장이 입법화된 것이라고 할 수 있다. 단 이 같은 특전과 특별처분에 관한 규정들은 송률까지 그대로 유지되었으나 명·청률에서는 극히 소략해져 명맥만 남게 되었다.

(2) 죄와 형의 차등 구조

예를 법에 도입하여 정한 율의 중요한 내용 중 둘째는 객관적인 해악의 정도가 동등할지라도 신분에 따라 죄형의 등급을 달리하여 규정하고 있는 점이다. 특히 신분이 천한 자가 귀한 자를 범하거나 지위가 낮은 자가 높은 자를 범하거나 비유가 존장을 범한 경우 가중적 구성요건이 되어 대개 일반인들이 서로 범한 경우보다 형이 무거울 뿐만 아니라 경우에 따라서는 남남 관계의 일반인 사이에서는 죄가 되지 않는 행위에 대해 죄를 묻기도 한다. 반대로 신분이 귀한 자가 천한 자를 범하거나 지위가 높은 자가 낮은 자를 범하거나 존장이 비유를 범한 경우 해악의 정도가 동등하더라도 형의 등급이 낮을 뿐만 아니라 아예 죄를 묻지 않는 경우도 있다. 이 가운데서도 예를 법에 도입했다고 할 때 가장 중요한 것은 상복의 등급에 의거해서 정한 친속의 등급에 따라 죄와 형을 차별화해서 정한 점이다. 친속의 등급은 단지 혈족에 한하지 않고 처·첩 및 혼인관계를 통해 성립한 인척을 포함하여 복잡하게 관련되어 정해지는데, 죄와 형의 등급이 이 모두와 연관되어 있다. 따라서 당률 및 중국법의 특수성을 이해하기 위해서는 친속의 등급과 죄의 관계를 이해하지 않으면 안 된다. 복제에 의거해서 죄를 차등화해서 조문을 정하는 원칙은 위·진율에서 채택되기 시작해서 당률에서 보다 정비되었고, 명·청률에서는 더욱 강화되기에 이르러 윤리강상죄라는 명목으로 율의 중심을 이루었다.

(3) 배례적 행위에 대한 처벌 규정

예를 법에 도입하여 정한 율의 중요한 내용 중 셋째는 예의 절차적 규범과 금기를 위반한 행위에 대한 처벌을 규정을 둔 것을 들 수 있다. 국가사회의 각종 의례는 통상 길례·흉례·빈례·군례·가례의 5례라고 하며, 의례를 거행함에는 반드시 지켜야 할 절차적 규범과 범해서는 안 되는 금기가 있다. 이 중에서 율에서 중시하는 것은 흉례 중의 상례와 가례 중의 혼례이다. 예컨대 상례는 친속의 등급에 따라 착용해야 하는 상복의 질과 양식, 착용해야 하는 기간이 정해여 있다. 이를 위반한 자는 처벌한다. 혼례는 거쳐야 할 6례가 있고,

동성 및 친속 사이의 혼인을 금하는 금기가 있으며, 이를 위반한 자를 처벌한다. 단 이 규정들은 지배층 또는 신분이 귀하고 지위가 높은 자에게 유리하다기보다 이를 준수하는 것을 강하게 요구하는 강제규범으로 작용한다. 이 같은 의례와 관련된 규정들은 위·진율에서 제정되기 시작해서 당률에서 보다 정비되었고, 명·청률에 이르기까지 그대로 유지되었다.

제2절 신분과 죄의 관계

Ⅰ. 개설

당률에서 신분은 범죄의 주체 및 객체 또는 정황이 되어 범죄의 성립이나 가감에 영향을 줄 뿐만 아니라 처단할 때도 신분을 고려하기도 한다. 때문에 당률에서 신분은 넓은 의미에서 행위인의 형사법상 일체의 특수지위를 포괄한다고 볼 수 있는데, 대별해 보면 특정 관계의 신분과 개체 고유의 신분으로 구분할 수 있다. 전자로는 친속, 남편과 처첩, 양인과 천인, 주인과 천인, 지위가 높은 자와 낮은 자가 있고, 후자로는 남녀, 노·소·장애인, 단정, 형사상 특전이 부여되는 신분과 관인, 도관·승니, 특수직업인 등이 있다.

예를 기준으로 정한 당률의 특수성을 논할 때 중요한 의의가 있는 것은 특정 관계의 신분이다. 유가는 친속 내의 존비장유 및 남편과 처첩, 양인과 천인 및 주인과 천인, 관위의 고하 사이에 차별이 있어야 한다는 것을 강조하는데, 이러한 사상을 기초로 하여 성립한 당률은 각 신분에 따라 죄형을 차별화하기 때문이다. 다시 말하면 특정 관계의 신분인 사이에 죄를 범한 경우 가중적 또는 감경적 구성요건으로 삼는 것은 행위의 결과로 인한 해악의 정도가 아니라 윤리적 가치 평가로 인한 죄질이 기준이 된다. 예컨대 친속 관계에서는 비유가 존장을 범한 것은 가중적 구성요건이 되고 반대의 경우는 감경적 구성요건이 되는데, 그 근거는 비·유가 존장을 범한 것은 비윤리적인 행위로 죄질이 무겁기 때문이고, 그 반대의 경우는 비윤리적인 행위가 아니거나 비윤리적이라 할지라도 죄질이 가볍기 때문에 감경적 구성요건이 되는 것이다. 이 밖에 남편과 처첩 관계에서는 처·첩이 남편을 범한 것은 가중적 구성요건이 되고 반대의 경우는 감경적 구성요건이 되며, 양인과 천인 및 주인과 천인 관계에서는 천인이 양인 이상 또는 주인을 범한 것은 가중적 구성요건이 되고 반대의 경우는 감경적 구성요건이 된다. 지위의 고하 관계에서는 하위가 상위를 범한 것은 가중적 구성요건이 되고 반대의 경우는 감경적 구성요건이 되는 것도 같은 논리로 설명할 수 있다.

개체 고유의 신분은 자신의 고유한 속성으로 인해 특별한 형법상의 지위가 성립하여 통상의 처벌법과는 달리 처단되는 신분이다. 예컨대 여자는 원칙적으로 유형에 해당하는 죄를 범하더라도 유배하지 않고 장형과 역으로 대체한다(명28.3). 노·소·장애인은 형을 면하고 속동을 징수하는 경우가 많다(명30). 단정은 가정의 생계를 위해 형의 집행을 유예하거나 장형으로 대체한다(명27). 형사상 특전을 받을 수 있는 자는 형을 경감하며, 실형에 처하지 않고 속동을 징수한다(명7~15). 관인이 죄를 범하면 원칙적으로 제명·면관·면소거관·관당 처분하여 징계하는 동시에 실형에 처하지 않고 관으로 죄를 당하게 하거나 속동을 징수한다(명17~23). 특수직업인은 유형을 장형으로 대체해서 집행한다(명28.1,2). 도사·여관·승·니는 일반인보다 형을 가중하는 경우가 있다(잡28.2). 이처럼 개체 고유의 신분은 행위인의 개체 속성이나 처지를 고려하여 형벌을 개별화하기 때문에 전적으로 윤리적으로 죄의 질을 평가해서 처단의 방법을 정하는 특정 관계의 신분과는 다르다. 개체 고유의 신분과 그에 따른 개별화된 형벌에 대해서는 명례율에 총칙으로 규정되어 있으므로, 여기서는 설명을 생략한다.

II. 친속과 형법상의 효과

1. 친속의 종류와 범위

(1) 개설

『당률소의』에서는 현재 우리 민법의 친족에 상당하는 명칭을 대체로 친속이라고 썼고, 친족이라고 쓴 것은 단 하나의 예가 있을 뿐이다(명6.8의 소). 친속은 내친과 외친으로 나눌 수 있다. 내친은 동성남계 친속을 가리키며 여기에는 시집온 부녀(모·처 및 자·손의 처 등)를 포괄한다. 외친은 모족·처족 등 여계 혈족을 가리킨다. 중국은 예로부터 남계를 중시하고 여계는 멀리 했다. 친속의 범위에 대해 직제율 53.3조의 주에 "친속은 시마 이상 친속 및 대공 이상 친속과 혼인한 가족을 말한다. 다른 조항의 친속은 이에 준한다."고 규정하고, 적도율 52.2조의 소에서는 "친속은 자신의 시마 이상 친속 및 사촌형제의 부인의 가족이나 사촌형제의 아들·딸이 혼인한 가족을 범위로 한다."고 해석하고 있다. 그렇지만 해당하는 본조마다 친속의 범위를 한정하여 이 통례에 따르지 않는 경우가 매우 많으며, 실제로 율에서 중시하는 것은 5등급의 상복을 입는 친속인 오복친이다(다이옌후이(戴炎輝), 『唐律通論』, 39쪽).

(2) 오복친

1) 상복

내·외의 친속은 친소에 따라 다섯 등급으로 구분하는데, 통상적으로 오복친이라 칭한다. 친속이 사망했을 때 착용하는 상복은 친소에 따라 5등급이 있고, 각 등급에 따라 천의 질이나 재봉의 양식에 차별이 있다. 오복친은 바로 그 양식의 명칭으로 각 등급의 명칭을 삼은 것이다.

① 참최 : 참최복은 가장 조잡한 백마포로 만들되 단을 잇지 않으며, 복상 기간은 삼년이다. 삼년상은 1주년에 소상, 2주년에 대상을 행하고, 대상이 있는 다음 달을 건너뛰고 그 다음 달 길일을 택해서 담제를 행하는 것으로 상이 끝난다. 삼년이란 전후 27개월, 햇수로 삼년상이다. 이는 아들이 아버지를 위해, 처가 남편을 위해 입는 상복이다.

② 자최 : 자최복은 조잡한 마포로 만들며 단을 잇는다. 복상 기간은 대상에 따라 차이가 있다. 아들이 모친을 위해서는 삼년, 손자가 조부모를 위해서는 1년[杖期], 자신의 형제를 위해, 조카가 백부·숙부를 위해, 남편이 처를 위해서는 1년[不杖期], 증조부를 위해서는 5개월, 고조부를 위해서는 3개월 동안 상복을 입는다.

③ 대공 : 상복은 약간 다듬은 마포로 만든다. 사촌형제나 출가한 고모·자매를 위한 상복이다. 복상 기간은 9개월이다.

④ 소공 : 상복은 조금 다듬은 마포로 만든다. 백숙조부모, 당백숙조부모, 미혼의 조고모, 형제의 처자를 위한 상복이다. 복상 기간은 5개월이다.

⑤ 시마 : 상복은 조금 가느다란 마포로 만든다. 증백숙조부모, 재당증조고모, 출가한 조고모, 당고모, 사촌형제의 처자들을 위한 상복이다. 복상 기간은 3개월이다.

시마보다도 한 단계 더 소원한 친속을 위한 것으로 단문[袒免]이라는 복이 있는데, 율에서는 약간의 경우에 효과가 있지만 정식의 복 중에 포함되지는 않는다.

2) 상복과 친속의 관계

직계친속 및 배우자 간에는 서로의 복에 등차가 있는 것이 원칙이지만, 방계친속 간에는 서로의 복이 항상 같은 것으로 정해져 있다. 복이 친족의 등급을 대신하여 기능을 발휘하는 것은 바로 이 방계친속에서이다. 특히 본족 사이에서는 부를 같이 하는 자를 기, 조부를 같이 하는 자를 대공, 증조를 같이 하는 자를 소공, 고조를 같이 하는 자를 시마라 하고, 고조의 부를 같이 하는 자를 단문[袒免]이라 하며, 세대를 달리 하는 자 간에는 공동 조상 아래 세대수가 많은 것을 기준으로 한다는 규칙에 따라 복을 입는다. 단 백숙부모·고와 형제의 자는 특별히 기라고 한다.

처가 되어 시집온 여성은 남편의 본족과의 사이에 비속과는 남편과 같고 존속과는 남편보다 1등 낮은 복관계가 생기며, 존·비속의 처들 사이에는 본족 상호간의 복의 원칙에서 모두 1등 낮은 복이 생기게 된다. 처와 남편의 동배 여성 사이에는 원칙보다 2등 낮은 복이 있고 동배 남성과의 사이에는 복이 없다. 남편의 외친과의 사이에는 존속에 대해서만 남편보다 1등 낮은 복이 있다. 양자가 된 남성은 입양한 곳이 본족이 되어 원칙대로 복이 생긴다. 이와 같이 후천적 사회적 원인에 의해 생기는 복을 의복이라 하는데, 단 양자는 동종 사이에 행해지는 것이므로 종래의 낮은 복이 높아지는 형식이 되는 경우가 많다.

여성은 미혼 때에는 남성과 다르지 않지만, 출가 후에는 본족과의 복을 모두 1등씩 낮춘다. 남성이 출계 즉 다른 사람의 양자가 될 때에도 이에 준한다. 이와 같이 후천적 사회적 원인에 의해 생득의 복을 낮추는 것은 강복한다고 한다. 강등된 복을 칭하는 별도의 명칭은 없다. 다만 자연적 혈연에 기반을 둔 복이 강등되어 변형된 경우 예제는 특서하여 강복이라 한다. 그리고 의복·강복이 아닌 복 즉 자연적 혈연에 의한 복, 즉 사회적 강등 사유에 영향을 받지 않은 본래의 복을 정복이라 한다. 율은 정복과 유사하지만 꼭 같지 않은 개념으로 본복이라는 용어를 쓴다. 본복이란 정복·의복을 불문하고 출강 등 사회적으로 복의 강등 사유의 영향을 받지 않은 또는 그 영향을 관념적으로 제거한 본래의 복을 가리키는 말이다. 의의 반대 개념이 정, 강의 반대 개념이 본이라고 간주하면, 예제 상의 용어법과 다소 거리가 있을 수 있지만 요체를 간명하게 파악할 수 있다.

외계 혈족과 처의 혈족도 역시 복제에 따라 구분된다. 단 외계 혈족은 본계 혈족에 비하여 등급이 떨어져 외조부모와 외삼촌만 소공복을 입고, 처의 혈족은 처부모만 시마복을 입는다.

3) 율의 친속 명칭

친속의 명칭은 통상적으로 상복으로 부른다. 다만 율에서 부모와 자녀, 남편과 아내는 상복으로 부르지 않고, 그대로 부·모·자·녀·남편[夫]·처·첩으로 부른다. 대개 율에서 부와 모는 구분하지 않는다. 조부모와 증·고조부모는 원칙적으로 부모와 동일하며(명52.1), 복제에 따르지 않는다. 기친 가운데 율에서 가장 중요한 것은 백숙부모로 간단히 '기'라고 부르며, 이들 친속을 기친이라고 부른다. 이 외의 방계 친속은 상복 명칭에 따라 대공친·소공친·시마친이라 부른다.

율에서는 상복의 등급을 채택하여 친속의 등급으로 삼는다. 다만 백숙부모와 형제의 재[妻]는 본래 대공친이지만 상복의 등급을 올려 기친으로 삼는다. 상복 등급을 올리는 것을 가복이라고 한다. 그래서 기친에는 정복과 가복의 구분이 있게 되는데, 형제는 정복 기친이고 백숙부모와 형제의 자(姪)는 가복 기친이다.

외조부모의 복은 소공복이지만 율에서는 외조부모라 칭하며, 형법상의 지위는 기친에 상당한다. 율에는 적·계·자·양모 등 여러 종류의 모가 있으므로(명52.4) 이에 대응하여 외조부모도 여러 종류가 있을 수 있으나, 율에서는 친모의 부모 외에 예제 상 상복이 있는 경우만 외조부모가 된다(명6.4의 문답).

본족과 외척을 통틀어 자기보다 세대가 위인 자를 존 또는 존속이라 하고, 세대가 낮은 자를 비 또는 비속이라 한다. 자기와 동일세대의 혈족으로 연령이 위인 자를 장, 낮은 자를 유라 한다. 존과 장을 병칭하여 존장이라 하고, 비와 유를 병칭하여 비유라 한다.

본족과 외척을 총칭하여 율에서는 친속이라는 용어를 쓴다. 율에서는 친족관계가 없는 자를 통상 범인(凡人), 즉 일반인 또는 남남이라 칭한다.

(3) 의제 친속

사는 백숙부모와 같다(명57.2a). 사는 도관·불사 안에서 몸소 경전의 가르침을 받아 마땅히 스승으로 모셔야 할 관주·사주를 말한다(명57.2a의 소). 제자는 형제의 자식과 같다(명57.2b). 즉 스승이 제자를 범한 행위는 속인이 형제의 자식을 범한 법과 같다(명57.2b의 소).

2. 친속의 형법상의 효과

친속 사이에 서로 범한 행위에 대해 윤리적인 평가를 가해서 죄와 형을 정하는 것은 침신범에 한한다. 침신범은 친하면 친할수록 비유가 존장을 범한 경우와 존장이 비유를 범한 경우의 죄형의 등급차가 크고 소원하면 소원할수록 등급차가 적다. 이에 대해서는 아래에서 모살·투구죄 등의 실례를 들어 구체적으로 설명하려고 한다.

친속 사이에 서로 범한 행위라도 재산을 침범한 행위는 침신범과 달리 벌하지 않거나 혹은 경감하는 요건이 되며, 존장과 비유를 논하지 않고 친하면 친할수록 죄가 없거나 가벼우며 소원하면 소원할수록 죄가 무거워진다(적40).

친속은 서로 침범한 경우 외에도 형법상 효과가 있다. 예컨대 친속이 공동으로 죄를 범한 경우도 친속이 사유가 되어 일반인의 처벌과는 달리 처단된다. 단 친속이 공동으로 죄를 범한 것이라도 서로 혼인하거나 간한 경우와 같은 필요적 공범은 원칙적으로 양 친속의 처벌이 같다. 친속이 공동으로 타인을 침해하는 임의적 공범은 국가적 법익을 침해한 경우 원칙적으로 존장만을 처벌하고, 개인적 법익을 침해한 경우 원칙적으로 주범과 공범을 구분하여 처벌한다.

친속은 처벌상의 특례가 적용되는 사유가 되기도 하는데, 관품으로 친속의 형벌을 감하거나 속할 수 있게 하는 음의 제도와 친속이 범한 죄에 대한 연대 책임을 묻는 연좌가 그것이다.

음(蔭)은 친속에게 이익이 되는 제도이다(명7~11). 관품이 6~7품으로 낮은 자는 다만 조부모·부모·처·자손에게 은혜가 미친다. 보다 높은 5품 이상인 자는 다시 형제자매에게까지 음의 형법상 효과가 미친다. 더욱 높은 직사관 3품 이상인 자는 다시 백숙부모·고모·형제의 자에게까지 미친다. 이보다 높은 황태자비는 대공친, 황후는 소공친, 태황태후·황태후는 시마친, 황제는 단문친까지 형법상 효과가 미친다.

연좌는 친속에게 불리한 제도이다. 죄가 연좌에 해당하면 처·자는 항상 연좌된다. 좀 더 중한 죄이면 부모 또한 연좌된다. 가장 중한 죄는 다시 조손·형제·자매·백숙부·형제의 자에게까지 미친다. 반역에 연좌되는 친속의 범위가 가장 넓어, 반역한 죄인의 부·자는 교형에 처하고 모녀·처첩·자의 처첩, 조손·형제자매는 모두 몰관하며 백숙부·형제의 자는 유3000리에 처한다(적1).

III. 남편·처첩 신분과 형법상의 효과

1. 남편·처첩 신분의 성립과 소멸

(1) 남편·처 신분의 성립

남편·처는 의로써 합한 것으로, 예법상의 남편·처에는 묘현(廟見)을 거친 경우와 아직 묘현을 거치지 않은 경우 및 친영 도중의 구분이 있지만, 율에서는 이 모두 남편·처이다. 혼인의 길일을 정했거나 정혼을 한 경우는 아직 처가 아니다(명6.4의 문답). 남편이 사망한 뒤 처가 남편의 집에서 수절하는 경우는 그대로 그 신분을 유지한다. 이에 반해 칠출(七出)의 사유가 있어 쫓겨나거나(호40) 의절의 사유가 있어 이혼한 때에는(호41.1) 신분관계가 소멸된다.

(2) 첩

첩은 예를 행하지 않고 점을 쳐서 맞아들인 부인이므로 천하다(호30.1의 소). 첩은 잉(媵)과 첩의 구분이 있다. 잉은 5품 이상 관인의 첩으로(『역주당육전』상, 235쪽) 관품이 있다(명12.1의 소). 따라서 관품이 있으면 잉, 없으면 첩이다.

2. 남편·처첩의 지위와 형법상의 효과

남편·처첩 신분은 남편·처를 중심으로 하며, 잉이나 첩은 부수적인 지위일 뿐이다. 다만 잉은 대개 첩에 대한 처벌법에 따르되(투25.3의 주), 부·처·잉·첩이 서로 구타하거나 살상한 경우 형의 등급에 차이가 있을 뿐이다.

(1) 남편과 처

복제상으로 남편과 처는 부·자와 같다. 처는 남편을 위해 참최복을 삼년 입으나 남편은 처를 위해 단지 기복을 입을 뿐이다. 단 서로 범한 경우는 남편은 형, 처는 제로 간주된다(투24.1의 소). 상해한 경우에 대해서는 아래에서 설명한다.

(2) 남편과 첩 및 처와 첩

남편과 첩은 잉을 포함해서 부차적인 부부관계이다. 첩은 남편을 위해 처와 같이 참최복을 입지만 남편은 첩에 대해서 상복을 입지 않는다. 잉과 첩은 처보다 지위가 낮다. 첩은 처를 여군이라고 칭하고 처를 위해 기복을 입는다. 단 첩이 처를 범한 경우 처가 남편을 범한 것과 같다(투25.2). 남편이 첩을 범한 것은 복관계가 없는 비유를 범한 것과 같다(적47.1의 주의 소). 처가 첩을 범한 것은 남편이 처를 범한 것과 같다(투24.2).

(3) 첩과 천인의 관계

첩은 재산을 공유하는 친속이 되지 않으므로 천인의 주인이 될 수 없다(적7.2b의 소). 단 첩에게 아들이 있을 경우, 아들이 가의 주인이 된 때에는 가의 천인에 대해서 주인의 예에 따르고, 아들이 가주가 되지 않은 때에는 주인의 기친과 같다(투21.2의 문답, 잡26.3b의 소). 객녀와 비는 비록 자식이 있어도 그대로 천인과 같다(투21의 문답). 단 비가 아들이 있어 방면되어 양인이 된 경우는 첩이 되는 것을 허용하므로(호29.4) 비도 아들이 있는 첩이 된다.

(4) 처·첩과 남편의 친속 및 자와의 관계

처첩과 남편의 친속과의 관계는 부부관계의 성립과 소멸에 따른다. 단 모·자는 도리를 끊을 수 없으므로 모가 비록 쫓겨나거나 개가하여도 모·자의 법을 그대로 적용하며(명15.6의 소, 투30.2c의 문답과 투44.2의 문답2), 모의 친부모도 그대로 외조부모에 대한 규정을 적용한다(명6.4의 문답).

(5) 남편이 사망한 경우 처의 지위

남편이 사망한 뒤 남편 집에서 과부로 수절하는 처는 그대로 지위를 유지한다. 남편이 사망한 뒤 개가한 처의 경우 사망한 옛 남편의 조부모·부모와의 관계는 '사망한 옛 남편[故夫]의 조부모·부모'가 되어 범한 경우 남편의 조부모·부모를 범한 죄에서 2등을 감한다(투30.1a).

Ⅳ. 천인 신분과 형법상의 효과

1. 천인의 종류와 지위

당대의 천인은 관천인과 사천인 두 종류로 나눈다. 관천인은 관청의 지배를 받고 사천인은 주인의 지배를 받는 존재이지만, 일반적으로 천인은 모든 양인에 대해 하나의 계급을 이룬다. 관천인 및 사천인은 모두 다시 두 개 이상의 등급 내지 종류로 나눈다. 율에서는 이를 '부류[色]'라고 표현한다. 예를 들면 '같은 부류와 혼인한다[當色爲婚].'(호43.5의 소), '같은 부류를 입양한다[當色相養].'(호10.3의 소) 등의 규정이 있는데, 이는 같은 등급 또는 같은 종류의 천인끼리 혼인하고 입양해야 한다는 강제 규정이다. 관·사천인은 법률상 특별한 규제를 받기 때문에 형법상 죄와 형이 양인과 매우 다르다. 율에서 양인을 백성·범인(凡人)·상인(常人)·백정(白丁) 등으로 칭하는 때가 있는데, 이는 천인이나 관인과 구별하기 위한 것이다.

(1) 관천인

관천인에는 관노비, 관호, 잡호, 공·악호, 태상음성인의 다섯 가지가 있다.

① 관노비는 대대로 상속된 것 외에 대개 반·역에 연좌되어 몰관된 정범의 친속이나 부곡·노비에서 유래한다(적1.1).

② 관호는 몰관된 자 외에 관노비가 은사로 방면되어 신분이 상승된 자가 있다. 관호는 번호(番戶) 또는 공해호(公廨戶)라 칭하기도 한다(적5.1의 주).

③ 잡호는 관호 또는 관노비가 은사로 방면되어 신분이 상승된 자이다.

④ 공·악호는 잡호와 신분이 동등하며, 관호 및 관노비 중에서 선출하여 충당한다.

⑤ 태상음성인은 원래 악호와 다르지 않았는데, 수말 또는 당초에 호적을 태상시에서 주·현으로 이전하여 양인과 같게 되었다.

관천인 중 관노비·관호는 대체로 사천인의 노비·부곡과 동일하여 지위가 비교적 낮다. 공악호·잡호 및 태상음성인은 지위가 비교적 높다. 특히 잡호 및 태상음성인은 주현에 호적에 있어 양인에 가깝다.

(2) 사천인

사천인은 사인 소유의 천인이다. 사천인에는 노비와 부곡 두 등급
이 있다. 광의의 부곡은 남부곡과 여부곡을 포괄하지만 협의로는 남
부곡만을 지칭한다. 여부곡은 부곡처 및 객녀가 있는데, 부곡의 여식
이나 비 또는 양인 여자도 부곡의 처가 될 수 있다. 객녀는 부곡의 딸
을 말한다. 이 밖에 수신(隨身)이 있다. 수신은 임금을 주고 부리는
장기 계약 노동자이다(『唐律釋文』권22). 율에서 수신은 부곡과 같다
(적20.3a의 소).

사천인은 사인의 소유로 그 주인에 대해서는 가천이라 칭하고, 일
반 양인에 대해서는 사천이라 칭한다. 가천인과 주인과의 관계는 주
천이라 칭하며, 사천인과 양인과의 관계는 양천이라 칭한다.

가천인의 주인은 같은 호적에 등재되어 있는 양인 이상으로 재산
을 분배받을 수 있는 자이다(적7.1의 소). 잉이나 첩은 재산을 분배
받을 수 없으므로 결코 노비의 주인이 될 수 없다(적7.2b의 소). 잉
이나 첩과 가천과의 관계는 위에서 설명했다.

주천 관계의 효력은 가천인과 주인의 친속까지 확대되며, 해방된
가천과 옛 주인과의 관계도 일정 정도 연장된다. 이에 대해서는 아
래에서 구타죄를 예로 들어 설명한다.

2. 천인의 형법상의 효과

관·사노비는, 강도에게 살상되어 강도를 처벌할 때 양인을 살상한
것으로 간주하고(적34.1의 주), 상해를 입어 가해자를 처벌할 때 양
인을 가해한 것으로 간주하며(명37.6의 소), 호적에 누락한 경우 또
한 양인을 누락한 것으로 간주하는(호1.3의 주) 것을 제외하고는 모
든 조문에서 양인과 범주가 같지 않다(명30.2b의 문답2). 율에서 규

정한 노비의 형법상의 성질은 대개 재물과 동일한 것으로 간주되며 (명32.4의 소, 적1.1의 소) 축산에 비유된다(명47.4의 소).

　부곡은 상속(습유264쪽)·양도(습유835쪽)할 수 있고 노비와 동등하게 취급되는 경우(직53.1의 소)도 있지만, 재물이 아니므로 몰관할 때 적시하고(적1.1의 소), 재산을 소유할 수 있는(적46.1의 소) 등 대체로 인적 성격이 강하다.

　대체로 말하면 천인이 범죄의 주체가 되면 책임 능력이 있고 객체가 되면 관·사노비 모두 자재로 간주된다. 관호와 부곡도 물건과 동일시되는 경우가 있다. 관천인 중 공악·잡호·태상음성인은 형사상 권리 의무가 양인과 같다. 기타 책임 능력에 관해서는 명례율 47.1조에 "관호·부곡·관사노비가 죄를 범했는데 본조에 정문이 없으면 모두 양인에 준한다."라고 규정되어 있다. 이 조문은 하급 관천인 및 사천인에 대한 것이므로, 율에 언급이 없는 경우 모든 천인은 양인과 같은 책임 능력이 있다고 해석해야 한다.

V. 관인 신분과 형법상의 효과

1. 관의 종류와 관차

　율에서 말하는 '관'이란 전적으로 유내관을 가리킨다. 유내관에는 직사관 30품계, 산관 29품계, 위관 약간 계, 훈관 12품이 있다. 관품은 의장[직사관 3품 이상, 산관 2품 이상, 작 1품 이상], 청장[5품 이상], 감장[7품 이상] 등의 형사상 특전과 관계가 있고, 관으로 죄를 당하는 관당과도 깊은 관계가 있으며, 직사관 3품 이상, 5품 이상, 6품 이하의 3단계로 구분하여 하위가 상위를 범한 것을 가중적 구성요건으로 삼으므로 형법상에서 매우 중요하다.

1) 직·산관과 훈관

관에는 직·산관과 훈관의 구별이 있다. 직·산관은 다시 직사관·산관·위관으로 나눈다. 관장하는 업무가 있는 관을 직사관, 관장하는 업무가 없는 관을 산관이라 한다(명7.6의 소). 무직사관에는 위관과 무직사관의 구분이 있는데, 위관은 각급 지휘관이고 무직사관은 군사 행정관이다. 그러므로 위관은 특수한 무직사관이다. 산관은 문산관과 무산관의 구별이 있다.

직사관은 정1품부터 종9품하까지 모두 30계가 있고, 산관은 종1품부터 종9품하까지 29계가 있다. 종3품 이상은 정·종으로 나누고, 정4품부터 종9품까지는 정·종 모두 다시 상하로 나눈다. 훈관은 공훈에 따라 더해주는 관[加官]으로 정2품에서 종7품까지 정·종 각각을 1계로 하여 모두 12계가 있다. 직사관은 통상 산관품도 보유한다. 관당할 때 직사·산관의 3관은 합해서 한 종류의 관이 되고, 훈관은 또 다른 한 종류의 관이 된다(명17.3a의 주). 이에 대해서 명례율 17.3a의 소는, "직사관·산관·위관의 위계가 같은 것은 서로 연관되어 얻는 것이므로 같이 1관이 되는 것이다."라고 해석하였다. 그 뜻은 이 3관 중 1관이 있어서 뒤에 비로소 다른 1관을 가지게 되고 또 위계가 같으므로 합하여 1관으로 셈한다는 뜻이다. 바꾸어 말하면 같은 품계의 직사관과 위관과 산관은 1관으로 간주한다는 뜻이다. 반대로 훈관은 직사관 등 3관과 성질이 같지 않으므로 별도의 1관으로 간주한다. 그러므로 "훈관은 공훈에 따라 더해 주는 관이므로 따로 1관이 된다."고 해석한 것이다. 이로 보면 직사관 등의 관이 있고 아울러 훈관을 겸대한 자는 2관[두 종류의 관]이 있는 것이다. 단지 1관만 있다는 것은 직사관 등의 관이나 훈관 중에 하나만 있음을 말한다. 2관이 있는 경우 면소거관 및 관당 처분에서 각 관이 독립적으로 면해지는 관 중의 하나가 되며(명20.5의 주), 또 각각 도·유죄를 관당한다(명17.1~3).

2) 관차

모 관인이 현임 이전에 역임했던 관직 또는 관품을 역임관이라 한다. 하나의 관에 임명될 때마다 모두 고신(告身), 즉 임명장이 있고, 관당·제명·면관으로 인해 추탈된 것 외에는 그대로 보유한다. 이른바 강등되지 않은[降所不到] 관의 임명장이다. 역임관은 모두 관당에 쓸 수 있다. 이러한 의미에서의 1관 또는 2관은 1관차 또는 2관차를 말한다. 그러므로 직사관이면서 훈관을 지닌 자가 만약 모두 역임관이 있으면, 2관이 있으면서 2관차 이상의 관이 있는 셈이다. 관인이 보유한 이 같은 여러 관은 모두 관당에 사용될 수 있다.

2. 관인의 형법상의 효과

관인의 형법상의 효과는 세 가지 측면에서 고찰할 수 있다. 첫째, 관인이 죄를 범한 경우 일반 서인과는 달리 처분한다. 둘째, 서인이 관인을 범한 경우 또는 하위가 상위를 범한 경우 가중 처벌한다. 셋째, 직무를 가진 관인인 감림·주수가 감림 범위 내에서 죄를 범한 경우 가중 처벌한다.

(1) 관인 및 관인의 친속에 대한 특별 처분

관인은 자신이 범한 죄에 대해서 형을 감하거나 속동으로 죄를 면하는 것과 같은 특전을 받으며, 특전은 그 친속까지 미친다. 즉 관인과 관인의 일부 친속의 경우 원칙적으로 실형에 처하지 않고 여러 특전이 부여되는데, 특전에는 의장·청장·감장·속장이 있다. 또한 관인이 범한 죄를 관의 임명장으로 대신하고 일정한 기간 동안 관직에 취임할 수 없도록 특별 처분한다. 이에 대해서는 앞에서도 언급한 바와 있지만, 명례편의 3장과 4장에서 구체적으로 설명하게 될 것이다. 아울러 의·청·감할 자격이 있는 자는 고문해서는 안 되고 3인 이상의 증언에 따라 죄를 판정해야 한다(단6.1, 사26의 소). 또한 죄인을 고문하여 한도(장200, 단9.2)에 이르렀는데도 자백하지 않은 경우, 만일 고발자가 의·청·감의 자격을 가진 자이면 고문장을 반좌하지 않고 피고인의 고문장 수만큼 동을 징수한다(단10.2의 문답).

(2) 관인 및 관인의 친속에 대한 형법적 보호

관인은 서인에 비해 형법적으로 더 많은 보호를 받는 신분이다. 따라서 서인이 관인을 범한 경우 가중 처벌하며, 상위이면 죄를 더 가중한다. 관인 가운데 민을 다스리는 각 지역의 장관, 각 관부의 장관은 특히 더 많은 보호를 받는 신분이며, 그들의 친속과 황제의 친속 또한 형법적으로 보호를 받는 신분이다. 따라서 유외관 이하 서인이 이들을 범한 경우 가중 처벌하고, 하위직이 장관을 범한 경우도 가중 처벌한다.

① 황실의 단문친(10촌)을 범한 자는 가중 처벌하며(투14.1), 시마친 이상을 범한 경우 차례로 죄를 더한다(투14.2).

② 황제의 사인인 제사를 범한 자는 가중 처벌한다. 또한 소속되어 있는 자가 본속부주를, 주민이 자사·현령을 범한 경우 및 이(吏)·졸(卒)이 본부의 5품 이상의 장관을 범한 경우 가중 처벌하고(투11.1), 좌직을 범한 경우 가중 처벌하되 장관을 범한 죄에서 감한다(투11.2). 본속부주·자사·현령의 조부모·부모 및 처·자를 범한 경우 역시 가중 처벌한다(투12). 좌직 및 통속되는 바의 관인이 장관을 범한

경우 역시 가중 처벌한다(투13).

③ 유외관 이하 및 서인이 의귀(직사관 3품 이상)를 범한 경우 가중 처벌하고(투15.1), 5품 이상을 범한 경우 가중 처벌하되 의귀를 범한 죄보다는 가벼우며(투15.2), 9품 이상을 범한 경우 역시 가중 처벌하되 5품 이상을 범한 죄보다는 가볍다(투15.3).

(3) 감림·주수의 감림 구역 내 범죄의 가중 처벌

통섭·안험하는 것을 감림으로 삼는데(명54.1), 주·현·진·수·절충부 등의 판관 이상은 각각 관할하는 바의 안에서 모두 감림관이 된다(명54.1의 주). 문서의 시행과 관리를 담당하는 이속으로 오로지 그 문서를 관장하거나 창고·죄수·잡물 등을 지키고 담당하는 자가 주수이다(명54.2의 소). 이들이 관할하는 구역 내에서 간죄(잡28.1), 도죄(적36), 약취죄(적45, 46), 수재왕법죄(직48.1a)를 범한 경우 가중 처벌하고, 청장·감장의 특전을 부여하지 않으며(명9.2, 명10의 소), 반드시 제명하여 일체의 관품을 박탈하고(명18.2), 통상의 은사령으로는 사면하지 않는다(단20.2의 소). 이들은 국가의 직무를 수행하는 자들이므로 책임을 물어 무겁게 처벌하는 것이다.

제3절 죄의 구조

I. 죄의 등급

당률의 제2편 위금률부터 12편 단옥률까지 445개 조항은 하나의 죄만을 규정한 것도 있지만 대부분 몇 개의 죄를 포괄하고 있는데,

모든 죄는 오형 20등 중의 하나에 처하도록 규정되어 있다. 다섯 종류의 형은 태·장·도·유·사의 오형이며, 태형은 10~50대의 5등급, 장형은 60~100대의 5등급, 도형은 1년·1년반·2년·2년반·3년의 5등급, 유형은 2000리·2500리·3000리의 3등급, 사형은 교형·참형의 2등급으로, 모두 합하면 20등급이 된다(명1~5). 다만 죄조에 따라서는 먼저 하나의 기본형을 정하고 죄가 무거운 경우 몇 등을 더한다거나 죄가 가벼운 경우 몇 등을 감한다는 방식으로 규정되어 있다. 이 경우 더하는 것은 무거운 등급으로 가고(명56.1) 감하는 것은 가벼운 등급으로 간다(명56.2).

당률에서 죄의 무겁고 가벼움을 결정하는 요건은 사율과 죄율이 크게 다르다. 사율은 대개의 경우 해악의 정도가 죄의 경중을 결정하는 요건이다. 사율은 국가법익침해의 죄에 해당한다는 것은 앞에서 말한 바와 같은데, 위금율의 난입죄와 같이 황제와의 거리에 따라 죄의 경중이 결정되는 것도 있지만, 호혼률의 탈·루죄나 구고율의 축산 증식 할당량을 채우지 못한 죄처럼 대부분의 죄는 해악의 정도가 경중을 결정하는 요소가 된다.

사율과는 달리 죄율은 윤리적 가치를 기준으로 죄의 경중을 평가하여 형의 등급을 정한 조문이 많다. 물론 죄율도 먼저 해악의 정도를 기준으로 죄의 경중을 정한 조항들이 기본적인 규정이 된다. 그러나 죄에 따라서는 해악의 정도를 불문하고 형을 정하기도 하고, 때로는 신분 및 기타 정황에 따라 기본적인 형을 수정하기도 하는데, 이는 대개의 경우 윤리적 평가가 형의 가감을 결정하는 요소가 된다. 예컨대 절도(적35)·강도죄(적34)는 재산권 침해의 정도를 기준으로 죄의 경중을 결정하지만, 절도죄라도 대사(大祀)이 신이 쓰도록 바친 물품(적23.1), 황제의 인장(적24.1), 황제가 입고 쓰는 물품(적24.2), 제서(적26.1), 부·절(적27.1), 금병기(적28.1), 천존상(적29.1), 불상(적

29.1)을 절도한 죄는 재산권 침해의 정도를 평가하지 않고 형이 규정되어 있다. 대사이 신이 쓰도록 바친 물품을 절도한 것은 황제가 주관하는 국가의 대제사를 방해한 행위이고, 황제의 인장이나 황제가 입고 쓰는 물품을 절도한 것은 황제의 존엄을 손상한 행위이며, 제서·부절을 절도한 것은 황제의 명령권을 손상한 행위이고, 금병기를 절도한 것은 사회의 안전을 위협할 수 있는 행위이며, 천존상·불상을 절도한 것은 신을 모독하는 행위이므로, 굳이 재산권 침해 정도를 평가할 필요 없이 중형으로 규정한 것이다. 또한 살상죄는 투송률 1~5조에 상해의 정도에 따라 11단계로 세분해서 형의 등급을 정한 조문을 설정해 두고 있으나, 동시에 신분의 귀천, 지위의 고하, 친족 내의 존비장유 사이에 범한 경우 형의 경중을 달리하는 규정을 정해 두고 있다. 신분이 천한 자가 귀한 자를 범한 경우 형이 무겁고 그 반대의 경우는 무죄이거나 형이 가볍다. 마찬가지로 지위가 낮은 자가 높은 자를 범한 경우 형이 무겁고 그 반대의 경우는 무죄이거나 형이 가벼우며, 역시 비유가 존장을 범한 경우 형이 무겁고 그 반대의 경우는 무죄이거나 형이 가볍다. 달리 말하면 신분이 천한 자가 귀한 자를 범한 경우, 지위가 낮은 자가 높은 자를 범한 경우, 비유가 존장을 범한 경우는 가중적 구성요건이 되고, 그 반대의 경우는 감경적 구성요건이 되는 것이다.

이처럼 당률은 해악의 정도와는 다른 기준, 예컨대 국가·사회적 의의나 신분의 귀천과 지위의 고하, 그리고 친족 내의 존비장유 관계에 따라 죄형을 차등화해서 등급을 정하는 특수성이 있다. 죄율의 죄들은 대부분 이 같은 형태의 구조적인 특성을 보이지만, 그 가운데서도 모살죄, 투구죄, 고죄, 간죄의 경우 그 특성이 두드러지므로, 이를 들어 당률의 특수한 차등적 구조를 설명하려 한다.

II. 죄의 차등 구조

1. 모살죄

모살은 2인 이상(명55.5)이 미리 살인을 모의한 것을 말한다. 모살죄에서 율이 중시하는 것은 미리 모의한 것이다. 그러므로 비단 모의해서 이미 살해했거나 상해한 때만 처벌하는 것이 아니라 살해·상해가 없는 살인 모의도 역시 처벌한다(적5~9). 모살은 사람의 생명에 대한 가장 흉악한 범죄이기 때문에 신분관계가 없는 다른 사람을 살해하려고 모의했더라도 죄는 도3년에 해당한다(적9.1). 신분관계에 따라 가중해서 처벌하거나 형을 감면할 때는 도3년을 기준으로 가감한다. 단 가중적 구성요건으로 삼는 신분관계의 범위는 비교적 좁고, 감경적 구성요건으로 삼는 경우는 친속의 존장이 비유를 범한 경우에 한한다.

(1) 지위의 고하에 따른 죄의 가감

1) 지위가 낮은 자가 높은 자를 범한 경우의 가중
이는 다시 신민이 황제를 범한 경우와 속민이 장관을 범한 경우 두 가지를 상정할 수 있다.
① 신민이 황제를 살해하려고 모의한 죄는 없다. 단지 신민이 황제[社稷]를 위해하려고 모의한 행위는 반·역이라는 죄명으로 처단하는데, 이를 범한 자는 모두 참형에 처한다. 모두라는 것은 공범의 수종자이라도 1등을 감하는 것(명42.1)을 허용하지 않고 다 같이 정범으로 간주하여 처벌한다는 것이다(명43.2). 또한 범인의 친속은 연좌를 적용하여 처벌한다(적1.1). 반역은 당률 가운데 가장 무거운 죄이다.

표 1) 지위의 고하에 따른 모살죄의 가감   *일반인 모살죄 도3년

	주체	객체	형
지위가 낮은 자가 높은 자를 범한 경우	신민	황제	모두 참형에 처하고 연좌하며 재산 몰수함(가중의 등수를 헤아릴 수 없음)
	신민	황제의 사인	유2000리(일반인 모살죄에 1등 더함)
	친사·장내	본속부주	유2000리(1등 더함)
	속민	자사·현령	유2000리(1등 더함)
	이·졸	소속관부의 5품 이상 장관	유2000리(1등 더함)
지위가 높은 자가 낮은 자를 범한 경우	조문 없음		

② 황제의 사인 또는 본속부주·자사·현령를 살해하려고 모의하거나 이·졸이 소속 관부[本部] 5품 이상의 장관을 살해하려고 모의한 죄는 유2000리에 해당한다(적5). 황제의 사인을 살해하려고 모의한 죄의 주체는 모든 신민이 된다. 직사관 5품 이상으로 3품 이상의 훈관을 겸대한 자에게 수여되는 부에는 친사·장내가 배치된다. 이들이 섬기는 주인이 본속부주이며, 이 모살의 주체는 친사·장내이다. 자사·현령의 모살의 행위 주체는 속민이다. 소속 관부의 5품 이상 장관의 모살의 주체는 이·졸이다. 이들이 주체가 되어 객체를 살해하려고 모의한 죄는 유2000리에 해당하며, 이는 일반인 모살죄에 1등을 가중한 것이다.

2) 황제의 사인·본속부주·자사·현령 등이 속민을 범한 경우
위와 반대의 경우에 대해서는 조문이 없다. 황제는 일체의 경우

죄의 주체가 되지 않으므로 논외로 해야 한다. 황제의 사인·본속부주·자사·현령 등이 속민을 살해하려고 모의한 죄는 고려할 사항이 많기 때문에 판단하기 쉽지 않다.

(2) 친속의 존비장유에 따른 가감

표 2) 친속의 존비장유에 따른 모살죄의 가감   *일반인 모살죄 도3년

		주체	객체	형
비유가 존장을 범한 경우	가중	자·손	조부모·부모	참형(5등 더함)
		조카	백숙부모	참형(5등 더함)
		외손	외조부모	참형(5등 더함)
		처첩	남편, 남편의 조부모·부모	참형(5등 더함)
		비유	시마·소공·대공존장	유2000리(1등 더함)
존장이 비유를 범한 경우	감경 (*고살죄에서 2등을 감경)	조부모·부모	자·손	도1년
		기친존장	비유	도2년반
		형·누나	동생	도2년반
		대공·소공·시마존장	비유	도3년

1) 비유가 존장을 범한 경우의 가중

① 조카가 백숙부모를 살해하려고 모의하거나 외손이 외조부모를 살해하려고 모의하거나 처·첩이 남편 및 남편의 조부모·부모를 살해하려고 모의한 죄는 참형에 해당한다(적6.1). 이는 일반인 모살죄에 5등을 가중한 것이다. 자·손이 조부모·부모를 살해하려고 모의한 죄는 조문이 없다. 이보다 친등이 낮은 백숙부모에 대한 죄가 참형에 해당하니, 이를 들어 유추해 보면(명50.2) 형을 논할 필요가 없기 때문이다.

② 비유가 시마·대공친 존장을 살해하려고 모의한 죄는 유2000리에 해당한다(적6.2). 이는 일반인 모살죄에 1등을 가중한 것이다.

2) 존장이 비유를 범한 경우의 감경

존장이 비유를 살해하려고 모의한 때에는 각각 고살죄에서 2등을 감한다(적6.3). 따라서 조부모·부모가 자·손을 고의로 살해한 죄는 도2년에 해당하므로(투28.2) 살해하려고 모의한 죄는 도1년이 된다. 기친존장이 비유를, 형·누나가 동생을 고의로 살해한 죄는 유2000리에 해당하므로(투27.4) 살해하려고 모의한 죄는 도2년반이 된다. 대공·소공·시마친 존장이 비유를 고의로 살해한 죄는 다 같이 교형에 해당하므로(투26.2) 살해하려고 모의한 죄는 도3년이 된다.

(3) 사회적 신분의 귀천에 따른 가감

모살죄에서 신분의 귀천에 따라 가감하는 것은 오직 천인이 주인을 살해하려고 모의한 행위에 대해서만 조문이 있다(적7.1). 여기서 천인은 부곡·노비이며, 같은 호적 내의 양인 이상으로 재산을 분배받을 수 있는 자는 모두 이들의 주인이 된다.

1) 천한 자가 귀한 자를 범한 경우의 가중

① 부곡·노비가 주인을 살해하려고 모의한 죄는 참형에 해당한다(적7.1). 이는 일반인 모살죄에 5등을 가중한 것이다.

② 부곡·노비가 주인의 기친 및 외조부모를 살해하려고 모의한 죄는 교형에 해당한다(적7.2). 이는 일반인 모살죄에 4등을 가중한 것이다.

2) 귀한 자가 천한 자를 범한 경우

가중적 구성요건과 반대의 경우에 대해서는 조문이 없다. 그렇지만 유추해 보면 주인이 부곡·노비를 살해하려고 모의한 것은 무죄일 것으로 생각된다. 왜냐하면 주인이 노비를 고의로 살해한 죄는 도1년(투20.2), 부곡을 고의로 살해한 죄는 도1년반에 해당하고(투21.1), 노비는 주인의 재산이고(적1.1의 소) 부곡 또한 재산으로 간주되는 경우도 있어(적45.4의 소) 단순히 살해하려고 모의했다는 것만으로 죄를 물었다고 보기는 어렵기 때문이다. 주인의 기친 및 외조부모가 노비·부곡을 살해한 경우 주인이 살해한 것과 같으므로(투20의 주) 살해하려고 모의한 경우 무죄로 추정할 수 있다.

(4) 은의를 배반하고 살해하려고 모의한 경우

이는 신분관계는 이미 소멸되었으나 은혜를 입은 의리를 배반하면 안 되기 때문에 가중 처벌하는 경우이다.

1) 은혜를 입은 자가 의리를 저버린 경우의 가중

① 남편이 사망한 뒤 개가한 처·첩이 사망한 옛 남편[故夫]의 조부모·부모를 살해하려고 모의한 죄는 유2000리에 해당한다(적8.1). 이 경우 일반인 모살죄에 1등을 가중해서 처벌하는 것은 자부로 맞아들인 의리를 저버린 행위이기 때문이다.

② 방면된 부곡·노비가 옛 주인[舊主]을 살해하려고 모의한 죄 역시 유2000리에 해당한다(적8.2). 단 주인이 방면하여 양인으로 삼거나 스스로 속전을 내어 면천한 경우에 한한다. 이 경우 일반인 모살죄에 1등을 가중해서 처벌하는 것은 방면해준 의리를 저버린 행위이기 때문이다. 만약 다른 사람에게 주거나 판 경우의 옛 주인은 일반인과 같다(적8의 주의 소).

2) 옛 자부 및 방면한 가천을 범한 죄

가중적 구성요건과 반대되는 경우에 대해서는 조문이 없다. 아마도 추정컨대 일반인과 같을 것이다. 왜냐하면 위의 경우 가중적 구성요건이 되는 것은 은의에 따른 것인데, 구주인의 모살은 비도덕적인 행위이고 원래 비도덕적인 행위에 대해서는 은의관계를 고려하지 않기 때문이다(명57.3의 주와 소).

2. 싸우다 구타한 죄

신분에 따라 형을 경중을 정하는 죄의 구조가 가장 확연하게 드러나는 것은 투살상죄이다. 일반적인 투살상죄는 해악의 정도를 기준으로 형의 경중을 정한다. 즉 싸우다가 사람을 손발로 구타한 죄는 태40에 해당한다(투1.1). 만약 구타하여 가벼운 상해를 입혔거나 다른 물건으로 구타한 때에는 2등을 더해 장60에 처한다(투1.2). 상해가 무거우면 그 정도에 따라 가중 처벌하고, 날붙이를 사용하거나 고의로 구타해서 상해한 때에는 또 형의 등급을 더해서 처벌하는 규정을 세밀하게 두고 있는데(투1~5), 11단계로 구분할 수 있다. 그렇지만 투살상죄는 신분의 귀천과 지위의 고하, 친속 내의 존비장유에 따라 형을 더하기도 하고 감하기도 하여 죄와 형의 등급이 매우 복잡하다. 단 여기서는 귀천상하와 존비장유에 따라 가감하는 정황을 이해하기 위해서 구타죄만을 들어서 비교해 보기로 한다.

(1) 지위의 고하에 따른 가감

표 3) 지위의 고하에 따른 구타죄의 가감 *일반인 구타죄 태40.

		주체	객체	형
지위가 낮은 자가 높은 자를 범한 경우	가중	신민	제사	도3년(11등 더함)
		친사·장내	본속부주	도3년(11등 더함)
			본속부주의 친속	도1년(7등 더함)
		주·현의 민	자사현령	도3년(11등 더함)
			자사현령의 조부모·부모 및 처·자	도1년(7등 더함)
		이·졸	본부의 5품 이상의 장관	도3년(11등 더함)
			6품 이하의 장관	도1년반(8등 더함)
			좌직	도1년(7등 더함)
		좌직, 통속되는 바의 관인	본부의 5품 이상의 장관	도2년(9등 더함)
			6품 이하의 장관	도1년반(8등 가중)
		모든 인민	황제의 단문친	도1년(7등 더함)
			황제의 시마친	도1년반(8등 더함)
			황제의 소공친	도2년(9등 더함)
			황제의 대공친	도2년반(10등 더함)
		유외관 이하	의귀(3품 이상)	도2년(9등 더함)
			통귀(5품 이상)	장60(2등 더함)
		유내 9품 이상	의귀	도1년(7등 더함)
			통귀	장60(2등 더함)
		5품 이상	의귀	도1년(7등 더함)
지위가 높은 자가 낮은 자를 범한 경우	조문 없음	-	-	-

1) 지위가 낮은 자가 높은 자를 범한 경우의 가중

① 신민이 제사를, 친사·장내가 본속부주를, 주·현의 민이 자사·현령을, 이·졸이 본부의 5품 이상의 장관을 구타한 죄는 도3년에 해당한다(투11.1). 이는 통속되는 자가 통속하는 담당 관부의 장관을 범한 것을 가중요건으로 삼아 일반인 구타죄에 형을 11등 더한 것이다. 이·졸이 6품 이하의 장관을 구타하였다면 각각 3등을 감해서 도1년반에 처한다(투11.1). 장관이라는 관함이 같더라도 6품 이하이면 3등을 감해서 형을 8등만 더한 것이다. 이·졸이 좌직, 즉 장관 이외의 본부의 유내관을 구타한 때에는 도1년에 처한다(투11.2와 소). 이는 관품이 없는 이·졸이 본부의 유내관을 범한 것을 가중적 구성요건으로 삼아 형을 더하는 것이다.

② 좌직 및 통속되는 바의 관인이 그가 속하는 관부의 장관을 구타·상해한 때에는 각각 이·졸이 장관을 구타·상해한 죄에서 2등을 감해서 도2년에 처한다(투12). 장관이 6품 이하이면 또 3등을 감해서 도1년반에 처한다. 다 같은 유내관일지라도 좌직이 장관을 범한 것은 가중적 구성요건이 되며, 장관이 5품 이상이면 일반인 구타죄보다 9등, 6품 이하이면 6등을 더하는 것이다.

③ 친사·장내가 본속부주의 친속을, 주·현의 민이 자사·현령의 조부모·부모 및 처·자를 구타한 죄는 도1년에 해당한다(투13). 이는 통속되는 자가 통속하는 관부의 장관의 조부모·부모 및 처·자를 구타한 것을 가중적 구성요건으로 삼아 형을 7등 가중해서 처벌한다는 것이다.

④ 황가의 단문친을 구타한 자는 도1년에 처하고(투14.1), 시마친 이상은 각각 차례로 1등씩 더해서 처벌한다(투14.2). 황제의 친속을 구타한 것을 가중적 구성요건으로 삼는 것인데, 황제의 단문친(10촌)을 구타하면 7등을 더해 도1년, 시마친(8촌)이면 8등 더해 도1년반, 소공친(6촌)이면 9등을 더해 도2년, 대공친(4촌)이면 10등을 더해 도

2년반에 처한다는 뜻이다.

⑤ 유외관 이하가 의귀(3품 이상)를 구타한 때에는 도2년(투15.1), 통귀(5품 이상)를 구타·상해한 때에는 2등을 감해서 도1년(투15.2)에 처한다. 이는 유외관 이하 서민이 유내 5품 이상을 구타한 것을 가중적 구성요건으로 삼아 3품 이상은 9등, 5품 이상은 7등을 가중해서 처벌한다는 것이다.

⑥ 유내 9품 이상이 의귀를 구타한 때에는 도1년(투16.1)에 처하고, 5품 이상을 구타한 때에는 일반인 구타죄에 2등을 더해 장60에 처한다(투16.2). 5품 이상이 의귀를 구타한 때에는 각각 일반인 구타죄에 2등을 더해 장60에 처한다(투16.2). 이는 유내관 내에서 하위자가 상위자를 구타한 것을 가중적 구성요건으로 삼는 것인데, 3품과 5품을 경계로 차등을 둔다.

2) 지위가 높은 자가 낮은 자를 범한 경우

위에 적시한 가중적 구성요건에 반대되는 경우에 대해서 율에는 일체 조문이 없다.

(2) 신분의 귀천에 따른 가감

표4) 양·천 및 주·천 신분에 따른 가감 *일반인 구타죄 태40, 골절상죄 도1년

	가중			감경		
	주체	객체	형	주체	객체	형
양·천이 서로 범한 경우	천인	부곡	양인	태50 (1등 더함)	양인	부곡	태30 (1등 감함)
		노비		장60 (2등 더함)		노비	태20 (2등 감함)
주·천이 서로 범한 경우	노비	주인	사형 (16등 더함)	주인	노비	살해(도1년)가 아니면 불처벌
	부곡	주인의 기친	교형 (15등 더함)	주인	부곡	살해(도1년)가 아니면 불처벌
주인의 친속과 부곡·노비이 서로 범한 경우	부곡·노비	주인의 기친, 외조부모	교형 (15등 더함)	주인의 기친, 외조부모	부곡·노비	살해(도1년)가 아니면 불처벌
		주인의 시마친	도1년 (7등 더함)	주인의 시마친·소공친	부곡	골절상 장80 골절상 미만 불처벌
		소공친	도1년반 (8등 더함)		노비	골절상 장70 골절상 미만 불처벌
		대공친	도2년 (9등 더함)		부곡	골절상 장70 골절상 미만 불처벌
					노비	골절상 장60 골절상 미만 불처벌

1) 양인과 천인 사이의 가감

양인과 천인 사이에 범한 죄를 규정하는 조문에서 천인은 부곡과 노비가 있다. 대개 천인이 범한 경우 노비의 죄가 부곡보다 1등 무겁고, 양인이 범한 경우 노비를 범한 죄가 부곡을 범한 죄보다 1등 가볍다.

부곡이 양인을 구타한 때에는 일반인 사이에 서로 구타한 죄에 1등을 더해 태50에 처하고, 노비가 범한 때에는 또 1등을 더해 장60에 처한다(투19.1). 이는 천인이 양인을 범한 것을 가중적 구성요건으로 삼되 부곡이 범한 것과 노비가 범한 것에 차등을 둔 것이다.

양인이 타인의 부곡을 구타한 때에는 일반인 사이에 서로 구타한 죄에서 1등을 감해서 태30에 처하고, 노비를 범한 때에는 또 1등을 감해서 태20에 처한다(투19.2). 이는 양인이 천인을 범한 것을 감경적 구성요건으로 삼되 부곡을 범한 것과 노비를 범한 것에 차등을 둔 것이다.

2) 주인과 천인 사이의 가감

여기서 주인은 같은 호적 내의 양인 이상으로 재산을 분배받을 수 있는 자 모두를 가리킨다(적7.1의 소). 달리 말하면 호적이 같고 재산을 공유하는 자는 누구든 가내 천인의 주인이 된다는 뜻이다. 따라서 이 경우의 주인은 대개 복수이다.

(a) 노비와 주인이 서로 범한 경우

노비가 주인을 구타한 것에 대해서는 조문이 없다. 단 부곡이 주인의 기친을 구타한 죄가 교형에 해당하고(투22.2), 또한 노비가 과실로 주인을 살해한 죄도 역시 교형에 해당하는(투22.1) 점으로 미루어 보면 노비가 구타한 죄는 사형에 해당한다는 것을 말할 필요가 없다. 이 경우 사형은 반드시 때를 기다리지 않고 실형에 처한다. 때를 기다리지 않는다는 것은 "입춘부터 추분까지는 사형 집행을 상주해서는 안 된다."는 영에 구애받지 않고 즉시 사형을 집행한다는 뜻이다(단28.1의 소). 노비가 과실로 주인을 상해한 죄 및 욕한 죄는 유형에 해당한다(투22.1). 통상 과실살상죄는 실형에 처하지 않고 속동으로 죗값을 치르게 하되(투38) 오직 자·손이 조부모·부모를 과실로 살해한 때에는 유3000리에 처하고, 상해한 때에는 도3년에 처할 뿐인데(투28.1), 노비가 범한 경우는 자·손이 조부모·부모를 범한 때보다 오히려 형이 무겁다. 이는 노비가 주인을 범한 것을 가중적 구성요건으로 삼아 형을 사형까지 가중한 것이다. 노비가 주인에게 욕한 죄는 유형에 해당하는데(투22.1), 이는 자·손이 조부모·부모에게 욕한 죄가 교형에 해당하는 것(투28.1)에 비해서는 가볍다. 이상은 축산과 같은 노비가 주인을 범한 것을 가중적 구성요건으로 삼아 일반인과는 비교할 수 없을 정도로 무겁게 형을 규정한 것이다.

가중적 구성요건과는 반대로 주인이 노비를 가해한 것은 감경적 구성요건이 된다. 단 주인이 노비를 가해한 행위에 대해서는 감경의 폭이 매우 커서 살해한 것 외에는 죄를 묻지 않는다. 오직 노비에게 죄가 있는데 그 주인이 담당 관사에 요청하지 않고 살해한 때에는 장100(투20.1), 죄가 없는데 살해한 때에는 도1년에 처한다(투20.2). 조문을 해석해 보면 주인은 죄가 있는 노비를 살해할 수 있지만, 단 직접 살해해서는 안 되고 담당 관사에 요청해서 살해해야 한다는 것이다. 원래 노비는 주인의 재산이기(적1.1의 소) 때문에 주인에게 처분권이 있다. 따라서 죄가 있어 사용가치가 없으면 폐기할 수도 있다는 뜻이다. 단 생명이 있는 재산이기 때문에 죄가 있더라도 담당 관사에 요청해서 죽여야 하며, 위반한 때에는 장100에 처하는 것이다. 죄가 없는 노비를 살해한 때에는 도1년에 처하며, 과실로 살해한 경우에 대해서는 조문이 없으나 부곡을 과실로 살해한 경우 죄를 논하지 않는 것(투21.2)을 들어보면 노비를 과실로 살해한 경우 죄를 논하지 않는다는 것은 당연하다. 이 같은 처분들은 외관상 주인이 노비를 살해한 것을 감경적 구성요건으로 삼아 일반인 투살죄의 교형(투5.1)에서 8등을 경감한 것으로 보인다. 그렇지만 주인이 자신의 말이나 소를 죽인 죄가 도1년에 해당하고(구8.3), 착오로 죽인 때에는 처벌하지 않는(구8.3) 점을 고려하면 감경적 구성요건이라기보다 생명 있는 재산을 함부로 처분한 행위에 대한 책임을 물은 것으로 보아야 할 듯하다.

(b) 부곡과 주인이 서로 범한 경우

부곡이 주인을 구타한 것에 대해서는 조문이 없는데, 노비와 마찬가지로 부곡이 주인의 기친을 구타한 죄가 교형에 해당하고(투22.2) 부곡이 과실로 주인을 살해한 죄도 역시 교형에 해당하는(투22.1) 점으로 미루어 보면 부곡이 주인을 구타한 죄는 사형에 해당한다는 것은 말할 필요가 없다. 이 경우 사형 역시 노비와 마찬가지로 때를 기다리지 않고 집행한다. 과실로 상해한 죄 및 욕한 죄는 유형에 해당한다(투22.1). 이상은 천인이 주인을 범한 것을 가중적 구성요건으로 삼아 일반인과는 비교할 수 없을 정도로 무겁게 형을 규정한 것이다.

가중적 구성요건과는 반대로 주인이 부곡에게 가해한 것은 감경적 구성요건이 된다. 주인이 부곡에게 가해한 경우 역시 감경의 폭이 커서 살해한 것 외에는 책임을 묻지 않는다. 즉 주인이 부곡를 구타하여 사망에 이른 때에는 도1년에 처하고, 고의로 살해한 때에는 1등을 더해 도1년반에 처한다(투21.1). 부곡이 잘못을 범하여 처벌하다가 사망에 이른 때 및 과실로 살해한 때에는 각각 논하지 않는다(투21.2). 부곡은 노비와 달리 재물과는 다르지만(적1.1의 소) 남에게 양도할 때는 부양한 비용을 헤아려 받는 등 때에 따라서는 주인의 재물로 간주되기도 하므로(적45.4의 소) 주인을 범한 것을 가중적 구성요건으로 삼아 일반인과는 비교할 수 없을 정도로 무겁게 형을 규정한 것이다.

3) 주인의 친속과 부곡·노비 사이의 가감

(a) 부곡·노비와 주인의 기친 및 외조부모가 서로 범한 경우

부곡·노비가 주인의 기친 및 외조부모를 구타한 죄는 교형에 해당한다(투22.2). 이 경우의 기친은 주인과 재산을 달리하는 자이다(투22.2의 소). 호적과 재산을 같이 하는 기친은 주인에 포함된다(적7.1의 소). 그렇지만 재산을 같이 하든 달리하든 기친을 구타한 죄는 다 같이 교형에 해당한다. 단지 욕한 죄의 경우 주인에 대한 것은 유형, 기친에 대한 것은 도2년에 해당하고, 과실살해죄의 경우 주인에 대한 것은 교형(투22.1), 기친은 구타죄에서 2등을 감해 도3년(투22.2)에 해당하여 다르기 때문에 별도의 조문을 둔 것이다. 여하튼 이 조문은 부곡·노비가 주인의 기친을 구타한 것을 가중적 구성요건으로 삼아 일반인 구타죄의 형에 15등을 가중한 것이다.

가중적 구성요건과 반대로 주인의 기친 및 외조부모가 부곡·노비에게 가해한 것은 감경적 구성요건이 된다. 단 주인의 기친 및 외조부모가 노비에게 가해한 경우 주인과 같으며, 부곡도 이에 준한다(투20의 주). 이 경우 살해한 것 외에는 책임을 묻지 않는 것은 주인과 같다.

(b) 부곡·노비와 대공친 이하 친속이 서로 범한 경우

부곡·노비가 주인의 시마친을 구타한 죄는 도1년, 소공친을 구타한 죄는 1등을 더해 도1년반, 대공친을 구타한 죄는 또 1등을 더해 도2년에 해당한다(투22.3). 부곡·노비가 주인의 친속을 구타한 것을 가중적 구성요건으로 삼아 시마친은 일반인 구타죄보다 형을 7등 더해서 처벌하고, 소공친은 8등, 대공친은 9등을 더해서 처벌한다는 것이다. 단 기친을 구타한 경우 15등을 더해 교형에 처하는 것에 비하면 가중치가 현저하게 적은데, 그 이유는 기친은 거의 주인과 같지만 대공친 이하는 그렇지 않기 때문이다.

가중적 구성요건과는 반대로 주인의 친속이 부곡·노비에게 가해한 것은 감경적 구성요건이 된다. 단 이 경우 감경의 폭이 주인에 대한 경우보다는 작아서 시마친·소공친이 가해한 때에는 골절상 이상이면 일반인의 부곡·노비를 살상한 죄에서 2등을 감하고, 대공친이 가해한 때에는 또 1등을 감한다(투23). 골절상은 이 하나를 부러뜨린 상해를 말하며(투11.1의 주) 도1년에 해당한다(투2.1). 따라서 주인의 시마친·소공친이 부곡에게 골절상을 입힌 경우 다른 사람의 부곡에게 가해한 경우에서 1등을 감하므로, 일반인을 범한 죄에서 3등을 감해서 장80, 대공친이 가해한 때에는 4등을 감해서 장70에 해당한다. 노비에게 가해한 때에는 부곡을 가해한 경우에서 또 1등을 감하므로 주인의 시마·소공친이 노비에게 가해한 죄는 일반인을 범한 경우에서 4등을 감해서 장70, 대공친이 가해한 죄는 5등을 감해서 장60에 해당한다.

(3) 친속 사이의 죄의 가감

표 5) 친속 사이의 구타죄의 가감 *일반인 구타죄 태40, 골절상죄 도1년

		가중			감경		
		주체	객체	형	주체	객체	형
대공친 이하의 친속	시마친	제·매	형·누나	장100 (6등 더함)	시마 친존장	시마 친비유	골절상 장100 골절상 미만 불처벌
		비속	존속	도1년 (7등 더함)			
	소공친	제·매	형·누나	도1년 (7등 더함)	소공 친존장	소공 친비유	골절상 장90 골절상 미만 불처벌
		비속	존속	도1년반 (8등 더함)			
	대공친	제·매	형·누나	도1년반 (8등 더함)	대공 친존장	대공 친비유	골절상 장80 골절상 미만 불처벌
		비속	존속	도2년 (9등 더함)			
형제 및 기친 사이의 가감		제·매	형·누나	도2년반 (10등 더함)	형·누나	제·매	살해 도3년 살해가 아니면 불처벌
		조카	백숙부모·고모	도3년 (11등 더함)	백숙부모·고모	조카	
		외손	외조부모	도3년 (11등 더함)	외조부모	외손	
조부모·부모와 자·손 사이의 가감		자·손	조부모·부모	참형 (17등 더함)	조부모·부모	자·손	살해 도1년반 살해가 아니면 불처벌

친속 사이의 죄의 가감은 세 단계로 구분할 수 있다. 조부모·부모와 자·손 사이의 가감 등급 차이가 가장 크고, 형·제 사이 및 기친의

존비 사이의 가감의 폭이 그 다음으로 크고, 대공친 이하 친속의 존비장유 사이의 가감의 폭이 가장 적다. 율에는 가감의 폭이 적은 경우부터 배열되어 있다.

1) 대공친 이하 친속 사이의 가감

시마친 제·매가 형·누나를 구타한 죄는 장100에 해당하고, 소공친 제·매가 형·누나를 범한 죄는 1등을 더해서 도1년, 대공친 제·매가 형·누나를 범한 죄는 1등씩 더하며, 존속이면 또 각각 1등을 더한다(투26.1). 이는 8촌 동생이 연장인 형·누나를 구타한 것을 가중적 구성요건으로 삼아 일반인을 구타한 죄에 6등을 더해 처벌하고, 존속(7촌백숙부모)이면 7등을 가중한다는 뜻이다. 또한 6촌 동생이 형·누나를 범한 경우 7등, 존속(5촌백숙부모)이면 8등을 가중하고, 4촌 동생이 형·누나를 구타한 경우 8등을 가중해서 처벌한다는 의미이다. 다시 말하면 대공친 이하 비유가 존장을 범한 경우 죄를 윤리적으로 평가해서 죄를 6등 내지 8등을 가중하되 친소에 따라 차이를 둔다는 의미가 된다.

대공친 이하 존장이 비유를 구타하여 골절상을 입힌 경우 존장이 시마친이면 일반인을 범한 죄에서 1등을 감하고, 소공친·대공친이면 차례로 1등씩 감한다(투26.2). 이는 존장이 비유를 구타한 것을 감경적 구성요건으로 삼아 골절상 이상을 입힌 때에 한하여 죄를 1등씩 감하고, 그 이하의 상해를 입힌 것으로는 죄를 묻지 않는다는 뜻이다.

2) 형·제 및 기친 사이의 가감

제·매가 형·누나를 구타한 죄는 도2년반에 해당한다(투27.1). 이는 친동생이 형·누나를 구타한 것을 가중적 구성요건으로 삼아 일반인에 비해 10등을 가중해서 처벌한다는 뜻이다. 조카가 백숙부모·고모를, 외손이 외조부모를 구타한 죄는 1등을 더해 도3년에 해당한다 (투27.2). 친형제, 조카와 백숙부모·고모, 외손과 외조부모는 다 같이 기친관계이다. 같은 기친이라도 존장을 범한 것은 가중적 구성요건에 해당하므로 죄를 1등 더하는 것이다.

형이 동생[弟·妹]을, 백숙부모가 형·제의 자·손을, 외조부모가 외손을 구타하여 살해한 죄는 도3년에 해당한다(투27.4). 이는 기친존장이 비유를 가해한 것을 감경적 구성요건으로 삼아 살해한 경우 일반인과 같이 교형(투5.1)에 처하지 않고 도3년에 처한다는 의미이다. 또한 율에 살해한 경우에 대해서만 조문이 있으므로 살해가 아닌 한 상해가 아무리 무겁더라도 죄를 묻지 않는다는 뜻이 된다.

3) 조부모·부모와 자·손 사이의 가감

조부모·부모에게 욕한 죄는 교형에 해당하고, 구타한 죄는 참형에 해당한다(투28.1). 일반인 사이에 욕한 것에 대해서는 율에 처벌규정이 없다. 그렇지만 부모에게 욕한 것은 죄의 구성요건이 되어 죄가 교형에 해당하는데, 이는 윤리적으로 평가하여 인간으로서 절대 해서는 안 되는 행위를 한 것이므로 사형에 처한다는 뜻이다. 구타는 욕설보다 더욱 비윤리적인 행위이므로 참형에 처한다.

자·손이 교령을 위반하여 조부모·부모가 구타하여 살해한 죄는 도1년반에 해당한다(투28.2). 이는 조부모·부모가 자·손에게 가해한 것을 감경적 구성요건으로 삼아 살해한 경우가 아닌 한 죄를 묻지 않으며, 살해한 죄도 도1년반에 그친다는 뜻이다. 율에서 서로 범한 경우 죄를 가감하는 등급의 차가 가장 큰 것은 부모와 자식 사이에 범한 경우이다. 부모에게는 자·손을 가르치고 명령할 교령권이 있고 자·손에게는 이에 복종할 의무가 있으므로, 자·손이 조부모·부모를 범한 경우 가중하고 그 반대의 경우 죄를 경감하는 차이도 큰 것이다.

(4) 처·첩과 남편 및 남편의 친속 사이의 가감

표 6) 처·첩과 남편 및 남편의 친속 사이의 가감
  * 일반인 구타죄 태40, 골절상죄 도1년

	가중			감경		
	주체	객체	형	주체	객체	형
처·첩과 남편이 서로 범한 경우	처	남편	도1년 (7등 더함)	남편	처	상해(장60) 부터 2등 감해서 처벌
	잉	처	장100 (6등 더함)	처	잉·첩	골절상부터 2등 감해서 처벌
	첩		도1년 (7등 더함)			
	첩	잉	태50 (1등 더함)	잉	첩	태40(일반인을 범한 죄와 같음)
처·첩과 남편의 조부모·부모가 서로 범한 경우	처·첩	남편의 조부모·부모	교형 (16등 더함)	시조 부모· 부모	자부· 손부	폐질(도3년) 부터 5등을 감해서 처벌
					자·손 의 첩	폐질(도3년) 부터 7등을 감해서 처벌
처·첩과 남편의 형제 자매가 서로 범한 경우	처	남편의 제매	태50 (1등 더함)	남편의 제매	처	태50 (1등 더함)
	첩	남편의 제매	태60 (2등 더함)	남편의 제매	첩	태40(일반인과 같음)
첩과 남편의 자식이 서로 범한 경우	처의 자식	부의 첩	태50 (1등 더함)	첩	처의 자식	태40(일반인과 같음)
	첩의 자식		태60 (2등 더함)		다른 첩의 자식	태20 (2등 감함)
처·첩과	처	기친 이하	도2년반	기친	비유	구타 태30

		시마친 이상 존장	(남편이 범한 죄에서 1등 감함)	이하 시마친 이상 존장	의 처	(일반인이 범한 죄에서 1등 감함)
남편의 존장이 서로 범한 경우	첩	기친 이하 시마친 이상 존장	도3년 (남편이 범한 죄와 같음)	기친 이하 시마친 이상 존장	비유의 첩	구타 태20 (일반인이 범한 죄에서 2등 감함)
처·첩과 남편의 비속이 서로 범한 경우	처	남편의 비속	남편과 같음	남편의 비속	처	남편과 같음
	첩		일반인과 같음		첩	일반인과 같음

처와 남편의 관계는 "남편은 처의 하늘이다."(명6.9의 소) 혹은 "부인은 남편을 하늘로 삼는다."(직30.1의 소)는 것과 같이 남편의 지위가 절대적으로 상위인 것처럼 표현된 경우가 있는데, 이는 상례를 위반한 경우 죄질을 평가하는 기준을 세우기 위한 윤리적 논리에서 비롯된 것이다. 이와는 달리 가정 내에서 부부는 대등한 배필이다. 단 가해한 경우 죄를 평가하는 기준은 형제와 같은 장유 관계로 간주하지만(투24.1의 소), 처·첩이 남편을 범한 경우의 가중하고 남편이 처·첩을 범한 경우 경감하는 죄의 차이는 형제의 경우보다 차이가 크지는 않다.

1) 처·첩과 남편 사이의 가감

(a) 처와 남편 사이의 가감
처가 남편을 구타한 죄는 도1년에 해당한다(투25.1). 이는 처가 남편을 범한 것을 가중적 구성요건으로 삼아 일반인 구타죄에 7등을 더한다는 것인데, 정작 동생이 형을 구타한 죄는 도2년반에 해당하여(투27.1) 처가 남편을 범한 죄보다 3등이 무겁다. 따라서 처가 남편을 범한 것은 동생이 형을 범한 것보다는 죄질이 가볍게 평가된 것이다. 소공친(6촌) 동생이 형을 구타한 죄가 도1년에 해당하는데(투26.1), 이로 보면 처가 남편을 범한 죄질은 6촌 형제 사이에 범한 경우와 같은 죄질로 평가한 것으로 생각된다.

남편이 처를 구타하여 상해한 때에는 일반인 사이에 범한 죄에서 2등씩 감하고, 사망에 이른 때에는 일반인으로 논한다(투24.1). 이는 남편이 처에게 가해한 것을 감경적 구성요건으로 삼아 일반인을 범한 죄에서 2등을 감한 것인데, 이 역시 형이 동생에게 가해한 경우보다는 감경의 폭이 좁다.

(b) 잉 및 첩과 남편 사이의 가감

잉 및 첩이 남편을 구타한 때에는 각각 처가 남편을 범한 죄에 1등씩 더한다. 따라서 잉이 남편을 구타한 죄는 도1년반, 첩이 남편을 구타한 죄는 도2년에 해당한다. 잉은 관품이 있는 첩이므로(명12.1의 소), 처보다는 지위가 낮지만 첩보다는 위이다. 그러므로 남편을 구타한 것을 가중적 구성요건으로 삼더라도 처보다는 1등을 더해 8등을 가중하지만, 첩의 경우 2등을 더해 9등을 가중하는 것에 비해서 가볍게 평가하여 형을 정한 것이다.

가중적 구성요건과 반대의 경우는 감경적 구성요건이 된다. 남편이 가해한 때에는 잉과 첩을 구분하지 않고, 구타하여 상해한 것이 골절상 이상이면 처를 범한 죄에서 2등을 감한다. 남편이 첩에게 가해한 경우 골절상 이상이 아니면 죄가 없다(투24.1의 소). 첩은 처보다 지위가 낮으므로 남편이 첩을 구타하여 상해한 죄는 처를 범한 죄보다 2등 낮게 평가한다는 것이다.

(c) 잉·첩과 처 사이의 가감

첩이 처를 범한 것은 남편을 범한 것과 같다(투25.2). 즉 첩이 처를 구타한 죄는 도1년에 해당한다. 잉이 처를 범한 때에는 첩이 범한 죄에서 1등을 감한다(투25.2). 즉 잉이 처를 구타한 죄는 장100에 해당한다. 이는 첩·잉이 처를 구타한 것을 가중적 구성요건으로 삼아 첩이 범한 죄는 7등을 더하고, 잉이 범한 죄는 6등을 더해서 형을 정한 것이다.

가중적 구성요건과 반대로 처가 잉·첩을 범한 것은 감경적 구성요건이 된다. 단 처가 범한 경우 잉과 첩을 구분하지 않고 남편이 처를 범한 것과 같다. 즉 처가 첩을 구타하여 상해한 죄는 일반인을 구타하여 상해한 죄에서 2등을 감한다. 달리 말하면 처가 첩을 구타한 것은 남편이 처를 구타한 것과 같은 죄질로 평가된다는 것이다.

(d) 잉과 첩 사이의 가감

첩이 잉첩을 범한 때에는 일반인을 범한 때에서 1등을 더한다(투25.2). 즉 첩이 잉을 구타한 죄는 일반인 구타죄보다 1등 더한 태50이 된다. 첩은 잉보다 지위가 낮으므로 첩이 잉을 범한 것을 가중적 구성요건으로 삼아 1등을 더해 형을 정한 것이다.

가중적 구성요건의 반대가 되는 잉이 첩을 범한 것에 대해서는 조문이 없다. 단 조문이 없는 경우 잉은 첩과 같다고 하므로(투25.3의 주), 잉이 첩을 구타한 죄는 일반인과 마찬가지로 태40이 되는 것이다. 잉은 비록 첩보다 지위가 높지만 가해한 경우는 죄가 같다고 평가한 것이다.

2) 처·첩과 남편의 친속 사이의 가감

(a) 처·첩과 남편의 조부모·부모 사이의 가감

처·첩이 남편의 조부모·부모에게 욕한 죄는 도3년에 해당하고, 구타한 죄는 교형에 해당한다(투29.1). 이는 처·첩이 시조부모·부모에게 범한 것을 가중적 구성요건으로 삼아 일반인에게는 죄가 되지 않는 욕한 죄를 도3년으로 평가하고, 구타한 죄는 일반인을 범한 죄보다 15등을 가중하여 교형에 해당한다고 평가한 것이다.

가중적 구성요건의 반대의 경우는 감경적 구성요건이 되어, 시조부모·부모가 자부·손부를 범한 경우는 오직 구타하여 폐질이 되게 한 경우부터 죄를 묻는데 장100에 해당한다(투29.2). 이는 시조부모·부모가 자부·손부를 범한 것을 감경적 구성요건으로 삼아 구타하여 폐질이 되지 않는 한 죄를 묻지 않고, 폐질이 되게 한 경우에도 일반인을 범한 경우의 죄 도3년(투4.1)에서 5등을 경감하여 형을 정한 것이다. 시조부모·부모가 자·손의 첩을 범한 때에는 처를 범한 죄에서 2등 감한다(투29.2). 첩은 처보다 지위가 낮으므로 죄도 2등을 낮게 평가하는 것이다.

(b) 처·첩과 남편의 형제자매 사이의 가감

처가 남편의 제·매를 구타한 때에는 일반인을 범한 죄에 1등을 더한다(투31.1). 이는 처가 남편의 동생들을 범한 것을 가중적 구성요건으로 삼아 일반인이 범한 죄보다 무겁다고 평가한 것이다. 그러나 가중적 구성요건의 반대의 경우는 감경적 구성요건으로 삼지 않고 동생들이 형의 처를 구타한 때에도 역시 일반인을 범한 죄에 1등을 더한다(투31.1). 형수와 시동생 간에는 서로 혐의를 피하기 위해 안부를 묻는 것도 허락하지 않는 법이며(『예기』권2, 58~59쪽), 서로 예를 지켜 공경해야 하기 때문에 일방적으로 가중하거나 경감하지 않고 서로 범한 경우 다 같이 일반인을 범한 죄에 1등을 더해야 한다고 평가하는 것이다. 첩이 남편의 제·매를 구타한 때에는 처가 범한 죄에 1등을 더한다(투31.1). 그러나 제·매가 형의 첩을 범한 죄는 일반인을 범한 것과 같다(투31.1의 소). 첩은 지위가 낮으므로 첩이 남편의 제·매를 범한 것은 가중적 구성요건으로 삼지만, 반대의 경우는 경감적 구성요건으로 삼지 않는 것이다.

(c) 첩과 남편의 자식들 사이의 가감

처의 자식이 부의 첩을 구타한 죄는 일반인을 범한 죄에 1등을 더해서 태50, 다른 첩의 자식이 범한 죄는 또 1등을 더해 태60에 해당한다. 자식들이 부의 첩을 구타한 것을 가중적 구성요건으로 삼아, 처의 자식이 범한 경우 죄를 1등을 더하고 첩의 자식이 범한 경우 죄를 2등을 더하는 것으로 평가하여 형을 정하는 것이다. 첩은 규범적인 예와 절차를 거쳐 혼인한 부인이 아니고 성을 점쳐서 맞이하는 것을 허용하여 정리가 천하기 때문에 설혹 예를 위반하더라도 죄를 가볍게 평가한다(호30.1의 소). 그래서 부의 첩은 명칭을 서모라고 하지만(투44.2) 율에서 정의한 모의 범주에 포함되지 않는다. 율에서 정의한 모는 생모 외에 적·계·자·양모가 있을 뿐이다(명52.4). 이런 까닭에 자식들이 부의 첩을 구타한 경우 모를 범한 죄와는 별도의 규정을 둔 것이며, 죄의 등급도 모에 대한 경우의 참형(투28.1)과는 비교할 수 없을 정도로 낮은 태50 혹은 태60으로 평가하는 것이다.

가중적 구성요건과 반대의 경우는 경감적 구성요건이 되기도 하고 그렇지 않기도 한다. 첩이 남편의 다른 첩의 자식을 구타한 죄는 일반인을 범한 죄에서 2등을 감하여(투31.2) 태20이 되므로 이 경우는 감경적 구성요건이 된다. 그러나 첩이 처의 자식을 구타한 행위는 일반인을 범한 죄로 논하므로(투31.2) 이 경우는 감경적 구성요건으로 삼지 않는다.

(d) 처·첩과 남편의 존장 사이의 가감

처가 남편의 기친 이하 시마친 이상의 존장을 구타하거나 욕한 죄는 각각 남편이 범한 죄에서 1등을 감한다(투33.1). 따라서 처가 남편의 백숙부모·고모·외조부모에게 욕한 죄는 남편이 범한 경우의 도1년에서 1등 감해서 장100, 구타한 죄는 남편이 범한 경우의 도3년에서 1등을 감해 도2년반에 해당한다. 처가 남편의 형·누나 이하를 범한 것도 마찬가지로 죄를 셈하므로 상세한 설명은 생략한다. 여하튼 처가 남편의 기친 이하 존장을 범한 것을 가중적 구성요건으로 삼아 죄와 형을 더하되 남편이 범한 죄에서 1등을 감하는데, 그것은 처와 남편의 존장 사이에는 정리가 가벼워 상복을 1등 내려 입으므로 죄도 역시 1등 낮게 평가하는 것이다(투33.1의 소).

첩이 범한 경우는 감하지 않는다(투33.1). 앞에서 설명한 바와 같이 첩은 지위가 낮고 천하므로 처와 같이 1등을 감하지 않고 남편이 범한 것과 같은 죄로 형을 정하는 것이다,

가중적 구성요건과 반대의 경우는 감경적 구성요건이 된다. 단 존장이 비유의 부인을 구타·상해한 죄는 일반인을 범한 죄에서 1등을 감하고, 첩을 범한 죄는 또 1등을 감한다(투33.3). 이처럼 존장이 비유의 부인을 범한 경우 친소를 구분하지 않고 다 같이 처를 범한 죄는 1등, 첩을 범한 2등을 감하는 것은 쌍방의 정리가 가볍기 때문이다.

(e) 처·첩과 남편의 비속 사이의 가감

처가 남편의 비속을 구타·상해한 죄는 남편이 구타·상해한 죄와 같고, 첩이 범한 죄는 각각 일반인을 범한 죄에 따른다(투33.2).

(5) 은의 관계에 따른 가감

표 7) 은의 관계에 따른 가감   *일반인 구타죄 태40, 골절상죄 도1년

	가중			감경		
	주체	객체	형	주체	객체	형
개가한 처·첩과 사망한 남편의 조부모·부모가 서로 범한 경우	개가한 처·첩	사망한 남편의 조부모·부모	도3년 (11등 더함)	사망한 남편의 조부모·부모	자손의 처·첩	골절상 이상만 처벌하되 3등 감함
처의 전 남편의 자식과 계부가 서로 범한 경우	처의 전남편의 자식	동거가 아닌 계부	태40 (일반인과 같음)	동거가 아닌 계부 및 이거인 계부	처의 전남편의 자식	태30 (1등 감함)
		동거이다가 이거인 계부	도1년 (시마존속과 같이 7등 더함)			
		동거 계부	도1년반 (8등 더함)	동거계부		태20 (2등 감함)
스승과 제자가 서로 범한 경우	제자	현재 학업을 받고 있는 스승	장60 (2등 더함)	스승	제자	규정 없음
방면된 부곡·노비와 옛 주인이 서로 범한 경우	방면된 부곡·노비	옛 주인	유2000리 (12등 더함)	옛 주인	방면된 부곡	골절상 이상만 처벌하되 2등 감함
					방면된 노비	골절상 이상만 처벌하되 4등 감함

1) 개가한 처·첩과 사망한 옛 남편[故夫]의 조부모·부모 사이의 가감

개가한 처·첩이 사망한 옛 남편의 조부모·부모를 구타하거나 욕한 때에는 각각 시부모를 구타하거나 욕한 죄에서 2등씩 감한다(투30.1). 시부모에게 욕한 죄는 도3년, 구타한 죄는 교형에 해당한다(투29.1). 따라서 개가한 처·첩이 사망한 옛 남편의 조부모·부모를 구타한 죄는 도3년, 욕한 죄는 도2년에 해당한다. 남편이 사망한 뒤 개가했더라도 자신을 자부로 맞이해준 은혜를 잊어서는 안 되므로, 옛 시부모를 범한 것을 가중적 구성요건으로 삼는 것으로 비록 시부모를 범한 죄보다는 각각 2등씩 낮지만 일반인을 구타한 죄보다 11등 높아야 한다고 평가한 것이다. 욕한 죄의 경우는 일반인을 범한 경우 죄가 안 되기 때문에 비교할 수 없다.

가중적 구성요건과 반대의 경우는 당연히 감경적 구성요건이 된다. 옛 시부모가 자·손의 옛 처·첩을 범한 경우는 구타하더라도 골절상 이상이 아니면 죄를 묻지 않고, 골절상 이상의 경우만 각각 일반인을 범한 죄에서 3등을 감한다(투30.2). 일단 친속 관계는 끊어졌기 때문에 시부모와 같을 수는 없지만, 그래도 골절상 이상이 아닌 경우 죄를 물을 수는 없고, 그 이상이라도 일반인을 범한 것보다는 3등 낮아야 한다고 평가한 것이다.

2) 처의 전 남편[前夫]의 자식과 계부 사이의 가감

처의 전 남편의 자식이 계부를 구타·상해한 경우 시마친 존속을 범한 경우와 죄가 같고, 동거인 경우는 1등을 더한다(투32.2). 계부는 현재 동거인 경우 기친이고, 동거이다가 이거인 경우는 시마친이며, 처음부터 동거가 아닌 경우는 남남[凡人]이다. 여기서 동거는 '함께 거주한다'는 단순한 개념이 아니라 처의 전남편의 자식에게 대공친 이상의 친속이 없고, 계부 역시 대공친 이상의 친속이 없으며, 계

부가 자신의 재산으로 계자를 위해 가묘를 세워 생부의 제사를 받들게 하는 조건이 갖추어 질 때에 비로소 성립하는 관계이다(투32.2의 소). 동거이다가 이거인 계부를 구타한 죄는 시마친 존속을 구타한 죄와 같이 도1년에 해당하고(투26.1), 동거인 계부를 구타한 죄는 1등을 더하여 도1년반에 해당하며, 처음부터 동거가 아닌 계부를 구타한 죄는 일반인과 같이 태40에 해당한다. 이거인 계부를 구타한 죄는 시마친 존속을 구타한 죄에 상당한다고 평가하는 것인데, 단 동거계부의 경우 기친에 상당한다고 하면서도 구타한 죄는 도1년반으로 혈친의 기친을 구타한 경우의 도3년(투27.2)보다 3등이 낮다. 남계 혈통을 중시하는 유가사상의 견지에서 보면 계부는 자신의 생부를 위해 베풀어준 은혜에 보답하는 것 이상의 어떠한 윤리적 의무도 없다는 가치평가가 반영된 것이다.

가중적 구성요건의 반대의 경우는 감경적 구성요건으로 삼는데, 단 감경의 폭은 현저하게 좁다. 동거이다가 이거가 된 계부가 처의 전 남편의 자식을 구타한 죄는 일반인을 범한 경우의 죄에서 1등을 감하여 태30에 해당하고, 동거인 경우는 또 1등을 감하여 태20에 해당한다(투32.1). 이는 시마친 존장이 비유에게 가해한 경우 골절상인 경우에 한하여 일반인을 범한 죄에 1등을 감하고 소공·대공친이 비유에게 가해한 경우 차례로 1등씩 감하는(투26.2) 것과 비교해 보아도 감경의 폭이 매우 좁음을 알 수 있다. 이는 가중적 구성요건의 경우와 마찬가지로 혈통 관계가 없는 계부가 계자를 범한 경우 죄를 윤리적으로 평가할 수 없다는 의미일 것이다.

3) 스승과 제자 사이의 가감

현재 학업을 받고 있는 스승을 구타·상해한 죄는 일반인을 구타·상해한 죄에 2등을 더한다(투32.2). 여기서 스승은 유가의 경전에 대한 가르침을 주는 관학의 교수로 한정한다(투32.2의 소)는 단서가 있기는 하지만, 스승을 구타한 경우 일반인을 범한 죄보다 2등 무거운 장60에 해당한다고 평가한 것이다.

가중적 구성요건과 반대의 경우에 대해서는 율문이나 소문에 어떠한 규정도 없다.

4) 방면된 부곡·노비와 옛 주인 사이의 가감

방면된 부곡·노비가 옛 주인을 욕한 죄는 도2년, 구타한 죄는 유2000리에 해당한다(투36.1). 욕한 것은 일반인 사이에는 죄가 되지 않으므로 비교할 수 없으나, 구타한 것은 일반인 사이의 구타한 죄 태40(투1.1)보다 12등을 가중한 것이다. 단 이는 주인이 방면하여 양인으로 삼거나 부곡·노비가 스스로 속전을 내어 면천한 경우에 한하며, 만약 다른 사람에게 주거나 판 경우의 옛 주인은 일반인과 같다(적8의 주의 소). 방면된 부곡·노비는 양인 신분이 되었지만 옛 주인은 방면해준 은혜가 있으므로 옛 주인을 범한 것은 방면해준 은의를 저버린 행위가 된다. 따라서 구타한 죄에 대해서 윤리적으로 가치를 평가하여 11등 또는 10등을 더하는 것이다.

가중적 구성요건과는 반대로 옛 주인이 옛 부곡·노비를 가해한 것은 감경적 구성요건으로 삼는다. 구타하여 상해를 입혔더라도 골절상 이하이면 죄를 묻지 않고, 골절상 이상이면 부곡을 범한 경우 일반인을 범한 죄에서 2등을 감하고, 노비의 경우는 또 2등을 감한다(투36.2).

3. 관에 고한 죄

타인이 죄를 범한 정을 알고도 숨겨주면 처벌하지만(포18.1) 일정

범위의 친속 사이에는 죄지은 자를 숨겨주어도 죄주지 않거나(명 46.1) 죄를 감하며(명46.2), 오히려 고한 경우 처벌한다. 친속을 고한 죄는 친소에 따라 죄와 형의 등급이 다르고, 비유가 존장을 고한 죄(투44~5)와 존장이 비유를 고한 죄(투46) 사이에도 죄와 형의 등급 차가 큰데, 이 역시 죄를 윤리적으로 평가하여 형을 정하기 때문이다. 단 모반·모대역·모반을 범한 때에는 이 율을 적용하지 않는데(명46.3 및 투44.1의 주), 황제 및 국가에 대한 충이 친속 사이의 윤리보다 우선하기 때문이다(투44.1의 소).

(1) 비유가 존장을 고한 죄

1) 조부모·부모를 고한 죄

조부모·부모를 고한 죄는 교형에 해당한다(투44.1). 객체는 통상 친생부모 및 조부모이지만, 양부모와 적모·계모·자모도 모두 고할 수 없으며, 예외적으로 적·계·자모가 그 부를 살해하거나 양부모가 그 본생부모를 살해한 때에는 고하는 것을 허용한다(투44.2). 그렇지만 만약 적모·계모가 친생 서모를 살해했다면 또한 고해서는 안 된다(투44.2). 조부모·부모는 모반 이상을 범한 경우를 제외하고 어떠한 경우에도 고해서는 안 되지만, 친생이 아닌 부모가 친생 부모를 살해한 경우에는 고하는 것을 허용하되, 적모·계모가 친생 서모를 살해한 때에는 고할 수 없다. 유가의 친친주의는 친생부모를 가장우선시하기 때문에 친생부모를 살해한 경우 친생부모가 아닌 양부모·적모·계모·자모가 친생부모를 살해한 경우 고하는 것을 허용하되, 서모는 아버지의 첩으로 적모·계모에 비하여 지위가 천하기 때문에 적모·계모가 친모를 살해했더라도 고발을 허용하지 않는 것이다.

표 8) 친속·주인을 관에 고한 죄 *일반인을 고한 죄 없음

	주체	객체	형	예외적 허용
비유가 존장을 고한 죄	자·손	조부모·부모	교형	모반(謀叛) 이상
		양부모·적모· 계모·자모	교형	① 적모·계모·자모가 부 살해시 ② 양부모가 본생부모 살해시 ※ 적모·계모가 친생서모 살해시 불허
		기친존장·외조부모· 남편·남편의 조부모	도2년	침범당해서 스스로 고소하 는 것은 허용
		대공 이하 존장	도1년반	위와 같음
		소공·시마존장	도1년	위와 같음
존장이 비유를 고한 죄	존장	시마·소공친 비유	장80	
		대공친 비유	장70	
		기친비유	장60	
	조부모· 외조부모 ·부모	자·손, 외손, 자·손의 부인이나 첩	불처벌	
부곡· 노비가 주인 및 주인의 친속의 고한 죄	부곡· 노비	주인	교형	모반(謀叛) 이상
		주인의 기친 및 외 조부모	유형	
		주인의 대공·소공·시마친	도1년	

2) 기친존장 등을 고한 죄

기친존장·외조부모·남편과 남편의 조부모를 고했다면 고한 것이 비록 사실이라도 도2년에 처한다(투45.1). 이 조문의 기친존장 등은 죄가 있어도 숨겨주어야 하는 친속의 범주에 포함되지만(명46.1), 조부모·부모에 비해서는 친등이 낮으므로 고한 죄에 대해서 윤리적 가

치를 평가하여 형을 6등 낮게 정한 것이다.

3) 대공 이하 존장을 고한 죄

대공존장을 고한 때에는 도1년반, 소공·시마존장을 고한 때에는 도1년에 처한다(투45.2). 대공존장 등은 기친존장에 비해 소원하기 때문에 고한 죄도 형의 등급을 낮게 정한 것이다.

(2) 존장이 비유를 고한 죄

1) 존장이 비유를 고한 죄

존장이 시마·소공친 비유를 고했다면 고한 것이 비록 사실이라도 장80에 처하고, 대공친 비유이면 장70, 기친비유이면 장60에 처한다(투46.1). 이를 비유가 존장을 고한 죄와 비교하면 기친의 경우 7등의 차가 있고, 대공친의 경우 5등의 차가 있는 셈이며, 소공·시마친의 경우는 3등의 차를 둔 셈인데, 이 역시 윤리적 가치 평가에 따른 것임은 말할 필요도 없다.

2) 조부모·부모가 자·손 등을 고한 죄

조부모·부모가 자·손 또는 자·손의 부인이나 첩을 고하거나 외조부모가 외손을 고하거나 스스로 자신의 첩을 무고한 때에는 각각 죄를 논하지 않는다(투46.2). 이 조문에서 주체인 조부모·부모나 외조부모가 객체인 자·손 또는 외손을 고한 경우 심지어 무고라도 죄를 논하지 않는다는 것인데, 반대로 자·손이 조부모·부모를 고한 죄가 교형에 해당하는 점과 비교하면, 가중하는 쪽과 경감하는 쪽의 차이가 매우 크다. 조부모·부모·외조부모는 자·손 등에 대해서 교령권이 있기 때문에 고한 죄를 묻지 않는 것이다.

(3) 부곡·노비가 주인 및 주인의 친속을 고한 죄

부곡·노비가 고한 죄는 교형에 해당하고, 주인의 기친 및 외조부모를 고한 죄는 유형에 해당하며, 주인의 대공·소공·시마친을 고한 죄는 다 같이 도1년에 해당한다(투48.1). 부곡·노비은 주인에게 속하는 존재이기 때문에 고하는 행위를 용납할 수 없다(투48.1의 소)는 윤리적 평가에 따라 극형에 처하는 것이다. 주인의 친속은 비록 처분권은 없지만 친속 일체주의에 따라 일정 정도 존중할 의무가 있으므로 고한 경우 도1년의 형에 처하는 것이다. 물론 이는 주인 이하가 모반·모대역·모반이 아닌 죄를 범한 경우에 한하며(투48.1), 이 세 가지 죄를 범한 경우에는 부곡·노비가 주인을 고하는 것을 허용한다(투48.1의 소).

4. 간죄

혼인하지 않은 남녀가 간한 때에는 도1년반에 처하고, 여자에게 남편이 있는 경우는 도2년에 처한다(잡22.1). 예로 결합하지 않은 남녀의 떳떳하지 못한 결합은 윤리에 반하는 행위이므로 처벌한다. 더구나 남편이 있는 여자가 외간 남자와 간통한 것은 더욱 윤리에 반하는 행위이므로 남녀 각각 1등을 가중하여 도2년에 처한다. 친속사이에 간한 때에는 죄를 가중하는데, 역시 비윤리성이 농후하기 때문이다. 그러나 천인이 양인을 간한 때에는 죄가 가중되고 반대로 양인이 천인을 범한 경우는 죄가 가볍다. 천인은 신분이 천하기 때문에 상위 신분을 간한 경우 죄를 무겁게 평가하는 것이며, 그 반대의 경우는 죄를 가볍게 평가하는 것이다. 가천이 주인을 간한 때에는 극형에 처하지만 주인이 가천을 간한 행위에 대해서는 죄를 묻는 조문이 없다.

표 9) 간죄의 신분에 따른 가감
*일반인의 간죄 도1년반, 여자에게 남편이 있는 경우 도2년

		주체	객체	형
친속 사이의 간죄 (가중)			시마 이상 친속 및 시마 이상 친속의 처, 처의 전남편의 딸 및 동모 이부자매	도3년
			친속의 첩	도2년반
			조부의 자매 및 조부의 형제의 처, 부의 사촌자매, 부의 4촌 형제의 처, 자기의 4촌 자매, 이모 및 형제의 처, 형제의 자의 처	유2000리
			부·조부의 첩, 백모·숙모·고모·자매·자부·손부 및 형제의 딸	교형
			부·조부가 총애한 비	도3년
양·천 사이의 간죄	가중	부곡·잡호·관호	양인	도2년
		노		도2년반
	감경	양인	관비, 타인의 비	장90
			타인의 부곡 처 및 잡호·관호의 부녀	장100
주·천사이의 간죄		부곡 및 노	주인 및 주인의 기친, 기친의 처	교형 부녀는 유3000리 (강간은 불처벌)
			주인 및 주인의 기친의 첩	유형
			주인의 시마이상 친속 및 그 처	유형 부녀는 유3000리 (강간은 불처벌)
			주인의 시마 이상 친속의 첩	도3년
		주인	사천	규정 없음

특수신분인 및 상중 간죄	감림·주수	남편이 없는 양인 여자	도2년 (친속인 경우 1등 더함) 부녀는 일반간죄와 동일
		남편이 있는 양인 여자	도2년반 (친속인 경우 1등 더함) 부녀는 일반간죄와 동일
		천인 여자	규정 없음
	도사·여관	혼인하지 않은 양인 또는 천인 여자	2등 더함 (친속인 경우 2등 더함) 부녀는 일반간죄와 동일
		혼인한 양인 또는 천인 여자	2등 더함 (친속인 경우 2등 더함) 부녀는 일반간죄와 동일
	부모 및 남편의 상중에 간한 자		2등 더함 (친속인 경우 2등 더함) 상대는 일반간죄와 동일

(1) 친속 사이의 간죄

① 시마 이상 친속 및 시마 이상 친속의 처, 또는 처의 전남편의 딸 및 동모이부자매를 간한 자는 도3년에 처한다(잡23.1). 친속의 첩을 간한 때에는 1등을 감해서 도2년반에 처한다(잡23.3).

② 조부의 자매 및 조부의 형제의 처, 부의 사촌 자매 또는 부의 4촌 형제의 처, 자기의 4촌 자매, 이모 및 형제의 처, 형제의 자의 처를 간한 자는 유2000리에 처한다(잡24.1).

③ 자식이 부·조부의 첩, 백모·숙모·고모·자매·자부·손부 및 형제의 딸을 간한 때에는 교형에 처한다(잡25.1). 부·조부가 총애한 비를 간한 자는 도3년에 처한다(잡25.2).

친속 사이의 간죄는 위와 같이 소원한 친속을 범한 경우의 도3년부터 친한 친속을 범한 경우의 사형에 이르기까지 세 단계로 차등을 두었는데, 이는 윤리적 평가에 따른 것이다. 첩이나 비는 신분이 낮기 때문에 범한 죄도 가볍게 평가하는 것이다.

(2) 양·천 사이의 간죄

부곡·잡호·관호가 양인을 간한 때에는 양인이 양인을 간한 죄에 1등을 더해서 도2년에 처한다(잡22.2). 노가 양인을 간한 때에는 2등을 더해 도2년반에 처한다(잡26.1). 이는 천인이 양인 여자를 간한 것을 가중적 구성요건으로 삼아 부곡 등이 범한 경우 양인이 양인을 간한 죄에 1등, 노비가 범한 경우 2등을 더해 형을 정한 것이다.

가중적 구성요건의 반대의 경우는 감경적 구성요건이 된다. 즉 관비나 타인의 비를 간한 죄는 장90에 해당하여(잡22.3) 양인 여자를 범한 죄보다 3등 가볍고, 타인의 부곡처 및 잡호·관호의 부녀를 간한 죄는 장100에 해당하여(잡22.4) 양인 여자를 범한 죄보다 2등 가볍다. 관비나 타인의 비를 간한 죄가 부곡처 등을 간한 죄보다 가벼운 것은 같은 천인의 부류이지만 부곡처의 신분이 비보다 높기 때문이다.

(3) 주·천 사이의 간죄

1) 사천이 주인 및 주인의 기친 또는 기친의 처를 간한 죄

부곡 및 노가 주인 및 주인의 기친, 또는 기친의 처를 간한 때에는 교형에 처하고, 사천과 간한 부녀는 1등을 감해서 유3000리에 처한다(잡26.2). 사천은 주인에 속하고 기친은 주인과 같다. 따라서 사천이 이들을 간한 것을 가중적 구성요건으로 삼아 극형에 처하는 것이다. 단 사천과 간한 부녀 또한 비윤리적인 행위를 하였으므로 엄형에 처하되 사천의 죄에서 1등을 감한다. 단 강간당한 경우는 처벌하지 않는다(잡27.2).

2) 부곡 및 노가 주인의 친속을 간한 죄

부곡 및 노가 주인의 시마 이상 친속 및 시마 이상 친속의 처를 간한 때에는 유형에 처한다(잡26.3). 부곡 및 노가 주인의 친속을 간한 것을 가중적 구성요건으로 삼아 일반 양인 부녀를 간한 죄에 4등 또는 3등을 가중해서 처벌하는 것이다. 이 경우 부녀는 화간한 부곡 및 노와 죄가 같고(잡27.1), 강간인 경우 부곡 및 노는 교형에 처하고 부녀는 처벌하지 않는다(잡27.1).

3) 사천이 주인의 첩을 간한 죄

위의 두 간죄에서 첩을 간한 때에는 각각 1등을 감한다(잡26.3의 소). 따라서 주인이나 기친의 첩을 간한 죄는 유형에 해당하고, 시마친 이상의 첩을 간한 죄는 도3년에 해당한다.

4) 주인이 사천을 간한 행위

위의 가중적 구성요건과 반대의 경우에 대해서 율에는 일체 언급이 없다. 사천은 주인에게 속하는 재물과 같거나 그에 준하므로 주인 또는 주인의 친속이 간하더라도 죄의 구성요건으로 삼을 수 없다는 뜻일 것이다.

(4) 특수 신분인 및 상중 간죄

잡률 28조는 감림·주수나 도사·여관 등 특수 신분인이 간한 경우 죄를 가중하는 규정이다. 만약 이들 특수 신분인이 친속 관계 등 다른 가중 사유가 있는 자를 간한 경우에는 거듭해서 죄를 더한다(잡28.3의 소).

1) 감림·주수의 간죄

감림·주수가 관할구역 안에서 간한 때에는 간죄를 1등을 더한다(잡28.1). 예컨대 감림·주수가 관할구역 안에서 남편이 없는 양인 여자를 간한 죄는 도2년, 남편이 있는 여자를 간한 죄는 도2년반에 해당한다(잡28.1의 소). 만약 상대가 친속이면 본조에 정한 형에 1등을 더해서 처벌한다. 단 양인 여자를 범한 것을 말하므로(잡28.1의 주) 천인을 범한 경우 논하지 않는다고 해석해야 한다. 감림은 주·현·진·수·절충부의 판관 이상으로 통섭·안험하는 관직이며, 주수는 문서의 시행과 관리를 담당하는 이속이다(명54.1 및 주). 감림·주수는 국가의 사무를 관장하여 권력을 행사할 수 있는 자들이므로 높은 도덕성이 요구된다. 이러한 자들이 비윤리적인 행위를 한 것이므로 가중적 구성요건으로 삼아 형을 일반 간죄보다 1등을 가중하는 것이다. 상대방 부녀는 일반 간죄로 논한다(잡28.3).

2) 도사·여관의 간죄

도사·여관이 간한 때에는 각각 일반 간죄에 2등을 더한다(잡28.2).

이는 출가하여 수양해야 할 자들이 파계한 것을 가중적 구성요건으로 삼아 2등을 가중하는 것이다. 상대가 친속이면 본조에 정한 형에 2등을 더해서 처벌한다(잡23~52). 단 상대가 천인이라도 양인을 범한 것과 같다(명57.3의 주와 소). 부녀는 일반 간죄로 논한다(잡28.1).

3) 상중 간죄

부모 및 남편 상중에 있는 자가 간한 때에는 일반 간죄에 2등을 더한다(잡28.2). 부모 상중인 경우는 남·녀의 죄가 같고, 남편의 상중인 경우는 처·첩의 죄가 같다(잡28.2의 소). 상대가 친속이면 본조에 정한 형에 2등을 더해서 처벌한다(잡23~52). 상대는 상중이 아니면 일반 간죄로 논죄한다(잡28.3의 소).

Ⅲ. 예를 위반한 죄

앞에서, 국가·사회적 의의나 신분의 귀천과 지위의 고하, 그리고 친족 내의 존비장유 관계에 따라 죄형을 차등화해서 등급을 정하는 당률의 특수성에 관해서 설명하였는데, 당률은 이 밖에도 다른 세계의 법에서는 찾아보기 어려운 매우 특수한 죄가 규정되어 있다. 당률의 특수한 죄는 상례를 위반한 죄와 특수한 불효죄, 그리고 혼인과 이혼에 관한 죄로 나누어 볼 수 있다.

1. 상례를 위반한 죄

(1) 개설

부모와 친속의 죽음을 슬퍼하고 망자를 보내는 예를 엄숙히 거행하는 것은 세계가 공통으로 간직해 온 문화 속성이다. 그렇지만 전통시대 중국에서 상·장례 때 입는 복장은 매우 특수하고 중요했다. 상복의 양식과 복상 기간 및 복상 대상에 대해서는 앞에서 언급한 바와 같지만, 이러한 절차적 규범에 따른 상례는 민간에서 지켜야 하는 예속일 뿐만 아니라, 이를 엄숙히 이행하는 것은 국가 사회적으로 매우 가치 있는 덕목으로 인식되었다. 더구나 법으로 정해서 그 실행을 강제하여 이를 이행하지 않으면 처벌하는 규정을 두었는데, 다른 세계의 법에서는 그 예를 찾아보기 어려운 매우 특수한 법일 것으로 생각된다.

상례는 친속이 사망한 때 즉시 애도를 표하는 예로부터 시작하여 일정 기간 상복을 입고 엄숙한 생활태도를 유지하며 일체의 경사에 참예하거나 유희를 즐기지 않아야 하고, 정한 기간이 끝나는 때에 당하여 비로소 상복을 벗는 예를 행해야 한다. 이러한 절차적 규정과 금기를 위반한 것에 대해서는 각각 무겁고 가벼운 형이 정해여 있으며, 또한 그 죄들은 친속의 등급에 따라 경중의 차이가 있다. 상세한 것은 각칙편에서 설명할 것이므로 간단히 죄와 형만을 들어보면 다음과 같다.

(1) 사망한 때 즉시 애도를 표하는 예를 행하지 않은 죄

① 부모 또는 남편의 상을 듣고도 숨기고 즉시 애도를 표하는 예를 거행하지 않은 자는 유2000리에 처한다(직30.1).

② 기친존장 상을 듣고도 숨기고 즉시 애도를 표하는 예를 거행하지 않은 자는 도1년에 처한다(직30.2).

(2) 복상 중에 상복을 평상복으로 갈아입은 죄

① 부모 또는 남편에 대한 복상 기간 내에 상복을 벗고 평상복으

로 갈아입은 자는 도3년에 처한다(직30.1).

② 기친존장의 상이면 장100에 처한다(직30.2).

③ 대공 이하 존장의 상이면 각각 차례로 2등씩 감한다. 비유는 각각 1등씩 감한다(직30.3).

(3) 복상 중에 금기를 범한 죄

① 부모 또는 남편의 상중에 애통함을 잊고 악을 감상한 자는 도3년에 처하고, 잡희를 감상한 자는 도1년에 처한다. 또한 우연히 음악 소리를 듣고 귀를 기울이거나 경사의 자리에 참여한 자는 각각 장100에 처한다(직30.1).

② 조부모·부모의 상중인데도 애통함을 무릅쓰고 관직을 구한 자는 도1년에 처한다(직31.1).

③ 부모 상중에 자식을 회임시키거나 형제가 호적을 따로 하거나 재산을 분배한 자는 도1년에 처한다(호7).

④ 부모나 남편 상중에 시집·장가간 자는 도3년에 처하며, 첩을 얻은 경우는 3등을 감한다. 각각 이혼시킨다(호30.1). 알면서도 함께 혼인한 상대방은 각각 5등을 감한다(호30.2). 기친 상중에 시집가고 장가간 자는 장100에 처한다. 죽은 사람이 비유라면 2등을 감하고, 첩을 얻은 경우는 처벌하지 않는다(호30.3).

⑤ 부모 상중에 있으나 법적으로 혼인할 수 있는 사람을 위해 혼인을 주관한 자는 장100에 처한다(호32).

이상의 조문으로 볼 수 있듯이 전통시대 중국인들은 상중에는 관직에 나아갈 수도, 결혼할 수도, 자식을 회임시킬 수도, 악을 감상할 수도 없도록 강제된다. 그들은 부모 또는 남편 상중에는 일정 기간 수도자가 되어야 했다.

2. 불효의 죄

전통시대 중국에서 부모에 대한 효도는 매우 형식화되어 개체 인간의 행위를 구속했다. 아래와 같은 법도 다른 세계에서는 예를 찾아보기 어려울 듯하다.

① 관부나 관직의 명칭[府號·官稱]이 부·조의 이름을 범하게 되는데도 영예를 탐하여 관직에 나아가거나 조부모·부모가 늙고 병들어 모실 사람이 없는데도 부모를 내버려 두고 관직에 나간 자는 도1년에 처한다(직31.1).

② 만약 조부모·부모 및 남편이 사죄를 범하여 갇혀 있는데 악을 감상한 자는 도1년반에 처한다(직31.2).

③ 조부모·부모가 생존해 있는데 자·손이 호적을 따로 하고 재산을 분배한 때에는 도3년에 처한다(호6.1).

④ 조부모·부모가 죄수로 구금되어 있는데 시집가거나 장가간 자는 조부모나 부모의 죄가 사죄라면 도1년반에 처하고, 유죄라면 1등을 감하여 도1년에 처하며, 도죄라면 장100에 처한다(호31.1).

3. 혼인 및 이혼에 관한 죄

(1) 개설

근친혼에 대한 금기는 상당히 광범위한 지역에서 존재했다. 그렇지만 흉노 등 북방 유목민의 경우 부가 죽으면 생모를 제외한 부의 부인은 부의 지위를 상속한 아들이 취할 수 있었고, 형이 죽으면 형수를 취했다. 한국 고대사에서도 신라의 왕실은 근친혼이 많았다. 일본의 경우 현재도 법률상 4촌 사이의 혼인이 허락된다. 이에 비해서 중국에서는 일찍부터 근친혼은 말할 것도 없고 동성혼도 엄격히 금했으며, 근친의 처였던 자와의 혼인도 금했다. 일곱 가지 쫓아낼 수 있는 사유가 있으면 처를 내칠 수 있다든지 의절의 사유가 있으면 반드시 이혼시킨다는 법도 매우 특별해서 다른 세계에서는 유사한 예를 찾아보기 어려울 듯하다. 칠출과 의절의 내용에 대해서는 각칙편의 사회적 법익에 관한 죄에서 상세히 설명할 것이므로 여기서는 간단히 조문의 내용만을 적시한다.

(2) 동성 및 친속, 또는 친속의 처였던 자와 혼인한 죄

1) 동성 및 친속과 혼인한 죄
① 동성과 혼인한 자는 각각 도2년에 처한다(호33.1).
② 시마친 이상과 혼인한 자는 간죄로 논한다(호33.1). 외척이나 인척으로 상복을 입어야 하는 친속의 존비간에 서로 혼인한 자는 간죄로 논한다(호33.2).
③ 동모이부의 자매 또는 처의 전 남편의 딸을 처로 삼은 자는 각각 간죄로 논한다(호33.2).
④ 부모의 고모·숙모 및 이모, 또는 당이모, 모의 고모·당고모, 자신의 당이모 및 재종이모 등과 혼인해서는 안 되며, 어긴 자는 각각 장100에 처한다.
이상의 혼인은 무효이며, 모두 갈라놓는다(호33.3).

2) 친속의 처였던 자와 혼인한 죄
① 예전에 단문친(9,10촌)의 처였던 자와 혼인한 경우에는 각각 장100에 처한다(호34.1).
② 시마친[7,8촌] 및 외삼촌·생질의 처였다면 도1년에 처하고, 소공친(5,6촌) 이상의 처였다면 간죄로 논한다(호34.1).

③ 첩이었던 자와 혼인한 때에는 각각 2등을 감한다(호34.2). 이상의 혼인은 무효이며, 모두 갈라놓는다(호34.3).

(3) 이혼에 관한 죄

① 처에게 일곱 가지 쫓아낼 수 있는 사유[七出] 및 의절할 정상이 없는데도 내쫓은 자는 도1년반에 처하고(호40.1), 비록 쫓아낼 수 있는 사유가 있더라도 세 가지 쫓아낼 수 없는 사유[三不去]가 있는데 내쫓은 자는 장100에 처한다(호40.2). 일곱 가지 쫓아낼 수 있는 사유란 첫째 아들이 없는 것, 둘째 지나치게 음란한 것, 셋째 시부모를 섬기지 않는 것, 넷째 말을 지어내는 것, 다섯째 절도하는 것, 여섯째 투기하는 것, 일곱째 나쁜 병이 있는 것을 말한다. 의절의 정상이란 남편이 처의 조부모·부모를 구타하거나 처의 외조부모·백숙부모·형제·고모·자매를 살해하거나, 또는 남편·처의 조부모·부모·외조부모·백숙부모·형제·고모·자매가 스스로 서로 살해하거나, 처가 남편의 조부모·부모를 구타하거나 욕하거나, 남편의 외조부모·백숙부모·형제·고모·자매를 살해하거나 상해하거나, 처가 남편의 시마친 이상과 간통한 것 또는 남편이 장모와 간통한 것 및 처가 남편을 해치고자 한 것 등을 말한다(호41.1의 소).

② 의절의 정상을 범한 때에는 갈라놓으며, 어긴 자는 도1년한다(호41.1).

제 2편

명 례 편

제1장
형벌과 형의 집행

제1절 오형 20등

Ⅰ. 오형 20등의 연혁

1. 개설

당률의 각률 445개 조에 정한 모든 죄에 대한 형은 기본적으로 명례율 1~5조에 규정된 오형 20등 중의 한 등급으로 규정된다. 또한 각 조항의 죄는 해악의 정도나 가해자 및 피해자의 신분 등 정황에 따라 형을 몇 등 더하거나 감하는데, 여기서 몇 등이라는 것은 오형 20등 내의 등급을 의미한다. 결국 모든 죄는 기본적인 형이든, 더하거나 감해서 정하는 형이든 모두 오형 20등의 하나로 귀속되어 있는 셈이다. 뿐만 아니라 동으로 죗값을 치르게 할 때도 먼저 오형 20등의 하나로 정한 형에 대해 규정된 만큼의 동을 부과하며, 신분에 따라 유·도형을 장형으로 대체해서 집행할 경우에도 도형의 년 수에 따라 장의 수를 규정하고, 관인들이 범한 죄를 역임관의 임명장으로 당하게 할 경우에도 도형의 년 수에 따라 당할 관의 수를 규정한다. 따라서 오형 20등은 한마디로 말하면 죄의 경중을 정하는 척도인 동시에 다른 형으로 대체해서 집행할 때의 기준인 것이다. 오형 20등에 관한 조문이 통칙인 명례율에서도 가장 우선적인 자리에 둔 것은 바로 이 때문이라고 말할 수 있다.

고전이나 사서에 오형의 시행에 관한 기사가 적지 않게 보이는데, 그 경우의 오형도 당률의 오형과 같이 죄의 경중을 정하는 척도나 각종 형을 부과하고 집행할 때 기준이 되는 것처럼 보이기도 한다. 그렇지만 결론을 먼저 말하면, 위와 같은 오형 20등의 기능은 당률에서 비로소 완성된 것이다. 수·당 이전 역대 왕조의 율에 규정된 형벌은 비록 오형이라고 칭하더라도, 당률의 오형처럼 정형화되어 죄의 경중을 헤아리는 척도로 삼거나 가중하거나 경감할 때 몇 등 더하거나 감하는 방식으로 쓸 수는 없었을 것이다. 달리 말하면 오형 20등의 제도는 당률에서 완성되고 이후 역대 왕조에서 거의 그대로 이어받아 시행되었다고 말할 수 있다.

2. 고전의 오형

(1) 오형의 용례

『상서』(권4, 109쪽) 대우모(大禹謨)에는 신화적인 인물 하(夏)의 우(禹)가 법을 관장하는 고요(皐陶)에게 "고요여! 당신을 사(士)로 삼으니 오형을 밝혀 나의 오교(五敎, 정치)를 도와 태평성세를 기약할 수 있게 되었다. 형으로써 형이 없게 되고 민이 법을 준수하여 화합하게 되었으니 모두 당신의 공이다. 힘쓸지어다."라고 당부한 말이 전한다. 이는 사실로 믿기 어렵지만, 여기서 오형은 형법을 가리킨다.

『주례』(권36, 1107~1109쪽) 「추관사구 사형」편에는 "사형(司刑)은 오형의 법을 관장하여 만민의 죄를 다스린다. 묵죄(먹물을 새기는 죄) 500, 의죄(코를 베는 죄) 500, 궁죄(성기를 자르는 죄) 500, 월죄(발을 베는 죄) 500, 살죄(사형에 처하는 죄) 500으로 도합 2,500이다. 사구(司寇)가 사건을 단죄하고 송사를 판결할 때는 오형의 법 가운데 처할 형벌을 보고하고 죄의 경중을 변별한다."라고 하였다. 또한 『상서』(권19, 643쪽) 「여형」편에는 죄의 혐의가 의심스러운 경우 용서하되 벌금을 부과한다는 것을 전제로, "묵벌에 속하는 것이 1,000, 의벌에 속하는 것이 1,000, 빈벌(종지뼈를 발라내는 벌)에 속하는 것이 500, 궁벌에 속하는 것이 300, 대벽(사형)의 벌에 속하는 것이 200

으로, 오형에 속하는 것이 모두 3,000이다."라고 한 기사가 있다. 이
들 두 기사를 통해서 오형은 묵형, 의형, 월형 또는 빈형, 궁형의 4종
의 신체형과, 생명형인 사형을 포함하는 다섯 가지 형을 의미하기도
하지만, 다섯 가지 형이 적용되는 2,500조 또는 3,000조의 죄를 의미
하기도 한다는 것을 알 수 있다. 『한서』 형법지(권23, 1091~1092쪽)
에 따르면, 두 기사 중 전자는 서주 초에 시행된 형벌이고 후자는 서
주 후기에 시행된 형벌이라고 한다.

오형을 적용하는 방법에 대한 언급도 있다. 『상서』(권19, 641~642
쪽)「여형」편에는 "죄수와 증거가 갖추어지면 사(師)는 오형에 상당
하는 죄상을 듣고, 죄상이 틀림없으면 그에 해당하는 오형 중의 하
나에 처한다. 오형을 적용할 혐의가 확실하지 않으면 오형에 해당하
는 벌금을 부과한다."고 하였다. 이에 대한 주는 "무릇 판결할 때는
반드시 양편의 증거와 증언을 모두 갖추고, 죄수의 증언을 취하고
판관이 여러 사람과 함께 들으며, 오형을 적용해야 할 죄상을 간명
하고 확실하게 살핀 다음, 죄가 있으면 형의 등급을 정하여 형을 준
다."고 해석하였다.

(2) 고전의 오형에 대한 평가

위에서 설명한 바와 같이, 고전에는 서주시대에 사형과 4개의 신
체형을 포함하는 오형이 시행되고, 모든 범죄행위의 가벌성을 오형
의 하나에 귀속시켜 등급화한 것처럼 기록되어 있다. 그러나 위로는
갑골·금문, 아래로는 『좌전』·『국어』 및 춘추전국의 제자백가·『회남
자』·『설원』 등의 법제사 관련 자료에는 사형·월형과 편형은 있지만
궁형·의형·빈형·경형은 발견하기 어렵고, 궁형의 경우만 초(楚)에서
시행된 흔적이 보일 뿐이다. 그래서 고전에 언급된 오형은 실제로
시행된 형벌체계라기보다, 전국시대에 들어와 형의 종류가 증가하고

동시에 오(五)라는 수를 숭상하는 풍조가 성행하는 상황에서, 당시에 시행된 여러 형 중에서 다섯 개를 추려서 오형이 주초(周初)의 고제 (古制)로 존재하는 것처럼 상정된 것으로 보는 견해가 있다.[1] 다만 1975년 중국 호북성 운몽현 수호지에서 출토된 진묘죽간과 2001년에 출판된 장가산한묘한간의 이년율령을 통해서 궁형·의형·빈형·참지 형·경형이 실제의 법령으로 존재한다는 것이 확인됨으로써 고전의 오형에 대한 기사도 당연히 새롭게 조명해 보아야 할 필요성이 제기 되었다.

3. 진·한초의 형벌 체계와 문제의 형벌개혁

(1) 진·한초의 형벌체계

진·한의 형법은 법전의 형태로 전하는 것이 없다. 그러나 『수호지 진묘죽간』을 통해 진률이 세상에 알려지고, 『장가산한묘한간』을 통 해 전한 여후 2년(B.C.186)에 시행된 율령이 소개되었는데, 이 두 간 독은 완정한 형태의 법전은 아니지만 그 당시 현실에서 시행된 법이 라는 것이 확인됨으로써, 중국 고대 법제사 연구와 이해를 위한 일 대 혁명적인 전기가 마련되었다. 특히 두 율령은 아래에 적시한 바 와 같이 여러 종류의 사형과 함께 통상 육형(肉刑)이라고 부르는 참 좌지·부·경·의의 신체형을 포함하고 있어 고전 중의 오형이 실재했 다는 것을 확인시켜 준 점에서 중대한 의의가 있다. 그러나 육형의 존재가 확인되었다고 해서 고전에 기록된 바와 같이 모든 죄를 오형 의 하나로 귀속시키는 것과 같은 형벌제도가 시행된 것은 아니다. 다 시 말하면 아래에 열거한 바와 같이 간독에 보이는 형벌은 비록 몇

---

1) 守屋美都雄, <中國古代法形成過程におる若干の問題> 『前近代アジアの法と社 會』, 仁井田陞博士追悼論文集제1권, 1967, 89~94쪽.

개의 단계로 나눌 수는 있지만 각 조항에 규정된 죄의 형을 오형과 같은 정형화된 형의 하나로 귀속시키는 것으로 볼 수 없다는 것은 분명하다.

수호지진묘죽간의 형벌(睡虎地秦墓竹簡 整理小組, 『睡虎地秦墓竹簡』 文物出版社, 1978)
　　사형 : 기시(棄市), 정살(定殺), 생매(生埋), 책(磔), 육(戮)
　　육형 : 참좌지(斬左趾), 부(腐), 경(黥), 의(劓), 태(笞)
　　도형 : 성단용(城旦舂), 완성단(完城旦), 귀신(鬼薪), 백찬(白粲),
　　　　　 사구(司寇), 후(候)
　　방축형 : 천(遷)
　　속형 : 속사(贖死), 속궁(贖宮), 속경(贖黥), 속천(贖遷)

장가산한묘한간 2년율령의 형벌(張家山二四七號漢墓竹簡 整理小組, 『張家山漢墓竹簡[二四七號墓](釋文修訂本)』, 文物出版社, 2006)
　　사형 : 요참(腰斬), 기시(棄市), 책(磔), 효수(梟首)
　　육형 : 부형(腐刑), 참지형(斬趾刑), 의형(劓刑), 경형(黥刑),
　　　　　 완형(完刑). 각 형벌+성단용(城旦舂)
　　내형 : 귀신백찬(鬼薪白粲), 예신첩(隸臣妾), 사구(司寇), 후(候)
　　방축형 : 천(遷)
　　속(刑) : 속사(贖死), 속성단용(贖城旦舂)·귀신백찬(鬼薪白粲),
　　　　　　 속참(贖斬)·부(腐), 속의(贖劓)·경(黥, 속내(贖耐), 속천(贖遷)

(2) 전한 문제의 형벌 개혁

고전의 기사와 출토된 법률문서를 통해서 보듯이 중국 고대의 형벌체계는 사형과 육형이 통상적으로 시행되었다는 것을 알 수 있다. 육형은 신체를 훼손함으로써 생명이 유지되는 동안 지속적으로 극심한 고통을 수반하는 잔혹한 형벌이다. 육형은 전한 문제 때인 기원전 167년에 폐지되고 노역형으로 대체되었는데, 이는 중국 법제사에서 가장 획기적인 사건으로 간주된다.

문제의 육형 폐지에 관해서는 『한서』 형법지(권23, 1099쪽)에 그 경위에 관한 기사와 함께 형벌개혁의 내용을 담은 상주문이 전한다. 이에 대해서는 많은 연구가 있지만 여기서는 간단히 형벌 개혁의 내용을 정리한 뒤 그 의미에 대해서 설명하는 것으로 그친다.

① 무릇 완(完)에 해당하는 자는 완(完)해서 성단용(城旦舂)으로 삼는다.
② 경(黥)에 해당하는 자는 머리를 깎고 칼을 씌워[髡鉗] 성단용으로 삼는다.
③ 의(劓)에 해당하는 자는 태300에 처한다.
④ 참좌지(斬左趾)에 해당하는 자는 태500에 처한다.
⑤ 참우지(斬右趾)에 해당하는 자는 기시에 처한다.
⑥ 살인하고 자수한 자, 장물을 받고 법을 왜곡하거나 국가의 재물을 지키면서 훔친 것에 대해 이미 논하였는데 다시 태 이상에 해당하는 죄를 지은 자는 모두 기시에 처한다.

여기서 완(完)은 머리털을 깎지 않고 형에 처한다는 의미이다. 이에 대해서는 적지 않은 연구가 있지만, 상세한 설명은 생략한다. 성단용(城旦舂)은 성단(城旦)과 성용(城舂)의 합성어인데, 성단은 남자 죄수에게 부과하는 노역형으로 낮에는 성을 쌓고 밤에는 파수를 보는 중노동형이며, 성용은 여자 죄수에게 부과하는 노역형으로 성에서 필요한 곡식을 빻는 노동형이다. 참좌지는 왼쪽 발목을 자르는 형벌이고, 참우지는 오른쪽 발목을 자르는 형벌이다. 참우지는 기시에 처하는 것으로 개정되어 형이 오히려 무거워졌는데, 이는 뒤에도 두고 두고 논쟁거리가 되지만 그대로 시행되었다. 아마도 구제불능인 자는 차라리 사형에 처하는 편이 낫고, 형벌이 가벼워지면 법을 경시하는 풍조가 만연될 수 있다는 우려 때문일 것이다.

육형 대신 처하는 노동형은 일정한 복역 기간이 있었다. 즉 성단용에 처해진 자는 만3년 복역한 뒤 귀신백찬(鬼薪白粲)[2]으로 복역하게 하며, 귀신백찬으로 1년 복역한 뒤 예신(隷臣)·첩(妾)[3]으로 삼고, 예신·첩으로 1년 복역한 뒤 면해서 서인으로 삼는다. 귀신백찬에 처해진 자는 만3년 복역한 뒤 예신·첩으로 삼으며, 예신·첩으로 2년 복역한 뒤 사구(司寇)로 삼고, 사구로 1년 복역하면 서인으로 삼는다. 사구에 처해진 자는 2년 복역한 뒤 서인으로 삼는다. 그러나 도망한 자나 다시 내(耐)[4] 이상의 죄를 지은 자는 이 법을 적용하지 않는다.

형벌이 개혁된 이후 겉으로는 형이 가벼워졌다고 하나 실제로는 태500 또는 태300에 처하는 경우 대부분 죽음에 이르렀다. 그래서 경제 때 태500은 300으로, 태300은 200으로 감했지만 형을 받는 사람이 여전히 온전치 못하였으므로, 다시 태300을 200으로, 태200을 100으로 감했다. 이때 태에 관한 영을 다음과 같이 정했다. "태는 대나무로 만들고 길이는 5척으로 하며, 손잡이 부분은 굵게 하여 1촌으로 하고, 끝부분은 가늘게 하여 1/2촌으로 하되, 모두 마디를 고르게 다듬는다. 태를 칠 때는 볼기를 치되, 형 집행자를 바꿀 수 없다.

---

2) 鬼薪은 귀신에 祭祀하기 위한 땔나무를 채취하는 노역형으로 남자 죄수에게 부과하고, 白粲은 곡식을 고르는 노역형으로 여자 죄수에게 부과하였다(『漢官六種』, 1990, 85쪽).

3) 隷臣·妾은 刑徒의 의미와 민간의 하층예속민이라는 의미를 겸유하고 있다는 것이 통설이다.

4) 耐罪는 髡鉗에 이르지 않는 죄를 말하며, 耐刑은 머리털은 그대로 두고 수염[鬚]만 제거한다. 耐 이상의 죄는 城旦舂·隷臣妾·鬼薪白粲·司寇 2년 이상인 것으로 생각된다.

하나의 죄에 대한 처벌을 마치고 나서 사람을 바꾼다." 이 영이 나온
뒤부터 형을 받는 자들이 온전하게 되었다고 사서(『한서』권23, 1100
쪽)는 전한다.

이후 전한·후한을 통틀어 형벌체계에 대해 전하는 사료는 매우 소
략하다. 오직 후한 화제 영원6년(94) 정위 곽궁(郭躬)의 상주문에, 지
금 율령에는 사형에 해당하는 죄가 610, 내죄(耐罪)에 해당하는 죄가
1,698, 속죄(贖罪) 이하에 해당하는 죄가 2,681이라고 한 것이 있는데
(『晉書』권30, 920쪽) 이 또한 형벌을 세 종류로 구분한 것일 뿐이어
서 구체적인 형벌체계를 이해하는 데는 도움이 되지 못한다.

4. 위·진·남북조의 형벌 체계

(1) 위·진·남조의 형벌 체계와 오형

조비(曹丕)가 후한의 뒤를 이어 위를 건국한 후 한률을 정리해서
율 18편을 제정했는데, 고의(古義)에 따라 오형을 제정했다고 한다.
그렇지만 정작 적시된 형벌을 보면 오형이 가리키는 바가 무엇인지
알 수 없다. 위율의 형벌체계는 사형 3등, 곤형(髡刑) 4등, 완형(完刑)
3등, 작형(作刑) 3등, 속형(贖刑) 11등, 벌금 6등, 잡저죄(雜抵罪) 7등
으로, 모두 합하면 7종 37등급으로 되어 있기 때문이다(『당육전』권6,
181쪽).

위의 뒤를 이은 진은 율 20편을 정했는데 이때의 형벌체계도 오형
이라고 칭하고 있으나 역시 다섯 단계의 형으로 구분되었는지는 의
문이다. 진률의 형벌체계는 사형이 3등이고, 머리를 깎고 태형에 처
하는 형이 4등이며, 각각 형은 등급에 따라 사형 2근부터 4냥씩 체감
되는 속동이 규정되어 있다. 또 벌금을 과하는 잡저죄가 있는데, 12
냥·8냥·4냥·2냥·1냥의 차이가 있다. 다만 후한의 제도와 마찬가지

로 기시 이상을 사죄로 하고, 2년형 이상을 내죄(耐罪)로 하며, 벌금 1냥 이상을 속죄로 구분하였다(『당육전』 권6, 181쪽).

송·제의 형벌에 대해서는 전하는 기록이 없다. 양율의 형벌체계는 『당육전』(권6, 181쪽)에 전하는데 진의 제도와 거의 같으며, 단지 머리를 깎고 태형에 처하는 형의 등급을 더하고 채찍형을 추가했을 뿐이다.

(2) 북조 시대의 형벌 체계

오형이라는 칭호와 어울리게 다섯 단계의 형벌체계가 정립된 것은 북제·북주부터이다. 북제율의 형의 종류는 사형·유형·내형·편형·장형의 다섯 가지로 당의 오형과 유사하다. 단 사형 4등, 유형 1등, 내형 5등, 편형 5등, 장형 3등으로 18등이다.[5] 북주율의 형의 종류는 사형·유형·도형·편형·장형의 다섯 가지로 당의 오형과 거의 같으나, 형의 등급은 장형 5등, 편형 5등, 도형 5등, 유형 5등, 사형의 5등의 25등이다.

수율의 형벌체계는 당의 오형 20등과 거의 같다. 단 수의 오형에서 유형 3등은 1000리와 거작(居作) 2년, 1500리와 거작 2년반, 2000리와 거작 3년으로 당의 제도와 다르다. 거작은 유배된 거주지에서 노역한다는 의미이다. 당은 수의 제도를 계승하였는데, 유형 3등은 2000리, 2500리, 3000리로 거리는 차이를 두지만, 거작은 모두 1년으로 통일하는 것으로 고쳤다.

---

5) 이는 『唐六典』(권6, 181쪽, 『역주당육전』상, 563~564쪽)에 따른 것인데, 『隋書』(권25, 705쪽)에는 "大凡爲十五等"이라고 하여 차이가 있다. 단 구체적으로 적시된 형차는 『唐六典』의 기사와 같다.

II. 오형 20등

1. 태형 5등(명1)

태형은 오형 가운데 가장 가벼우므로 가벼운 죄에 적용한다. 태형은 태10부터 태50까지 5등이며, 매 등급마다 10의 차가 있다. 태형의 집행을 법대로 하지 않은 자는 처벌한다(단14).

태10의 속금은 동 1근이고, 10대마다 1근씩 더하여 태50은 동 5근이다.

2. 장형 5등(명2)

(1) 장형

장형은 태형보다 무겁다. 장형은 장60부터 장100까지 5등이며, 매 등급마다 10의 차가 있다. 장의 매는 태의 매보다 크다. 장형의 집행을 법대로 하지 않은 자는 처벌한다(단14).

장60의 속금은 동 6근이고, 10대마다 1근씩 더하여 장100은 동 10근이다.

(2) 100대 이상의 장형

장형의 최고 등급은 100대이다. 이것이 일반법이다. 다만 주형을 대체하는 장형(명27~29, 47)은 100을 초과하는 예가 많지만 200을 초과할 수는 없다(명29.4). 갱범의 경우도 장형과 태형을 병과할 수 있지만 200을 초과할 수 없다(명29.4b). 죄수를 고문할 때의 장의 수도 200을 초과할 수 없다(단9.1a).

(3) 태형과 장형

태형·장형은 모두 신체형이다. 태형보다 장형이 무겁지만, 형의 질은 같은 것으로 간주한다. 태형·장형은 모두 10대를 1형차로 하고 속동 수도 각 형차를 1근의 차로 한다. 그러므로 판관이 태죄를 장죄로 더하거나 장죄를 태죄로 감한 때에는 더하거나 감한 바로써 논한다. 즉 태·장의 차액으로 죄를 과한다(단19.2a). 다만 심문시에는 태죄와 장죄를 구별한다. 태죄를 범한 사람은 구금해서는 안 되며, 장죄 이상을 범한 사람부터 구금하여 추국한다(단1.1a 및 소).

3. 도형 5등(명3)

(1) 도형

도(徒)는 노(奴)의 뜻으로, 대개 종으로 삼아 치욕을 주고 노역을 부과한다는 의미이다(명3의 소). 도형은 장형보다 비교적 무거우므로 비교적 무거운 죄에 과한다. 도형 역시 5등으로 나누는데 도1년에서 도3년까지이며, 매 등급마다 반년의 차가 있다.

도1년의 속금은 동 20근이고, 매 등급마다 10근씩 더하여 도3년의 속금은 동 60근이다.

(2) 도형 반년 및 3년 이상

도형 5등은 가장 가벼운 것이 1년이고 가장 무거운 것이 3년이다. 다만 무고로 반좌할 경우나 판관이 부당한 판결로 다른 사람의 죄를 과잉 또는 과소 처분하여 과잉·과소 처분한 바로써 논할 때는 반년의 도형도 있게 되고(투41.2b의 소, 투55.1b의 소, 잡31.2의 소, 단19.2a의 주와 소), 원래의 형을 변경할 때도 역시 반년의 도형이 있게 된다(명44.1b의 소). 만약 일반인에게 과할 도형 반년이 있을 경우 반년의 노역을 과하고(명44.1b의 소), 만약 범인이 집안에 범인 외에 장정이 없는 단정이라서 장형으로 대체하여 집행하고 방면해야 할 자라면 반년의 도형을 바꾸어 장100에 처한다(명27.1b의 소). 만약 관이나 음에 따른 특전으로 감형해야 할 자는(명8~10) 도형 반년에서 1등을 감하여 장90에 처하고, 속할 수 있는 자(명8~10)는 속동 9근을 징수한다(명56.4의 소). 유죄와 도죄를 누계하여 도형에 처할 때도 모두 4년을 초과할 수 없다(명29.3a). 다만 판관이 부당한 판결로 다른 사람의 죄를 과잉 또는 과소 처분하여 그 과잉·과소 처분한 바로써 논할 때는 도5년이 있을 수 있다(단19.2a의 주와 소). 다만 이 때도 역시 4년을 초과할 수 없다고 해석해야 한다.

(3) 도형의 성질

도형과 유형은 모두 자유를 속박하고 노역을 강제하는 노동형으로 비교적 가벼운 신체형에 속하는 태형·장형과는 다르다. 구체적으로 말하면,

① 판관이 부당한 판결로 다른 사람의 태·장죄를 도·유죄로 과잉 처분했거나, 도·유죄를 태·장죄로 과소 처분한 때는 모두 전죄로 논한다(단19.2). 즉 과잉 처분하거나 과소 처분한 차액으로 과하는 것이 아니라, 더하거나 감한 도·유죄 전부를 과한다.

② 수치에 따라 죄를 더할 경우, 장100에 1등을 더하여 도형을 과할 때는 가형 기준수를 증가시킨다. 예컨대 절도죄의 경우 장형의 한 등급 기준 수는 견 1필이지만 도·유형의 기준 수는 5필이다(적35.2). 이것은 도형과 장형·태형이 질적 차이가 있기 때문이다.

③ 태10의 속죄금은 동 1근이고 장100은 10근으로 장형과 태형은 매 등급마다 속동수의 차가 1근인데, 도1년은 20근으로 장100과의 차이는 10근이다. 이 또한 장형과 도형의 질적 차이가 크기 때문이다.

4. 유형 3등(명4)

(1) 유형 3등

유형은 도형보다 무겁다. 유형은 2000리, 2500리, 3000리의 3등이며, 매 등급마다 500리의 차가 있다. 이 이(里) 수는 죄인의 향리로부터의 거리를 의미한다. 이 세 가지 유형을 삼류(三流) 또는 상류(常流)라고 한다. 상류는 각각 유배지에서 1년의 노역을 과하는데(명24.1) 이를 거작(居作)이라고 칭한다(명11.2f의 주 등).

유2000리의 속금은 동 80근, 유2500리는 동 90근, 유3000리는 동 100근이다.

(2) 가역류

① 가역류는 사형 대신 처하는 유형이다(명11.2a의 소). 유배지까지의 거리는 비록 3,000리이지만, 복역 기간은 3년으로 세 가지 유형보다 2년이 더 길다(명24.1의 주). 가역류는 형사상 특전이 인정되지 않는 이른바 다섯 가지 유죄[五流] 가운데 하나이다. 오류는 가역류 외에 반역연좌류·자손범과실류·불효류·회사유류의 다섯 가지 유형에 해당하는 죄를 말한다(명11.2a~e). 관인이 오류죄를 범하면 유배하되 노역은 면하며, 일반인이 특별히 유배된 경우에도 같다(명11.2f의 주).

② 율에 가역류를 과하는 정형은 둘이다. 하나는 어떤 범죄 행위에 대하여 다른 "어떤 죄로써 논한다."는 처단 방법을 쓸 때 다른 어떤 죄의 형이 사형에 이를 경우 사형을 면해 가역류에 처하는 경우이다.[6] 둘은 본 조문에 직접 "가역류에 처한다."는 규정이 있어 처단

---

6) 예를 들면, "무릇 본래는 다른 이유로 사람을 구타하고 그로 인해 그 재물을 빼앗은 경우에는 장물을 계산해서 강도로 논하고, 사죄에 이를 때에는 가역류에 처한다(286, 적39.1)."는 규정이 있다.

하는 경우이다.[7]

③ 명례율에 따르면 형을 가중해서는 결코 가역류까지 이르지 않는데, 이는 가역류가 사형의 대체형이기 때문이다. 따라서 가역류는 반드시 특별 규정이 있어야 비로소 과할 수 있다. 다만 가역류에서 죄를 감할 때는 유형[常流]에서 감하고(명56.2b의 소) 사형에서 감하지 않는다. 가령 가역류에서 1등을 감하는 경우 세 가지 유형은 한 단계로 간주해서 감하는 법례에 따라 도3년이 된다. 이로 보면 가역류는 유3000리와 사형 사이의 특수한 주형(主刑)으로, 때에 따라서 사형과 동일시하기도 하고 상류(常流)와 동일시하기도 한다. 형을 가감할 때는 도반년과 마찬가지로 오형 20등 내의 1형차로 계산하지 않는다. 반좌(反坐)·죄지(罪之)·좌지(坐之)·여동죄(與同罪)·준모죄(準某罪)로 논하여 처단할 경우에는 가역류에 처해서는 안 된다(명53.1~3).

④ 관당법을 적용할 때 일반 유형은 도4년으로 환산하는데(명17.2), 가역류는 관당법이 적용되지 않기 때문에 환산 규정이 없다. 그렇지만 관사가 사람의 죄를 덜거나 더한 경우(단19)나 사람을 무고하여 반좌할 경우(투41), 자수를 부실하게 하거나 다하지 않은 경우(명37.4) 등에서 가역류와 도·유형 간의 차이를 계산할 필요가 발생한다. 이 때 가역류와 도3년의 격차는 도3년으로 결국 가역류는 도6년으로 간주된다(단19.7의 문답).

(3) 유형의 성질

① 유죄수는 먼 지방에 유배되고, 세 가지 유형은 유배지에서 1년, 가역류는 3년 복역하며, 노역이 끝난 뒤 유배지의 호적에 등재되고

---

7) "가역류에 처한다."는 규정이 있는 조문은 위31.2(88)., 직33.2(123), 48.3·2(138), 적29(276), 30.1(277), 35(282), 투30.1(331), 포2.3(452), 3.2(453), 단4.1(472) 등이다.

일반인과 마찬가지로 과역을 부담한다. 또 6년이 지나면 관직에 나아가는 것도 허용된다(명24.1 및 주와 소).

② 유형은 종신토록 유배지에 거주하는 것을 본질적인 내용으로 하며, 노역은 부가된 형이다. 따라서 유배지에 도착한 이후 복역을 마쳤더라도 형의 집행이 계속되고 있는 셈이다. 이 때문에 유형에는 무기형의 뜻이 있으며, 또한 보안 처분의 성질도 갖는다. 다만 원래 6년이 지나면 관직에 나아갈 수 있으므로, 일단 6년이 지난 뒤부터는 유배지를 떠날 수도 있었던 것으로 생각된다. 당대 후기에는 은사령이 내리면 유죄수의 귀환을 허용하였다가, 그 후에 만 6년이 지난 유죄수는 방환하였다(『唐會要』권41, 左降官及流人, 貞元8년, 長慶4년, 開成4년).

③ 유형의 집행을 법대로 하지 않은 자는 처벌한다(단24·30·32). 유죄를 도죄에 누계할 수도 있는데, 이 경우도 도4년을 초과할 수 없다(명29.3a). 유죄와 도죄의 성질은 모두 자유형에 속하고 노역을 부과하는 것은 같으며, 원방에 유배하는가 하지 않는가의 구별이 있을 뿐이다. 그러므로 도형과 유형을 합하여 4년 이상 노역하게 한 관리는 위법 집행으로 처벌된다. 도죄와 유죄는 각각 1형차마다 속금의 차가 10근이지만, 다만 도죄와 유죄 사이의 차는 20근이다(명3·4). 관으로 죄를 당하게 할 때 세 가지 유형은 모두 도4년으로 간주하며(명17.2), 판관이 사람의 죄를 과잉 또는 과소 처분하여 그 과잉·과소 처분한 바로 논죄할 때 역시 유형은 도4년에 비정한다(단19.2a의 주). 유형은 형이 무거우므로 유배된 자가 추징할 장물을 이미 써버린 경우 추징하지 않는다(명33.1b).

5. 사형 2등(명4)

(1) 사형

오형 가운데 사형이 가장 무겁다. 사형은 교형과 참형 2등이 있다. 교형은 신체를 온전히 하는 것이고 참형은 신체를 분리하는 것이다. 사형의 속금은 참형과 교형 다 같이 동 120근이다.

(2) 사형의 성질

사형은 생명형으로 신체형[태형, 장형]이나 자유형[도형, 유형]과는 성질이 다르다. 그러므로 판관이 부당하게 신체형이나 자유형을 사형으로 더하거나, 사형을 신체형이나 자유형으로 감한 경우에는 모두 전죄로 논한다(단19.2b).

(3) 사형에 관한 규정의 신중성

① 사망하면 다시 회생할 수 없다. 그러므로 사죄에 대한 규정은 특별히 신중하다(옥관령, 습유781쪽 이하). 예컨대 형을 감할 때는 교형과 참형 두 가지 사죄를 같이 하나의 단계로 간주해서 감한다(명56.2b). 또한 형을 더할 때는 교형과 참형을 모두 한 등급으로 삼으며, 또 해당 조문에 "더해서 사형에 이른다."는 명문이 있는 경우 외에는 형을 더해서는 사형에 이를 수 없고, 사형에 이르더라도 교형에 그치고 참형에는 이를 수 없다(명56.3 및 주).

② 어떤 범죄 행위에 대하여 다른 "어떤 죄에 준하여 논죄한다."는 처단 방법을 쓸 때, 원칙적으로 유3000리까지 처할 수 있다(명53.2). 또한 '그 죄로 반좌한다', '그 죄로 죄준다[罪之]' 또는 '그 죄로 처벌한다[坐之]', '그 죄와 같게 한다[與同罪]'는 처단 방법을 쓸 때, 그 죄가 사죄인 경우에는 교형에 그치도록 규정되어 있다(명53.1의 주). 또 '모

죄로써 논한다[以某罪論]'는 처단 방법을 쓸 때, 모죄의 본죄가 사죄에 해당하는 경우는 대체로 가역류에 처하거나 또는 1등을 감한다.

(4) 사형의 집행

사형의 집행 절차 역시 특별히 신중할 것을 경계하고, 위반한 자는 처벌한다.

① 사죄수의 사형 집행은 황제에게 3차에 걸쳐 복주하고 그 회답을 기다려 집행해야 한다. 만약 복주한 뒤 회답을 기다리지 않고 사형을 집행한 자는 유2000리에 처한다. 만약 회답이 내려 사형을 집행해야 하는 경우에도 3일이 지난 뒤에 집행해야 한다. 만약 아직 기한이 되지 않았는데 사형을 집행한 자는 도1년에 처하며, 기한이 넘은 경우 1일을 위반하면 장100에 처하고, 2일마다 1등씩 더한다(단29).

② 입춘부터 추분까지의 시기에는 복주하여 사형을 집행할 수 없다. 위반한 자는 도1년에 처한다. 다만 십악 중 악역(惡逆) 이상의 죄를 범하거나 노비나 부곡이 주인을 살해한 경우에는 이 令에 구애되지 않는다. 그러나 사형이 허용된 추분 이후부터 입춘 이전이라도 사형을 집행할 수 없는 달과 날이 정해져 있다(단28).

③ 임신 중인 부인이 사죄를 범한 경우 출산한 뒤 100일이 지난 뒤 형 집행을 허락한다. 만약 출산 전에 형을 집행한 자는 도2년에 처하고, 출산한 뒤 100일 기한이 차지 않았는데 형을 집행한 자는 도1년에 처한다(단26).

④ 교형에 처해야 하는데 참형에 처하거나, 참형에 처해야 하는데 교형에 처한 자는 도1년에 처한다(단31).

⑤ 자수 등으로 사죄를 감해야 하는데 보고를 지체하여 감할 수 없게 한 경우, 고의로 지체한 자는 유3000리에 처하고 과실로 지체한 자는 도2년에 처한다(단33).

⑥ 관인이거나 그 친속일지라도 사죄를 범한 자는 의장·청장·감장의 특전에 따라 1등을 감하는 처분을 허용하지 않고, 또 속동으로 죄를 면하는 것도 허용하지 않으며(명8~11), 관품이나 관직으로 사형을 대신할 수 없으므로 반드시 제명 처분한다(명18.3a). 단 80세 이상 관인이 사죄를 범한 경우 속동으로 죄를 면함을 허용하되, 제명한다(명30.2b의 문답3).

Ⅲ. 유배 및 이향의 집행

1. 전언

유형의 종류와 성질에 대해서는 이미 앞에서 서술했다. 단 유형은 유배된 뒤 유배지에서 복역해야 하고 죄수 본인만이 아니라 일정 범위의 가속이 따르게 하므로, 유배인의 복역 기간 및 복역 기간 만료 후 처치, 따르는 가속의 범위 및 환향에 관한 규정(명24)을 둔 것이다. 이 규정은 이향인과 이향인의 친속도 유배인에 준하도록 규정되어 있다. 또한 유형은 형의 집행이 일시에 종결되지 않는 점에서 태·장형이나 사형과 다르지만, 유배지로 출발하여 행정(行程)의 기한 내에 도착해야 비로소 형기가 시작되는 점에서 곧바로 형기가 시작되는 도형과도 다르며, 은사령이 내려 형을 사면할 경우도 다른 종류의 형과는 차이가 있게 되므로 따로 조문(명25)을 둔 것이다.

2. 유배(명24)

(1) 죄인의 유배

1) 유배할 죄인

유죄를 범해 유배해야 할 자는 세 가지 유죄 모두 1년 복역하며, 가역류는 3년 복역해야 한다는 점은 앞에서 언급한 바와 같다. 유배해야 할 유죄인이란, 유죄를 관으로 당하거나 속동을 징수하거나 노·장애로 유형을 면하는 부류[8])가 아닌 유죄인을 가리킨다. 2000·2500·3000리의 세 가지 유형은 상류(常流)라고도 부른다. 유죄를 범했는데 유배해서는 안 되는 자는 위에서 열거한 사유 외에 공악·잡호 등(명28) 및 관호 등(명47)이 있다. 관인이 제명에 해당하는 죄를 범하여 유배하는 경우에는 노역을 면하며, 본죄가 유배해서는 안 되는데 특별히 유배된 자는 비록 관품이 없더라도 역시 노역을 면한다(명11.2f의 주). 유배지에 보내야 하는데 지체하고 보내지 않은 관사와(단24), 유배해야 하는데 속동 징수를 허용하거나 수속해야 하는데 유배한 관사(단30.1)는 처벌한다.

2) 복역이 만료되거나 은사령을 만난 경우의 처치

복역이 만료된 자 및 은사령을 만나 역이 면제된 자는 유배된 곳의 호구의 예에 따라 호적에 올린다. 역이 만료되었다는 것은 상류의 1년 및 가역류의 3년의 역이 만료되었다는 것을 말한다. 역이 만

---

8) 품관이 유죄를 범하면 일부 중죄를 제외하고는 실제로 유배하지 않고 관당과 贖銅 징수로 대신하며(명17.2의 소), 의·청·감할 수 있는 자 및 5품관 이상의 첩이 유죄 이하를 범하면 속할 수 있다(명11~13). 나이 70세 이상이나 15세 이하인 자 및 폐질인 자가 유죄 이하를 범하면 속한다(명30.1). 이러한 형사상의 특전을 받는 신분이나 신체 상태가 아닌 자가 곧 유배할 사람이다.

료된 자와 아직 역이 만료되지 않았지만 은사령을 만난 자는 곧 유배지에서 그곳의 호구의 예에 따라 호적에 올리고 백성과 같이 과역을 부과한다.

3) 관직 서용

옥관령(습유771쪽)에 "유배인이 유배 장소에 도착하고 6재(載) 이후에 출사하는 것을 허용한다. 모반·대역에 연좌되어 유배되거나 모반·대역을 범하고 사죄에서 감면되어 유배된 자는 이 예의 적용 범위에 두지 않는다. 곧 본래 범한 죄가 유배에 해당하지 않는데도 특별히 유배된 경우[9])에는 3재 이후에 역시 출사하는 것을 허용한다."고 규정되어 있다. 여기서 6재 이후 또는 3재 이후라고 한 것은 유배가 시작하는 해부터 셈해서 각각 7년 또는 4년째 되는 해의 정월 이후부터라는 것을 가리킨다(명21.1a②의 소).

(2) 유배인의 처·첩과 친속

1) 처·첩과 친속의 동행

유배인의 처·첩은 현재 혼인이 이미 성립된 경우 모두 마땅히 남편을 따라가야 한다. 혼인의 절차가 다 끝나지 않았더라도 빙재를 받았거나 사약(私約) 또는 혼서(婚書)가 있다면 혼인이 성립한 경우의 처·첩과 같다(호26.1의 소). 옥관령(습유769쪽)에 따르면, 유죄를 범하고 죄가 정해지면 처·첩을 버리거나 내쫓을 수 없다. 따라서 유

---

9) 특별히 황제의 勅旨를 받아 유배된 것이다. 황제는 율에 의하지 않고 별칙으로 죄인을 自盡케 하거나, 사형에 처하거나, 유형에 처하게 할 수 있는데, 이러한 별칙은 刑部에서 받들어 시행한다(『唐六典』권6, 188쪽 및 『역주당육전』상, 591-593쪽).

배되는 죄인의 처·첩은 유배지로 따라가야 하며, 처가 설령 칠출의 사유(호40)가 있더라도 역시 유배를 따르게 한다. 의절(호41)의 사유가 있는 부부는 이혼시킨다. 부인 자신이 유죄를 범한 때에는 머무르게 하고 대신 장형 및 노역으로 대체한다(명28.3).

죄인의 부조·자손이 따르고자 하면 허용한다. 증·고조 이하 및 현손(玄孫) 이상도 같다.

이향인의 가구도 또한 유배인의 경우에 준한다. 즉 이향인[10]의 처·첩은 그를 따르게 한다. 부조·자손이 따르고자 하면 허용한다. 처·첩을 버리거나 내쫓을 수 없는 것은 모두 유배인에 준한다.

2) 유배·이향인의 친속의 환향

만약 유배인·이향인 본인이 사망하면, 가구가 비록 유배 장소의 호적에 등재되었더라도 3년 안에 귀환을 원하는 경우 석방하여 귀환시킨다. 호적은 3년에 1번씩 작성하여 상서성에 보고하는 것이 원칙이다. 따라서 만약 유배인이 유배 장소에 도착한지 3년이 되었다면 반드시 호적을 만들었을 것이므로 비록 유배 장소의 호적에 등재되었더라도 3년 안이면 귀환을 허용한다고 한 것이다. 원래 "귀환을 원하면"이라고 하였으니 곧 귀환을 원하지 않은 경우에는 그대로 거주하는 것을 허용한다. 이른바 3년 내는 마땅히 유배인·이향인 자신이 사망한 때부터 시작해서 3년 내에 환향하고자 하는 자는 그 환향을 허용한다고 해석해야 한다. 호적을 만들기 전에 유배·이향인이 사망하면 환향을 허용하는 것은 말할 필요도 없다. 아마도 유배·이향인

---

10) 移鄕이란 사형에 처해야 할 자가 죄를 사면 받아 사형이 면제될 때 부과하는 특별 처분이다. 이 처분을 받은 사람은 피해자의 집에서 1,000리 이상 떨어진 곳으로 이주시켜 복수를 예방하는 것이다. 만약 무리를 지어 함께 살해하였다면 단지 주동자와 下手한 자만 移鄕시킨다(265, 적18). 移鄕은 노역을 수반하지 않는 점에서 流刑과 다르다.

이 사망하고 3년이 지난 뒤에는 환향을 허용하지 않는 것 같다. 또한 도망자 자신이 사망하였으면 따라간 가구는 그대로 위의 법에 준하여 귀환을 허용한다(명25.3). 단 고독을 조합하거나 소지한 자의 가구는 귀환을 허용하는 예를 적용하지 않는다. 고독을 조합했다면 죄인과 그의 모든 동거 가구는 비록 은사령을 만나더라도 그대로 유배하며, 이미 유배 장소에 이른 뒤에는 귀환을 허용하지 않는다(적15.3).

3. 유배인이 도중에 은사령을 만난 경우(명25)

(1) 도중에 은사령을 만나도 용서되지 않는 유배인

유배인이 행정(行程)을 지체한 경우 은사령을 만나도 용서되지 않는다. 출발해서 유배지에 이르기까지 노정이 멀기 때문에 응당 그 행정의 기한을 규정하여 요행으로 용서되는 것을 피해야 한다. 행정이란 영(공식령, 습유602쪽)에 따르면, 말은 하루에 70리, 당나귀 및 보행인은 50리, 수레는 30리이다. 다만 수로의 행정은 장강·황하나 기타 수로의 흐름을 따라 가거나 거슬러 감에 따라 행정이 각각 다르다. 수레와 말 및 보행인이 동행하는데 속도가 같지 않으면 모두 느린 것에 따라 기한을 삼는다. 기한은 길을 떠난 날부터 행정을 총계한 것을 가리킨다. 가령 2000리에 유배하는 경우 도보의 행정에 준하면 40일에 해당하는데, 만약 40일이 차기 전에 은사령을 만나면 이미 간 거리에 관계없이 모두 은사령에 따라 죄를 용서한다. 그러나 길을 떠난 날부터 총계하여 행정에 어김이 있는 경우 사면의 범위에 두지 않는다. 사유가 있을 경우에는 이 율을 적용하지 않는다. 사유란 질병·사망 및 양식을 청구하는 것 등을 말한다. 영에 따르면, 임시로 휴가를 주어야 할 경우 및 앞에 장애가 있어 갈 수 없으면 휴가 및 장애로 가지 못한 시간을 제하는 것을 허용하니,[11] 즉 그 시간은 행정의 기한에 포함하지 않는다.

(2) 도망자는 은사령으로 용서되지 않음

1) 유배 중 도망한 죄인
죄인이 도망한 경우에는 비록 행정의 기한 내라도 역시 사면의 범위에 두지 않는다. 다시 말하면 유배인이 행정의 기한 내에 도망하였으면 비록 은사령을 만나더라도 방면되지 않는다.

2) 도망한 죄인의 가구
도망자 자신이 사망하였으면 따라간 가구는 그대로 위의 법(명 24.3a)에 준하여 귀환을 허용한다. 즉 도망자 자신이 사망하였으면 따라간 가구는 유배 도중이라도 귀환을 허용하며, 이미 유배 장소의 호적에 등재되었더라도 3년 안에 귀환을 원하는 경우 위의 법에 준하여 귀환을 허용한다.

IV. 형의 가감(명56)

1. 형의 등급 및 가감의 예

당률의 오형은 태형·장형·도형·유형·사형의 5종이다. 태형 5등은

---

11) 당대의 사료에는 소에 인용된 영문과 정확히 일치하는 내용이 없다. 그러나 『신당서』 등을 통해 당시 유배인과 이향인이 유배 가는 도중에 질병·부모상·부인의 출산 등의 사유가 발생하면 휴가를 주도록 한 규정이 있음을 확인할 수 있다(『新唐書』권56, 1411쪽; 『천성령역주』권27,>, 437쪽 및 496-497쪽).

태10에서 50까지이다. 장형 5등은 장60부터 100까지이다. 도형 5등은 도1년부터 3년까지이다. 유형 3등은 유2000리 2500리, 3000리이다. 사형 2등은 교형과 참형이다. 모두 합해서 20등이며, 태10을 가장 가벼운 것으로 하고 참형을 가장 무거운 것으로 삼는다.

위금율 이하 각 죄조는 모든 범죄 행위에 대하여 먼저 기본적인 죄의 형을 정하고 정상에 의거해서 형을 가감하는 방법을 쓰는데, 이때 항상 오형 20등 가운데 하나로 형을 정하고[기본형], 죄질이나 기타 사유로 가감하여 각 죄의 경중 및 등차를 확정한다[과단형]. 또한 율 내에서 형의 등급 수를 가감할 때도 원칙적으로 20등을 기준으로 한다. 따라서 형의 등급은 죄와 그 형의 무겁고 가벼움의 척도이다.

형의 가감은 더한 후에 다시 더하거나 감한 후에 다시 감하는 것이 있다. 이를 누감이라 한다. 죄를 가감하고 다시 가감하는 것은 통상 1차 가감 시에 단순히 몇 등을 가감한다고 하고, 2차 가감 시에 "또 몇 등을 가감한다."고 말한다. 만약 규칙적으로 가감하면 이를 "차례로 몇 등씩 가감한다."는 식으로 말한다. 때로는 어떤 죄의 정상에 의거하여 그 본형을 가감하고, 또 다시 다른 정황에 의거해서 다시 가감하는 것이 있다. 그러므로 먼저 더하고 뒤에 감하는 것 및 먼저 감하고 뒤에 더하는 것이 있다.

2. 더하는 방법

(1) "더한다."고 칭한 경우(명56.1)

"더한다."고 칭한 경우는 무거운 등급으로 나아간다. 형의 경중은 위에서 서술한 바와 같이 태10부터 참형까지 모두 20등차가 있다. 이른바 무거운 등급으로 나간다는 것은 죄조에 규정된 형보다 무거운 등급으로 더한다는 것이다. 가령 어떤 사람이 장100의 죄를 범하였는데 1등을 더해야 한다면 도1년에 처하며, 혹 도1년의 죄에 1등을 더해야 한다면 도1년반에 처하는 것 따위를 말한다.

(2) 수가 차야 등급을 더하는 원칙(명56.3)

더하는 경우는 수가 차야만 그 형을 적용한다. 가령 절도죄를 범하였는데 견 1촌이 부족하여 10필에 차지 않은 경우 10필에 해당하는 형으로 처벌해서는 안 된다는 것이다. 상세히 말하면 절도죄는 장물이 견 5필이면 도1년이고 5필마다 1등을 더하므로(적35.2), 만약 5필 이상이지만 1촌이 부족하여 10필이 차지 않으면 도1년에 처하고, 반드시 10필이 차야 비로소 1등을 더해 도1년반에 처한다는 것이다. 비단 죄를 더할 때만이 아니라 죄를 적용할 때도 역시 반드시 수가 차야 비로소 벌한다. 예컨대 동거하는 비유가 사사로이 함부로 재물을 사용한 때에는 10필이면 태10에 처하고, 10필마다 1등씩 더하며, 죄는 장100에서 그친다(호13.1)는 규정은 제자가 도관·불사의 공동재물을 사사로이 취하여 사용한 경우도 적용하는데(명 57.3b의 주의 소), 만약 10필에 차지 않은 경우는 처벌하지 않는다. 또한 만약 버려진 금병기를 습득하고 30일이 지나도록 관에 바치지 않은 자는 사유한 법으로 처벌하는데(천20.3의 주), 30일 내라면 이 죄에 해당하지 않는다. 단 천흥율 1-1a조에는 함부로 병력을 출동한 경우 10인 이상이면 도1년에 처한다고 규정만 있고 9인 이하에 대해서는 규정이 없으나, '해서는 안 되는데 행한 죄'의 무거운 쪽(잡62.2)에 따라 처벌한다.

기본형이 가벼운 죄를 정상에 의거해서 죄의 등급을 감하는 경우에는 반드시 먼저 죄에 들이는 기본수를 더하여 죄를 적용한다. 예컨대 기르는 축산이 규정상 뺄 수 있는 몫 이외에 죽거나 잃어버린 것, 또는 증식량을 채우지 못한 것이 1마리이면 목장(牧長)과 목자(牧子)는 태30에 처하고, 3마리마다 1등을 더하며, 누계해서 장100이 넘으면 10마리마다 1등을 더하되 죄는 도3년에 그친다. 그런데 축산이 양이면 3등을 감한다(구1.2). 따라서 양의 경우 부족한 수가 3마리 이하이면 죄명이 없고, 4마리가 부족하면 태10에 처한다. 다시 말하면 양은 죄를 3등 감하므로, 3마리가 부족한 경우 다른 축산 3마리가 부족한 죄 태30에서 3등을 감하면 형이 없게 되고, 4마리 부족할 때 비로소 태10에 처한다는 것이다. 또 관직에 부임할 기한이 찼는데도 부임하지 않은 경우 1일이면 태10이고, 10일마다 1등을 더하며, 죄는 도1년에 그친다. 만약 대신할 자가 도착하였는데 귀환하지 않은 경우에는 2등을 감한다(직6.2). 그러므로 대신할 자가 도착하였는데 귀환하지 않은 자를 처벌할 경우에는 만21일이 차야 비로소 태10에 처한다는 것이다.

(3) 더해서는 사죄에 이르지 않음

죄를 더해서는 사죄에까지 이를 수 없다. 단 본조에 "더하여 사죄에 들인다."는 조문이 있는 경우는 본조에 따른다(명56.3). 구체적으로 말하면 죄를 더하는 경우 만약 본조에 특별규정이 없다면 단지 유3000리에서 그치며 더해서 사형에 이를 수 없다. 예컨대 숙위인이 당직하다가 도망한 때에는 1일이면 장100하고, 2일마다 1등을 더하는데(포10.1), 비록 죄의 최고형에 관한 율문이 없더라도 죄를 더해서는 오직 유3000리에 이르고 더해서 사죄에 이를 수는 없다. 그러나 본조에서 더하여 사죄에 들이라고 규정한 때에는 본조에 따른다. 예컨대 투송률 4.2조에는 사람을 구타하여 팔다리 둘을 부러뜨렸다면 유3000리에 처한다고 규정되어 있다. 그렇지만 다른 조항에서 부곡이 양인을 구타하여 상해한 때에는 일반인 사이의 죄에 1등을 더하며, 더하는 경우 더하여 사죄에 들일 수 있다(투19.1a의 주)고 규정하고 있으므로, 이 규정에 따른다.

(4) 교형에서 참형으로 더하지 않음

부곡이 양인을 구타하여 팔다리 둘을 부러뜨렸다면 교형에 해당하는데(투19.1), 만약 고의로 구타하여 부러뜨렸다면 또 1등을 더해야 하지만(투5.2), 이미 더하여 교형에 이르렀으므로 다시 더해서 참형에 이르게 해서는 안 된다. 이는 대개 참형을 경계하기 때문이다.

3. 감하는 방법

(1) "감한다."고 칭한 경우

"감한다."고 칭한 경우는 가벼운 등급으로 나아간다. 예컨대 도1년에 해당하는 죄를 범했는데 1등을 감해야 한다면 장100에 처하고, 혹 장100에 해당하는 죄를 범했는데 1등을 감해야 한다면 장90에 처한다.

(2) 사형·유형을 감하는 법

사형은 교형·참형을 하나의 단계로 간주하여 감한다. 가령 참형에 해당하는 죄의 종범은 1등을 감하므로 곧 유3000리가 되며, 교형에서 1등을 감해도 유3000리가 된다. 유형은 3000리·2500리·2000리 세 등급을 하나의 단계로 간주하여 감한다. 가령 유3000리에 해당하는 죄를 범한 자를 예(명8·9·10)에 따라 1등을 감해야 하면 도3년에 처한다. 마찬가지로 유2500리나 유2000리에서 1등을 감해도 도3년이 된다. 가역류에서 감할 경우도 역시 세 가지 유죄의 법과 같다. 그러므로 참형에서 2등을 감하면 도3년이 된다. 교형에서 2등을 감해도 도3년이 되며, 3000·2500·2000리의 세 가지 유죄나 가역류 중 어느 것에서 2등을 감해도 도2년반이 된다.[12]

(3) 반년의 도죄를 장형으로 대체하는 경우의 감하는 법(명56.4)

반년의 도죄는 하나의 형차로 규정되어 있지 않다. 단 사람의 죄를 덜고 더한 경우 및 무고한 경우 원래 더한 바로써 되갚아 처벌하므로 간혹 반년의 도가 있게 된다.[13] 그러므로 명례율에서 반년의 도형을 장형으로 대체하는 방법을 규정한 것이다. 예컨대 형이 반년의 도형에 그치는데 만약 장형으로 환산할 경우 장100으로 하고, 1등을 감할 경우는 장90으로 환산하는 것이다. 가령 현의 주전이 고의로 죄수의 죄상을 증가시켜 도죄 반년을 더했고 현위가 이를 알면서도 그대로 죄를 더해 판결했다면, 곧 현의 주전은 수범이 되어 도형 반년에 해당하는데, 주전이 만약 집안에 다른 장정이 없는 단정(單丁)이라면 장100으로 집행하고, 현위는 1등을 감해야 하므로[14] 장90에 처하되 속동 9근을 징수하는 따위이다.

---

12) 두 단계 사형과 세 단계 유형은 하나의 단계로 간주해서 감하는 것이 원칙이지만 예외도 있다. 예컨대 살인을 모의하여 이미 살해한 경우 수범은 참형에 해당하니(256, 적9.3), 이 원칙에 의거하면 힘을 보탠 종범은 유3000리에 해당한다. 그렇지만 적도율 9.3에는 힘을 보탠 자는 교형에 처하고, 힘을 보태지 않은 자는 유3000리에 처한다고 규정되어 있다. 또 수금된 자가 관사에 항거하고 살해한 경우 참형에 처하며, 종범은 교형에 처한다(465, 포망15.1).
13) 가령 고발된 사람이 도1년에 해당하는데 그 사람을 위해 訴狀을 작성하면서 그 정상을 더하여 도1년반에 이르게 했다면 곧 반년을 더 誣告한 것이 되니, 반년의 무고죄에서 1등을 감해 장90에 해당하는 따위이다(356, 투55.1의 소).
14) 사람의 죄를 고의로 더한 것[故入]은 公事에 관련된 것이지만 사사로움과 枉曲이 있으면 私罪가 된다(명40.1의 소). 따라서 현위의 죄를 1등 감하는 것은 公罪로 인한 同職連坐가 아니라 공동으로 죄를 범한 경우 주모자를 수범으로 하고 隨從者는 수범의 죄에서 1등을 감하는 공동범죄의 일반 규정(명40.1)에 의한 것이다.

제2절 형의 분류와 대체형의 환산

전언

당률은 정황과 신분에 따라 죄와 형을 달리 규정하고 있지만, 또한 그것에 따라 처벌 방법도 다양하여 여러 형태의 처벌 방법이 있다. 예컨대 과실죄는 원칙적으로 동으로 죗값을 치르게 하고, 신분에 따라서는 유·도형을 장형으로 대체해서 집행할 경우도 있으며, 관인들이 범한 죄는 역임관의 임명장으로 당하게 하기도 한다. 따라서 각 죄조에 정한 죄들의 기본형을 환산해서 대체하는 방법이 필요하게 되므로 이에 대한 규정들이 있다. 그러므로 여기서는 기본형과 다른 형벌의 종류와 기본형을 대체하는 환산 방법을 살펴야 한다.

Ⅰ. 형의 분류

1. 주형과 종형

(1) 주형

주형은 독립해서 과할 수 있는 형이며, 오형 20등의 하나로 정한다. 주형은 죄의 제1차형일 뿐만 아니라 실형을 의미하며, 또한 죄의 등급이다. 다시 말하면 당률의 모든 죄는 죄질에 따라 1차적으로 오형 20등 가운데 어느 하나를 과하도록 규정되어 있다. 율문에는 때때로 태죄·장죄·도죄·유죄·사죄 등의 표현을 쓰기도 하는데, 이는 범죄의 등급 또는 죄질을 나타내는 말이다.

오형 20등 외에 특별한 주형이 있는데, 연좌인의 몰관(적1.1)이 그 것이다. 연좌인에 대한 몰관 처분이 주형인가 종형인가에 대해서는 학계의 논란이 있다. 그러나 연좌인에 대한 처벌이 보안 처분의 성질을 갖는다는 점과 친속에 대하여 연대 책임을 묻는 점으로 보면, 연좌인에 대한 몰관 처분이 정범의 참형에 대한 부가형 내지 종형이라기보다 연좌인 자신에 대한 주형임이 분명하다.

(2) 종형

종형은 주형에 부수하여 과하는 형이다. 가장 중요한 것은 쌍방이 죄가 있는 장물과 사유 금지 물품의 몰관(명32.1, 위30.2의 소), 모반·대역죄의 정범 및 연좌인이나 동거가속의 재산의 몰관(적1)이 있다. 관인에 대한 징계 처분인 제명·면관·면소거관·관당(명11.1, 명12, 명17~22) 역시 종형에 속한다.

2. 정형과 윤형

(1) 정형

정형은 통상의 형이다. 당률에서 정형은 형식상 태형·장형·도형·유형·사형의 다섯 가지 형으로 구분한다. 다만 형의 실질적인 면에서는 신체형[태형과 장형], 자유형[도형과 유형], 생명형[교형과 참형]의 세 가지로 나눌 수 있다. 이 정형이 당대 형벌 체계의 핵심으로, 모든 조문에 규정된 본형은 정형을 쓴다.

(2) 윤형

윤형은 오형 이외의 특수형이다. 윤형에는 명예형과 재산형이 있다.

1) 명예형

명예형은 특별한 신분인에게 적용되는 형으로 관인에 대한 징계 처분인 제명(除名)·면관(免官)·관당(官當)이 있고, 도사·여관·승·니에 대한 징계 처분인 환속(還俗)·고사(苦使)가 있다. 도사·승의 윤형은 도승격(道僧格)에 규정되어 있다.

2) 재산형

재산형은 동을 징수하고 형을 면하는 속동으로, 관인 및 그 친속에게 적용되는 속동이 있고, 노·소·폐질자에 대한 속동이 있다. 또 과실죄나 의죄(疑罪)와 같은 특별한 정형의 죄에 적용되는 속동이 있다.

3. 본형과 역형

(1) 본형

본형은 각 범죄에 대해 규정하고 있는 해당 조문의 주형을 말한다. 각칙의 모든 조문은 범죄 행위에 대하여 모두 오형을 주형으로 규정하고 있는데, 여기에 규정된 오형이 본형이다.

(2) 역형

역형은 명례율에 규정된 것으로, 모두 본형을 대체하기 위한 형이다.

① 통상적으로 본형인 주형을 윤형으로 바꾼다. 다만 윤형 가운데 제명·면관은 제외되어야 한다. 왜냐하면 제명·면관은 비록 윤형이지만 본질적으로는 종형이기 때문이다. 윤형 가운데 역형에 해당하는 것은 주형을 대체하는 관당에 한한다.

② 유형에 해당하는 주형을 현 거주지에서 장형으로 대체 집행하

고 복역하게 하거나(명28) 또는 장형만으로 대체하는 경우(명27, 29, 47)가 있는데, 전자를 유주거작(留住居作)이라고 하고 후자를 가장(加杖)이라고 한다. 유주거작은 공호·악호·잡호·태상음성인[상급천인] 및 부인이 유죄를 지은 경우 현 거주지에서 장형과 일정 기간의 노역으로 유죄를 대체하여 집행하는 역형을 말한다. 대체 장형은 가내에 범인 외에 성정[21세에서 59세까지의 건강한 남녀]이 없을 경우, 도형이나 유형을 장형으로 대체하여 집행하고 방면하는 역형이다.

③ 종형을 장형으로 대체하는 경우가 있다(명47.3a). 즉 정장을 추징해야 하는데 재물이 없어 납부하지 못하는 때는 장형으로 대체한다.

④ 역형을 다시 장형으로 대체하는 경우가 있다(명47.3a). 즉 속동을 징수해야 하는데 재물이 없어 납부하지 못하는 때는 장형으로 대체한다.

4. 진형과 속형

(1) 진형

진형은 사형 집행과 실제 유배와 노역 부과 및 신체에 고통을 주는 장형과 태형을 말하며 실형을 뜻한다. 오형이 진형이다. 이 밖에 도사 등 승직에게 부과하는 고사가 있다(명23.2). 고사란 규율을 어긴 도사와 승려에게 부과되는 일종의 처벌로, 사원 내의 빈 방에서 매일 일정한 수량의 경문을 베껴 쓰게 하거나, 글을 모르는 자라면 사원 내의 노역에 종사케 하는 것을 말한다(『令集解』권8, 235쪽).

(2) 속형

속형은 사형 및 노역을 과하거나 신체에 고통을 주는 실형을 대신하는 처분으로, 관으로 도형·유형을 당하게 하거나 동으로 사·유·도·장·태형을 속면하게 하는 사법 처분을 말한다. 또 도사·여관·승·니 또한 고첩(告牒)으로 죄를 당할 수 있다(명57.1의 소).

관당은 비록 광의의 속형에 속하지만, 통상적인 용법에서 속형은 동으로 속면하는 것만을 가리킨다. 속동과 관당은 역형에 속한다. 다만 역형은 속동 및 관당에 한하지 않는다. 역형은 본형의 상대어이고 속형은 실형의 상대어이다. 예를 들면 유형을 노역과 장형으로 대체하여 집행하는 가장은 위에서 서술한 바와 같이 역형에 속하지만, 노역 및 신체의 고통을 수반하므로 속형에 속하지 않는다. 과실 살상죄의 속동은 원칙적으로 피해자의 집안에 들이고, 무고한 사람이 속면할 수 있는 자이면 속동은 피무고인에게 들인다(옥관령, 습유792쪽).

5. 기본형과 과단형

모든 범죄 행위에 대하여 기본적으로 해당하는 조문이 있는데 이를 본조(本條)라고 한다. 각 본조에 규정된 형을 기본형이라고 할 수 있다. 이 기본형은 각종 사유로 말미암아 수정해서 적용되는데, 수정해서 적용되는 형을 과단형이라고 부를 수 있다. 예를 들면 종범인 경우의 감경, 관 및 음의 특전에 따른 감경, 자수 감경, 동직 연좌에 따른 감경, 은사령·은강령에 따른 감경이 있고, 세 번 이상 도죄를 범한 경우 가중되는 등 기본형이 수정되는 예가 많다.

율은 기본형을 정형 또는 본형으로 부르는 때가 있다. 예를 들면 오류(五流)에 포함되는 불효류(不孝流)는 십악의 불효에 해당하는 것을 말하는데(명6.7) 그것은 기본형이 유형인 것만 포함하는 것이다. 따라서 예컨대 부모 및 남편의 상중에 혼인한 죄는 도3년에 해당하는데(호30.1a), 만약 공갈 및 강박을 가했으면 죄를 1등 더하므로(호44.1a) 유2000리에 처하게 되지만. 이는 더하여 유죄에 이른 것으로 정형(正刑)이 아니기 때문에 불효류에 포함되지 않는다(명11.2d의 문답).

II. 대체형의 환산

1. 형의 대체 및 환산 기준의 필요성

모든 죄조의 형은 오형 20등의 하나로 규정되어 있고 정황에 따라 가감한다. 또한 정황에 따라 죄를 속할 경우에 적용할 수 있는 각 형의 속동 수도 정해져 있다. 그러나 당률은 신분에 따라서 형을 적용하는 방법을 달리 규정해 두고 있기 때문에 정형(正刑)이나 이에 대응하는 속동을 그대로 적용하기 어려운 경우가 발생한다.

예컨대 속동 또는 정장을 추징해야 하는데 재물이 없는 천인에 대해서는 장형으로 대체하여 집행하고, 천인이 범한 유·도죄도 장형으로 대체하여 집행하도록 규정되어 있는데, 이 경우 별도의 환산 기준이 필요하게 된다. 또한 관인이 범한 도죄·유형을 관품으로 대신할 수 있으므로 형을 당할 수 있는 기준이 필요하다.

더구나 관인은 범한 죄가 가볍더라도 제명(除名)·면관(免官)과 같이 무거운 종형에 처하는 경우가 있는데 이에 해당하는 죄로 무고해서 반좌할 경우가 있고, 관인이 사람의 죄를 판결함에 덜고 더함이 있는 경우도 매우 복잡한 환산 방법이 규정되어 있다.

2. 형의 대체와 환산 방법

(1) 속형의 환산 방법
속형은 다시 속동과 관당으로 나눈다.

1) 속동
죄를 동으로 속할 수 있는 경우는 관품이나 음의 특전에 따라 속할 수 있는 경우(명11.1), 노·소·폐질인 경우(명31.1), 과실로 살상한 경우(투38), 범한 죄가 의죄(疑罪)인 경우(단34)가 있다. 속동은 적용범위가 광범위하기 때문에 명례율 1~5조에 규정된 오형 20등의 각 형차에는 속동수를 다음과 같이 규정하였다.

태10의 속동은 1근이며, 이를 기준으로 하고 매 등급마다 동 1근을 더하여 장100은 동 10근이 된다. 도1년의 속동은 20근이며, 이를 기준으로 하고 매 등급마다 동 10근을 더하여, 도3년의 속동은 60근이다. 유2000리의 속동은 80근이며, 유2500리의 속동은 90근이고, 유3000리의 속동은 100근이다. 사형은 교형과 참형을 가리지 않고 모두 속동 120근이다. 오형 20등 외에 반년의 도형이 있는데, 이에 대한 속동은 장100과 같이 속동 10근이다(명44.4의 소). 반년의 도형을 1등 감하면 장90가 되며, 속동은 9근이다(명56.4의 소).

단 관호·부곡 등으로부터 장물을 징수해야 하거나 속동을 징수해야 하는데 재물이 없는 자는 동 2근을 장10으로 대체한다(명47.3a).

판관이 장형으로 대체하여 처벌해야 할 사람의 죄를 부당한 판결로 과잉·과소 처분하여 반좌해야 하는 경우, 과잉·과소 집행한 장형수를 속동으로 환산하여 속동을 징수한다(단19.1a의 주와 소).

2) 관당

관으로 도형을 당하게 할 때 사죄(私罪)라면 5품 이상은 1관으로 2년을 당하게 하고 9품 이상은 1관으로 1년을 당하게 하며, 공죄라면 각각 1년을 더하여 당하게 한다(명17.1). 관으로 유죄를 당하게 하는 경우 세 등급의 유죄 모두 도4년으로 간주한다(명17.2). 가역류도 도4년으로 간주하여 관으로 당하게 하는 것으로 해석해야 한다.15)

(2) 대체형의 환산 기준

1) 유형·도형의 대체 장형

유형과 도형을 장형으로 대체하여 집행하는 것이 있는데, 이에는 각종 정형이 있다.

① 도죄를 범하여 복역해야 하는데 집에 죄인 외에 겸정이 없는 자는 도1년을 장120으로 대체하여 처벌하며, 매 등급마다 20대를 더하여 도3년이면 장200으로 대체하는데(명27.1), 이것이 대체 장형의 최고형이다. 도형 복역 중에 집에 죄인 외에 겸정이 없게 된 사유가 발생하면, 복역해야 할 일수와 대체해야 할 장수를 계산하여 장형을 집행하고 석방한다(명27.2).16) 도형 반년을 장형으로 대체해야 할 때

---

15) 가역류와 도3년의 격차는 도역 3년으로 결국 가역류형은 도6년으로 간주된다. 다만 도형은 많아도 4년을 넘을 수 없고(명29.4), 판관이 다른 사람의 가역류형에 해당하는 죄 전부를 덜어도 도4년에 처하므로, 가역류는 도4년으로 간주된다(487, 단19.7의 문답).

16) 도형의 기간을 마치지 않았는데 兼丁이 사망하였거나, 尊親이 老·疾에 해당하게 되었거나, 범죄 또는 征防으로 현재 兼丁이 없게 된 자가, 만약 도1년에 해당하는 죄를 범하였으면 360일을 장120으로 대체하므로 30일에 장10에 처해야 하며, 도1년반에 해당하는 죄를 범하였으면 540일을 장140으로 대체하므로 38일에 장10에 처해야 하며, 도2년에 해당하는 죄를 범하였으면 720일에 장160으로 대체하므로 45일에 장10에 처해야 하며, 도2년반에 해당하는 죄를

는 장100으로 대체한다(명56.4).

② 공호와 악호가 유죄를 범한 경우 유2000리는 장100으로 대체하고, 매 1등마다 30대를 더하여 유3000리는 장160으로 대체하여 집행하며(명28.1b와 소), 모두 현 거주지에 머물게 하여 3년간 복역하게 한다. 가역류에 해당하는 죄를 범한 경우에는 장160으로 대체 집행하고 4년간 복역하게 한다(명28.1의 주와 소).

③ 공호·악호 가운데 업무를 모두 익힌 자들과, 천문을 익힌 천문생과, 급사·산사¹⁷⁾가 유죄를 범한 때는 장200으로 대체하며, 도죄를 범한 때는 집안에 죄인 외에 겸정이 없는 예에 따라 장형으로 대체하고 본래의 신분에 따라 돌려보낸다(명28.2).

④ 부인이 유죄를 범한 경우 유2000리는 장60으로 대체 집행하며 매 1등마다 20대를 더한다. 가역류 역시 장100으로 대체한다. 모두 현 거주지에 머물게 하여 3년간 복역하게 하며, 가역류에 해당하는 죄를 범한 경우에는 4년간 복역하게 한다(명28.3와 소).

⑤ 관호·부곡·관사노비가 유죄나 도죄를 범한 경우 역시 집안에 죄인 외에 겸정이 없는 예에 따라 장형으로 대체하지만 노역은 면한다(명47.2). 노역을 면하는 것은 이들이 관이나 주인에게 복역하는

범하였으면 900일을 장180으로 대체하므로 50일에 장10에 처해야 하며, 도3년에 해당하는 죄를 범하였으면 1,080일에 장200으로 대체하므로 54일에 장10에 처해야 하며, 도3연반에 해당하는 죄를 범하였으면 1,260일을 장200으로 대체하므로 63일에 장10에 처해야 하며, 도4년에 해당하는 죄를 범하였으면 1,440일을 장200으로 대체하므로 72일에 장10에 처해야 한다. 단 복역 기간이 아직 끝나지 않았는데 남은 일수가 장10에 해당하는 일수에 차지 않는 경우에는 律에 "더하는 것은 죄의 數가 차야만 처벌한다."(명56.3)고 했으니, 원래 장10에 해당하는 일수 30일이 차지 않았으면 이치에 의거해서 장형으로 대체 집행하지 않고 석방한다.(명27.2의 소).

17) 內侍省·東宮內坊에 배치되는 환관을 給使라 하고 모든 친왕부 이하에 배치되는 사람을 散使라 한다(명28.2a의 소).

자들이기 때문이다.

⑥ 유죄와 도죄를 누계하여 이미 도형의 최고 한도인 4년이 찼는데 다시 유죄와 도죄를 범한 자도 또한 장형으로 대체하여 처벌한다 (명29.3b).

2) 정장 및 속동의 대체장형

관호·부곡 및 관·사노비가 정장 및 속동을 납부해야 하는데 재물이 없는 경우 동 2근마다 장10으로 대체한다. 역시 장200을 최고형으로 한다.

(3) 윤형의 환산 방법

1) 제명·면관·관당의 환산 방법

제명·면관·관당은 관인의 죄에 대한 윤형이다. 제명·면관은 본질상 징계처분인 종형에 속하고 관당도 종형의 성질이 있다. 다만 관인이 유죄나 도죄를 범한 경우 관으로 죄를 당할 수 있고, 관으로 죄를 당해야 하는데 다 당하지 못한 경우(명22.1)나 또는 장죄나 태죄를 범한 때(명11.1)는 속동으로 형을 대신할 수 있다. 이러한 정형에서 다른 형으로 환산해서 죄를 당하게 하는 법은 앞의 속형과 같다.

여기서 서술하는 것은 관인을 가벼운 죄로 무고한 자에게 반좌하여 처벌하거나, 판관이 부당 판결로 관인의 죄를 과잉·과소 처분하여 판관에게 반좌하여 처벌할 경우의 환산법이다. 대개 관인이 제명·면관에 해당하는 죄를 범한 경우 죄가 가볍더라도 그대로 제명·면관 처분하지만(명22.2a), 만약 주형이 가볍더라도 제명·면관에 해당하는 죄로 관인을 무고하거나 부당하게 판결한 경우 가벼운 주형만으로 반좌하지는 않는다. 그러므로 제명에 해당하는 죄가 있다고 무고한 자는 도3년에 해당하는 죄를, 면관죄로 무고한 자는 도2년에 해당하는 죄를, 면소거관죄로 무고한 자는 도1년에 해당하는 죄를 무고한 것으로 간주하여 반좌한다(명23.1의 주). 부당한 판결로 제명·면관·관당 처분을 가감한 판관을 반좌하여 처벌할 때도 이와 같다(명23.1의 주).

2) 환속 및 고사의 환산 방법

환속 및 고사는 도사·여관의 죄에 대한 윤형이다. 도사·여관이 환속해야 할 자라고 무고한 자는 도1년에 해당하는 죄를 무고한 것으로 간주하여 반좌하고, 고사해야 할 자라고 무고한 자는 고사10일을 태10에 비정하여 반좌한다. 도사·여관에 대하여 부당한 판결로 환속과 고사를 과잉·과소 처분한 판관을 처벌할 경우도 이와 같다(명23.2).

(4) 형의 경정으로 인한 경우의 환산 방법

법을 왜곡하여 다른 사람에게 도형을 더한 경우, 환산하여 과역을 면제해 주거나 속동을 납부할 것이 있으면 그 값을 면제해 주어야 한다. 본래 도형에 처해야 하는데 장형이나 태형으로 처결한 경우, 장형이나 태형의 속동 값을 환산하여 도형의 년 수를 감해야 한다(명44.3·4).

(5) 다른 사람의 죄를 더하거나 던 경우의 환산 방법

사람의 죄를 부당 판결하여 만약 태형을 장형으로 판결하거나 도형을 유형으로 더했다면, 더한 바로써 논한다. 즉 도죄를 유죄로 더한 경우 세 등급의 유죄는 똑같이 도1년을 더한 것에 비한다. 만약 가까운 유죄를 먼 유죄로 더한 경우 모두 반년의 도형을 더한 것에 비한다. 만약 일반 유형을 가역류로 더했다면, 가역류는 일반 유형에 비하여 2년의 노역을 더하므로 도2년을 더한 것에 비한다(단19.2a의 소). 고의로 죄를 던 경우 판관에 대한 처벌은 역시 모두 위의 죄를 더한 경우와 같다(단19.3).

제3절 장물의 처분

Ⅰ. 장물의 의의

1. 장물과 장죄

위금률 이하 각 죄의 조항에는 재산상의 불법이익을 취하는 이른바 재산범이 매우 많은데, 명례율에는 그 범행의 결과물인 장물의 처분 방법(명32·33)과 평가 방법(명34)이 규정되어 있다. 이는 현대 형법에서는 찾아보기 어려운 것으로, 당률 및 중국 전통법의 독특한 제도이다.

장물은 죄인이 취한 재화를 가리킨다(명34.1의 소). 단 비록 재산범이라도 장물을 계산하여 형을 정하지 않는 죄는 장죄가 아니다. 예를 들면 몰래 남의 땅을 경작하거나, 망인(妄認)하거나, 공·사전을 몰래 매매하는 것과(호16·17) 같은 행위는 장죄가 성립하지 않는다. 토지는 일정 장소에서 떨어질 수 없고 이치상 동산과 다르므로 장물로 계산하여 처벌할 수 없고, 또 제명·면관·장물배상 등의 법례도 없기 때문이다(호17의 소). 다시 말하면 설령 재산상의 이익을 침해했더라도 가격을 평가할 수 없는 범행은 장죄가 아니다. 그러나 노임이나 임차료는 견으로 가치를 평가할 수 있으므로 이를 부당하게 획득한 행위는 장죄에 해당한다. 사람의 노임은 1인의 1일을 견 3척으로 계산하며, 수레·말·낙타·노새 등도 역시 같다(명34.2a). 물레방아·저점·선박 따위는 범행 당시의 임차료에 의거한다(명34.2b).

2. 여섯 장죄

진정한 혹은 전형적인 장죄는 여섯이다. 강도(적34), 절도(적35), 수재왕법(직48.1a), 수재불왕법(직48.1b), 수소감림재물(직50) 및 좌장(잡1)이 그것이다(명33.1a의 소 및 잡1.1의 소). 비록 장물을 계산하여 죄로 삼는 것은 많지만 모두 이 여섯 장죄로 귀속된다. 이 밖에 장죄에 '따른다[從]', 장죄와 '같다[同]', '장죄로 논한다[以論]', 장죄에 '준한다[準]'고 규정한 것이 있는데, 이는 장물을 계산하여 죄를 정할 때 역시 여섯 장죄의 법에 의거한다는 것이다. 장죄의 장물은 주고받은 피차 모두 죄가 있는 장물인지 여부를 구별해서, 피차구죄의 장물은 몰관하고(명32.1), 그렇지 않은 것은 관이나 주인에게 돌려준다(명32.2).

(1) 강도
위협이나 폭력으로 재물을 탈취한 행위를 말한다. 먼저 위협[强]이나 폭력을 쓰고 나중에 빼앗은[盜] 것이든, 먼저 훔치고 나중에 위협이나 폭력을 쓴 것이든 같다. 만약 타인에게 약을 탄 술이나 음식을 주어 광란하게 해서 재물을 취한 것도 강도에 해당한다. 만약 유실된 물품을 습득하고서 재물의 주인을 구타하고 돌려주지 않은 경우와 절도하다가 발각되어 재물을 버리고 도주하던 자가 재물의 주인이 잡으려고 쫓아와 그로 인해 저항한 행위 등, 행사한 폭력이 다른 사유로 인한 것은 강도가 아니다(적34.1a①의 주).

(2) 절도

형적을 감추고 얼굴을 숨기고서 절취한 행위를 말한다(적35.1의 소).

(3) 수재왕법

감림·주사가 사건에 연루된 사람에게서 재물을 받고 법을 왜곡하여 판결한 행위를 말한다. 감림관은 통섭·안험하는 관인을 말하고, 주사는 문안을 시행하는 주전 등을 말한다(직48.1a의 소, 명54.1의 소).

(4) 수재불왕법

비록 사건에 연루된 사람에게서 재물을 받았지만 법 적용에 왜곡이 없는 경우를 말한다(직48.1b의 소).

(5) 수소감림재물

감림하는 관인이 공적인 일과 관계없이 감림하는 바로부터 재물을 받은 행위를 말한다(직50.1a의 소).

(6) 좌장

감림·주사가 아니면서 사건으로 인해 재물을 받은 행위를 말한다(잡1.1의 주).

3. 정장, 본장과 배장

정장은 통상 죄인이 취한 본래의 장물 즉 본장(本臟)을 가리킨다.

또한 정장(正臟)은 배장(倍臟)의 상대어로 쓰이기도 한다. 예를 들면 "지금 곧바로 정장이라고 말하고 배장이라고 말하지 않았다(명47.3a의 소)," "정장이라고 칭한 것은 죄인이 자수하면 배장을 징수하지 않음을 말한다(명37.1 주의 소)" 등이라고 한 것에서 볼 수 있다. 배장은 정장의 배를 의미한다(명33.1c의 주의 소)

정장이 현존하는 경우 관이나 주인에게 돌려주는데(명33.1a), 정장에는 원래의 장물과 교환해서 얻은 다른 물건이나 번식한 것을 포함된다. 즉 원래의 장물이 나귀였는데 말로 바꾸었다면 그 말은 정장에 해당하며, 그 나귀가 새끼를 낳았다면 새끼도 정장에 포함된다. 또한 비나 말이 원장물인데 비가 아이를 낳고 말이 망아지를 낳은 경우 아이와 망아지는 당연히 정장에 포함된다(명33.1의 주와 소). 단 용과 임을 계산하여 장죄로 삼는 경우의 장물은 원래 진정한 물품이 아니므로 비록 은사령이 내리지 않았더라도 추징하지 않는다(명33.2와 소).

II. 몰관(명32.1)

1. 몰관의 의의

(1) 몰관의 대상

몰관은 재물과 가족으로 구분한다. 재물의 몰관은 죄인에 대한 것이며, 주형 외에 부가적으로 과하는 형이다. 가족의 몰관은 정범의 지친에게 죄를 연좌하고 관에 몰수해서 관천인으로 삼음을 말한다. 이는 정범 본인의 종형이 아니고, 연좌인 자신에 대한 주형이다.

(2) 몰관과 입관(入官)·환관(還官)의 구별

① 재물의 몰관은 본래 사가의 물건인데 범죄로 인하여 관에서 몰수하는 것이다. 예를 들면 주고받은 모두가 죄가 있는 장물 또는 법으로 사유를 금한 물건 등을 관에 들이는 것이 몰관이다.

② 장물 또는 사유를 금한 물건 외에 관사에 들이는 것은 입관이다. 가령 유실물을 취득하여 기한이 지났는데도 아무도 자기 소유임을 확인하고 주장하는 이가 없는 경우 관에 넣거나 물건을 주운 자에게 귀속시켜야 한다(단25.1의 소). 세물 등의 입관도 있다(구20·22·28 등).

③ 환관은 원래 관물인 것을 관에 반환하는 것을 말한다(구16.1의 소).

2. 몰관의 사유

몰관의 사유는 네 가지로 나눈다.

(1) 피차 모두 죄가 있는 장물

피차 모두 죄가 있는 장물은 재물을 받은 자와 준 자 모두에게 죄가 있는 경우의 장물을 말한다(명32.1a와 주 및 소). 달리 말하면 필요적 공범이고 동시에 장물을 계산해서 형을 정하는 범죄의 장물이다. 다만 실질을 말하면 재물을 준 자도 죄가 있기 때문에 주인에게 반환하지 않음을 말한다. 피차 모두 죄가 있다는 것은 반드시 받은 자와 준 자의 죄가 같은 조문 안에 규정되어야 할 필요는 없고, 또 형이 같아야 하는 것도 아니다. 수재왕법(직48.1a) 및 불왕법(직48.1b), 수소감림재물(직50), 좌장(잡1)은 법에 따르면 재물을 준 자도 모두 죄를 받기 때문에 이 죄들의 장물은 피차 모두 죄가 있는 장물이다(명32.1a의 소). 또한 비록 양자가 합의하여 주고받았더라도 양자 모두 법을 위반한 경우의 재물은 피차 죄가 있는 장물이므로 몰관해야 한다(잡1.2의 소).

① 비록 피차 모두 죄가 있더라도 단 장물을 계산해서 죄를 과할 수 없는 경우 그 장물은 몰관하지 않는다(호16·17).

② 재물을 준 자의 행위에 가벌성이 있고 그 장물을 주인에게 돌려주어서는 안 되는 경우 역시 몰관한다. 가령 청을 들어줄 마음이 없으면서 거짓으로 재물을 받은 자는 당연히 사기죄로 처단하지만, 재물을 받은 자가 비록 사기하였더라도 준 자 또한 청탁한 것이므로 그 장물은 몰관하여야 한다(직46.1c의 소).

③ 피차 모두 죄가 있는 둘 이상의 장죄가 함께 발각된 경우, 설령 주형의 대상이 되는 가장 무거운 죄가 장물을 계산하지 않는 처벌법에 따르는 것이라도 나머지 죄의 장물은 몰관한다. 다시 말하면 2죄 이상이 함께 발각된 경우는 그중 무거운 죄로 주형을 정해서 처벌하고 나머지 죄는 그 죄에 흡수되는데, 그 죄가 장물을 계산하지 않고 처벌하는 것이면 장물을 몰관하지 않지만, 나머지 죄의 장물은 그대로 몰관한다. 왜냐하면 그 장물을 주인에게 반환할 수 없고 재물을 받은 자도 소유할 수 없기 때문에 반드시 몰관해야 하는 것이다.[18]

④ 피차가 모두 죄가 있는 장죄의 처벌법에 '의거하여[依]', '같이[同]', '로[以]'·'준하여[準]'고 논하거나 처벌한다고 규정된 경우의 장물

---

18) 예를 들면 父·祖가 다른 사람에게 살해되었는데 사사로이 화해한 자는 유 2000리에 처하며, 재물을 받은 것을 도죄로 논해서 이보다 무거운 경우에는 準盜로 논한다(260, 적13.1). 만약 받은 재물을 도죄로 논해서 화해한 죄보다 가벼운 경우, 장물의 수가 적어 처벌은 화해한 죄에 따르더라도 장물은 끝내 몰관해야 한다. 발각된 후 재물을 보내어 사사로이 화해하였다면 법에 따라 그 죄를 가중해야 한다. 만약 가해자의 방계친속이 재물을 내어 사사로이 화해하였다면 가해자의 방계친속은 당연히 뇌물을 준 請託法(187, 직47)에 해당하므로, 雜律의 坐贓(389, 잡1)으로 논하되 5등을 감하고 그 장물 역시 관에 몰수해야 한다(260, 적13.2의 소).

도 몰관한다.

(2) 사유가 금지된 물건

사유가 금지된 물건이란 사가에서 소유해서는 안 되는 갑옷, 쇠뇌, 창[矛·稍], 깃발[旌·旗·幡·幟], 및 금서나 어보·관인, 부·절 등을 말하며, 사가에서 소유한 경우 모두 몰관한다(명32.1b).

(3) 법을 위반한 물건

1) 몰관하는 경우

사가에서 소유할 수 있는 물건이라도 관(關)을 넘을 수 없도록 금한 것은 관에서 적발한 경우 몰관한다(위30.2의 소). 생활의 도구 및 견(絹)·포(布) 따위를 행(行)·남(濫)하게 만들어 판 자는 장60에 처하고 그 물건은 몰관한다. 행은 견고하지 못한 것이고 남은 진품이 아님을 말한다(잡30.1a의 소).

2) 몰관하지 않는 경우

법을 위반했더라도 몰관하지 않는 물건이 있다. 예컨대 생활의 도구 및 견·포 따위를 규격보다 좁거나 짧게 만들어 판 자는 장60에 처하지만 물건은 주인에게 돌려준다(잡30.1a의 소). 이는 행·남하게 만들어 판 물건의 경우 몰관하는 것과는 다르다.

사사로이 주전하거나 말·소를 불법으로 도살한 경우, 동전이나 말·소의 고기는 사가에서 소유할 수 있으므로 몰관하지 않는다. 단 공구 및 동전은 그대로 사용해서는 안 되므로 훼손시킨 뒤에 원래 주인에게 돌려주고, 죄는 법대로 과하는 것이 원칙이지만, 그러나 주전에 대해서는 현재 별도의 격이 있으므로 이에 따라 단죄한다(명

32.1의 문답). 여기서 말하는 별도의 격은 『송형통』(권26, 사주전 조)에 인용된 개원25년(737)의 형부격일 것이다(戴炎輝,『唐律通論』, 326쪽). 이 격에 따르면, 만약 고발한 자가 있어 주전장소를 폐쇄할 수 있었다면 동 등은 고발한 자에게 상으로 준다. 함께 범한 자가 자수하여 고발한 경우는 죄를 면하고 법례에 따라 보상한다.

(4) 절도한 재물을 다시 절도한 경우의 배장

훔친 물건을 다시 훔친 자에게서 추징하는 배장은 몰관한다(명 32.1b의 주). 가령 을이 갑의 물건을 훔쳤는데 다시 병이 이것을 훔쳤다면 을과 병 모두에게서 모두 배장을 추징해야 하는데, 을에게서 추징한 배장은 법에 따라 모두 주인에게 반환하고, 병에게서 추징한 배장은 몰관해야 한다. 갑은 을에게서 추징한 배장을 받으므로 다시 병에게서 추징한 배장을 받아서는 안 되고, 을 또한 본래 도둑이므로 그 배장을 돌려받을 수 없기 때문이다. 만약 규찰하여 고발한 사람이 있어 상으로 주어야 할 경우는 영(포망령, 습유729쪽)에 따라 상으로 준다.

(5) 부렴의 물품

1) 개설

'부렴(簿斂)의 물품'은 장부에 기록하여 몰수하는 물품이라고 해석할 수 있는데, 모반·대역으로 몰수하는 죄인 소유의 전 재산을 가리킨다. 모반·대역을 범한 경우 먼저 그 죄인의 재산목록을 작성한 후에 몰수 절차를 시작하므로 이렇게 칭하는 것이다.

2) 부렴하는 물품의 반환

은사의 조서가 도착한 후에는, 죄인의 형이 이미 집행되었더라도 그 몰수할 물건을 아직 관에 들이지 않은 때에는 모두 은사령에 따라 반환한다. 만약 장부에 기록하여 몰수하는 물품을 이미 해당 관사에 들여 보관·관장하고 있는 경우에는 모두 반환해서는 안 된다(명32.3a의 소). 만약 모반·대역의 죄가 아직 처결되지 않아 단죄된 죄인이 살아있으면, 물품이 비록 관에 보내졌더라도 아직 분배하지 않은 것은 모두 은사령에 따라 반환한다(명32.3b의 소).

3) 연좌가구의 방면

모반·대역 죄인의 가구는 마땅히 연좌하여 몰관하는데(적1), 죄인이 후에 은전을 입어 사면되면 연좌된 자들이 비록 유배되거나 몰관되었어도 역시 그에 따라 방면한다(명32.4). 단 반역연좌인 외에 나머지 연좌인은 은사령이 내리면 죄인이 사면되지 않더라도 독립적으로 방면될 수 있다(명32.4의 문답).

III. 주인에게 반환하는 장물(명32.2)

1. 개설

강도(적34)·절도(적35) 및 유실물(잡60)은 물건을 잃은 사람이 본의에 반하여 강·절도를 당하거나 잃어버려 소유권을 상실하지 않은 것이므로 당연히 주인에게 반환해야 한다. 만일 관물이라면 관에 반환해야 한다. 설령 피해인이 스스로 준 물건이라도 위협이나 기만에 따른 것이라면, 재물을 취한 자에게서 추징하여 본 주인에게 반환해야 한다. 이는 다시 3종으로 구분할 수 있다.

2. 주인에게 반환하는 장물

(1) 합의 없이 탈취한 재물

공갈(적38), 사기(사12), 강제매매로 이익을 얻거나(직52.2) 강제로 거두어들이는(직55) 등 합의 없이 취한 재물은 주인에게 반환한다. 이 밖에 매매가 합의에 이르지 않았는데 독점하거나 판로를 봉쇄하여 얻은 이익은 반환한다(잡33.2b의 소).

(2) 준 자에게 죄가 없는 재물

비록 합의 아래 주고받았더라도 준 자에게 죄가 없는 재물은 주인에게 반환해야 한다. 관직을 떠나면서 옛 관속이나 백성들에게서 재물을 받거나(직57), 합의 아래 재물을 거두거나(직55), 감림하는 관인이 물건을 매매하여 이익을 취한 경우(직52.2), 모두 준 자는 죄가 없으므로 재물은 주인에게 반환한다. 이 밖에 감림관이 감림 대상의 재물을 임대하거나(직52.1), 부채를 상환하지 않거나, 빌린 의복이나 기물을 반환하지 않은 경우 감림관을 처벌하고 재물은 주인에게 반환한다(직52.4의 소). 감림관이 돼지·양 등을 제공받은 경우 처벌하고(직54.1) 재물은 주인에게 반환한다(직54.2의 소).

(3) 걸색한 재물

은근히 강요하여 취한 재물은 모두 주인에게 반환한다. 강제 걸색과 합의 걸색은 비록 죄가 다르지만, 재물은 주인에게 반환해야 한다(직50.2, 51, 54, 56~58).

3. 주인에게 반환하지 않는 장물

위 3종의 장물은 모두 재물을 취한 자가 그 이익을 계속 소유하는 것을 허용하지 않으므로 추징해서 주인에게 반환하는 것이다. 반대로 감림관이 조세를 추운(僦運)[19]하여 얻은 이익은 그대로 감림관의 소유로 인정한다. 첫째 피차 모두 죄가 있는 장물이 아니고, 둘째 걸색한 장물이 아니며, 공력을 들여 얻은 것이므로 몰관해서는 안 되고, 주인에게 돌려주어서도 안 된다(구23.3의 소).

IV. 장물의 추징과 면징(명33)

1. 개설

정장(正臟)이 현재하면 반드시 추징해서 관·주인에게 돌려주지만, 이미 소비한 경우 정형에 따라서 추징하는 경우도 있고 추징을 면하는 경우도 있다. 또한 노임·임차료를 계산하여 장물로 삼는 경우는 추징하지 않는다. 은사령 및 은강령이 내린 때에는 역시 추징하는 경우도 있고 추징하지 않는 경우도 있다.

---

19) 僦運은 僦勾客運의 약칭이다. 僦勾客運은 조세나 과세물을 운송해야 할 사람에게서 운송비용을 징수하고 제3자에게 대신 수송하게 함으로써 이익을 얻는 행위를 가리킨다. 곧 운송을 맡은 사람에게서 운송 비용을 징수한 뒤 객인이나 객인이 가지고 있는 운송 수단, 예를 들면 수레·배·말·낙타 따위를 돈을 주고 빌려서 대신 운송시킴으로써 그 차액을 남기는 행위를 말한다(『令集解』권13, 賦役令3조의 '不得僦勾隨便翟輸'에 대한 集解).

2. 장물이 현재하는 경우의 추징과 면징

(1) 정장이 현재하는 경우의 추징

장물로 죄를 받았는데 정장이 현재하는 경우 관이나 주인에게 반환한다(명33.1a). 여기서 정장은 고유의 정장 즉 본장(本贓)이자 원장물이다. 즉 여섯 가지 장죄 및 이에 준하는 장죄를 범한 경우 정장이 현재하여 소비되지 않았으면 관물은 관에 반환하고 사물은 주인에게 반환한다. 죄인이 비록 사형 혹은 유형에 처해졌더라도 정장이 현재하면 추징한다.

(2) 변형된 정장이나 번식된 것의 추징과 면징

정장을 교환하거나 매매하여 다른 물건을 얻거나 정장으로 생산하거나 번식해서 정장이 변형된 것은 모두 정장이 현재하는 것으로 간주한다. 가령 원장물이 나귀인데 말로 바꾸었다면 그 말은 정장에 해당하며, 그 나귀가 새끼를 낳았다면 새끼도 정장에 포함된다. 또한 비나 말이 원장물인데 비가 아이를 낳고 말이 망아지를 낳은 경우, 아이와 망아지가 정장에 포함되는 것은 당연하므로(명33.1a의 주와 소) 추징해서 관이나 주인에게 돌려주어야 한다. 다시 말하면 모체 및 자연 번식된 것은 모두 추징해서 관이나 주인에게 반환해야 한다.[20] 만약 장물이 여러 단계를 거친 경우, 최후의 장물 소지인이 실정을 알았다면 장물과 함께 번식물을 관이나 주인에게 돌려주고, 실정을 알지 못한 경우의 번식물은 장물 소지인에게 준다. 그러나 장사나 이자놀이로 얻은 이윤은 죄인의 공력에 따라 얻은 것으로 자연

---

20) 장물인 婢와 잠자리를 함께 하여 낳은 아이는 양인으로 삼아서는 안 되며, 다만 생산·번식한 재물에 불과하므로 율에 따라 어미와 함께 주인에게 반환한다(명33.1a의 문답2).

번식이나 재물 주인의 힘으로 얻은 것이 아니므로, 당연히 관이나 주인에게 돌려주지 않고 죄인에게 준다(명33.1a의 문답1).

3. 배장의 추징과 면징

도죄를 범한 자는 훔친 물건의 배를 배상하게 한다(명33.1c의 주). 여기서 말하는 도죄는 단순히 강·절도만을 의미하는 것이 아니고, 강·절도, 사기, 수재왕법 모두를 가리킨다(명33.3a의 소). 도죄는 재물을 탐한 행위가 무겁기 때문에 배로 배상하게 하는 것이다. 배장은 견 1척을 훔쳤으면 2척을 추징하는 것 따위를 말한다.

도죄의 장물을 주인에게 돌려주는 것은 말할 필요도 없지만, 배장 역시 주인에게 준다. 단 규찰해서 고[糾告]한 사람에게 상 줄 것이 있으면 배장으로 충당한다(명32.1b의 주의 소). 배장은 정장이 현재하든 이미 소비했든 불문한다. 배장은 진도(眞盜)에 한한다. 절도에 준하여 논하는 경우 배장을 추징하는 법례를 적용하지 않는다(명53.3).

'절도로[以盜]' 논한다는 것 따위는 진도와 같다(명53.4). 따라서 노비를 약취한 자는 강도로[以强盜] 논하고 화유한 자는 절도로[以盜] 논하므로 노비를 장물로 계산하여 배로 배상하게 한다(적46.1a 및 소). 축산을 검사하는 자가 사실대로 하지 않고 고의로 가치를 증감하여 착복한 자는 절도로[以盜] 논하므로 역시 착복한 장물을 배로 배상하게 한다(구2.2 및 소). 감림·주수가 관물을 차용하고 문서에 기록하지 않은 때는 도죄로 논하고 배로 배상케 하되, 문서에 기록한 때는 절도에 준하여 논하므로 배로 배상케 하지 않는다(구17.2 및 소). 여러 번의 도죄는 죄를 정할 때 비록 장물은 누계하고 절반하지만, 배장은 법례에 따라 모두 추징한다(적35.2의 소). 은사령이 내리면 도죄의 배장을 면하고 정장만을 추징한다(명33.3a의 소).

4. 정장이 소진된 경우의 면징과 추징

(1) 죄인이 사망·유배된 경우의 면징과 추징

장물을 이미 다 소비되었는데, 죄인이 사형이나 유형에 처해진 경우에는 추징하지 않으며, 다른 죄로 유형에 처해졌거나 본인이 사망한 때도 같다(명33.1b와 주). 장죄로 사형에 처해졌거나 유배되었다면, 얻은 죄가 원래 무거워 대부분 가업이 파산하게 된 점과 죄인이 유배되거나 사망한 점을 불쌍히 여겨, 장물이 다 소비된 경우 그 장물을 추징하지 않는 것이다. 만약 판결문을 상주하여 아직 황제의 재가를 받기 전에 사면령이 내려 유형이나 사형이 사면되었다면 장물의 추징은 법대로 집행한다. 그러나 황제의 재가를 받은 뒤에 은사령이 내린 때는 장물의 추징을 면하는 법례를 적용한다. 죄인이 장죄가 아닌 다른 죄로 유배되거나 형벌이 아닌 다른 원인으로 사망한 경우에도, 본래 범한 죄의 장물이 모두 소진된 경우와 같이 추징을 면하는 법례에 따른다. 이로 보면 추징을 면하는 요건은 둘이다. 하나는 정장을 이미 써버린 경우이고, 둘은 사형에 처해지거나 또는 유배된 경우이다. 반대로 비록 사형에 처해지거나 유배되었더라도 정장이 현재하거나, 또는 장물을 써버렸다고 해도 아직 사형이나 유배에 처해지지 않았다면, 모두 추징을 면할 수 없다. 사형이나 유배에 처해진 경우의 배장도 추징하지 않는다고 해석해야 한다.

(2) 죄인이 사망·유배되지 않은 경우의 추징과 면징

본인이 사망하거나 유배된 경우를 제외하고는, 장물이 현재하든 모두 소비되었든지 간에 모두 추징의 범위에 포함한다(명33.1b의 소). 다만 예외가 있는데 관물을 낭비한 경우 좌장으로 논하며, 물품이 남아 있으면 관에 반환하고 이미 소비되었으면 추징하지 않는다(구21.2).

5. 노임이나 임차료를 계산한 장물의 면징

노임이나 임차료를 계산하여 장물로 논죄하는 경우 추징하지 않는 다(명33.2). 여기서 노임은 감림 대상인을 사사로이 부리거나 수레·말을 차용한 것 따위를 말하는데, 노임 1일을 견 3척으로 계산하여 수소감림죄[감림 대상에게서 재물을 받은 죄]로 논한다. 임차료는 물레방아·저점·선박 따위를 사사로이 이용한 것을 말하며, 반드시 임차료를 계산하여 처벌한다(직53.1, 명34.2). 원래 노임이나 임차료를 계산하여 장물로 논죄한 경우의 장물은 본래 그 자체로 물건이 아니기 때문에 장물을 추징하지 않는다. 다른 조문의 노임이나 임차료도 모두 이에 준한다(명33.2.의 소).

6. 은사·은강령 후의 추징과 면징

(1) 은사·은강령이 내려도 추징하는 장물

은사령이나 은강령이 내려도 강도·절도·사기·수재왕법 등 네 가지 장죄에 대해서는 정장을 그대로 추징하여 모두 관이나 주인에게 반환한다(명33.3a와 소). 여기서 정장은 배장이 아님을 말하며, 배장의 추징은 면제한다. 정장은 본장의 뜻이지 원장물을 가리키는 것은 아니다. 정장만을 추징한다는 것은 은사령이 내리기 전에 발각된 사건에 해당하는 것이지만, 은사령이 내린 뒤에 사건이 발각되었더라도 현재하는 장물은 추징한다. 왕법죄의 장물은 피차 죄가 있는 장물이기 때문에 추징한 뒤 몰관하고, 강·절도와 사기 두 가지 죄의 장물은 동의 없이 취한 것이므로 관이나 주인에게 반환한다(명33.3a의 문답).

(2) 은사·은강령에 따라 추징하지 않는 경우

위의 네 가지 외에 다른 장죄의 장물이 현재하지 않거나, 속금으로 징수할 재물을 기한 내에 납부하지 않은 경우 모두 은사령과 은강령에 따라 추징하지 않는다(명33.3b).

1) 장물이 현재하지 않는 경우

여섯 장죄 내의 강도·절도·사기·왕법을 제외한 다른 장죄의 장물이 현재하지 않는 경우 추징하지 않는다. "장물이 현재하지 않는다."는 것은, 은사령이 내리기 전에 장물이 이미 모두 소비되어 본장물이나 본장물을 다른 물건으로 교환·매매한 것이나 본장물이 생산·번식한 것이 현재하지 않는 경우를 말한다.

2) 기한 내에 납부하지 않은 속금

기한 내에 납부하지 않은 속금은 추징하지 않는다. 속금은 죄를 범한 자에 대하여 실형 대신 징수하는 동(銅)을 말하는데, 영(옥관령, 습유788쪽)에 등급에 따른 기한이 정해져 있다. 기한 내에 미처 보내지 않은 속금은 은사령이나 은강령이 내리면 면제하지만, 기한이 넘도록 보내지 않은 속금은 면제의 범위에 두지 않는다. 이 규정은 다만 속동에 한해서 적용하며, 다른 장물에 대해서는 원래 정해진 기한이 없다(명33.3b의 소).

제4절 형의 경정 및 보완과 구제(명44)

I. 형의 경정

어떤 범행에 대해 죄를 논해서 형이 이미 정해졌더라도 다시 심의하여 죄명과 그 형을 경정할 수 있는데, 형이 집행되지 않았을 때뿐만 아니라 집행이 완료된 뒤에도 경정할 수 있다. 이 점에 관해서 율에는 직접적인 명문 규정이 없지만, 다음의 규정들을 통해 간접적으로 증명할 수 있다. 예컨대 죄를 다시 심의하는 사유에는 뒤에 발견된 새로운 증거가 있거나(명44.1b), 판관이 고의나 과실로 죄를 증감한 사실이 발견되었을 때(명44.2) 등이다. 또한 망실한 물건을 뒤에 습득했을 때(잡58)나 놓친 죄인을 다시 체포했을 때(적54.3, 포1, 16 등) 등도 정책적으로 배려하여 다시 심의해서 소급하여 감형한다.

판관의 잘못된 판결로 죄의 증감이 발생한 경우 당연히 형을 경정해야 하는데, 단 율은 은사령이 내릴 경우에 대비하여 다음과 같은 별도 조문을 두었다. "사면령이 내리기 전의 단죄가 부당한 경우, 만약 경죄로 처단해야 할 것을 중죄로 한 경우는 마땅히 경죄로 고쳐야 하며, 중죄로 처단해야 할 것을 경죄로 처단한 경우는 그대로 경죄에 따른다."(단20.1). 이 조문은 은사령이 내린 경우에 죄인들에게 보다 많은 면형의 은택을 주기 위해 설정된 규정이라고 해석해야 한다. 일반 정형에서는 사유가 있으면 죄인에게 유·불리를 불문하고 모두 형을 경정해야 한다.

죄가 경정되면 형 또한 반드시 경정해야 한다. 형의 경정 자체는 어떤 곤란한 문제도 없고 단지 받아야 할 형을 공시하면 족하다. 또 경정해야 할 원래의 형이 집행되지 않았다면 집행해야 할 형을 정하기만 하면 된다. 그러나 원래의 형의 일부분이 집행되었을 경우에는 남은 형을 정함과 동시에 이미 집행된 형에 대해 보완하거나 구제해야 한다.

II. 형의 경정으로 인한 보완과 구제

1. 본형의 보완과 구제

공동으로 죄를 범하고 도망했다가 체포된 자가 붙잡히지 않은 도망자를 수범이라 말하고 체포된 자가 수범이라는 것을 입증할 수 없을 때는, 그를 종범으로 삼아 형을 집행한다. 뒤에 다른 도망자를 잡았는데 그가 앞에 잡힌 자가 수범이라 말하고 국문한 결과 그것이 사실이라면, 앞에 잡힌 자를 다시 수범으로 논하고, 앞서 처결된 형벌을 뒤의 형량에 충당한다(명44.1b). 가령 갑과 을이 공동으로 사기하여 재물을 취득하였다면 마땅히 도1년에 처해야 한다. 그러나 수범인 갑은 붙잡혔고 본래 종범인 을은 도망하였는데, 갑이 국문을 받으면서 을이 수범이라고 말하고 게다가 갑이 수범이라는 사실을 입증할 수 없으면, 곧 갑을 종범으로 판결하고 수범의 죄에서 1등을 감하여 장100에 처해야 한다. 그렇지만 뒤에 을을 붙잡았는데 그는 갑이 수범이라고 말하고 갑을 국문한 결과 을의 공술이 사실이라고 자백하였다면, 갑에게 다시 수범의 죄를 적용하여 도1년을 과한다. 이같이 형을 경정하는 경우, 경죄를 중죄로 개정하는 것과 중죄를 경죄로 개정하는 두 가지 정형이 있는데, 그 보완과 구제 방법은 서로 같지 않다.

(1) 경죄를 중죄로 개정

이 정형은 먼저 처결된 형량을 계산하여 뒤의 형량에 충당한다(명 44.1b). 즉 원래의 본형을 현재의 본형 안에 충당한다는 뜻이다. 이는 다시 원래의 형과 현재의 형의 형명이 바뀌는 경우와 바뀌지 않는 경우로 나눌 수 있다.

1) 형명이 바뀌지 않는 경우

원형과 현재의 형이 모두 태·장형이거나 도형인 경우 더해야 할 만큼의 형을 다시 과하면 된다(단19.2a). 가령 백정이 도3년의 죄를 범하였는데, 관사가 도1년으로 판결하여 역을 마치고 나서 사건이 발각되었다면, 다시 도2년을 과해야 한다. 다시 말하면 이전에 1년의 역을 마쳤으므로 다시 2년의 역을 더 부과한다.

2) 형명이 바뀌는 경우

① 본래 도형에 처해야 하는데 이미 장·태형을 집행한 경우, 장·태형에 대한 속동을 환산하여 도형의 년 수를 감한다(명44.4). 가령 본래 범한 죄는 도1년에 해당하는데 관사가 장100을 집행하였다가 집행한 뒤에 사건이 발각되었다면, 마땅히 다시 도형을 과해야 한다. 그러나 이미 장100은 집행되었으므로, 집행된 장형을 도형으로 환산하여 도1년에서 제하고 남은 형을 집행해야 한다. 도1년의 속금은 동 20근이고(명3) 태형 또는 장형 10대의 속금은 동 1근이다(명1). 속동을 기준으로 계산하면 죄인은 이미 동 10근 상당의 장100을 받았으므로, 동 10근 상당의 도형 반년(180일)을 제하고 남은 도형 반년은 복역해야 한다. 만약 1년의 도죄를 범한 자에 대하여 이미 태50을 집행하였다면, 태50은 속금이 동 5근이므로 도형 90일을 감하고, 나머지 도형을 집행한다. 이는 속동의 가치를 환산의 표준으로 삼은

것이다. 대개 도1년 360일의 속동은 20근이고 태·장형 10대의 속동은 1근이므로, 태·장형 10대는 도형 18일에 해당한다는 논리이다.

② 태·장형이 유형으로 바꾸는 경우, 세 가지 유형은 모두 도4년으로 간주하므로, 위의 방법에 따라 환산한다.

② 도형이 유형으로 바꾸는 경우는 도1년만을 더하는데 그친다. 만약 가역류죄를 범한 경우에는 당연히 3년을 복역해야 하는데, 이미 3년의 역을 이미 마쳤다면 다시 먼 곳에 유배하되, 유배된 곳에서 노역은 면한다(명44.1b의 문답).

(2) 중죄를 경죄로 경정

1) 태·장형을 잘못 집행한 경우
율에는 원래 조문이 없고 소에도 해석이 없다. 단 구제하지 않는다고 해석해야 한다.

2) 도형을 잘못 복역시킨 경우
예를 들면 원래 형이 도1년이고 그 일부 또는 전부가 집행되었는데 장100으로 경정된 경우의 구제법에 대하여 율에는 명문 규정이 없지만 다음과 같은 두 방법이 있을 수 있다. 하나는 잘못된 판결에 따라 복역한 도형의 일 수에 대한 노임을 계산하여 과역을 공제하고 동시에 현재의 형을 집행한다. 둘은 잘못된 판결에 따라 복역한 도형 일 수를 속동으로 환산한다. 이는 다시 두 가지 정형으로 나눈다.

① 속할 수 없는 일반인의 경우 원형과 경정한 형의 속동을 기준으로 하여, 먼저 원래의 형에 따른 복역 일 수의 속동으로 경정된 형의 태·장형의 수에 대한 속동을 충당한다. 만약 전자가 후자보다 많다면 태·장형을 집행하지 않고 초과된 만큼의 속동으로는 과역을 공

제한다(명44.3). 위의 사례에서 원형인 도1년의 역을 이미 마쳤다면, 도1년의 속금은 동 20근이고 경정된 형 장100의 속동은 동 10근이므로, 경정된 장100은 집행하지 않고 남은 동 10근으로는 1년의 과역으로 대체하여 공제한다. 반대로 도1년 중 50일만 복역하였다면 50일의 속동 수는 2근 11량 남짓이 되어[18일 1근], 현형 장100의 속동 10근에 비하여 7근 4량 남짓이 부족하게 되므로, 장74를 집행해야 한다. 다만 태·장형은 10을 1형차로 하고 만약 10이 차지 않으면 처벌하지 않으므로 장70만 집행한다.

② 속할 수 있는 자의 경우는 다시 두 경우로 나누어 생각할 수 있다. 예컨대 원형과 현재의 형이 모두 속할 수 있는 경우는 위의 예에서 보듯이 초과 징수한 속동을 반환한다. 만약 속할 수 있는 원형에 대하여 속면을 허용하지 않고 도형을 집행한 경우 잘못 집행한 도형 일 수를 공제한 나머지 형기는 속동을 징수한다. 만약 죄인이 관인이고 이미 원형을 관당한 경우에는 훼손된 임명장을 반환하고 경정된 형은 동으로 속하게 한다.

3) 잘못 처해진 유형을 도형으로 경정

율에는 규정이 없다. 마땅히 유형을 면하고 만약 이미 잘못 복역한 일 수가 있다면 노임을 계산하여 과역을 면제하는 것으로 해석해야 한다.

4) 무죄인데 잘못 형을 받은 경우

적법하지 않게 처해진 유형과 도형의 역은 노임을 계산하여 과역이나 군역을 면하는 예에 따른다. 그러나 적법하지 않게 처해진 장형과 태형에 대해서는 구제 방법이 없다. 그렇지만 부당한 판결로 죄에 빠뜨린 판관은 처벌한다(단19.1).

2. 역형의 보완과 구제

역형(易刑)의 종류에 따라 보완이나 구제 방법이 같지 않다.

(1) 대체장형의 보완과 구제

도형과 유형은 장형으로 대체하여 집행하는 경우가 있다(명27, 28, 47.2). 형벌의 성질로 말하면 대체장형은 장형과 다르지 않다. 그러므로 원형과 경정 형의 형명이 같지 않을 때도 그 보완이나 구제 방법은 비교적 간단하다.

1) 경죄를 중죄로 바꿀 때

경죄를 중죄로 바꿀 때는 경정된 형의 대체 장형 수에서 이미 집행한 장형 수를 감하고 나머지 장형을 집행한다. 도1년의 대체 장형 수는 120이고 반년을 더할 때마다 20을 더하여 도3년이면 200이 되는데, 원래 장형 수는 200을 초과할 수 없고(명29.4b) 도형보다 무거운 유형을 장형으로 대체해도 200을 초과할 수 없다(명례47.2의 소). 만약 단정인 갑이 전에 종범으로 장100이 집행되었으나 지금 다시 수범으로 경정된 형이 도1년인 경우 이 도형은 마땅히 장120로 대체 집행해야 하므로, 이미 집행된 장100을 뒤의 형량에 충당하고 나머지 장20만 집행한다(명례44.1b의 소).

2) 중죄를 경죄로 바꿀 때

구제하지 않는다고 해석해야 한다. 이미 대체 집행된 장형에 대해서는 구제하지 않기 때문이다.

(2) 현 거주지의 노역 및 대체장형의 보완과 구제

공호·악호 등이 유죄를 범한 경우, 유2000리는 장100을 집행하고 1등에 장30을 더하고, 모두 현 거주지에서 3년간 복역케 하며, 부인이 유죄를 범한 경우, 유2000리는 장100에 처하고 1등에 장20을 더하며, 현 거주지에서 3년간 복역케 한다(명28). 이처럼 공·악호와 부인이 유죄를 범한 경우 장형과 현 거주지의 노역으로 대체하므로, 이들이 범한 죄의 형을 경정할 때 보완하거나 구제하는 방법은 다음과 같다.

1) 공호·악호

① 공호·악호에게 처한 장·태형을 유형으로 경정해야 할 경우 유형은 장형과 노역형으로 대체해야 하므로, 이미 집행된 장수를 경정된 형의 장형 수에 충당하고 노역형은 다시 과한다.

② 공호·악호에게 처한 유형을 대체해서 집행한 장형과 현 거주지 노역을 장형이나 태형으로 경정할 경우, 이미 집행된 장형의 수를 경정된 태·장형의 수에 충당한다. 복역한 노역형은 노임을 계산하여 과역을 면한다.

③ 공호·악호에게 처한 유형을 대체해서 집행한 장형과 현 거주지 노역을 도형으로 경정할 경우, 이미 복역한 노역 일 수를 도형 일수에 충당하고, 잘못 처해 복역한 노역은 노임을 계산하여 과역을 면한다.

2) 부인

① 부인에게 처한 장형·태형을 장형과 현 거주지 노역으로 경정할 경우, 이미 집행된 장형 수는 경정할 형의 장형 수에 충당한다. 만약 이미 집행된 장수가 경정할 형의 장형의 수보다 많을 경우, 초과한 장형의 수는 위의 예에 따라 장10으로 노역 18일을 제하고, 만약 남

은 노역이 있으면 그대로 과한다.

② 부인에게 처한 장형과 현 거주지 노역을 장형·태형으로 경정할 경우, 이미 집행된 장형의 수는 경정할 형의 장형의 수에 충당하며, 이미 복역한 노역은 노임을 계산하여 과역을 면한다.

(3) 관당의 구제

관인이 도죄와 유죄를 범한 경우 관품으로 당한다(명17). 만일 1관으로 당해야 하는데 2관 이상으로 처단하고 상주를 마친 경우, 1관으로 당하는 것으로 개정하고 잘못 회수한 임명장을 반환한다(단 20.1a의 소).

(4) 속동의 보완과 구제

원형에 대한 속동을 이미 수납하였는데, 죄의 경정으로 속동 수납의 필요가 없게 된 경우 수납한 속동을 주인에게 반환한다. 가령 갑이 9품관으로서 도1년에 해당하는 죄를 범하고 거짓으로 종범이라고 말하여, 장100으로 판결하고 속금으로 동 10근을 징수하였다. 그런데 지금 수범으로 확인되어 도1년으로 단죄하고 9품 1관으로 당하게 하였다면, 죗값을 다하였으므로 먼저 징수한 속동 10근은 반환한다. 이 조문은 종범에서 수범으로 바뀐 경우에 반환하는 속동에 관한 것이다. 일반적으로 중죄에서 경죄로, 또는 경죄에서 중죄로 개정될 때도 속동을 반환하는 경우가 있다. 가령 9품 1관만 있는 사람이 도1년의 죄를 범하였는데, 판관이 죄를 더하여 도2년을 과하여 1년은 관당하고 나머지 도죄(徒罪)는 속동을 징수하였다가 뒤에 다시 신문한 결과 마땅히 도1년에 그치는 죄로 확정되었다면, 앞서 더한 도1년에 대한 속동은 곧 다시 반환해야 한다. 또 9품 이상의 2관을 가진 자가 도2년의 죄를 범했는데 판관이 도1년반으로 감하여 1관으로 도1년을 당하게 하고 도형 반년은 속동을 징수하였다가, 판관이 앞의 잘못을 검사하고 인지해서 다시 2관으로 도2년을 관당하게 한 경우, 전에 수납한 반년의 속동은 또한 주인에게 반환해야 한다.

본래 무죄인데 이미 속동을 징수하거나, 본래 죄가 가벼운데 중죄로 처단하여 속동을 징수하였으나 현재 무죄나 경죄로 경정된 경우, 잘못 징수한 속동 전부나 초과 징수한 속동을 반환해야 하는 것은 말할 필요도 없다(단20.1a.소).

3. 적법하지 않게 처한 도형의 구제

(1) 적법하지 않게 처한 도형의 정형
적법하지 않게 처한 도형에는 각종 정형이 있다.
① 무죄인 자를 적법하지 않게 도형에 처한 경우.
② 장형·태형의 죄를 적법하지 않게 도형에 처한 경우.
③ 본형이 속할 수 있는데 적법하지 않게 실형에 처한 경우.

이상의 각 정형에서 적법하지 않게 법을 적용하여 도형에 처한 판관은 당연히 처벌되는데, 이 경우도 고의나 과실로 죄를 가감하여 판결한 죄(단19 또는 30)에 따른다. 적법하지 않게 도형에 처단된 사람이 아직 배역(配役)되지 않았다면 전혀 문제가 없다. 그러나 이미 배역되었거나 복역이 끝났다면 마땅히 구제해야 한다. 이는 억울한 복역에 대해 배상한다는 정신에서 나온 것이다. 따라서 피해자가 무죄인 때에 한하지 않고 모두 구제해야 한다.

(2) 구제 방법
당해인이 복역해야 자인 경우와 속면될 수 있는 자인 경우는 구제 방법이 다르다.

1) 복역해야 하는 자(명44.3 및 주와 소)

복역해야 하는 자인 경우 적법하지 않게 복역한 도형 기간의 노임을 계산하여 과역을 공제하는데, 적법하지 않게 가형된 도1년으로 2년의 과역을 대체한다. 비록 1년이 차지 않더라도 복역 일 수가 50일을 초과하는 경우에는 1년의 과역을 대체한다. 만약 도3년을 적법하지 않게 가형한 때에는 통산해서 6년의 과역을 대체한다. 영(부역령, 습유668쪽)에 따르면 복역 일 수가 50일인 경우에는 당년의 과역을 모두 면하므로 50일의 역으로 1년의 과역을 대체한다. 만약 50일 미만의 역인 경우에 대해서는 다음과 같이 처분한다. ㉠ 20일 이하인 경우에는 일 수를 계산하여 정남의 역을 대체하며, ㉡ 만약 적법하지 않게 더한 것이 35일인 경우에는 조(調)까지 대체하되, ㉢ 36일 이상 50일 미만인 경우에는 다시 더 대체할 수 없다.

요컨대 위의 ㉠은 정남의 1년 역이 20일(부역령, 습유668쪽)이므로 20일 이내에서 모두 복역한 일 수를 계산하여 역의 일 수를 대체한다. ㉡은 1년분의 용과 조를 면제한다. ㉢은 잘못 복역한 36일에서 49일까지 ㉡과 같이 잘못 복역한 35일로 간주하여 1년분의 용과 조를 면제하지만 조(租)는 면제하지 않는다.

당년에 과역이 없는 경우에는 내년의 과역을 공제한다. 적법하지 않게 처해진 도죄(徒罪)의 형기 중에 과역 면제의 은전이 내리거나, 홍수나 가뭄을 만나 과역이 면제된 경우에는 내년의 과역을 공제하는 것을 허용한다. 여기서 이른바 내년이라는 것은 반드시 다음 해에 한하지 않는다. 만약 계속해서 여러 해의 과역이 면제되었다면, 그다음 과역이 있는 해의 과역을 면제한다.

군역이 있는 자는 상번 일 수를 대체하게 한다. 만약 적법하지 않게 1년의 도형을 더한 경우에도 통산해서 2년의 상번역을 대체한다. 정남은 부병에 충당하고 번갈아가며 상번하여 궁전 및 수도를 수위한다. 상번은 경사와의 거리에 따라 차수가 같지 않은데, 1차 상번 기간은 1개월 및 2개월로 정남의 상번 기간은 대체로 1년에 평균 1.5개월에서 2개월 정도이다. 만약 적법하지 않게 도형을 받은 경우 복역한 일 수만큼 상번 일 수를 공제한다. 만약 적법하지 않게 1년을 복역한 경우 2년의 상번역을 면제한다.

2) 속할 수 있는 자(명44.3의 소)

속할 수 있는 자가 적법하지 않게 도형을 더 복역한 경우, 복역한 일 수 만큼의 속동으로 현형의 속동에 충당한다. 가령 7품 이상 관인의 자식이 적법하지 않게 도1년에 처해진 경우, 복역 일 수의 노임을 계산하여 그가 현형에 대하여 내야 할 속동을 제한다. 노임을 계산해서 속동을 다 변제하지 못하는 경우 나머지 속동을 더 징수하고, 속동을 대신하고도 남은 용이 있을 경우에는 계산에 포함하지 않는다. 따라서 적법하지 않게 복역한 역의 잉여 일 수는 당해인이 과역이 있어 과역을 환산하여 공제하는 외에 보상하지 않는다. 속면될 수 있는 사람 가운데 과역이 있는 자는 음을 받아 속할 수 있는 자를 말하는데(명11.1), 이들이 적법하지 않게 도형을 복역한 경우, 위의 조문에 따라 노임을 환산하여 과역을 공제한다. 만약 16세 이상의 중남으로 마땅히 속할 수 있는 자가 장100의 죄를 범하였는데 관사가 적법하지 않게 도1년에 처했다면, 복역 일 수의 노임을 계산하여 장100의 속동에 충당한다.

제2장
십악
-용서할 수 없는 죄 열 가지-

제1절 십악의 의의와 내용

Ⅰ. 십악의 의의

(1) 십악과 명교

명례율 6조 십악은 특별한 규정이 없이 단지 모반(謀反) 등 10개 항을 열거하고, 각각 하나 혹은 몇 개의 죄를 주기해 두고 있을 뿐이다. 그렇지만 이 조항의 소는 "오형(五刑)을 적용하는 것 중에 십악이 가장 나쁘다. 명교(名教)를 훼손하고 국가의 기강을 무너뜨리는 것이므로, 특별히 명례편의 앞에 두어 명확한 경계로 삼은 것이다. 그 특히 악한 것을 헤아려 보면 사항의 종류가 10개 있으므로 '십악(十惡)'이라고 한다."고 해석하고 있다. 이를 정리해서 말하면, 십악에 포함된 죄들은 모든 죄 중에 가장 악한 것인데, 그 이유는 명교를 훼손하고 국가의 기강을 무너뜨리는 것이라는 점, 그러므로 특별히 경계해야 하므로 맨 앞에서 배열하였다는 점을 강조한다. 그렇다면 각 항에 주기된 죄들이 훼손하는 명교란 무엇인가?

명교의 사전적인 의미는 '명분을 중시하는 예교'이지만, 구체적으로 말하면 후한 말 원굉(袁宏)이 "무릇 군신·부자는 명교의 근본이다."(袁宏 撰, 周天游 校注, 『後漢紀』 권26, 獻帝紀, 743쪽)라고 설파했듯이 군신·부자 등의 명분을 중시하는 유교의 예교이다. 원굉은 명교의 근본으로 군신·부자만을 언급했지만, 그보다 앞서 후한 전기에 반고(班固)가 편찬한 『백호통(白虎通)』(陳立 撰, 吳則虞 點校 『白虎通疏證』, 373~378쪽)에서는 좀 더 구체적인 명교의 기본 틀로서 삼강육기(三綱六紀)를 제시하고 있다. 여기서 삼강은 군신·부자·부부이고, 육기는 백숙부·형제·친족, 외숙·장인, 스승·관장·친구이다. 단 삼강육기라고 병칭하더라도, 삼강이 근본이고 육기는 삼강의 부수적인 것이다. 이 때문에 원굉도 군신·부자만을 들어 명교의 근본이라고 한 것이다.

『백호통』은 궁중의 백호관(白虎觀)에서 조정의 고위 관인들과 재야의 유학자들이 모여 오경(五經)의 서로 다른 점에 관해서 토론해서 도출한 통일된 의견을 자료로 삼아 편찬한 책이다(『후한서(後漢書)』 권3, 138쪽). 따라서 이 책에 제시된 삼강육기는 조정에서 공식적으로 인정하고 사회 일반에서도 통상적인 것으로 받아들이고 있던 명분의 근본이라고 할 수 있다. 그러므로 소에서 "명교를 훼손한 것이다."라고 한 해석은 "삼강육기의 명교를 훼손한 것이다."와 같은 의미로 썼다고 보아도 틀리지 않으며, 달리 말하면 십악은 삼강육기의 윤리를 훼손한 죄라고 할 수 있다. 이는 십악의 각 항에 주기된 죄들이 5항 부도(不道)를 제외하고 나머지는 모두 예외 없이 삼강육기의 어느 하나를 범한 것에 해당한다는 점을 통해서도 확인된다.

명례율 6조에는 10개의 항목을 열거하고 해당하는 죄들을 주기한 것 외에 특별한 규정이 없지만, 명례율 7조 이하에서 규정하고 있는 특별처분에서는 대부분 십악을 범한 경우 적용하지 않는다는 점을 특기하고 있다. 즉 십악에 해당하는 죄를 범한 자들은 황제의 친속·관인·관인의 친속에게 부여하는 형사상 특전이 허용되지 않고(명7~16), 관인들에게 적용하는 특례를 허용하지 않으며(명17~20), 조부모·부모의 시양을 위해 사형의 집행유예를 청하는 것도 허용하지 않고(명26.1), 십악 중 일부의 죄는 통상의 은사령으로 사면하지 않는다(단20.2). 따라서 이 같은 규정들로 미루어보면, 십악은 그 자체로 명례율의 특별처분 및 기타 각칙의 규정들에 관통해서 적용되는 통칙이라고 말할 수 있으며, 그러므로 십악을 오형의 다음에 배열하여 율 전체의 강령으로 삼는다고 선언한 것으로 이해할 수 있다.

(2) 십악의 연혁

명교를 위반한 죄를 특정해서 엄한 형벌에 처하는 전통은 일찍부터 있었던 것 같다. 명례율 6조의 소는 그 연혁에 설명하고 있는데, 내용을 정리해 보면 다음과 같다.

한에서 제정한 구장율(九章律)은 비록 모두 없어졌으나 부도(不道)나 불경(不敬) 같은 죄목은 지금 남아 있어, 그 기원을 더듬어 보면 대체로 한에서 비롯되었음을 알 수 있다. 그러나 남조의 양·진 이후에는 대략 당률의 십악에 해당하는 죄명이 있었다는 것을 확인할 수 있다. 북주·북제 때는 비록 십악이라는 죄목은 없었지만 용서할 수 없는 중죄 10조를 열거하고 있는데, 그 죄명들은 당률의 십악과 흡사하다(『수서』권25, 706쪽). 수 문제 개황 연간(581~600)에 율을 제정하면서 비로소 십악이라는 조항을 갖추게 되었는데, 옛 법전을 참작하여 항목 수를 10으로 하였다(『수서』권25, 711쪽). 수 양제 대업 연간(605~618)에 개정한 율에서는 10조 가운데 8조만 남겨 두었다. 당 고조 무덕 연간(618~626)에 정한 율은 대체로 개황률을 그대로 승계하였는데, 십악도 다시 10조로 복원되었다.

결론적으로 말하면 당률의 십악은 한 이래 역대 왕조에서 시행해 온 전통을 계승해서 조문으로 정한 것이다.

II. 십악의 내용

1. 모반(명6.1, 적1)

모반(謀反)은 황제를 위해하려고 모의한 죄이다.

소는 황제를 위해하려고 모의하면 안 되는 이유에 대해 이렇게 해석하였다. 『춘추공양전(』(권9, 217쪽)에 "군주와 부모를 도모해서는 안 된다. 도모하면 반드시 수멸한다."고 하였는데, 이는 역심을 품고 군주와 부모를 해하려 하는 자는 반드시 주멸해야 한다는 것이다. 또한 『좌전』(권24, 770쪽)에 "하늘이 때를 어기면 재앙이 되고, 인군이 덕을 어기면 난이 된다."고 하였으니 이로 보면, 왕이란 하늘같이 높은 곳에 사는 지존으로 하늘의 보명(寶命)을 받들어 천지가 백성을 덮고 싣듯이 모든 백성의 부모가 되는 것이다. 그러하니 황제의 자식이 되고 신하가 되는 모든 사람은 오직 충성하고 오직 효도하여야 하며, 이러함에도 사악한 마음을 품고 장차 역심을 일으켰다면, 하늘의 항상된 법[天常]을 어길 것을 꾀하고 사람의 도리를 어긴 것이므로 모반(謨反)이라 한다는 것이다.

주(注)에서는 황제를 사직(社稷)이라 칭했는데, 그 소는 황제를 사직이라고 칭한 이유와 황제를 위해하려고 모의하면 안 되는 이유에 대해서 부연해서 이렇게 설명한다. 사(社)는 오토(五土)의 신이고 직(稷)은 전관(田官)의 장으로 토지의 이치에 신명한 까닭에 농사를 주관하는(『예기』권25, 917~919쪽)는 존재이고, 군주는 신의 주재자로 사직의 주인이자 제사를 주재하는 존재이므로, 감히 황제라는 존호를 가리켜 말할 수 없기 때문에 가탁하여 '사직(社稷)'이라고 칭한다. 이 같은 존재인 군주가 편안하여 제사를 잘 모시면 신이 안녕해서 풍년이 들게 해주지만, 만약 군주를 위해할 것을 모의하여 그 지위가 위태롭게 되면 신에 대한 제사를 편안하게 모실 수 없고, 그렇게 되면 신이 의지할 바가 없어 풍년이 들 수 없고 동시에 먹을 것을 하늘로 삼는 인민도 위태롭게 된다(『史記』권97, 2694쪽).

2. 모대역(명6.2, 적1)

　모대역(謀大逆)은 종묘, 산릉(山陵) 및 궁궐을 훼손하려고 꾀한 죄이다.

　종묘는 절기에 따라 선대 황제에게 제사를 지내는 신성한 장소이다. 산릉은 제왕의 무덤으로 크기가 산이나 언덕과 같으므로 산릉이라 한다. 궁은 임금이 거주하는 곳이고, 궐은 궁문이다. 이 모두는 황제의 권위를 상징하거나 황제가 몸담고 있는 장소이므로, 이를 훼손하는 것은 황제의 권위를 손상함과 동시에 황제의 신체에 대한 간접적인 위해 행위로 간주된다. 따라서 이 같은 행위는 기강을 해치고 순리를 따르지 않으며, 도리를 어기고 황제의 덕을 배반한 것으로, 하늘에 죄를 지어 끝을 모르는 자이기 때문에 저지르는 죄악으로 간주된다. 도리를 거스른 행위가 이보다 큰 것이 없다는 뜻으로 대역(大逆)이라고 한다. 대역에는 마땅히 황제에 대한 구타·상해 및 태황태후·황태후·황후 및 황태자에 대한 살인모의와 구타·구살상이 포함되어야 한다.[21]

---

21) 三后·皇太子에 대한 모살죄는 謀反에 포함될 수 없는데 황제에 대한 가해가 아니고 사직의 위해를 모의한 것도 아니기 때문이다. 이 모살죄에 모반죄를 적용할 수 없다면 당연히 유추해서 대역죄를 적용해야 하는데, 그 이유는 네 가지이다. ① 명례율 51조에 따르면 삼후 및 황태자를 범한 죄는 황제를 범한 죄에서 1등을 감하는데, 이들에 대한 謀殺 및 구타·상해죄 역시 마땅히 이 같이 해야 하며, 황제의 친속에 대한 구타·상해죄를 규정한 투송률 14조를 적용해서는 안 된다. ② 명례율 51.3의 주에 "본래 십악에 해당하는 경우 비록 죄를 감할 수 있더라도 본법에 따른다."고 했으므로 당연히 이 죄가 십악에 포함되는데 십악 가운데 가벼운 대불경에는 삼후 및 황태자에 대한 모살·구타·상해죄가 포함되어 있지 않으므로 대불경에 들어 있는 죄보다 죄정이 무거운 구타·傷은 대역에 들어야 형평이 맞다. ③ 종묘·산릉·궁궐의 훼손을 꾀하는 것은 황제의 지친에 대한 모살·구·상에 비하여 무겁다고 말할 수 없다. 전자가 대역에 든다면 후자는 더욱 대역에 들어야 한다. ④ 三后·皇太子에 대한

3. 모반(명6.3, 적4)

모반(謀叛)은 황제가 지배하는 나라를 배반하고 적대 세력이나 적국을 따르려고 한 죄이다.

나라를 배반하고 외국에 투항하려고 꾀하거나, 성을 들어 적대 정권에 항복하려 하거나, 관할 지역을 들어 외국으로 달아나려 한 행위를 말한다.

4. 악역(명6.4)

악역(惡逆)은 조부모·부모를 구타하거나, 살해할 것을 꾀하거나, 백숙부모·고모·형·누나·외조부모·남편·남편의 조부모와 부모를 살해한 행위이다.

부모의 은혜는 넓고 넓은 하늘처럼 끝이 없고, 대를 잇고 제사를 받드는 일은 중요하다. 그런데도 자손이 만약 그 어미를 잡아먹는 올빼미나 아비를 잡아먹는 짐승과 같은 심성을 갖고 있다면 이미 인간성을 상실한 것이며, 지극히 가까운 친속을 살해하는 것 또한 극단적인 악행이고 역행(逆行)으로 사람의 도리를 저버린 행위이다. 그러므로 악역이라 한 것이다. 악역은 두 가지이다.

(1) 조부모·부모를 살해하려고 모의하거나(적6.1 참조) 구타한 죄 (투28.1)

조부모·부모를 살해하려고 모의한 것에 대해서는 본조가 없다. 그

謀殺·구타·상해죄가 大逆에 준한다고 할 때 모의했으나 행하지 않은 죄가 교형으로 처벌된다는 것이 비교적 이치에 합당하고, 더욱이 친속의 不緣坐도 지극히 합리적인 것이 된다(戴炎輝, 『唐律通論』, 211~212쪽 주3).

이유는 조부모·부모보다 친분이 가벼운 백숙부모를 살해하려고 모의한 죄가 이미 참형에 해당하여, 조부모·부모를 살해하려고 모의한 범행이 발생하면 조문이 없더라도 유추 적용이 가능하기 때문이다. 이 죄는 지극히 무겁기 때문에 구타만으로 참형에 처하고, 살해를 모의했으면 수범·종범 모두 참형에 처하고 악역을 적용한다. 그렇지만 마땅히 고의가 있는 행위만 적용한다. 따라서 과실살상이나 싸우다 옆에 있는 조부모·부모를 오살상한 경우는 모두 악역을 적용하지 않는다. 조부모·부모에게 독약을 먹인 것(적16.1의 문답)은 역시 모살이며, 조부모·부모 죽게 하려거나 병들게 하려고 저주한 것 역시 모살과 같고(명6.7, 적17.1·2의 소), 자손이 조부모·부모의 사체를 잔해한 것은 투살과 같으므로(적19.3의 소), 모두 악역을 적용한다. 또한 사죄수인 부·조가 자백을 마친 뒤 자·손이 살해한 것은 고살로 논하고(단3.3 및 소), 부조를 희살상한 것은 각각 투살상법에 따르므로(투37.3), 마땅히 악역을 적용하는 것으로 해석해야 한다.

(2) 백숙부모·고모·외조부모(투27.2 참조), 형·누나(투27.1), 남편 (투25.1), 남편의 조부모·부모(투29.1 참조)를 살해한 죄

1) 살해

살해에는 고살 및 투살을 포함하며, 모살은 모의하여 살해한 것 (적6.1 참조)만 포함된다고 해석해야 한다. 살해를 모의했으나 미수에 그친 것은 악역에 포함하지 않고 단지 불목을 적용한다(명6.8). 이 밖에 위의 사람들을 독살한 경우(적16.1), 죽으라고 저주하여 사망에 이른 경우(적17.1), 위의 사람의 사체를 잔해한 경우(적19.1의 주와 3), 위의 사람이 사죄를 범하고 자백하지 않았는데 스스로 살해한 경우(단3.2) 역시 악역을 적용한다. 간통한 남자가 여자의 남편을

살해했을 때 간통한 부인이 실정을 몰랐더라도 역시 간통한 남자와 같은 죄를 주는데(적6.1의 주), 다만 이는 연좌이고 간통한 부인이 함께 모의해서 살해한 것이 아니므로 악역을 적용하지는 않는다.

2) 행위 객체

행위의 객체는 백숙부모·고모·형·누나·외조부모·남편, 남편의 조부모·부모이다. 단 남편의 조부모라 칭한 경우는 남편의 증조·고조도 또한 같다. 또한 외조부모는 혈연과 관계없는 경우도 있고, 남편은 혼인에 의해 성립하는 것이 아니기 때문에 경우에 따라서는 살해해도 악역이 적용되지 않을 수 있다.

① 외조부모는 일단 생모를 낳았다면 상복의 유무에 관계없이 모두 한가지로 외조부모이지만, 생모를 낳지 않은 경우는 복이 있으면 외조부모와 같고 복이 없으면 남과 같아서 살해해도 십악이 적용되지 않는다. 『의례』(권30, 659~660쪽)에 의하면 "적자는 부의 대를 이었거나 잇지 않았거나 모두 쫓겨난 모친의 친속을 위해서는 복을 입지 않고, 계모의 친속을 위해서는 복을 입는다."고 하였는데, 이 두 경우 모두 외조부모이다. 만약 친모가 쫓겨나지 않고 집안에서 사망하였다면, 친모의 친속을 위해서는 복을 입고 계모의 친속을 위해서는 복을 입지 않는다. 이 경우 계모의 친속은 복이 없으므로 곧 남과 같다. 또 첩의 자식은 아비의 대를 이었건 잇지 않았건, 적모가 살아있으면 그 친속을 위해 복을 입지만, 적모가 사망한 경우에는 복을 입지 않는다. 『예기』(권32, 1127쪽)에 "따를 바가 없어지면 그만이다."라고 하였으니, 원래 적모를 따라 복을 입었다면 적모가 죽은 경우 그 친속은 복이 그치며, 따라서 이 경우의 외조부모도 남과 같다.

② 남편이란 『예』에 의하면, 결혼하고 3개월 후 묘현(廟見)을 거친 남편과 아직 묘현을 거치지 않은 남편, 친영 도중의 남편 등 3종의

남편(『禮記』권18, 681~683쪽)이 있는데, 모두 같이 남편으로 법을 적용한다. 그런데 혼인할 길일을 정한 남편 및 정혼한 남편 등은 혼약을 어기고 개가할 수 없을 뿐이고, 그 밖에 서로 죄를 범한 경우는 모두 남과 같아서 살해해도 악역을 적용하지 않는다.

5. 부도(명례6.5)

부도(不道)가 적용되는 죄는 두 가지이다. 하나는 1가의 3인을 살해하거나 사람을 살해해서 절단한 것으로 살인의 방법이 잔인한 것이다. 다른 하나는 고독(蠱毒)을 조합하거나 소지한 것과 염매(厭魅)하여 사도(邪道)를 행한 것이다.

(1) 사죄를 짓지 않은 1가의 3인을 살해하거나 사람을 살해하여 절단한 죄(적12)

① 1가의 3인을 살해하였으나, 피살자가 모두 사형에 해당하는 죄가 없는 경우에만 적용된다. 만약 3인 가운데 한 사람이 사죄가 있거나 몇 집에 걸쳐 모두 두 사람씩을 살해하였다면 마땅히 사형에 처하지만, 십악을 적용하지는 않는다. 또한 1가의 3인을 살해하였으나 본래의 법조문에 따라 살해해도 죄가 사형에 이르지 않는 자가 포함된 경우도 역시 십악을 적용하지 않는다. 살해해도 죄가 사형에 이르지 않는 자는 부곡이나 노비 등 천인을 말한다.[22]

② 사람을 절단하였다는 것은 사람을 살해하여 사지를 절단한 것

---

22) 양인이 타인의 부곡을 구타하여 살해하였다면 일반인의 경우에서 1등을 감하므로 유3000리에 처하고, 노비의 경우는 또 1등을 감하므로 도3년에 처한다. 또한 部曲을 고의로 살해하였다면 교형에 처하고, 노비의 경우는 유3000리에 처한다(투19.2).

을 말하며(적12의 주), 역시 본래의 법조문에 따라 사형에 해당한다. 이같이 잔혹한 살인은 사람의 도리를 지버린 행위라는 뜻으로 부도(不道)라고 한다. 사체를 절단한 것은(적19.1) 일반인의 경우 원래 투살죄에서 1등을 감하여 사죄에 해당하지 않으므로 당연히 부도에 포함되지 않는다.

(2) 고독을 조합한 죄 및 염매한 죄

1) 고독(蠱毒)을 조합하거나 소지한 죄(적15)

고독이란 비전의 사악한 방법에 따라 여러 종류의 독충을 조합하여 제조한 독을 말한다(적15.1의 소). 직접 조합하거나 소지하거나, 비록 스스로 조합한 것이 아니라 전수받아 비축했더라도 사람을 해칠 만한 것이면 모두 이에 해당한다. 사람을 해할 만하지 못한 것이면 십악을 적용하지는 않는다. 고독을 조합하려 했으나 완성되지 못한 경우 십악을 적용하지 않는다. 역시 사람을 해할 수 있는 것이 못될 것이기 때문이다.

2) 염매(厭魅)한 죄(적17)

염매란 여러 가지여서 구체적으로 서술할 수 없으나 모두 사악한 풍속으로, 몰래 상대를 병들게 하거나, 고통을 주려고 하거나, 죽이려고 한 행위를 말한다.[23] 염매는 누군가를 병들고 고통스럽게 하려

---

23) 厭魅란 나무나 종이에 사람의 형상을 새기거나 그려놓고 그것을 바늘로 찌르거나 그 수족을 묶는 등의 주술적 행위를 함으로써 타인의 운명이나 행동을 자신의 의지대로 움직이게 하려는 것을 말한다(적17.1의 소). 다만 주술로 타인의 생명이나 건강을 해치려고 하는 경우에 한하여 不道가 적용되며(명6.5의 주②의 소), 조부모나 부모에게 사랑을 받고자 하여 厭魅한 경우에는 不孝가 적용된다(명6.7의 주①의 소).

거나 죽게 하려고 시도한 것이면 십악의 구성요건이 충족된다. 염매와 유사한 것으로 저주가 있는데 형은 염매와 같다. 단 염매는 부도에 포함되는데 저주는 그렇지 않다. 왜냐하면 율에서는 염매는 무겁고 저주는 가벼운 것으로 간주하기 때문이다(명6.7의 문답 참조).

6. 대불경(명례6.6)

명례율 6.6의 주에는 대불경(大不敬)에 해당하는 죄들이 열거되어 있는데, 소는 "모두 엄숙하게 공경하는 마음이 없어 범한 행위이므로 대불경이라고 한다."고 해석하였다. 그러나 현대적 의미로 해석해 본다면, 대불경에 해당하는 죄들은 황제의 권위를 손상하거나 자칫하면 황제의 생명에 위협이 될 수도 있는 중대한 사안들이다. 따라서 황제지배체제 아래에서 황제의 권위와 신체를 위해할 수 있는 이러한 죄들에 대해서 엄형에 처하는 것은 당연하다 할 것이다. 다만 죄에 따라서는 과실로 범한 것까지 극형에 처하도록 규정되어 있다는 점은 주목할 만하다. 대불경 가운데는 황제만이 아니라 삼후(태황태후·황태후·황후) 및 황태자까지 적용되는 것이 있다. 대불경은 모두 아홉 가지이다.

(1) 대사의 물품을 훔친 죄(적23.1)
대사는 호천상제(昊天上帝)·오방상제(五方上帝)·황지기(皇地祇)·신주(神州)·종묘(宗廟) 등에 드리는 제사를 말하며, 황제가 거행한다. 신에게 바치는 물품 일체와 제사용품도 이에 포함된다. 만들어진 물품으로 아직 제사에 쓰이지 않은 것을 훔친 경우도 같다. 신주 앞에 놓이지 않은 술과 그릇 등을 훔친 행위는 대불경죄를 적용하지 않는다. 버리거나 훼손한 경우도 절도로[以盜] 논하므로 대불경을 적용한다(잡47.1의 소).

(2) 황제가 입거나 쓰는 물품을 훔친 죄(적24.2)

황제가 입거나 쓰는 물건은 현재 사용하고 있는 것과 예비용을 통틀어 말하는 것으로, 담당관이 제작하여 황제용으로 바친 것은 모두 이에 해당한다. 버리거나 훼손한 것도 절도로 논하므로 대불경을 적용한다(잡47.1의 소).

(3) 황제의 인장[御寶]을 훔치거나 위조한 죄(적24.1, 사1)

진·한 이후 황제의 인장은 새라 하고 제후의 것은 인이라 하였다. 측천무후 때 새를 보라 고쳐 불렀다. 황제의 인장에는 8종이 있다.[24] 삼후의 인장을 훔치거나 위조한 행위도 모두 대불경을 적용하며, 황태자의 인장도 역시 같다(명51.3의 주). 이들 인장을 버리거나 훼손한 것도 절도로 논하므로 대불경을 적용한다(잡47.1의 소).

(4) 황제의 약을 조제하다가 착오로 본래의 처방대로 하지 않거나 봉제(封題)를 잘못한 죄(직12)

황제의 약을 조제할 때는 비록 바른 처방에 따랐으나 중간에 착오로 본래의 처방을 어긴 행위이다. 봉제를 잘못하였다 함은 약의 처방에 따라 조제하였으나 겉봉의 설명서에 잘못이 있는 경우로, 예를

---

24) 황제의 玉璽에는 傳國神寶·受命寶·皇帝三寶·天子三寶가 있다. 이를 통상 八寶라고 한다. 傳國神寶는 사용하지 않는다. 受命寶는 封禪할 때에 사용한다. 皇帝行寶는 王·公 이하에게 회신하는 문서에 사용하고, 皇帝之寶는 왕·공 이하를 위로하는 문서에 사용하며, 皇帝信寶는 왕·공 이하를 徵召하는 문서에 사용한다. 天子行寶는 외국에 회신하는 문서에 사용하고, 天子之寶는 외국을 위로하는 문서에 사용하며, 天子信寶는 외국의 兵馬를 徵集하는 문서에 사용한다. 모두 白玉으로 만든다(사1의 소).

들면 알약을 가루약으로, 차게 해야 할 것을 덥게 하도록 기록한 것 등을 말한다. 어디까지나 과실로 범한 경우만 이에 해당한다. 만약 고의라면 당연히 모반을 적용한다(명6.6의 주⑤의 소).

(5) 황제가 먹는 음식을 조리하는 데 착오로 금기를 범한 죄 (직13의 주)

황제의 음식을 조리할 때는 반드시 『식경』[25]에 기록된 조리 원칙에 따라야 한다. 착오로 『식경』에 따르지 않은 행위가 곧 대불경이다. 만약 고의라면 당연히 모반을 적용한다(명6.6의 주⑤의 소).

(6) 황제의 순행에 사용되는 선박을 착오로 견고하게 하지 않은 죄 (직14)

장인이 선박을 건조하는 데 착오로 견고하게 제작하지 않았다면 곧 대불경을 적용한다. 설령 아직 황제에게 바치지 않았더라도 대불경을 적용한다. 물론 착오로 범한 경우만 이에 해당한다. 만약 고의라면 당연히 모반죄로 처벌한다(명6.6의 주⑤의 소). 담당 관리는 법에 따라 죄를 감하고 대불경을 적용하지 않는다.

(7) 황제를 가리켜 과격하게 비판한 죄(직32)

이는 정서에 원망함을 띠고 비방하는 말을 하며 황제를 비판하는 데 그 정황과 이치가 매우 위해한 경우를 말한다. 만약 황제를 원망할 마음은 없었고 오직 다른 사람을 무고하여 죄에 얽어 넣으려고 한 경우에는 반좌(反坐)[26]의 법에 따르고 십악을 적용하지 않는다.

---

25) 『食經』은 음식·요리에 관한 서적이다. 다만 당시 여러 종류의 『식경』이 있었는데 여기서는 어떤 것을 가리키는지 분명치 않다.

26) 反坐란 무고당한 사람이 무고된 죄를 무고한 사람에게 되갚아 과하는 것이다.

옛 율에서 "말의 표현과 이치가 매우 위해스럽다."고 한 것을 지금 "정황과 이치가 매우 위해스럽다."라고 고쳤는데, 본래의 정서를 살펴 형벌을 신중히 하려고 한 것이다(명6.6의 주⑥의 소).

(8) 황제의 사인을 가로막아 신하의 예를 행하지 않은 죄(직32)

황제의 명을 받들어 사인으로 나가 사방에 선포하는데 누구라도 대항하면 황제의 명에 불경한 행위이며 신하의 예를 행하지 않은 것이다.

(9) 총애를 위해 황제에 대해 염매를 만든 죄(적17.4)

십악의 대불경(명6.6의 주)에는 이 죄가 주기되어 있지 않는데, 적도율 17.4의 소에서 "단지 총애만을 구하였더라도 곧 극형을 받게 되어 황제가 입고 쓰는 물품을 훔친 죄(적24.1)보다 무거우므로,27) 명례율에 준해서 역시 십악을 적용한다."고 해석하였다.

7. 불효(명6.7)

부모를 잘 섬기는 것을 효라 하고, 이를 위반한 것을 불효라고 한다. 십악을 적용하는 불효는 모두 다섯 가지이다.

(1) 조부모·부모에 대해 관에 고하거나(투44.1), 저주하거나 (적17.3), 욕설을 한(투28.1) 죄

관에 고하거나, 욕하거나, 저주한 죄 모두 해당된다. 다만 본조에

다만 무고한 것이 사죄인 경우 무고당한 사람의 형이 아직 집행되지 않았다면 1등을 감하여 무고한 자를 처벌하는 것을 허락한다(투41.1의 주).
27) '服御物을 훔친' 죄는 유2500리이다(적24.1). 服御物이란 황제 및 三后·황태자·황태자비의 입고 쓰는 물품들을 말하며, 의관·침구·자리 등을 가리킨다.

따르면 죽으라고 저주하거나 병에 걸리라고 저주한 경우 모두 모살 (謀殺)로 논하므로(적17.2의 주와 소), 당연히 악역을 적용한다. 오직 사랑을 받으려고 저주한 경우에만 불효를 적용한다. 또한 염매는 저주보다 무거우므로 역시 불효를 적용한다(명6.7의 문답).

(2) 조부모·부모 생존 시 호적을 따로 하고 재산을 나눈 죄(호6.1)

조부모·부모가 계시면 외출할 때 고하고 돌아와서는 뵙고 안부를 여쭈며, 가사를 마음대로 하는 일이 없어야 한다. 그런데도 호적을 따로 하고 재산을 나누었다는 것은 마음에 지극한 효심이 없는 것이고, 이로써 명분과 도의가 모두 무너지고 정리와 예절이 모두 폐기되므로 예에 비추어 용납될 수 없는 행위로 간주된다. 두 가지 중 하나라도 위반하였다면 모두 불효를 적용한다.

(3) 공양을 거른 죄(투47)

효자의 어버이 봉양하는 방법은 그 마음을 즐겁게 하고, 그 뜻을 어기지 않으며, 음식으로 정성껏 공양하는 것이다. 충분히 공양할 수 있는데도 공양하지 않은 경우에 한하고, 조부모·부모가 고발해야 처벌한다.

(4) 부·모의 상중에 결혼하거나(호30.1), 악을 감상하거나 상복을 벗고 평상복을 입는 죄(직30.1)

① 부·모의 상중에 스스로 시집가고 장가간 경우에 해당한다. 만약 부·모·기친존장 등의 명에 따랐다면 결혼 당사자는 불효를 적용하지 않는다(호46.1의 소). 남자가 상중에 첩을 취했다면 맡고 있는 관직 가운데 1관을 면하고[免所居官](명20.3), 여자가 상중에 첩이 되었다면 처가 된 죄에서 3등을 감하며(호30.1), 모두 불효를 적용하지

않는다.

② 악을 감상한 경우 직접 연주하였거나 다른 사람에게 시켰거나 모두 불효죄를 적용한다. 악은 종이나 북을 치거나, 관악기나 현악기를 연주하거나, 가무와 잡극을 즐김을 말한다.

③ 상복을 벗고 평상복을 입었다 함은 복상 기간이 끝나지 않은 27개월[28] 안에 상복을 벗고 평상복을 입음을 말한다.

(5) 조부모·부모의 사망을 숨기고 상례를 행하지 않거나(직30.1), 조부모·부모의 사망을 사칭한 죄(사22.2)

① 『예기』(권56, 1775쪽)「분상(奔喪)」편에 의하면, "어버이 상을 들으면 부고하러 온 사람에게 곡으로 답하며, 슬픔이 다한 후에 까닭을 묻는다."고 하였다. 부모의 죽음은 슬픔이 매우 크고 절실해서, 그 소식을 들으면 곧 혼절하게 되고, 깨어나서도 가슴을 치고 뛰면서 하늘을 우러러 울부짖는 것이기 때문이다. 그럼에도 이를 숨기고 곡을 하지 않고 상복을 입지 않거나, 시일을 가려 상복 입을 날을 택한 자는 모두 불효를 적용한다.

② 조부모·부모의 사망을 사칭하였다는 것은 조부모·부모가 살아 있음에도 사망하였다고 사칭한 것을 말한다. 앞서 사망하였는데 지금 사망하였다고 사칭한 경우는 불효를 적용하지 않는다.

8. 불목(명6.8)

『예기』(권22, 802쪽)에 "믿음을 두터이 하고 친목을 돈독히 한다."

---

28) 부모상을 당하고 만 1년이 되면(13개월째) 小祥祭를 지내고, 만 2년이 되면(25개월째) 大祥祭를 지내며, 27개월째에 禪祭를 지낸다. 담제를 지내고 담복을 벗으면 상제를 마치게 된다(『儀禮』권43, 「士虞禮」, 964-965쪽).

고 하였고, 『효경』(권1, 3쪽)에 "백성이 이로써 화목하다."라고 하였다. 이 조문에 규정된 사안은 모두가 친속 간에 서로 거슬러서 화합·친목하지 못한 것이므로 불목이라고 한다. 불목은 네 가지이다.

(1) 시마친 이상 친속을 살해하려고 꾀한 죄(적6)

① 존비장유를 불문하고 시마친 이상 친속을 살해하려고 모의한 자는 모두 이 조항을 적용한다. 고의든 싸우다든 살해한 경우 불목을 적용한다.

② 처를 살해한 죄는 불목을 적용한다(투24.1의 주와 소).

③ 계부가 전남편의 자식을 살해하려고 꾀한 행위는 불목을 적용하지 않지만, 반대로 계자가 계부를 살해하려고 모의하거나 판 행위는 당연히 불목에 해당한다(투32.2의 소).

④ 대공 존장과 소공 이상 존속을 저주하여 병이 들거나 고통을 받은 경우(적17의 문답), 시마 이상 존장의 사체를 잔해한 경우(적19.1의 주), 사체를 버렸으나 잃지 않은 경우 및 머리털을 깎거나 상해한 경우 불목을 적용한다(적19.2의 소). 강도하다가 시마 이상 존장을 살상한 경우(적38.3의 소), 절도하다가 시마 이상 친속을 착오로 살해한[誤殺] 경우(적40.2와 주) 역시 모두 불목을 적용한다.

(2) 시마친 이상 친속을 판 죄(적47)

시마친 이상 친속을 판 자는 강제했거나 동의를 얻었거나 모두 불목을 적용한다. 팔려다가 미수에 그친 경우는 적용하지 않는다.

(3) 부인이 남편을 구타하거나(투25.1) 고발·고소한 죄(투45.1)

『의례』에서는 "남편은 아내의 하늘이다."(권30, 671쪽)라고 하면서도, 또 "처는 남편과 대등하다."(권29, 642~643쪽)라고도 하므로, 남편은 존장과 다른 존재로 오해할까 염려하여 소에 따로 남편에 대해 언급해 둔 것이다. 처 및 잉과 첩이 남편을 구타하거나 관에 고한 것은 불목을 적용한다. 남편이 처를 살해하려고 모의한 행위 및 판 행위는 불목을 적용하지만 잉 및 첩에 대한 경우는 적용하지 않는데, 남편은 이들의 상에 복을 입지 않기 때문이다(戴炎輝, 『唐律通論』. 206쪽).

(4) 대공 이상 존장과 소공존속을 구타하거나(투6.1) 관에 고한 죄 (투45.1)

대공 이상 존장이란 백숙부모·고모·형·누나와 사촌형·누나를 등을 말한다. 소공존속이란 종조조부모·고모(증조의 형제), 종조백숙부모(조부의 4촌형제)·고모, 외조부모·외숙·이모 등을 말한다. 이들을 구타하거나 고한 행위는 불목을 적용한다.

9. 불의

이 항목은 원래 혈연 친속에 관계된 죄가 아니고, 단지 의리 관계에 따른 죄이다. 의리를 저버리고 인(仁)에 어긋난 행위이므로 불의라고 한다. 불의는 세 가지이다.

(1) 소속되어 섬기는 부주(府主)와 자사·현령을 살해한 죄와 이(吏)와 졸(卒)이 소속 관부의 5품 이상 관장을 살해한 행위(적5.2, 투11.1.)

직사관 5품 이상으로 3품 이상의 훈관을 겸대한 자는 친사와 장내를 두는데, 친사와 장내가 섬기는 관인이 친사와 장내에게 부주가 된다. 친왕은 봉국의 관리에게, 공주는 봉읍의 관리들에게 부주가 된다. 도독과 자사는 모두 임명하는 제서(制書)가 나온 날부터, 6품 이하 관리는 모두 재가를 받은 때부터 이들을 범한 죄에 불의가 적용되기 시작한다. 이는 유외관 이하를 말하고, 좋은 위사(衛士)·서사(庶士)[29] 등을 말한다. 이러한 명목의 직인들은 그 종류가 적지 않은데, 이들이 소속 관부의 5품 이상 장관을 살해한 경우 모두 불의를 적용한다. 장관에는 상서성 육부의 상서도 포함된다. 만약 살해하였다면 불의를 적용하지만, 살해를 모의하였으나 살해하지 못했다면 당연히 일반 범죄의 처벌법에 따른다(명6.9의 주①의 소).

(2) 현재 가르침을 받고 있는 스승을 살해한 죄(투32.3)

현재 가르침을 받고 있는 스승이란 관학에서 유학을 교수하는 스승만을 말한다.[30] 만약 살해하였다면 불의를 적용하지만, 살해를 모의하였으나 살해하지 못했다면 당연히 일반 범죄의 처벌법에 따른다(명6.9의 주①의 소).

(3) 남편의 사망을 숨기고 상례를 지내지 않거나 악을 감상하거나 상복을 벗고 평상복을 입은 죄(직30.1) 및 개가한 죄(호30.1)

남편은 아내의 하늘이므로 상복도 아버지에 대한 것과 같이 참최복을 입는다. 이같이 은의가 원래 높아 사망 소식을 들으면 곧 통곡할 수밖에 없는데도 숨기고 상례를 행하지 않거나, 상중에 악을 감상

---

29) 전국 절충부의 병사로 수도에 상번하여 각 위에 소속된 자를 위사라고 한다(『역주당육전』상, 권5, 498쪽). 위사 외에 모든 관부에 종사하는 하급 병사를 서사라고 한다(『천성령역주』권30, 718쪽).

30) 『당육전』에 따르면, 당의 교육기관은 중앙에는 국자감 아래에 국자·태학·사문의 삼학이 있고 모두 박사·조교·학생의 정원이 있었다(『당육전』권21). 또 문하성 아래에 홍문관(권8), 동궁 아래에 숭문관이 있었으며(같은 책, 권26), 모두의 학사 아래에 일정수의 학생을 수용했다. 지방에는 주에 경학박사·조교, 현에 박사·조교가 있고, 그 아래에 학생의 정원이 정해져 있었다(같은 책, 권30).

하거나, 상복을 벗고 평상복을 입거나, 개가하여 시름을 잊어버렸다면, 모두가 예를 저버리고 의를 어긴 것으로 간주된다. 그러므로 모두 불의를 적용한다. 개가하여 첩이 된 자는 불의를 적용하지 않는다.

10. 내란(명6.10)

한 집안에서 부부관계에 있지 않는 남녀가 음탕한 짓을 하여 예제의 대원칙을 문란케 한 행위이므로 내란이라고 한다. 내란은 두 가지이다.

(1) 소공 이상 친속을 간한 행위(잡23~25)

남자가 소공 이상의 복을 입어야 할 부인을 간한 죄이다. 부인은 남자에 대하여 소공복을 입으나 남자는 부인에 대하여 시마복을 입어야 하는 경우는 해당하지 않는다. 외손녀와 외조부 또는 생질녀와 외숙의 관계 등이 이에 해당한다. 또 동생과 형수는 소공복을 입으므로 서로 간통한 경우 내란죄가 적용되며, 당의 복제에서 상복이 있는지 확실치 않지만 형이 동생의 부인과 간통한 경우(잡24.1) 율 해석상 마땅히 내란죄가 적용되는 것으로 보아야 한다(戴炎輝, 『唐律通論』, 208쪽).

(2) 부·조의 첩과 강간하거나 화간한 죄(잡25)

부·조의 첩은 자식이 있든 없든 모두 같다. 잉도 역시 같다(투25.3의 주). 간죄는 필요적 공범이므로 남녀 모두 내란을 적용한다. 남녀가 뜻이 맞아 간음한 경우도 모두 내란을 적용하며, 또한 강간당한 뒤 화응하여 허락한 경우도 역시 내란을 적용한다.

제2절 삼강육기와 십악

Ⅰ. 삼강육기와 십악의 관계

1. 삼강육기의 구조와 십악

서두에서 언급한 바와 같이 한의 유자들은 인간 사회의 근간이 되는 관계망으로 삼강육기가 있다고 믿었다. 삼강(三綱)의 강(綱)은 원래 그물의 위쪽 코를 꿰는 벼릿줄의 뜻이지만 여기서는 사회를 이끌어가는 근본 도리를 의미하는데, 그것이 세 개라는 것이다. 삼강은 군신·부자·부부의 6인을 가리킨다. 단 군주는 신하의 근본이 되고[君爲臣綱], 아버지는 아들의 근본이 되며[父爲子綱], 남편[夫]은 부인의 근본이 된다[夫爲婦綱]. 육기(六紀)의 기(紀)는 원래 그물의 작은 벼릿줄의 뜻이지만 여기서는 역시 사회를 이끌어가는 도리라는 뜻이다. 육기는 백숙부[諸父]·형제·친족[族人], 외삼촌과 장인[諸舅], 스승·관장·친구[朋友]를 가리키며, 각각 삼강의 하나에 부수적으로 연결되어 있다. 즉 스승과 관장은 군위신강의 기이며, 군을 통해서 자기를 완성한다고 본다. 단 스승은 제자의 기가 되고 관장은 속민의 기가 된다. 백숙부·형제·친족은 부위자강의 기이며, 그 친애는 부의 연장으로 본다. 단 백숙부는 조카의 기가 되고, 형은 동생의 기가 되며, 친족은 서로 기가 된다. 외삼촌과 장인 및 친구는 부위부강의 기이며, 뜻이 같아 서로 돕는다고 본다. 단 외삼촌은 생질의 기이고, 장인의 사위의 기이며, 친구는 서로 기가 된다(陳立 撰, 吳則虞 點校, 『白虎通疏證』, 373~378쪽). 이상은 『백호통』의 삼강육기를 요약해 본 것인데, 다시 정리해 보면 삼강은 군신·부자·부부의 관계이고, 육기는 백숙부와 조카, 형과 동생, 친족, 외숙과 조카, 장인과 사위, 스승과 제자, 관장과 속민, 친구의 관계이다. 이들 관계는 친족과 친구를 제외하고는 모두 상하관계이다.

그런데 서두에서 언급한 바와 같은 십악의 각 항에 주기된 죄들은 5항 부도에 주기된 죄를 제외하고 나머지는 모두 삼강육기의 중 어느 하나에 대응된다. 5항 부도에 주기된 죄들은 주·객체를 특정하지 않고 있기 때문에 삼강육기의 어느 하나에만 대응시킬 수 없다. 따라서 부도를 제외한 십악의 각 항에 주기된 죄들은 삼가육기의 관계에 있는 사람을 범한 행위이며, 이것이 바로 십악 조항의 소에서 말한 바와 같은 명교를 훼손하고 기강을 파괴한 죄가 되는 것이라고 이해할 수 있다. 부도에 포함되는 죄는 일가의 사죄가 없는 3인을 살해하거나 절단한 죄(적12)와 고독을 조합하거나 소지한 죄(적15.1) 및 염매를 만든 죄(적17.1)로 해악의 정도가 극히 중대하거나 위험성이 커서 사회의 기강을 무너뜨릴 수 있는 행위이므로, 신분관계가 없는 남남에 대해서라도 이를 범한 경우 십악에 포함시킨 것이다.

2. 군위신강 및 그 기의 윤리를 훼손한 죄

(1) 군위신강의 윤리를 훼손한 죄

군위신강의 윤리를 훼손한 죄에 해당하는 것은 군주에 대한 신민의 죄행으로, 십악의 1항 모반, 2항 모대역, 3항 모반, 4항 대불경에 주기된 죄 전부가 이에 속한다. 따라서 죄의 객체는 군주이고, 주체는 모든 신민이다.

1) 모반에 주기된 죄
① 황제를 위해하려고 모의한 죄.

2) 모대역에 주기된 죄
① 종묘·산릉 및 궁궐을 훼손하려고 모의한 죄.

3) 모반에 주기된 죄
① 나라를 배반하고 적국을 따르려고 모의한 죄.

4) 대불경에 주기에 주기된 죄
① 대사의 신이 쓰는 물품을 절도한 죄.
② 황제가 입고 쓰는 물품을 절도한 죄.
③ 황제의 인장을 절도하거나 위조한 죄.
④ 황제의 약을 조제하는데 착오로 본방과 같지 않게 한 죄 및 봉제에 착오를 범한 죄.
⑤ 황제의 음식을 조리하는데 착오로 식금을 범한 죄.
⑥ 황제가 타는 선박을 착오로 견고하게 제작하지 않은 죄.
⑦ 정·리를 매우 위해스럽게 하여 황제를 비판한 죄.
⑧ 황제의 명을 받든 사인에 맞서 인신의 예를 갖추지 않은 죄.
⑨ 황제의 총애를 받기 위해 염매를 만든 죄.

(2) 군위신강의 기의 윤리를 훼손한 죄

군위신강의 기의 윤리를 훼손한 죄에 해당하는 것은 관부의 장과 스승에 대한 죄행으로, 십악의 9항 불의의 일부가 이에 속한다.

1) 불의에 주기된 죄

① 친사·장내가 스스로 섬기는 부주를 살해한 죄. 이 죄의 객체는 관부가 설치된 직사관 3품 이상의 고위 관인이며, 주체는 그 관부에 소속된 친사·장내이다.

② 주자사·현령을 살해한 죄. 이 죄의 객체는 주의 자사와 현의 현령이고, 주체는 그 주·현의 속민이다.

③ 이·졸이 자신이 속한 관부의 5품 이상 관장을 살해한 죄. 이 죄의 객체는 모든 관부의 5품 이상 관장이고, 주체는 그 관부에 속한 이·졸이다.

④ 제자가 현재 가르침을 받고 있는 스승을 살해한 죄. 이 죄의 객체는 관학, 즉 국자감·홍문관·숭문관 및 주·현학에서 유학을 교육하는 스승이고, 주체는 그 스승에게서 배우는 제자이다.

3. 부위자강 및 그 기의 윤리를 훼손한 죄

(1) 부위자강의 윤리를 훼손한 죄

부위자강의 윤리를 훼손한 죄에 해당하는 것은 부모·조부모에 대한 자·손의 죄행으로, 십악의 4항 악역의 일부, 7항 불효 전부, 10항 내란의 일부가 이에 속한다.

1) 악역에 주기된 죄

① 조부모·부모를 구타한 죄.

② 조부모·부모를 살해하려고 모의한 죄.

2) 불효에 주기된 죄

① 조부모·부모를 관에 고한 죄.

② 조부모·부모를 저주한 죄.

③ 조부모·부모를 욕한 죄.

④ 조부모·부모가 살아있음에도 호적을 달리하고 재산을 나눈 죄.

⑤ 조부모·부모를 위한 공양을 거른 죄.

⑥ 부모 상중에 몸소 시집·장가간 죄.

⑦ 부모 상중에 악을 감상한 죄.

⑧ 부모 상중에 상복을 벗고 평상복을 갈아입은 죄.

⑨ 조부모·부모의 사망을 숨기고 상례를 행하지 않은 죄.

⑩ 조부모·부모의 사망을 사칭한 죄.

3) 내란에 주기된 죄

① 부·조의 첩을 간한 죄.

(2) 부위자강의 기의 윤리를 훼손한 죄

부위자강의 기의 윤리를 훼손한 죄에 해당하는 것은 백숙부·형·친족에 대한 죄행으로 십악의 4항 악역의 일부, 8항의 불목의 일부, 10항 내란의 일부가 이에 속한다.

1) 악역에 주기된 죄

① 백숙부모·고모·형·누나·외조부모를 살해한 죄.

2) 불목에 주기된 죄

① 시마 이상 친속을 살해하려고 모의한 죄. 이 죄의 객체와 주체는 모든 친속으로, 존비장유의 구분이 없다.

② 시마 이상 친속을 판 죄. 이 죄 역시 모든 친속이 객체·주체가 되며, 존비장유의 구분이 없다.

③ 대공 이상 존장과 소공존속을 구타한 죄. 이 죄의 객체는 당숙부모·4촌형·누나·형·누나·백숙부모·고모·외조부모·외숙부 등이고, 주체는 당질·4촌동생·동생·조카·외손·생질 등이다.

④ 대공 이상 존장과 소공존속을 관에 고한 죄. ③의 객체·주체와 같다.

3) 내란에 주기된 죄
① 소공 이상 친속을 간한 죄이다.

4. 부위부강 및 그 기의 윤리를 훼손한 죄

(1) 부위부강의 윤리를 훼손한 죄

부위부강의 윤리를 훼손한 죄에 해당하는 것은 남편에 대한 처·첩의 죄행으로 십악의 4항 악역의 일부, 8항 불목의 일부, 9항 불의의 일부가 이에 속한다.

1) 악역에 주기된 죄
① 남편을 살해한 죄.

2) 불목에 주기된 죄
① 남편을 살해하려고 모의한 죄.
② 남편을 구타한 죄.
③ 남편을 관에 고한 죄이다.

3) 불의에 주기된 죄
① 남편의 사망을 숨기고 상례를 거행하지 않은 죄.

② 남편상중에 음악을 연주한 죄.

③ 남편을 위한 상복을 벗고 평상복으로 갈아입은 죄.

④ 남편상중에 개가한 죄.

(2) 부위부강의 기의 윤리를 훼손한 죄

부위부강의 기의 윤리를 훼손한 죄에 해당하는 것은 남편의 조부모·부모에 대한 부인의 죄행으로 십악의 4항 악역의 일부가 이에 속한다.

1) 악역에 주기된 죄

남편의 조부모·부모를 살해한 죄. 이 죄의 객체는 남편의 조부모·부모이고, 주체는 자·손의 처·첩이다.

5. 삼강육기에 속하지 않는 죄

5항 부도(不道)에 주기된 죄는 삼강육기의 어느 하나에 대응하지 않는데, 세 가지이다.

① 사죄를 짓지 않은 1가의 3인을 살해하거나 사람을 살해하여 절단한 죄. 이 죄의 주체는 일반인 모두이다. 객체는 일반인 모두가 해당하지만, 단 사죄를 범한 자나 부곡·노비와 같은 천인은 객체에서 제외된다.

② 고독을 조합하거나 소지한 죄. 이 죄의 주체는 일반인 모두가 해당하지만, 객체는 없다. 왜냐하면 이 죄는 고독을 조합하거나 소지한 것만으로 죄의 구성요건이 충족되기 때문이다.

③ 저주한 죄. 이 죄의 객체와 주체는 특정되지 않는 일반인 모두가 될 수 있다.

II. 십악의 선정 기준 및 실해 정도와 형의 경중

1. 십악의 선정 기준

부도에 주기된 죄를 제외하고 십악에 주기된 모든 죄는 삼강육기의 어느 하나와 대응되지만, 그중에서도 군위신강에 대응하는 것이 압도적으로 많고, 그 다음은 부위자강에 대응하는 것이 많다. 부위부강은 비록 삼강의 하나라고 하지만 죄의 비중은 앞의 2강에 비해 현저하게 적다. 육기에 해당하는 것은 삼강에 해당하는 것에 비해 매우 적다. 따라서 십악으로 포함되는 죄를 선정하는 기준은 삼강에 해당하는 것이 우선적이었으며, 그 가운데서도 군위신강에 해당하는 것이 가장 우선적이고 그다음은 부위자강과 부위부강에 해당하는 것을 포함시켰다는 뜻이 된다.

여기서 주의할 것은 삼강육기에 대응하는 죄들은 일방의 행위에 대한 것만 해당한다는 점이다. 다시 말하면 군주에 대한 신민의 죄행, 조부모·부모에 대한 자손의 죄행, 남편에 대한 부인의 죄행만 해당된다. 삼강육기의 윤리는 원래 상호적인 것이지만, 강조되고 또 위반하는 경우 무거운 죄를 묻는 것은 군주에 대한 신민의 충, 조부모·부모에 대한 자·손의 효, 남편에 대한 부인의 의리를 위반한 행위이다. 역으로 신민에 대한 군주의 의, 자·손에 대한 조부모·부모의 자애, 부인에 대한 남편의 의리는 홀시될 뿐만 아니라 되고 위반한 경우 처벌이 없거나 경미하다.

당연한 논리이지만, 군위신강에 해당하는 죄를 가장 우선적으로 십악에 포함시켰다는 것은 그 죄행들을 가장 극악한 죄로 간주해서 절대 용서하지 않겠다는 것을 선언한 것으로 이해할 수 있다. 달리 말하면 군위신강은 황제의 지배체제 유지를 위해 정립된 윤리적 논리일 터인데, 그 윤리를 훼손하는 죄행을 십악에 우선적으로 포함시켰다는 것은 황제의 지배체제에 위해가 될 수 있는 행위는 용서하지 않는다는 것을 의미한다. 따라서 당률은 황제의 지배체제 유지를 위한 형법적 장치였다고 말할 수 있다. 마찬가지로 부위자강의 윤리를 훼손하는 죄행이 군위신강에 해당하는 것 다음으로 선정되었다는 것은 당률이 가부장제적 가족 질서를 유지하는 형법적 장치였다는 것을 의미한다. 그 다음은 부위부강의 윤리를 훼손하는 죄들이 많은데, 이는 가부장제적 가족 질서에서 남편에 대한 부인의 종속성을 강제한 형법적 장치라고 해야 할 것이다.

2. 십악에 포함되는 죄의 실해의 정도와 형의 경중

(1) 개설

황제의 지배체제를 위한 형법적 장치이자 가부장제 사회체제를 위한 형법적 장치로서의 당률의 실체는 삼강육기에 대응하는 죄들의 실해의 정도와 그 형의 경중을 살펴보는 것으로 확인할 수 있다. 결론부터 먼저 말하면, 가장 우선적으로 배치되고 주기된 것도 가장 많은 군위신강을 범한 죄는 실해가 전혀 없는 모의 단계부터 형벌이 가장 무거울 뿐만 아니라 연좌를 적용하고, 통상적으로는 범행에 대한 책임을 무겁게 묻지 않는 과실이나 착오로 범한 행위에 대해서도 사형에 처할 정도로 형이 무거운 것이 특징이다. 이에 비해서 군위신강의 기에 대응하는 죄는 범위가 좁고 실해도 살해한 범행만이 십악에 포함되어 있다. 군위신강 다음으로는 부위자강에 대응하는 죄가 배치되어 있고 범위도 넓은데, 역시 실해가 없는 모의 단계부터 극형에 처하고, 일반인의 경우 죄가 성립하지 않는 욕설 행위나 형이 가장 가벼운 구타 행위도 극형에 처하는 등 형이 무겁다. 이에 비해서 부위부강의 기에 대응하는 죄들은 범위도 좁고 실해도 살해한 정도여야 비로소 부위자강과 나란히 악역에 포함되어 있다는 점은 매우 의미심장하다. 그 다음의 부위부강에 대응하는 죄들은 실해도 살해한 것이 악역에 포함되어 있어 부위자강에 비할 수 없고, 불의에 주기된 죄들은 상례를 위반한 죄에 한정되어 있다는 점이 눈에 띤다. 부위부강의 기에 해당하는 죄의 범위는 더욱 좁고 실해도 살해한 것만이 해당된다.

(2) 군위신강 및 그 기의 윤리를 훼손한 죄

표 10) 군위신강 및 그 기의 윤리를 훼손한 죄

		죄와 실해의 정도		형
군위신강의 윤리를 훼손한 죄	모반·모대역·모반	모반 (謀反)	모의만으로 죄가 성립함	① 모의에 참여한 자 : 참형 ② 그 부와 16세 이상의 자: 교형 ③ 15세 이하의 자 및 모·녀와 처·첩, 조·손과 형제자매 몰관 ④ 재산 몰관 ⑤ 백숙부와 형제의 자: 유3000리
		모대역	실행한 경우	모반(謀反)과 동일
			실행하지 않은 경우	① 모의에 참여한 자 : 교형 ② 부·자, 모·녀, 처·첩: 유2000리
		모반 (謀反)	길을 나선 경우	① 모의에 참여한 자 : 참형 ② 처·자 : 유2000리 (거느리는 무리가 100인 이상인 경우 유3000리)
			길을 나서지 않은 경우	모의에 참여한 자 : 교형

군위신강의 윤리를 훼손한 죄	대불경	절도	대사의 신이 쓰도록 바친 물품을 절도함	유2500리
			황제가 입고 쓰는 물품을 절도함	유2500리
			어보를 절도함	교형
			어보를 위조함	참형
		착오로 범한 경우	황제의 약을 착오로 조제함 약에 대한 설명을 착오함	교형
			황제의 음식을 조리하는데 착오로 식금을 범함	교형
			황제가 타는 선박을 견고하게 제작하지 않음	교형
		예에 어긋난 행위	황제를 비판하는 정과 이치가 매우 위해스러움	참형
			황제의 명을 받든 사인에 맞서 신의 예를 갖추지 않음	교형
			황제의 총애를 받기 위해 염매함	참형
군위신강의 기의 윤리를 훼손한 죄	불목에 주기된 죄		부주·자산·현령·관장을 살해함	참형
			스승을 살해함	참형

1) 군위신강의 윤리를 훼손 죄

군위신강의 윤리를 훼손한 죄의 실해의 정도와 형의 경중은 모반·모대역·모반과 대불경을 구분해서 살펴야 한다.

(가) 모반·모대역·모반

모반·모대역·모반은 단지 모의한 것만으로 죄의 구성요건이 충족되기 때문에 2인 이상이 모의하여 계획하고 예비하였다면 죄가 성립하며, 만약 계획·예비한 정황이 확연히 드러난 때에는 1인만으로 죄가 성립한다. 이처럼 이 세 가지 죄는 어떠한 실해가 발생하지 않고 단지 모의한 것만으로 십악이 적용되는 반면, 그 죄의 무게는 극도로 무겁다. 그 중에서도 모반(謀反)이 가장 무거워서, 모의에 참여한 자는 모두 참형에 처하고 그 부와 16세 이상의 자는 교형에 처하고, 15세 이하의 자 및 모·녀와 처·첩, 조·손과 형제자매, 그리고 재산은 몰관하며, 백숙부와 형제의 자는 호적이 같든 다르든 유3000리에 처한다(적1.1). 그 다음은 모대역이 무거운데, 단 대역을 실행한 경우만 모반과 처벌이 같고(적1.1), 실행하지 않은 경우 모의한 자 교형에 처하고 그 부·자와 모·녀와 처·첩은 모두 2000리에 처한다(적1.2). 모반(謀反)은 모반하여 길을 나선 경우와 길을 나서지 않은 경우로 구분하는데, 전자의 경우 모의에 참여한 자는 모두 참형에 처하고 그 처·자는 유2000리에 처하며(적4.2b), 만약 거느리는 무리가 100인 이상일 때는 유3000리에 처한다(적4.2c). 후자는 모의에 참여한 자만 교형에 처한다(적4.1).

(나) 대불경

대불경에 주기된 아홉 가지 죄의 실해와 경중은 다음 세 가지 죄로 구분된다.

(a) 절도한 경우

① 대사의 신이 쓰도록 바친 물품을 절도한 죄, ② 황제가 입고 쓰는 물품을 절도한 죄, ③ 어보를 절도하거나 위조한 죄의 세 가지는 절도한 것으로 대불경이 적용된다. 세 가지 죄는 절도하거나 위조한 것으로 성립하는데, 형은 ① 유2500리(적23.1), ② 유2500리(적24.1), ③ 절도는 교형이고 위조는 참형(사1.1)으로 중형 내지 극형이다.

(b) 착오로 범한 경우

① 황제의 약을 조제하는데 착오로 본방과 같지 않게 한 죄 및 약에 대한 설명을 착오한 죄, ② 황제의 음식을 조리하는데 착오로 식금(食禁)을 범한 죄, ③ 황제가 타는 선박을 착오로 견고하게 제작하지 않은 죄의 세 가지는 착오로 범한 것으로 대불경이 적용되며, 만약 고의로 범한 경우 모반이 적용된다. 또한 조제하거나 조리하거나 건조한 것으로 죄가 성립하며, 만약 약을 복용하거나 음식을 먹거나 배를 탄 뒤에 해가 발생한 경우에 대해서 율에는 어떠한 규정도 없고 소에도 해석이 전혀 없지만, 그 죄의 무게는 헤아리기 어렵다. 죄의 형은 ① 교형(직12.1), ② 교형(직13.1), ③ 교형(직14.1)으로 모두 극형에 해당한다.

(c) 예에 어긋난 행위

① 정상과 이치를 매우 위해스럽게 하여 황제를 비판한 죄, ② 황제의 명을 받든 사인에 맞서 신하의 예를 갖추지 않은 죄, ③ 황제의 총애를 받기 위해 염매한 죄의 세 가지는 황제에 대해서 예에 어긋난 행위를 한 것으로 죄가 성립한다. 죄의 형은 ① 참형(직32.1a), ② 교형(직32.2), ③ 참형(적17.4)으로 모두 극형이다.

2) 군위신강의 기의 윤리를 훼손한 죄의 경우

군위신강의 기의 윤리를 훼손한 죄의 실해는 모두 살해이고, 그 형은 ① 부주·자사·현령·관장를 범한 경우 참형(적5.1, 투11.1), ④ 스승을 범한 경우 참형(투32.2b)이다. 이처럼 군위신강의 기의 윤리를 훼손한 죄의 경우는 죄의 범위도 극히 좁지만, 실해의 면에서도 살해한 것에 한하여 십악을 적용한다는 점에서 군위신강의 경우와 비할 수 있는 것이 아니다.

(3) 부위자강 및 그 기의 윤리를 훼손한 죄

1) 부위자강의 윤리를 훼손한 죄

(가) 악역에 주기된 죄

① 조부모·부모를 구타한 죄는 참형에 해당한다. 이는 자·손이 조부모·부모를 구타한 경우 상해가 없더라도 참형에 처한다는 것으로, 일반인을 범한 경우라면 태40에 해당하는 것과 비교하면 그 실해의 차이는 그야말로 천양지차이다. ② 조부모·부모를 살해하려고 모의한 죄 역시 참형에 해당하는데. 실해 없는 모의만으로 참형에 해당한다.

(나) 불효에 주기된 죄의 경우

이 죄들은 가해 행위 및 봉양을 잘못한 행위와 예를 위반한 행위의 셋으로 구분된다.

표 11) 부위자강 및 그 기의 윤리를 훼손한 죄

			죄와 실해의 정도	형
부위 자강의 윤리를 훼손한 죄	악역에 주기된 죄		조부모·부모를 구타함	참형
			조부모·부모를 살해하려고 모의함	참형
	불효에 주기된 죄	가해한 행위	조부모·부모를 관에 고함	교형
			사랑을 구하기 위해 조부모·부모를 저주함	유·2000리
			조부모·부모를 욕함	교형
		봉양을 잘못한 행위	조부모·부모의 생존시에 호적을 달리하고 재산을 나눔	도3년
			조부모·부모를 위한 공양을 거름	도2년
		예를 위반한 행위	부모 상중에 시집·장가감	도3년
			부모 상중에 상복을 벗고 평상 복을 갈아입거나 악을 감상함	도3년
			조부모·부모의 상을 듣고도 숨기고 상례를 행하지 않음	유·2000리
			조부모·부모의 사망을 사칭함	도3년
	내란에 주기된 죄		부·조의 첩을 간함	도2년
부위 자강의 기의 윤리를 훼손한 죄	악역에 주기된 죄	살해	백숙부모·고모·형·누나·외조 부모 살해	
	불목에 주기된 죄	살해 모의	기친존장과 이에 상당하는 존장	참형
			시마친존장 이상	유·2000리
			기친비유	도2년
			그밖의 비유	도3년
		구타	4촌형·누나를 범한 경우	도1년
			기친존장	3년
		관에 고함	기친존장	도2년
			대공존장	도1년
			소공존속	도1년
	내란에 주기된 죄	소공친 이상 친속을 간함	시마친을 범함	도3년
			백숙모·자매 등을 범함	교형

(a) 가해한 행위

① 조부모·부모를 관에 고한 죄, ② 사랑을 구하기 위해 조부모·부모를 저주한 죄, ③ 조부모·부모를 욕한 죄는 가해한 것으로 성립하는데, ①의 형은 교형(투44.1), ②의 형은 유2000리(적17.3), ③의 형은 교형(투28.1a)으로 모두 극형 내지 중형이다.

(b) 봉양을 잘못한 행위

① 조부모·부모가 살아있음에도 호적을 달리하고 재산을 나눈 죄, ② 조부모·부모를 위한 공양을 거른 죄는 봉양을 잘못한 것으로 성립하는데, ①의 형은 도3년(호6.1), ②의 형은 도2년(투47)에 해당한다.

(c) 예를 위반한 행위

① 부모 상중에 몸소 시집·장가간 죄, ② 부모 상중에 상복을 벗고 평상복을 갈아입거나 악을 감상한 죄, ③ 조부모·부모의 상을 듣고도 숨기고 상례를 행하지 않은 죄, ④ 조부모·부모의 사망을 사칭한 죄는 상례를 위반한 것으로 성립하는데, ①의 형은 도3년(호30.1a), ②는 도3년(직30.1b), ③은 유2000리(직30.1a), ④는 도3년(사22.2a)에 해당한다.

(다) 내란에 주기된 죄

① 부·조의 첩을 간한 죄는 교형에 해당한다(잡25.1). 이 형은 남편이 있는 여자를 간한 죄가 도2년에 해당하는(잡22.1b) 것에 비하면 6등을 가중한 것이다.

2) 부위자강의 기의 윤리를 훼손한 죄

부위자강의 기의 윤리를 훼손한 죄에 해당하는 것은 백숙부·형·

친족에 대한 죄행으로 십악의 4항 악역의 일부, 8항의 불목의 일부, 10항 내란의 일부가 이에 속한다.

(가) 악역에 주기된 죄
① 백숙부모·고모·형·누나·외조부모를 가해한 죄는 살해한 경우에 악역을 적용하는데, 조부모·부모는 구타하거나 살해하려고 모의한 경우에 악역을 적용하는 것과 비교하면 양자의 실해의 정도 차이가 헤아릴 수 없이 큰 셈이다.

(나) 불목에 주기된 죄
이 죄들은 존비장유를 불문하고 시마친 이상 친속을 범한 죄들과 소공 이상 존장을 범한 죄로 구분된다.

(a) 시마친 이상을 범한 죄
① 시마 이상 친속을 살해하려고 모의한 죄는 실해 없이 모의한 것으로 불목을 적용하는데, 단 그 형은 존비장유와 친소에 따라 차이가 있어, 기친존장과 이에 상당하는 존장을 범한 경우 참형(적6.1), 시마친존장 이상은 유2000리(적6.2a), 기친존장이 기친비유를 범한 경우는 도2년반(적6.3a 및 투27.4b), 기타 존장이 비유를 범한 경우는 도3년(적6.3a 및 투26.2e)에 해당한다.
② 시마 이상 친속을 판 경우 강제했든 합의하에 팔았든 모두 불목을 적용하는데, 그 형은 강제인지 합의인지 그리고 친소에 따라 교형부터 도형까지 다양해서 매우 복잡하다(적47).

(b) 소공존속 이상의 존장을 범한 죄
① 대공 이상 존장과 소공존속을 구타한 죄는 구타한 것으로 불목

을 적용하는데, 그 형은 4촌형·누나를 범한 경우 도1년(투26. 1b)부터 기친존장을 범한 경우 도3년(투27.2)까지 다양하다.

② 대공 이상 존장과 소공존속을 관에 고한 죄는 관에 고한 것으로 불목을 적용하는데, 그 형 기친존장 등을 범한 경우 도2년(투45. 1a), 대공존장을 범한 경우 도1년반(투45.1c), 소공존속 도1년(투45. 1c)이다.

(다) 내란에 주기된 죄

① 소공 이상 친속을 간한 죄이다. 이 죄의 형은 시마친을 범한 경우의 도3년(잡23.1)부터 백숙모·자매 등을 범한 경우 교형(잡25.1)까지 친소에 따라 차이가 있다. 물론 모두 일반인 사이의 간죄에 비해 중형이다.

(4) 부위부강 및 그 기의 윤리를 훼손한 죄

표 12) 부위부강 및 그 기의 윤리를 훼손한 죄

		죄와 실해의 정도	형
부위부강의 윤리를 훼손한 죄	악역에 주기된 죄	남편을 살해	참형
	불목에 주기된 죄	남편을 구타	도1년
		남편을 관에 고함	도2년
	불의에 주기된 죄	남편의 상을 듣고 숨기고 상례를 거행하지 않음	유2000리
		남편 상중에 상복을 벗고 평상복으로 갈아입거나 음악을 감상함	도3년
		남편 상중에 개가함	도2년
부위부강의 기의 윤리를 훼손한 죄	악역에 주기된 죄	남편의 조부모·부모 살해	

1) 부위부강의 윤리를 훼손한 죄의 경우

(가) 악역에 주기된 죄

악역에 주기된 죄는 남편을 살해한 것이고, 형을 물론 참형이다.

(나) 불목에 주기된 죄

불목에 주기된 죄는 ① 남편을 구타한 죄와 ② 관에 고한 죄이다. 즉 부인이 남편을 구타하거나 관에 고한 것으로 불목을 적용하는데, 그 형은 ① 도1년(투25.1a), ② 도2년(투45.1a)이다.

(다) 불의에 주기된 죄

불의에 주기된 죄는 ① 남편의 상을 듣고도 숨기고 상례를 거행하지 않은 죄, ② 남편상중에 상복을 벗고 평상복으로 갈아입거나 음악을 감상한 죄, ③ 남편상중에 개가한 죄의 네 가지는 모두 상례를 위반한 것으로 불목을 적용하는데, 그 형은 ① 유2000리(직30.1a), ② 도3년(직30.1b), ③ 도3년(호30.1a)이다.

2) 부위부강의 기의 윤리를 훼손한 죄

부위부강의 기의 윤리를 훼손한 죄는 악역에 주기된 죄 남편의 조부모·부모를 살해한 죄뿐이다.

(5) 삼강육기의 어느 하나에 대응하지 않는 죄

악의 각 항에 주기된 죄 가운데 삼강육기의 어느 하나의 윤리를 훼손한 것에 해당하지 않는 것은 5항 부도에 주기된 죄 세 가지이다. 그 중 하나는 사죄를 짓지 않은 1가의 3인을 살해하거나 사람을 살해하여 절단한 경우에 비로소 십악을 적용한다는 것인데, 그 실해의 무게는 십악의 각 항에 주기된 어떤 죄와는 비교할 수 없을 정도로 크다.

표 13) 삼강육기에 대응하지 않는 죄

삼강육기에 대응하지 않는 죄	부도에 주기된 죄	죄와 실해의 정도	형
		사죄를 짓지 않은 1가의 3인을 살해	참형 처·자는 유2000리
		사람을 살해하여 절단	
		고독을 조합하거나 소지함	교형 동거가구 유2000리
		염매함	도2년

이는 삼강육기와 같은 특수한 신분관계가 없는 일반인이라면, 사죄가 없고 천인도 아닌 양인을 1가 안에서 3인 이상을 살해했을 때 비로소 십악으로 포함시켜 죄인 자신은 참형에 처하고 처·자는 유2000리에 처해서(적12), 특별히 관리하겠다는 뜻으로 해석할 수 있다. 나머지 둘은 고독을 조합하거나 소지한 죄와 염매한 죄인데, 실해의 위험이 높아 사회적인 문제가 될 수 있다는 점을 중시한 것이다. 그형은 전자의 죄인은 교형에 해당하고(적15.1) 동거가구는 연좌하여 정을 모른 자까지도 유2000리에 처하며(적15.2), 후자의 경우는 모살죄에서 2등을 감하므로 일반인을 대상으로 염매한 자의 죄는 도2년에 해당한다(적15.1a). 따라서 형은 그다지 무겁지 않으나 사회적 해악의 위험이 커서 십악을 적용하는 듯하다.

이상으로 보듯이 삼강육기의 윤리를 훼손한 죄에 해당하는 않는 죄는 죄 없는 1가의 3인을 살해할 정도로 실해가 극히 중대하거나 고독을 조합하거나 염매한 죄처럼 사회적인 문제가 될 수 있는 죄만을 십악에 포함시켰다. 따라서 국가의 형법은 삼강육기의 신분관계에 있는 사람을 중심으로, 그것도 삼강을 중심으로, 더 나아가서는 군위신강 부위자강의 신분관계를 중심으로 형법을 운용하겠다는 것을 천명한 것으로 이해할 수도 있다.

제3절 십악의 처벌상의 특례

I. 십악의 일반적 특례

십악에 해당하는 죄에 대한 형벌은 일반적으로 중형이지만 반드시 사형에 한하지 않는다. 다만 십악에 속한 범죄로 지정됨으로써 발생하는 법률적 효과는 매우 특별하다. 즉 십악은 오형(제1~5조) 다음 제6조에 우선적으로 배치되어 있는데, 십악을 범한 경우 이 뒤의 명례율에 규정되어 있는 특별처분에서 제외하도록 규정되어 있다. 명례율에서 자주 볼 수 있는 "십악을 범한 자는 이 율을 적용하지 않는다."는 조문이 바로 그것이다.

1. 특전의 배제

십악에 해당하는 죄를 범한 경우 황제의 친속·관인 및 관인의 친속 등에게 부여되는 의장(명8)·청장(명9)·감장(명10)의 형사상 특전)이 허용되지 않는다. 단 원칙적으로 속동으로 죗값을 하거나 관이 있는 자는 관으로 죄를 당하는 것은 허용한다(다이엔 후이[戴炎輝], 『唐律通論』, 214쪽, 주23 참조).

2. 종형의 부과

관작을 가진 자가 십악을 범하면 반드시 제명하여(명례18) 관인으로서의 지위를 박탈한다. 특히 관이 없을 때 범한 유죄 이하의 범죄가 관작을 얻은 뒤에 발각되었다면, 일반 범죄의 경우에는 속동으로 죄를 대신할 수 있지만 십악의 경우에는 그대로 제명한다(명16.1).

3. 사면 및 기타 특별 처분 배제

(1) 사면 배제

십악은 통상의 은사령으로 면할 수 없는 죄이다(『당육전』권6, 186쪽, 『역주』상, 583쪽). 다만 죄의 경중을 불문하고 모두 사면한다는 은사령이 내리는 경우 십악도 형을 면할 수 있다. 그렇지만 이 경우에도 통상의 은사령으로 사면될 수 없는 죄까지 사면한다는 언명이 없는 경우, 악역을 범한 자는 사형에 처하고, 모반·대역을 범하거나, 사촌형·누나 이상의 친속을 살해하거나, 고독을 조합하거나 소지한 자는 그대로 유2000리에 처한다(단21.2).

(2) 시양 배제

사죄를 범한 사람의 조부모·부모가 늙거나 질환이 있어 마땅히 모시고 봉양해야 하는데 집안에 21세 이상 59세 이하의 기친이 없는 경우 집에 머물러 시양할 수 있도록 해 줄 것을 황제에게 청할 수 있다. 단 범한 죄가 십악에 해당하는 것이면 청할 수 없다(명26.1). 유죄를 범한 사람은 범한 죄가 십악에 해당하더라도 임시로 머물러 조부모·부모를 시양할 수 있다(명26.2).

II. 십악 각 항의 특례

십악 중에서도 모반·모대역·모반 세 가지는 정권에 위협이 되는 범행으로 법률상 다른 범죄와 매우 다르다. 이에 대한 처벌은 연좌를 포함하고 있어(명32의 문답2) 보복적 성질이 농후하며, 발각을 용이하게 하고 처치를 신속하게 하기 위해 고발과 자수 및 재판 절차상 많은 특례가 인정된다.

1. 모반·모대역·모반

(1) 보복적 성질

① 정범은 극형에 처해지며, 모반한 자와 대역을 실행한 자는 사면되더라도 유2000리에 처한다(단21).

② 연좌되는 친속의 범위가 넓어서, 모반이나 대역을 실행한 자의 부와 16세 이상의 자는 교형에 처한다. 15세 이하의 자와 모·녀·처·첩, 자의 처·첩, 조·손·형제·자매 또는 부곡·자재·전택은 모두 관에 몰수한다. 백·숙부와 형제의 자는 모두 유3000리에 처하되, 호적의 같고 다름을 구분하지 않는다(적1.1).

③ 반역 연좌로 인한 유형은 감하거나 속동으로 죄를 면할 수 없고(명11.2), 사면령이 내린 경우에도 그대로 제명한다(18.1).

(2) 신속한 처치

① 모반·모대역·모반을 알고도 고발하지 않은 자는 교형에 처하거나 유2000리에 처한다(투39.1).

② 모반·모대역·모반 세 가지 범죄에 대해서는 친속 존장에 대한 고발도 허용하고(투44.1의 주), 친속 사이에 숨겨주는 것을 인정하지

않으며(명46.3), 범죄사실을 알고도 고발하지 않은 자 및 고발을 접수하고서 곧바로 체포하지 않은 관인은 엄형에 처한다(투39.2).

③ 모반·모대역·모반 사건에 대한 기밀을 누설한 자는 교형에 처한다(직19.1의 주와 소).

④ 통상적으로는 고발 능력을 인정하지 않는 80세 이상 10세 이하 및 독질자도 모반(謀叛) 이상의 죄라면 고발을 허용하며(투51.2), 고발의 신중을 기하기 위해 정한 삼심 절차도 밟지 않는다(옥관령, 습유776쪽).

⑤ 일반 고발의 접수가 금지된 군부의 관사도 이 세 가지 범죄에 대한 고발은 반드시 접수해야 하며(투52, 54.3의 소), 일반적으로는 태워버리도록 한 익명의 고발장도 심사한다(투50.2의 소).

⑥ 사형은 때를 기다리지 않고 즉시 집행하며(옥관령, 습유765쪽), 집행을 위한 복주는 오직 한번뿐이다(옥관령, 습유761쪽).

(3) 자수와 체포·고발에 대한 특례

① 연좌되는 죄나 모반 이상의 죄는 본복 기준으로 기친 이상이 체포하여 고발한 경우 본인이 자수한 것과 같은 법례를 적용한다(명37의 주2). 이는 피고의 이익이 되는 것이지만 친속의 체포와 자수를 유도하기 위한 것이다.

② 모반(謀叛)하고 길을 나선 자가 자수하거나, 자수하지 않더라도 본래의 처소로 돌아 온 경우 2등을 감한다(명37.5).

③ 제서를 위조한 자는 교형에 처하지만(사7.1), 모반 이상의 범죄인을 체포하는데 상주하여 회답을 기다릴 겨를이 없어 제서를 빙자한 경우에는 주청하여 황제의 결재를 받으며, 공이 없는 자는 유 2000리에 처한다(사7.2).

(4) 모반 및 대역죄로 무고한 경우

모반 및 대역죄로 무고한 경우 수범은 참형에 처한다(투40.1). 이는 일반 범죄의 무고에 대한 반좌의 최고형이 교형(명53의 주)인 점과 다르다. 또한 무고죄가 사죄에 이르는데 형이 집행되지 않은 때에는 1등을 감하는 것을 허용하지만, 단 타인을 모반·대역으로 무고한 때에는 감해서는 안 된다(투41.1의 주의 소).

2. 악역

(1) 사면 배제

모반·모대역·모반 세 가지 범죄는 은사령이 내리면 유2000리에 처하지만, 악역을 범한 자는 은사령이 내려도 용서하지 않고 사형에 처한다(단21.1). 이처럼 은사령이 내려도 용서되지 않는 점으로 보면 악역은 비록 모반·모대역·모반죄 뒤에 놓여 있지만 십악 가운데서도 가장 무거운 죄인 셈이다.

(2) 악역 죄인의 처형

악역에 해당하는 죄를 범한 자는 사형 전에 한 번만 복주하고(옥관령, 습유761쪽), 때를 기다리지 않고 즉시 형을 집행한다(옥관령, 습유765쪽; 단28).

3. 불목

불목죄 가운데 소공존속 및 사촌형·누나를 살해한 죄는 은사령이 내려도 유2000리에 처한다(단21.2).

제3장
황제의 친속과 관인 및 관인의 친속에 대한 형사상 특전

제1절 의·청·감·속장

I. 팔의의 의의와 연혁

1. 팔의의 의의

명례율 7조 팔의(八議)는 6조 십악과 마찬가지로 특별한 규정이 없이 단지 의친(議親) 등 8개 항을 열거하고 각각 해당하는 자격을 주기해 두고 있을 뿐이다. 그렇지만 이 조목에 대한 소는 팔의의 연혁과 해당하는 자격들의 성격, 그리고 이들이 사죄를 범한 경우 처분하는 방법에 대해서 해석해 두고 있다. 그 내용을 정리하면 다음과 같다.

『주례』(권35, 1073~1075쪽)에 "팔벽(八辟)을 나라의 법에 붙인다."고 하였는데, 지금의 팔의는 주의 팔벽이다. 『예기』(권3, 91~92쪽)에 "형은 대부에게는 미치지 않는다."고 하였는데, 그 주에 "대부가 법을 범한 것에 대한 규정은 팔의에 있으므로 그에 대한 형벌의 경중이 형서에는 없는 것이다."라고 하였다. 의할 수 있는 사람은 황제의 친속이거나, 황제를 오랫동안 가까이 모셨거나, 다재다예하거나, 공을 세워 황제의 마음에 새겨지고 훈공이 왕실의 맹부(盟府)에 기록되어 있는 자들이다. 만약 이들이 사죄를 범하면 의하여 처단방법을 정해서 반드시 재가를 주청하여 황제의 결정에 따라야 하며, 사법관사가 감히 사형에 처하고 안 하고를 결정할 수 없다. 이는 황제의 친속과 현인을 중히 여기고, 황제의 고구(故舊)를 돈독히 하며, 국빈과 고귀한 자를 존중하고 공능을 숭상한다는 뜻이다. 이처럼 팔의에 해당하는 사람이 사죄를 범하면 모두 먼저 주청하여 그 범한 바를 의하므로 팔의라고 한다.

다시 이를 간단히 요약하면, ① 팔의 제도는 일찍이 주 시대에 시행될 정도로 그 연원이 깊다는 것, ② 의할 수 있는 사람은 황제의 친속과 고구 및 국가에 큰 공이 있는 사람이라는 것, ③ 팔의에 해당하는 사람은 사죄를 범하더라도 관사가 율에 의거해서 처단할 수 없고 황제의 결정에 따라야 한다는 것의 세 가지가 된다. 이 세 가지 중에서 셋째 처단의 방법은 명례율 8조에 따로 규정되어 있다. 따라서 명례율 7조에 특별한 규정이 없이 의친 등 8개 항을 열거하고 해당하는 사람만을 주기한 것은, 황제의 친속과 국가에 큰 공이 있는 사람은 율에 의거해서 처단하지 않고 황제가 직접 형을 결정하겠다는 선언이라고 해도 좋을 것 같다.

2. 팔의의 연혁

(1) 고전 및 양한대의 팔의

명례율 7조의 소는 팔의의 연원을 주까지 소급하고 있으나 『주례』가 전한 말에 나온 책이라는 점을 고려해 보면 과연 주대에 기록된 바와 같은 제도가 시행되었는지는 의심스럽다. 다만 전한 문제 때 가의(賈誼)가 선왕의 제도를 빙자하여 "군자는 사사(賜死)하고 살육하는 모욕을 주어서는 안 되며, 대부에게는 경·의형을 가해서는 안 된다."(『한서』권48, 2254쪽)고 의견을 개진한 것을 보면, 당시 유자들은 팔의와 같은 제도가 주 이전부터 시행되었다고 인식하고 있었음이 틀림없다. 그의 의견이 개진된 후 대신이 죄가 있으면 대개 자살하고 형을 받지 않았다고 한다(앞의 책, 2260쪽). 이후 선제 때는 관인의 질록이 600석이고 위계가 대부에게 죄가 있으면 먼저 황제의 결정을 청하는 제도가 성립하고(『한서』권8, 274쪽)는), 후한 광무제는 이를 확대하여 관리의 질록이 600석 미만이더라도 묵수(墨綬)를 차는 현장(縣長)·현상(縣相)에게 죄가 있으면 먼저 황제의 결정을 청하는(『후한서』권1, 35쪽) 규정을 정하였는데, 역시 팔의와 같은 제도를 도입하려는 유자들의 꾸준한 시도들이 어느 정도 수용된 결과일 것이다. 그렇지만 팔의 자체는 후한 말까지 법제화되지는 않은 듯한데, 단지 황제가 경전의 팔의의 뜻을 빌어 제후의 죄를 경감하거나, 관인이 팔의를 근거로 죄인의 구명운동을 벌인 사례가 확인되는 정도이다. 예컨대 후한 안제는 악성왕(樂成王) 유장(劉萇)이 교만과 음일과 불법을 범하여 부도죄로 탄핵되자 죄는 비록 막대하나 "팔벽지의(八辟之議)를 살펴보니 차마 법에 따라 치죄할 수 없다. 장(萇)의 작을 깎아 임호후(臨湖侯)로 낮추어라."(『후한서』권50, 1673쪽)라고 작을 깎는 것으로 죄를 경감한 바 있고, 응소(應劭)는 팔의를 인용하여 죄인의 생명을 구하려는 진충(陳忠)을 논박하는 의를 제기하기도 하였다(『후한서』권48, 1611쪽).

(2) 위·진의 팔의

『당육전』(권6, 187쪽)에는 팔의가 위·진 및 이후 역대 왕조의 율에 모두 등재되어 있다고 기록되어 있으나, 정작 위·진의 율 제정에 관한 사실을 전하는 『진서』(권30) 「형법지」에는 팔의에 관해서는 일체 기록된 바가 없고, 단지 열전에 팔의에 관한 몇 개의 기사가 있어 입법 사실이 확인될 뿐이다. 예컨대 위 문제 청룡원년(233) 중산공왕(中山恭王) 곤(袞)이 경도의 금을 범하여 담당 관사가 상주하자 황제가 조를 내려 "왕은 평소 근신하는데 우연히 이에 이르렀으니 의친(議親)의 법에 따라 의하라."(『삼국지』권20, 583쪽)고 한 바가 있고, 명제(明帝) 때 허윤(許允)이 원간(袁侃)에게 "경은 공신의 자로 법에 팔의에 해당하니 사형을 근심하지 않아도 된다."(『삼국지』권9, 303쪽 주(1)에 인용된 『魏略』)고 말한 바가 있다. 진대(晉代)의 일로는 무제 태시(泰始) 연간(265~274)에 두예(杜預)가 관사를 함부로 꾸미고 군비를 지체한 죄로 탄핵되어 정위에게 압송되었으나 공주의 남편으로 팔의의 적용 대상이고 후작이므로 속으로 논했다(『진서』권34, 1027쪽)고 한다. 역시 태시 연간에 화이(華廙)의 습봉(襲封)에 대해 옳고 그름을 의할 때 "제후가 법을 범하면 팔의를 적용해서 죄를 평하여 처분하는 것은 공을 포장하고 작을 중시하자는 것이다."(『진서』권44, 12617쪽)라고 한 주장이 있고, 동진 성제 때 양담(羊聃)은 사죄를 지었으나 황후의 조카이므로 팔의가 적용되어 사형을 면했다(『진서』권49, 1383~1384쪽)고 한다. 동진 이후 남조의 사례는 발견되지 않는다.

(3) 북조와 수의 팔의

『위서(魏書)』(권111, 2883쪽) 「형벌지」에 "앞서 황족은 허물이 있더라도 모두 고문하지 않았다. … 무릇 의·청의 자격이 있는 자 외에는 모두 통상의 법에 의거하라."고 한 기사를 보면 북위의 율에 팔의의 제도가 있었음이 확인된다. 이 밖에도 『위서』 열전에서도 팔의에 관련된 기사를 다수 찾을 수 있다(程樹德, 『九朝律考』권5, 372쪽 참조). 『수서』(권25, 711쪽) 「형법지」에는 팔의의 조목이라고 하면서 "관품이 7품 이상인 자가 죄를 범한 경우 예에 의거하여 1등을 감하고, 9품 이상인 자가 범한 경우 속을 허용한다."는 규정만 기재하고 있다. 따라서 수의 율에도 팔의가 있었다는 것을 알 수 있지만, 상세한 내용은 알 수 없다.

II. 특전의 대상과 내용

1. 의장

(1) 팔의(八議) - 의할 자격 8종 -

팔의는 사죄를 범하면 죄의 처단할 방법을 의해서 황제의 재가를 청할 수 있는 자격이 8종이라는 뜻이다. 8종은 아래와 같다.

1) 의친(議親, 명7.1)

의친은 황제의 친속이 사죄를 범한 경우 의한다는 뜻이다. 그 범위는 황제의 단문친(10촌) 이상 친속, 태황태후·황태후의 시마(8촌) 이상 친속, 황후의 소공(6촌) 이상 친속이다. 이는 황제의 10촌 친속까지는 죄를 의하는 형사상 특전을 부여한다는 의미이고, 태황태후·황태후의 친속은 황제보다 한 등급 좁은 8촌 친속까지, 황후는 다시 한 등급 좁은 6촌 친속까지 죄를 의하는 형사상 특전을 부여한다는 의미이다. 단문친은 시마친보다 한 등급 소원한 친속이며, 5대조 계통으로 고조부의 형제의 후손이 이에 포함된다. 시마친은 증조부의 형제의 후손, 소공친은 조부의 형제의 후손이 이에 포함된다. 태황태후·황태후·황후의 음(蔭)이 미치는 친속은 그 본족을 말한다. 황태자의 음은 황제의 음에 흡수되므로 따로 조문을 두지 않았으나, 형식적으로는 황제보다 한 등급이 좁다(명7.1의 주와 소).

2) 의고(議故, 명7.2)

의고는 황제의 고구(故舊)가 사죄를 범한 경우 의한다는 뜻이다. 고구는 옛날부터 황제를 가까이 모셨거나, 오랫동안 황제에게서 특별한 대우를 받은 사람을 말한다(명7.2의 주와 소).

3) 의현(議賢, 명7.3)

의현은 큰 덕행이 있는 사람이 사죄를 범한 경우 의한다는 뜻이다. 현은 현인·군자로서 그 언행이 법칙으로 삼을 만한 사람을 말한다(명7.3의 주와 소).

4) 의능(議能, 명7.4)

의능은 큰 재예가 있는 사람이 사죄를 범한 경우 의한다는 뜻이다. 능은 군대의 지휘에 능하고 정사에 뛰어나, 황제의 통치를 보좌하고, 모든 사람에게 사표가 되는 사람을 말한다(명7.4의 주와 소).

5) 의공(議功, 명7.5)

의공은 큰 공훈이 있는 사람이 사죄를 범한 경우 의한다는 뜻이다. 의는 적장을 베고 적기를 빼앗거나, 만 리 먼 곳에 원정하여 적의 예봉을 꺾거나, 무리를 이끌고 귀화하거나, 국가의 위급을 안정시키거나, 간난을 바로잡아 구함으로써 큰 깃발에 공이 기록된 사람을 말한다(명7.5의 주와 소).

6) 의귀(議貴, 명7.6)

의귀는 관품이 높은 사람이 사죄를 범한 경우 의한다는 뜻이다. 귀는 직사관 3품 이상, 산관 2품 이상, 작 1품인 사람을 말한다. 영(공식령, 습유590쪽)에 의거하면, 관장하는 업무가 있는 관을 직사관이라 하고, 관장하는 업무가 없는 관을 산관이라 한다. 작은 국공 이상이 1품이다(명7.6의 주와 소).

7) 의근(議勤, 명7.7)

의근은 공무에 노고가 큰 사람이 사죄를 범한 경우 의한다는 뜻이다. 근은 고위 문무관리로서 성심껏 직무에 임하여, 이른 새벽부터 늦은 밤까지 공무를 수행하거나, 또는 극히 먼 지역에 사신으로 나가 위험과 간난을 겪은 사람을 말한다(명7.7의 주와 소).

8) 의빈(議賓, 명7.8)

의빈은 전 왕조의 후손으로 국가의 빈객이 된 사람이 사죄를 범한 경우 의한다는 뜻이다. 여기서 국가는 당을 의미한다. 이미 망한 선대의 왕조의 후예는 신하로 하지 않고 빈객으로 대우한다는 의미이다. 옛날 주의 무왕은 상을 멸하고 하의 후예를 기(杞)에 봉하고, 상의 후예를 송(宋)에 봉하였다. 당은 이 예에 따라서 북주의 후손을 개공(介公)으로 봉하고 수의 후손을 휴공(酅公)으로 봉하였다. 이들이 율에서 지칭하는 국가의 빈객이다(명7.8의 주와 소).

(2) 의장의 특전

팔의에 해당하는 자가 사죄를 범한 경우, 사형에 해당하는 죄목과 의친·의고·의현·의능·의공·의근·의빈·의귀 등 의해야 할 자격의 조목을 들어 먼저 죄를 의할 것을 주청한 뒤, 황제의 명을 받들어 영(옥관령, 습유782쪽)에 따라 도당(都堂)에 모여 의죄하며, 의죄해서 형이 정해지면 상주하여 재가를 받는다. 도당은 상서성 정사당이며, 여러 관사의 7품관 이상이 여기에 모여 죄를 논한다. 이를 의국이라고 한다. 의국에서는 정상을 살펴 죄를 의논하되, 상주하는 문서에 "범죄를 살펴보니 율에 따르면 사형에 처해야 합니다."라고 말할 뿐, 감히 곧바로 교형·참형이라고 말할 수 없다. 유죄 이하는 한 등급을 감하고 속동으로 형을 면한다. 유죄 이하로 범행의 정상이 원래 경미한 경우에는, 의죄하는 절차를 거치지 않고 담당 관사에서 1등을 감하여 처분하는데, 이를 예감이라고 한다. 감형한 뒤에는 모두 본죄의 법조문에 따른다(명9.1b의 소). 다만 실형을 받지 않고 속동으로 형을 면한다(명11.1).

2. 청장(명9)

(1) 청장 대상 3종
음이 미치는 친속의 범위는 의장에 비하여 좁고, 특전 대상인 관인의 품계도 의장의 대상에 비하여 낮다.

1) 황제의 친속(명9.1a①)
황태자비의 대공 이상 친속.

2) 특권 신분인의 친속(명9.1a②)
위의 팔의에 해당하는 자의 기친 이상 친속 및 손자.

3) 관인(명9.1a③)
문무 직사관으로서 4품 이하 5품 이상, 산관 3품 이하 5품 이상, 훈관 및 작 2품 이하 5품 이상을 가진 본인.

(2) 청장의 특전
청장 대상자가 사죄를 범하면, 그 범법 행위와 청장을 적용할 자격의 조목을 기록하고, 곧바로 죄명과 형을 지정하여 별도로 주청한다. 의장과 다른 점은 의장이 곧바로 교형·참형이라고 말할 수 없는 데 비하여, 청장은 형률에 비추어 보면 교형에 해당하거나 참형에 해당한다고 지정하는 것이다. 청장은 문하성을 거치지 않고 따로 주청해서 황제의 칙을 기다린다. 유죄 이하는 1등을 감한다. 감한 뒤에는 모두 본죄의 법조문에 따른다(명9.1b의 소). 다만 실형을 받지 않고 속동으로 형을 면한다(명11.1).

3. 감장(명10)

(1) 감장 대상 2종
음이 미치는 친속의 범위는 청장에 비하여 좁고, 특전 대상인 관인의 품계도 청장의 대상에 비하여 낮다.

1) 특권 신분인의 친속
5품 이상 관품이나 작으로 청장을 적용받을 수 있는 자격이 있는 자의 조부모·부모·형제·자매·처·자·손.

2) 관인
6·7품의 문무직사관·산관·위관·훈관을 가진 본인.

(2) 감장의 특전
유죄 이하를 범한 경우 모두 1등을 감하는 법례에 따른다. 감한 뒤에는 모두 본죄의 법조문에 따른다(명9.1b의 소). 다만 실형을 받지 않고 속동으로 형을 면한다(명11.1).

4. 속장(명11)

(1) 속장 대상 4종

1) 특권 신분인의 친속
관품으로 감장을 적용받을 수 있는 7품 이상 관인의 조부모·부모·처·자·손.

결과적으로 관품 없이 음으로 의·청·감할 수 있는 자를 포함하여, 의장·청장·감장의 세 특전을 적용받을 수 있는 자는 모두 속장을 적용받을 수 있는 셈이다.

2) 관인
8·9품 관인 자신.

3) 5품 이상 관인의 첩(명13)
첩은 본래 음의 대상에 포함되지 않는데, 명례율 13조에 특별히 5품 이상의 첩이 십악이 아닌 죄를 범하여 유죄 이하로 판결된 경우에 한하여 속동으로 논죄하도록 규정되어 있다. 그 이유에 대하여 명례율 13조의 소는 "5품 이상의 관품은 '통귀(通貴)'라고 한다. 통귀의 첩이 죄를 범한 경우 유배하거나 장형을 가할 수 없다. 또한 십악이 아닌 죄를 범하여 유죄 이하로 판결되었다면 속동으로 논하는 것을 허용한다. 그러나 속장에 따라 속할 수 없는 죄는 속할 수 없다. 그렇지만 자손이 있거나 다른 친속의 음을 받을 수 있는 첩은 범한 죄가 십악이라도 속하는 법례에 따르는 것을 허용한다."고 해석하였다.

4) 가판관(假版官)

가판관이 유죄 이하를 범한 경우 속동으로 논하는 것을 허용한다 (명15.7). 가판관의 수여는 영이나 식에 규정되어 있지 않으나 일이 황제의 은택에 관계되므로 반드시 일정 연령 이상의 노인이 아니더라도 속동으로 논하는 것을 허용하지만, 가판관의 관품으로 죄를 당하게 하지는 않는다. 그러나 율에 비추어 속할 수 없는 도형 이상의 죄(명11.2)를 범한 때는 가판관도 제명한다.

(2) 속장의 특전

속장의 대상자는 유죄 이하를 범한 경우 속할 수 있다. 다만 관당해야 할 자는 당연히 관으로 죄를 당해야 한다(명11.1). 다시 말하면 의·청·감할 수 있는 사람이라도 본인에게 관품이 있는 자는 당연히 관당·제명·면관법에 따라야 하며(명17~22), 관을 보유하면서 감면받거나 속면케 해서는 안 된다. 요컨대 곧바로 동으로 속죄하는 것을 허용하지 않고 먼저 제명·면관·관당 처분한 뒤, 처분된 관으로 죄를 당할 수 없거나 아직 서용되기 전에 다시 유죄 이하를 범한 경우 속동으로 논하는 것을 허용한다(명21.6). 달리 말하면 현재 관당할 수 있는 관이 없는 경우 동으로 속죄하는 것을 허용한다.

III. 특전의 제한

1. 의장·청장·감장의 특전 제한

(1) 의장의 특전 제한

십악을 범한 때에는 의장의 특전을 받을 수 없다. 즉 범한 죄가 십악에 해당하는 사죄이면 의죄할 것을 주청할 수 없고, 유죄 이하이면 1등을 감하는 특전을 받을 수 없다(명8.2). 또한 지정된 다섯 가지 유죄, 즉 5류를 범한 경우 죄를 감할 수 없다(명11.2). 5류에 대해서는 아래의 '속장의 제한' 부분에서 설명한다.

(2) 청장의 특전 제한

십악을 범하거나, 모반·대역죄에 연좌되거나, 고살·투살·모살 등의 살인죄를 범하거나, 관인이 관할 구역 안에서 간(姦)·도(盜)·약인(略人)의 죄를 범하거나 재물을 받고 법을 왜곡한 때에는 청장의 특전을 받을 수 없다(명9.2). 즉 청장에 해당하는 자가 이러한 죄를 범해서 사형에 해당하는 경우 주청해서 황제의 칙을 기다릴 수 없고, 유죄 이하이면 1등을 감하는 특전을 받을 수 없다. 또한 5류를 범한 경우 죄를 감할 수 없다(명11.2).

(3) 감장의 특전 제한

청장의 특전이 제한되는 유죄 이하의 죄를 범한 경우 1등을 감하는 특전을 받을 수 없다.

2. 속장의 특전 제한

(1) 십악을 범한 경우

의장·청장의 조문에는 각각 십악을 범한 경우 이 율을 적용하지 않는다는 규정이 있고(명8.2, 명9.2), 감장에 관한 조문의 소에 "청장을 적용받을 수 있는 자가 감할 수 없는 죄는 이 규정에 의해서도 감할 수 없다."고 해석되어 있어 십악을 범한 경우 감장에 관한 율을 적용하지 않는다는 것을 알 수 있다. 그렇지만 속장의 조문에는 이 특전의 대상자들이 유죄 이하를 범하면 속을 허용하되(명11.1) 가역류 등 5류를 범하면 감하거나 속할 수 없다는 등 특전을 제한하는 규정은 있지만(명11.2), 십악을 범한 경우에 관해서는 일절 언급이 없다. 이를 달리 말하면 설령 십악에 포함되는 유죄라도 5류에 포함되는 것이 아니면 속동으로 죄를 면하는 것을 허용한다는 것을 간접적으로 언급한 것이라고 할 수 있다. 또한 속장의 조문에서는 분명한 언급이 없지만, 십악에 포함되는 유죄 이하에 대해 속이 허용된다고 해석한 문답이 있다. 예를 들면 명례율 30.1조의 문답에서 "위의 속장 조항에서 십악을 범한 것 등은 속을 허용하지 않는 곳이 있는가 하면 속을 허용하는 곳도 있다."고 하고, 이어서 "늙고 어리며 병든 사람은 불쌍히 여겨 십악을 범하더라도 모두 "속동을 징수한다."한 것이 그것이다. 물론 십악에 해당하는 사죄는 속할 수 없지만, 유죄 이하는 십악에 포함되더라도 아래에 지정된 죄가 아닌 경우 속이 허용된다고 보아도 틀리지 않는다.

(2) 5류에 의한 제한

가역류, 반역연좌류, 자손범과실류, 불효류, 회사유류를 총칭하여 5류라 한다. 모든 관인 및 음이 있는 자가 이 다섯 가지 유죄를 범한 경우 형을 감하거나 속할 수 없으며 제명하고 법대로 유배한다.

1) 5류 처벌의 일반 원칙

① 가역류는 예전에 사형이었던 것을 무덕(618~626) 연간에 단지형[발목을 자르는 형]으로 바꾸고, 정관 6년(632)에 단지형을 다시 가역류로 바꾼 것이다. 가역류는 속할 수 없는데, 이는 가역류가 원래 사형에서 감형된 것이고, 사형은 원칙적으로 감하거나 속할 수 없는 형이기 때문이다(명8~11.1). 가역류에 해당하는 죄를 범한 관인은 반

드시 제명 처분하는데, 마찬가지로 가역류가 원래 사형에서 감형된 것이고, 또한 사죄를 범한 자는 반드시 제명하기 때문이다(명18.3).

② 반역연좌류는 모반과 대역죄(적1)에 연좌되어 받은 유죄를 말한다. 연좌된 부인의 경우 관품이 있는 자는 유죄를 도4년에 비정하여 관당하는 법에 따라 제명하고, 관품이 없는 자는 현 거주지에 머물게 하고 장형과 노역으로 유형을 대체한다(명28.3의 소).

③ 자·손범과실류는 자·손이 눈과 귀의 감각이 미치지 못하고 사려가 미치지 못한 것 등의 사유로(투38의 주) 조부모·부모를 살해한 죄(투28.1)를 말하며, 죄는 유3000리에 해당한다.

④ 불효류는 부모의 사망을 듣고도 숨기고 거애하지 않은 경우의 유죄(직30.1)를 말한다. 이 밖에 조부모나 부모를 고발한 자는 교형에 처하는데(투44.1), 종범에게 과하는 유형(명11.2c의 소)과 사랑을 구하기 위해 조부모·부모를 저주하거나 염매를 만든 자에게 과하는 유형(적17.3)도 불효류에 포함된다.

⑤ 회사유류는 은사령이 내려도 그대로 집행하는 유죄로, 그 종류는 몇 가지가 있다. 고독을 조합하거나 소지한 자는 비록 은사령이 내리더라도 동거 가족과 교령자를 포함하여 모두 유3000리에 처한다(적15.3). 부인은 일반적으로 유죄를 범해도 홀로 유배하지 않지만 고독을 조합하거나 소지한 부인은 관품의 유무를 막론하고 은사령이 내리더라도 모두 법대로 유배한다(명28.3의 주). 소공존속이나 4촌 형·누나를 살해하거나 모반·대역을 범한 자는 은사령이 내리더라도 유2000리에 처한다(단21.2).

2) 5류에 따른 특전의 제한

① 5류를 범한 자는 관품·음의 유무 및 남녀를 불문하고 주형을 1등 감할 수 없고(명8.1, 9.1, 10), 또한 곧바로 동으로 죄를 속할 수

없다(명11.1).

② 관품이 있는 자는 남녀를 불문하고 모두 제명한다.

③ 유형은 마땅히 유배와 노역으로 나누어서 보아야 한다. ㉠ 남자가 5류에 포함되는 유죄를 범하면 모두 실형에 처한다. 부녀는 관품이나 음이 있는 자를 말하는데 은사령이 내려도 그대로 유형에 처하는 죄 가운데 고독을 조합하거나 소지한 자에 한하여 실제 유형에 처하고(명28.3b의 주 및 소), 그 밖의 5류의 죄를 범한 부인 가운데 관품이 있는 자는 속동을 징수하고 관품이 없는 자는 거주지에 머물게 하여 장을 치고 노역을 과한다(명28.3b와 소). ㉡ 관작이 있는 자가 5류의 죄를 범한 경우 제명하고 유배하지만 노역은 면제한다. 관품이 없이 음을 받는 사람은 노역을 부과한다. 집안에 성정(21~59세)이 둘 이상 없는 단정인 자는 명례율 27.1조의 규정에 따라 장형으로 대체 집행하고 노역은 면제한다(명11.2f의 소). 부녀가 고독을 조합하거나 소지한 죄를 범하여 유배된 경우 만약 관품이 있으면 노역은 면제한다. 본죄가 유형에 해당하지 않지만 특별히 유배된 자는 비록 관품이 없더라도 역시 노역을 면제한다. 즉 본래 범한 죄가 도형 이하에 해당하거나 음이 있어서 본래의 법조문에 따르면 유형에 처해져서는 안 되지만 정상에 따라 특별히 유배된 자는, 비록 관품이 없더라도 노역은 면제한다(명11.2f의 주와 소).

(3) 기타의 죄에 의한 제한(명11.3)

① 조부모·부모를 과실로 상해한 도죄(투28.1). 기친존장·외조부모(투27.3), 남편(투25.1), 남편의 조부모·부모를 과실 살상한 도죄(투29.1).

② 음의 자격이 있어 속면될 것을 믿고 고의로 사람을 구타하여 폐질에 이르게 한 유죄(투4.1의 소).

③ 남자가 도형 이상에 해당하는 절도죄(적35.1) 및 강도하였으나 재물을 얻지 못한 죄(적34.1).

④ 부인이 간음을 범한 경우(잡22 이하).

이상 4가지 도죄 또는 유죄를 범한 자는 모두 위의 5류의 경우와 마찬가지로 죄를 감하거나 속할 수 없다. 다만 죄인이 관품이나 작이 있는 자이면 제명·면관 등 해당하는 징계처분을 하고, 징계 처분된 관으로 죄를 당하고도 죄가 남으면 속동을 징수한다. 이 점은 5류를 범한 경우 모두 실형에 처하는 것과 다르다.

(3) 은강령이 내린 경우의 다섯 가지 유죄

가역류·반역연좌류·불효류의 세 가지 유죄는 은강령이 내리면 모두 속이 허용된다. 그러나 자·손이 부모·조부모를 과실로 살해한 경우의 유죄[자손범과실류]는 비록 은강령이 내리더라도 속할 수 없다. 왜냐하면 율문에 "기친 이상 존장을 과실로 살상함으로써 도형에 처해야 할 자는 감하거나 속할 수 없다."(명11.3의 주)고 규정하고 있기 때문이다. 그렇지만 관·작이 있는 자는 당연히 제명·면관·관당·속면의 법례에 따른다(명11.3의 주). 은사령이 내리더라도 그대로 유배되는 유죄의 경우, 은강령이 내리더라도 속할 수 없는 것은 자명하다.

(4) 잡임이 범한 태·장죄

산관·훈관 및 음이 있는 자가 잡임에 임용되어 본사나 관할 구역 내에서 장죄나 태죄를 범한 경우 속할 수 없다(단30.2 및 소).

3. 의리 배반으로 인한 제한

의리 배반으로 인한 특전의 제한은 음(蔭)에 대한 특수한 것으로, 의장·청장·감장을 적용할 수 없고 또한 속할 수 없다. 네 가지 정형으로 구분한다. 단 자·손의 관에 따라 받은 음은 제한하지 않는다.

(1) 존장의 음을 믿고 음하는 존장을 범한 죄(명15.4a)

존장은 조부모·부모·백숙부모·고모·형·누나를 말한다. 음을 믿고 음하는 존장을 범한 행위는 의리를 배반한 것이기 때문에 그 음을 받을 권리를 박탈하는 것이다. 다만 비유의 음을 믿고 그 비유를 범한 때는 그대로 음을 받을 수 있다.

(2) 음하는 친속을 믿고 그 친속의 조부모·부모를 범한 죄(명15.4b)

여기서 친속은 조부모·부모·자·손 외에 자신을 음하는 방계 친속을 말하며, 존장·비유가 모두 포함된다. 이를테면 백숙모의 음을 믿고 백숙모의 조부모·부모를 범하거나, 조카의 음을 믿고 조카의 부모를 범한 행위 등은 모두 음으로 논할 수 없다.

(3) 대공존장·소공존속을 범한 죄(명15.5)

대공존장이나 소공존속을 구타하거나 고발한 자도 또한 음으로 논할 수 없다.

(4) 자·손의 음에 대한 특례

남편을 범하거나 의절(호40)되거나 쫓겨난 부인은 아들의 음을 받을 수 있다. 아내가 남편을 범하거나 의절되었거나 남편에게 쫓겨난 경우에 모두 아들의 음을 받을 수 있는 것은, 모자 사이의 도리를 끊을 수 없기 때문이다(명15.6의 소). "부인이 남편을 범한 경우 및 의절된 경우는 아들의 음을 받을 수 있다."(명15.6)는 율문 규정에 따라 남편을 범한 부인이 아들의 음을 받을 수 있으므로, 쫓겨난 부인도 또한 아들의 음을 받을 수 있음을 분명히 알 수 있다. 자·손의 음을 받는 자가 부·조의 가르침을 어기거나 공양을 거른 경우는 음으로 논할 수 있다. 예컨대 아버지의 음을 받는데 할아버지를 범한 자는 음을 받을 수 없지만, 아버지를 범한 자는 할아버지의 음으로 논할 수 있다(명15.4b의 소).

제2절 특수한 관 및 관·음의 시제에 따른 특례

전언

위의 글에서는 일반적인 관과 음의 특전 및 그 일반적 제한에 대해 서술했다. 다만 관에는 특수한 관이 있는데 이러한 관이 특전의 면에서 전형적 관과 같은 대우를 받는지 의문이 있을 수 있다. 율은 이러한 의문을 방지하기 위해 특수한 관을 정의하는 규정을 두었다. 특수한 관은 7종이 있다. 부언하자면, 여기서 관이란 전적으로 유내의 관을 가리킨다는 점에 의심의 여지가 없다(명16.1의 주 참조).

Ⅰ. 특수한 관

1. 부인의 관

관품과 읍호가 있는 부인이 죄를 범한 경우, 모두 그 품계에 따라 의장·청장·감장·속장·관당·면관의 법을 적용한다(명12.1). 관품이 있는 부인은 비·부인·군군·현군·향군 등이고, 읍호는 국부인·군부인·군군·현군·향군 등이다. 부인이 6품 이하로서 읍호는 없이 관품만 있는 것이 있는데 잉이 바로 그것이다. 『예기』(권41, 1378쪽)에 따르면 "부인은 남편의 작에 따라 고명(告命)을 받는다."고 하였고, 그 주에 "살아있을 때의 예와 죽은 뒤의 일은 남편의 존비에 따른다."고 하였다. 그러므로 범한 죄가 의·청·감·속할 수 있는 것이면 모두 남편의 관품에 의거하여 의·청·감·속하는 법례에 따른다. 또한 제명·면관·관당에 해당하는 죄를 범한 경우도 남자의 법례에 준한다. 부인의 관품은 남편이나 아들에 따라 내려지는 것이므로 친속을 음하지는 못한다(명12.1의 소). 다시 말하면 남편·아들의 음으로 받은 관품이므로 다시 그 친속을 음하지 못한다는 것이다.

부인에게 남편이나 아들에 따라서가 아니라 별도로 읍호가 더해진 경우는 일반 봉작의 법례와 같으며(명12.2), 따라서 제명에 해당되는 죄를 범한 경우 그 작 역시 제명하고 면관 이하에 해당하는 죄를 범한 경우는 모두 의·청·감·속하는 법에 따라 관의 임명장을 보유하게 하고 속동을 징수한다(명12.2의 소). 구체적으로 말하면 읍호는 작과 같은데 부인이 원래 독립적으로 받은 것이면 그 특전 또한 당연히 독립적으로 부여된다. 따라서 특전의 내용도 남자의 작과 같고 그 친속을 음할 수도 있다.

2. 해직된 자의 관(명15.1)

정당한 사유로 해직되었거나[以理去官], 정당하지 않은 사유로 해직되었거나[解雖非理]를 막론하고, 임명장을 보유하는 관은 현임관과 같다(명15.1).

(1) 정당한 사유로 해직된 관

정당한 사유로 해직된 관이란 범죄가 아닌 다른 이유로 해직된 자를 말하는 것으로, 퇴임·교체와 정원감축 및 주현의 폐지 등의 사유로 해직된 부류이다. 퇴임은 나이가 많거나 질병 등으로 해임된 것을 말한다. 교체는 새로운 사람이 임용되어 교대하고 해직됨을 말한다. 이런 이유로 해직된 자는 해직된 당사자에게 책임이 없다. 범죄가 아닌 정당한 사유로 해면된 관이므로 현임관과 같다.

(2) 정당하지 않은 사유로 해직되었으나 임명장을 보유하는 관

정당하지 않은 사유로 해직된 관인이란 행정에 대한 책임을 묻거나 근무 평정이 최하라서 관직에서 해임된 자를 말한다. 정정에 대한 책임을 묻거나 근무 평정이 최하라서 관직에서 해임된 경우는 죄를 범하여 제명·면관된 것이 아니므로 임명장을 박탈하지 않고 그대로 보유하게 한다. 따라서 이들의 관은 현임관과 같다.

(3) 관당·면관 처분으로 회수되고 남은 임명장의 관

비록 관당·면관 처분되었으나 그 처분으로 임명장이 회수되지 않은 역임관은 현임관과 같다(명17.5, 명21.5).

3. 기타 특수한 관

(1) 증관(贈官, 명15.2)

증관은 죽은 뒤에 추증되어 받은 관이다. 초야에 은거하며 관직으로 불렀으나 부임하지 않은 자라도 자·손이 추증된 그의 관으로 음을 받을 수 있는 것은 모두 정관(正官)의 경우와 같다(명15.2).

(2) 시품관(명15.2)

시품관이란 살보부의 살보·천정 등을 말하는 것으로 모두 유내품관에 준한다(관품령, 습유114쪽). 따라서 시품관으로서 죄를 관당하거나 형을 감하거나 속면하는 것은 모두 정관의 경우와 같다. 다만 6품 이하의 시품관으로는 친속을 음하지 못한다(명15.2).

(3) 사망한 자의 관(명15.3)

관으로 친속을 음할 수 있는 것은 생존 시나 사망한 뒤에나 모두 같다. 다시 말하면 의장·청장·감장의 특전을 얻어 친속을 음할 수 있는 것은, 본인이 사망하였어도 모두 살아있을 때와 같다(명15.3).

(4) 가판관(명15.7)

가판관의 수여는 영이나 식에 규정되어 있지 않으나, 황제의 은택에 따른 것이므로 속동으로 논하는 것을 허용하지만, 그 관품으로 죄를 당하지는 못한다. 또한 가판관으로는 친속을 음할 수 없다고 해석해야 한다. 율에 따라 속할 수 없는 죄를 범하여(명11.2) 도형 이상에 처해지는 경우 가판관도 제명한다.

(5) 유외관 및 잡임에 임용된 품관(단30.2)

만약 품관이 유외관 및 잡임으로 임용되어 본사 및 관할 구역 내에서 장죄 이하를 범한 경우 장형을 집행하는 법례에 따른다. 요컨대 이들 품관은 장형이나 태형을 속동으로 대체할 수 없지만, 도죄 이상인 경우는 관당하거나 속할 수 있다. 음으로 유외관 및 잡임으로 임용된 자도 이와 같다(단30.2의 소).

II. 관 및 음의 시제와 효력(명16)

1. 개설

통상적으로는 관·음이 있을 때 죄를 범하고 관·음이 있을 때 발각된다. 다만 관·음이 없을 때 죄를 범하고 관·음이 있을 때 발각되거나, 또는 관·음이 있을 때 죄를 범하고 관·음이 없을 때 발각되는 경우도 있다. 이때 율은 죄인의 이익을 우선으로 하여 관 또는 음에 따른 특별 처분을 받도록 규정하고 있다. 이 점은 노·소·장애의 시제법(명31)도 같다. 다만 도사·여관·승·니가 간죄를 범하고 환속한 뒤에 일이 발각된 경우에는 범한 때를 기준으로 죄를 더하고 그대로 백정과 같이 도형에 처하며, 고첩으로 죄를 대신하게 하지 않는다(명57.1의 소). 이는 도사·여관·승·니가 특히 윤리 도덕을 준수해야 하는 신분이기 때문이다.

관인이 관품을 잃는 것은 범한 죄의 주형에 부과되는 관당·제명·면관 처분에 따른 것이다. 이에 대해서는 다음 장에서 상세히 설명한다.

또 관의 유무에 관한 것이 아니지만, 전근 및 사직 시에 유죄 이하의 공죄를 범하면 그 죄를 면하는 규정도 있다.

2. 관의 득실 전후에 범한 죄

(1) 관이 없을 때 죄를 범하고 관이 있을 때 발각된 경우

아직 유내관으로 임명되지 않아 관이 없을 때 죄를 범하고 유내관으로 임명되어 관이 있을 때 사안이 발각된 경우, 범한 행위가 유죄 이하이면 속으로 논한다(명16.1). 즉 유외관 및 서인이 유내관으로 서임된 경우 그 유내관은 관당 및 제명·면관하는 법례를 적용하지 않고 속동을 징수한다(명16.1의 주). 그렇지만 죄를 감하는 요건, 즉 7품 이상 관품이나 의·청·감의 자격을 가진 때에는 감형하는 법례에 따른다(명16.1의 문답). 십악 및 5류를 범한 경우는 이 율을 적용하지 않는다(명16.1의 주). 제명·관당으로 고신을 모두 박탈당한 경우는 관이 없는 것으로 간주한다(명16.1의 소).

(2) 관이 있을 때 죄를 범하고 관이 없을 때 발각된 경우(명16.3)

관이 있을 때 범한 죄가 관이 없을 때 발각되었다면 관이 있는 자와 같다. 예를 들면 만약 9품관을 가진 자가 제명에 해당하는 유죄를 범하였는데, 그 사건이 발각되지 않은 상태에서 또 제명에 해당하는 1년의 도죄를 범하였다면, 일단 제명 처분한 뒤 제명된 9품관으로 도1년을 당하게 한다. 그런 뒤에 앞서 범한 유죄가 뒤에 발각되었다면 유죄를 관당할 수 있다. 즉 유죄는 도4년에 비정하지만(명17.4) 전에 이미 도1년을 관당하였으므로 3년의 도죄가 남아 있게 되는데, 관인의 처벌 원칙(명11.1)에 따라 속금으로 동 60근을 징수하고 방면한다.

3. 음이 있을 때와 없을 때 범한 죄(명16.3)

음이 있을 때 범한 죄가 음이 없을 때 발각되거나, 음이 없을 때 범한 죄가 음이 생긴 뒤에 발각되었으면, 모두 음을 적용하는 법에 따른다. "음이 있을 때 범한 죄가 음이 없어진 뒤에 발각되었다."는 것은, 부·조에게 7품의 관직이 있을 때 자·손이 범한 죄가 부·조가 제명된 뒤에 발각되었다면, 7품의 관을 가진 부·조의 음에 따라 자·손의 죄를 속하는 것을 허용한다는 것을 말한다. 부·조의 관이 5품 이상이라면 부·조의 재임 당시의 음에 따라 형을 감할 수 있으며, 부·조가 제명·면관된 뒤에 사건이 발각되었어도 역시 감하는 법에 따른다. "음이 없을 때 범한 죄가 음이 생긴 뒤에 고발되었다."는 것은, 부·조에게 관이 없을 때 자·손이 범한 죄가 부·조가 7품의 관을 얻었을 때 발각되었다면 속하는 것을 허용하며, 만약 5품의 관을 얻었다면 자·손에게 형을 감하는 것을 허용하고, 직사관 3품을 얻었다면 청장의 적용을 허용하며, 음의 자격이 다시 더 높아졌다면 의장의 적용을 허용함을 말한다.

4. 관직의 이동 및 사임 전에 범한 죄(명16.2)

(1) 유내관
세 가지 정형으로 나눌 수 있다.
① 관품이 낮을 때 범한 죄가 승진된 뒤 발각된 경우가 있다. 예를 들면 9품관일 때 죄를 범하였는데 8품 이상이 된 뒤 발각된 경우 등을 말한다. 품계의 승진만이 아니라 관직이 이동된 뒤에도 역시 같다.
② 관직에 있을 때 죄를 범하였는데 관직을 그만둔 뒤 발각된 경우가 있다.

③ 사건이 발각되어 관직을 사임한 경우가 있다. 이는 사건이 발각되었는데 심문이 끝나기 전에 편의로 사직한 것을 말한다.

이 세 가지 경우에 유죄 이하의 공죄를 범하였으면 모두 논하지 않는다. 유죄 이하의 공죄는 대개 그 정이 가볍고 이미 공죄를 범한 때의 임소에 있지 않기 때문에 형을 면제한다. 그러나 만약 사죄 및 사죄에 해당하는 공죄를 범하였으면 모두 율에 따라 죄주며, 관직을 옮기거나 사임하였어도 모두 죄를 면하지 못한다. 예컨대 관직에 있을 때 사전을 침탈하고 관직을 떠난 뒤 사건이 발각되었으면 처음 범했을 때에 준하여 처벌한다(호18.2의 소).

(2) 주전

주전은 교체 시 문안을 후임에게 인계하지 않은 경우 그 직을 그만 두었더라도 죄를 면하지 못한다(잡52.2의 주).

(3) 권섭관(權攝官)

권섭관은 검교관(檢校官)이나 섭판관(攝辦官)을 말한다. 영(공식령, 습유594쪽)에 따르면, 내·외관이 칙으로 다른 관사의 일을 대행하는 경우 모두 검교관이 된다. 만약 같은 관사의 다른 부서의 업무를 대행하는 경우는 곧 섭판관이 된다." 검교관이나 섭판관은 검교하거나 섭판하는 부서에서도 곧 감림관이 되므로, 만약 허물과 위법이 있다면 죄를 감하여 형의 등급을 내릴 수 없다. 그러나 황제의 명이 내려 파견되었거나 같은 관사의 다른 부서를 섭판하게 되는 경우, 섭판할 당시는 원래 정식 관직과 같고 섭판이 정지되면 이치상 관직을 그만 둔 것이니, 이 경우 공죄의 유죄는 역시 죄를 면하는 법에 따른다. 만약 사안이 숙위에 관련된 것이고 죄상이 무거운 경우에는 그 경위를 기록하여 아뢰고 칙을 듣는다. 그러나 9시의 승(丞)이나 현위 등은 본래 다른 관사에서 임시로 업무를 처리하는 것이 아니므로 관직을 그만둔 경우의 예와 같지 않다. 모든 관사에서 영에 따라 당직하는 관인은 섭판하는 부류가 아니므로 관을 사임하는 예를 적용하는 범위에 포함되지 않는다.

제3절 감죄 사유의 경합 및 관인·관친의 기타 특전

Ⅰ. 감죄 사유의 경합(명14)

1. 의장·청장·감장의 감죄 경합

한 사람이 의·청·감할 수 있는 자격을 겸유하여 각각 죄를 감할 수 있는 경우, 오직 이 가운데 가장 유리한 것 한 가지만으로 감하고, 누계하여 감할 수 없다(명14.1). 가령 어떤 한 사람이 황후의 소공친으로 의장에 따라 죄를 감할 자격이 있고, 또 아버지가 3품관으로 청장에 따라 감할 자격이 있으며, 또 자신이 7품관으로 감장에 따라 감할 수 있는 경우, 그 가운데 가장 유리한 의친 한 가지만으로 감하고, 누계하여 감할 수 없다.

2. 의장·청장·감장의 감죄와 기타 감죄의 경합

만약 종좌감(從坐減), 자수감(自首減), 고실감(故失減), 공좌상승감(公坐相承減)으로 인해 감형할 자는 의장·청장·감장의 각각과 누계해서 감형할 수 있다(명14.2).

① 종좌감은 공동으로 죄를 범한 경우 주모자를 수범으로 하고, 그를 따라 범한 종범은 1등을 감하는 것이다(명42.1).

② 자수감은 다른 사람이 고발하려는 것을 알고 자수한 자는 죄를 2등 감하는 것이다(명37.5).

③ 고실감에서 '고실'은 고출입과 실출입의 합칭이다. 고출입은 판관이 죄인의 죄를 고의로 덜거나 더한 죄이고(단19.1~19.3), 실출입은 판관이 과실로 죄인의 죄를 더하거나 더한 죄이다(단19.4). 판관이 고의로 사람의 죄를 감하거나 무죄로 판결하였거나 석방하였다가 다시 구속한 때는 고의로 사람의 죄를 무죄로 하거나 감해준 죄에서 1등을 감하며(단19.5), 통판관이 그 정상을 알지 못한 때는 과실로 논하여(명40.1) 과실로 무죄로 하거나 감해 준 판관의 죄에서 5등을 감한다. 또 죄를 판결함에 태·장형이나 도·유형에 처해야 하는데 속을 허용하고, 속해야 하는데 태·장형이나 도·유형에 처한 자는, 모두 고의나 과실로 사람의 죄를 가감한 죄에서 1등을 감한다(단30.1).

④ 공좌상승감은 관인이 공죄를 범했을 때 감독자인 장관 이하 모두가 연좌되는데(명40.1), 죄인의 죄가 감등될 때는 장관 이하도 따라서 감등되는 것을 말한다. 가령 판관이 죄를 판결할 때 과실로 가감하였으면 고의로 가감한 죄에서 5등을 감하고, 석방하였다가 도로 구속하였으면 또 1등을 감하므로(단19.5), 제1종범인 통판관은 다시 1등을 더 감하여 7등을 감하고, 제2종범인 장관은 2등을 더 감하여 8등을 감하며, 제3종범인 주전은 3등을 더 감하여 9등을 감한다.

이상 네 가지 감죄 사유는 의·청·감의 감죄 사유와 같지 않으므로 다시 감할 수 있다. 또한 위의 종좌감 이하는 역시 누감할 수 있고, 또 의·청·감할 자격이 있는 자는 모두 또 다시 1등을 감할 수 있는 것이다.

II. 관인 및 관친의 기타 특전

1. 고문시의 특전

(1) 피의자일 때의 특전
의·청·감할 자격이 있는 자는 고문해서는 안 되고 3인 이상[衆]의 증언에 따라 죄를 판정해야 한다(단6.1, 사26의 소).

(2) 고발자일 때의 특전
피고인을 고문하여 장을 치는 한도인 200대(단9.1)에 이르렀는데도 자백하지 않은 경우 고한 자를 반좌하는데, 만약 고한 자가 의·청·감의 자격을 가진 자이면 고문장을 치지 않고 피고인을 고문한 장의 수만큼 동을 징수한다(단10.2의 문답).

2. 기타 특전

(1) 지방장관에 대한 추국
지방장관 및 사신이 해당 지역에서 범함이 있으면 소속 속관이 추국할 수 없고 모두 상부 관청에 보고하여 재가를 얻어야 한다. 만약 범한 죄가 사죄에 해당하면 죄인을 억류하고 회신을 기다린다(직40).

(2) 자진 허용
옥관령(습유764쪽)에 따르면 5품 이상으로 범한 죄가 악역 이상이 아닌 경우 교형이나 참형을 집행하는 대신 집에서 자살하는 것을 허용한다.

제4장
관인의 처벌에 관한 특례

제1절 개설

Ⅰ. 관인의 처벌에 관한 원칙

1. 관인의 처벌에 관한 원칙의 성격

명례율 17조는 관으로 도·유죄를 당하게 하는 관당법, 18조는 제명(除名)하는 죄, 19조는 면관(免官)하는 죄, 20조는 면소거관(免所居官)하는 죄, 21조는 제명·면관·면소거관·관당 처분된 자의 서임법, 22조는 제명·면관과 관당·속의 관계, 23조는 제명·면관·면소거관을 도형에 비정하는 방법 및 도사·여관의 환속·고사(苦使)를 도·태형에 비하는 방법에 관한 규정이다. 이러한 규정들은 '관인의 처벌에 관한 특례'라는 하나의 범주로 묶어볼 수 있는데, 명례율에서 차지하는 비중이 크고 내용도 복잡하다.

앞 장에서 논한 바와 같이 관인에게는 일반인과는 다른 형사상 특전이 부여되어 있지만, 관인은 이 같은 특전 외에 관으로 죄를 당할 수 있는 관당 제도가 있고, 또 죄의 경중에 따라 관의 전부 또는 일부를 해면하는 대신 실형을 면하는 제명·면관·면소거관 제도가 율에 규정되어 있는 것이다. 관인은 국가의 행정기구 내에서 직무를 담당하여 황제의 통치를 보좌하는 자들이므로 관품이 높은 자는 사죄를 범하더라도 형에 처하지 않고 유죄 이하는 1등 감하고 속동으로 죄를 면하는 것과 같은 특전을 부여하지만, 동시에 특정의 죄를 범한 경우 관직에서 해면하고 죄의 경중에 따라 관품의 일부 혹은 전부를 회수하는 처분으로 징계하는 규정을 둔 것이다. 단 관품을 회수되는 대신 도·유죄를 탕감해 주고 나머지는 속동을 징수하므로 이 제도는 여전히 관인들에게 유리한 측면이 있다.

2. 관인의 처벌에 관한 두 원칙

(1) 실형에 처하지 않는 원칙

관인이 범한 유죄 이하는 관당·속동으로 대체하는데(명11.1), 이는 "대개 형은 대부에까지 미치지 않는다."는 유교적 이념에 입각하여 관인의 범행에 대하여 예로써 책망하는 것이다. 즉 관인의 도·유죄는 관으로 당하게 하고, 만약 관이 적어 그 죄의 형을 다 당하지 못하는 경우 나머지 형에 대해서는 속동을 징수한다(명22.1). 또한 관당·면관으로 인해 남은 관품이 없고 아직 서임되지 않은 상태에서 다시 유죄 이하의 죄를 범한 경우에도 속동으로 논하는 것을 허용한다. 죄를 감하거나 속할 수 없어 제명 처분되어 유배된 자도 역시 노역은 과하지 않는다(명11.2의 주).

단 관당은 관인에게만 적용하는 것이고 그들에게 이익이 되는 처분이다. 따라서 관인을 무고한 자는 일반인 통상의 법에 따라 반좌한다(투41.1의 주). 즉 고발한 것이 도·유죄에 해당하고 사실이면 관인은 죄를 감하거나 관당할 수 있지만, 무고하여 반좌될 자는 그대로 유배하거나 실역에 처한다. 이와 반대로 관인이 일반인을 무고한 경우는 원래 특별 규정이 없으나 당연히 무고죄를 관당이나 속동으로 대체한다.

(2) 징계의 원칙

관인으로서 죄를 범하는 것은 부끄러운 일이라는 것을 알게 해야 한다. 그러므로 관인이 죄를 범한 경우 징계하는 특별처분이 있는데, 제명·면관·면소거관·관당이 바로 그것이다. 제명 처분되면 모든 관·

작을 삭제하되 6년째 되는 해부터 서임을 허용하는데 서임할 때는 출신법에 의거한다. 면관 처분되면 2관을 해면하고 3년째 되는 해부터 원래의 관품에서 2등 강등하여 서임하는 법이다. 면소거관 처분되면 2관 중 1관을 해면하고 1년 뒤에 서임한다. 정리해서 말하면 관인이 특정의 죄를 범하면 제명·면관·면소거관 처분하여 책망하고, 그 밖의 죄도 도·유형에 해당하는 경우 관당 처분하며, 현임 직사관은 일단 해면한다. 따라서 제명·면관·면소거관은 관인이 죄를 범한 것을 징계하는 성격이 강하다. 단 관당은 이중적 성격을 가진다. 즉 관당은 관으로 죄를 당하게 하고 실형을 면하게 하는 것이므로 관인에게 유리한 측면이 있는가 하면, 현임의 관을 해임하고 원칙적으로 1년 뒤 1등급 강등하여 서품하므로(명21.3) 징계의 의미도 있다.

II. 역대왕조의 관인의 처벌에 관한 특례

관인의 처벌에 관한 특례는 일찍부터 나타난다. 당의 제명·면관·관당·속에 상당하는 제도가 이미 진한에서 보이고, 위진남북조에서도 시행되었으며, 수의 율에도 있다. 당의 제도는 대체로 수의 제도를 이은 것이다.

1. 진·한의 관인의 처벌에 관한 특례

『사기』 진본기(권5, 217쪽)에는 "무안군(武安君)이 죄가 있어 사오(士伍)가 되었다."는 기사가 있는데, 이에 대하여 여순(如淳)은, "일찍이 죄로 인해 작이 삭탈된 자를 사오라고 한다."고 주석하였다. 『한서』 경제기(권5, 140쪽)의 "작을 삭탈해서 사오로 삼고 해면했다."는 기사에 대해서 안사고(顏師古)는 "그 작을 삭탈하고 사오로 삼았으며 또 그 관직을 면하였으니, 지금 율의 제명과 같다. 사오로 삼았다는 것은 사졸의 대오에 따르게 했다는 것이다."라고 주석하였다. 또 『한서』 회남왕전(권44, 2142쪽)의 여순주(如淳注)에 역시 한률을 인용하여 "죄가 있어 관작을 잃으면 사오가 된다."고 하였다.

2. 위·진의 관인 처벌에 관한 특례

위율에 잡저죄(雜抵罪)의 명목이 있고, 진율에도 이 명목이 있었다. 정수덕(『九朝律考』, 247쪽)은 이것을 탈작·면관·제명과 같은 종류로 보았고, 심가본(沈家本, 『역대형법고』, 27쪽)은 벌금으로 보았다. 진(晉)의 관인 처벌의 특례에 관해서는 진율 일문(『太平御覽』권651, 2909쪽하; 『北堂書鈔』권44, 171쪽)에서 다음과 같은 비교적 상세한 규정을 볼 수 있다. "제명은 3년형에 비정한다. 면관은 3년형에 비정한다. 진관(眞官)이 없는데 면관해야 할 자는 정형(正刑)에 처하고 소환한다. 죄가 있어 면관해야 하는데 가관(加官)이 있는 경우 모두 직사관을 면소거관한다. 무릇 제후가 문서를 올리면서 불경죄를 범한 경우 모두 속으로 논한다." 이로 보면 진율에 제명·면관·면소거관 및 속의 제도가 있었음이 확실하다.

3. 남북조의 관인 처벌에 관한 특례

양률에는 제명·삭작이 있었다(『九朝律考』 323쪽). 진율의 관당에 관해서는 다음과 같이 매우 상세한 규정이 남아 있다. "5년형·4년형은 만약 관이 있으면 2년을 당하게 하고 나머지는 노역하게 한다. 3년형은 관이 있으면 2년은 관으로 당하게 하고 나머지 1년은 속하게 한다. 공죄와 과실죄는 벌금형에 처한다. 2년형은 관이 있으면 속으로 논한다. 1년형은 관이 없어도 속으로 논한다."(『수서』권25, 703쪽)고 규정되어 있다. 북위율(『구조율고』353쪽)과 북주율(『구조율고』420쪽)에도 역시 제명이 있었다.

4. 수의 관인 처벌에 관한 특례

수율에도 제명과 속 및 관당의 제도가 있었다(『수서』권25, 711쪽). 단 제도의 내용이 기록된 것은 관당뿐인데, 다음과 같다. "사죄(私罪)를 범하여 관으로 도죄를 당할 경우 5품 이상은 1관으로 도2년을 당하게 하고, 9품 이상이면 1관으로 1년을 당하게 한다. 유죄를 관으로 당할 경우 세 가지 유죄는 도3년에 비정한다. 만약 공죄를 범하면 모두 1년을 더 당하게 한다. 도죄를 누계하여 9년이 넘으면 유2000리에 처한다." 이는 당의 관당 제도와 일치한다.

제2절 관당

Ⅰ. 개설

1. 관당의 일반원칙

관당은 관인이 도죄를 범한 경우 관으로 죄를 당하게 하고, 유죄를 범한 경우는 유죄를 4년의 도죄로 환산하여 죄를 당하게 하는 제도이다. 이것이 관당의 일차적인 뜻이다. 다만 이에 더하여 제도의 내용을 조금 복잡하게 하는 것이 있는데, 관인이 범한 죄가 제명·면관·면소거관에 해당하는 경우 죄의 경중과 무관하게 먼저 해당하는 처분을 시행하고 처분된 관으로 죄를 당하게 한다는 점이다. 이때 만약 죄가 가벼워 처분된 관으로 죄를 다 당할 수 있으면 처분이 완료된다. 그러나 죄가 무거워 제명·면관·면소거관된 관으로 죄를 다 당할 수 없는 경우는, 제명 처분된 자는 모든 관이 삭제되어 남은 역임관이 없으므로 남은 죄는 동으로 속해야 하고, 면관·면소거관된 자는 각각 2관·1관이 파제되므로 파제되지 않은 역임관으로 죄를 당하고 그래도 죄가 남으면 동으로 죄를 속해야 한다.

2. 관의 종류와 품·계

(1) 관의 종류

관에는 직사관·산관과 훈관의 구별이 있다. 관장하는 직무가 있는 관을 직사관, 관장하는 직무가 없는 관을 산관이라 한다(명7.6의 소). 직사관은 문직사관과 무직사관으로 구분되는데, 무직사관은 다시 무직사관과 위관으로 구분된다. 무직사관은 군사 행정관이고 위관은 지휘관이다. 그러므로 위관은 특수한 무직사관이다. 산관은 문산관과 무산관의 구별이 있다.

(2) 관의 품·계

직사관은 정1품부터 종9품까지 모두 30계가 있고, 산관은 종1품부터 종9품까지 29계가 있다. 직사관과 산관의 3품 이상은 정·종으로 나누고, 정4품부터 종9품까지는 정·종 모두 다시 상하로 나눈다. 정·종을 품이라 하고 상·하를 계라 한다. 훈관은 공훈에 따라 수여하는 관으로 정2품에서 종7품까지 정·종 각각을 1등급으로 하여 모두 12등급이 있다. 직사관은 통상 산관품도 보유한다.

(3) 1관과 2관

관당할 때 직사관·산관·위관은 합해서 1관이 되고, 훈관은 또 다른 1관이 된다. 이에 대해서 명례율 17.3a의 소는, "직사관·산관·위관을 위계가 같은 것으로 셈하는 것은 원래 서로 말미암아 얻는 것이기 때문이며, 그러므로 다같이 1관이 된다는 것이다."라고 해석하였다. 그 뜻은 이 3관 중 1관이 있어서 뒤에 비로소 다른 1관을 가지게 되고 또 위계가 같으므로 합하여 1관으로 셈한다는 뜻이다. 바꾸어 말하면 동일 품계의 직사관과 위관과 산관은 1관으로 간주한다는 것이다. 반대로 훈관은 직사관 등 3관과 성질이 같지 않으므로 별도의 1관으로 간주한다. 그러므로 "훈관은 공훈에 따라 수여하는 관이므로 따로 1관이 된다."고 해석한 것이다. 이로 보면 직사관 등의 관이 있고 훈관을 겸대한 자는 2관이 있는 것이다. 단지 1관만 있다는 것은 직사관 등의 관이나 훈관 중에 하나만 있음을 말한다. 2관이 있는 경우 면소거관 및 관당 처분에서 각 관은 독립적으로 면하는 관 가운데 하나가 되며(명20.5의 주), 또 각각 도·유죄를 관당한다(명17.2).

(4) 역임관과 관차

모 관인이 현임 이전에 역임했던 관직 또는 관품을 역임관이라 한다. 하나의 관에 임명될 때마다 모두 임명장[告身]이 있고, 관당·제명·면관으로 인해 추탈된 것 외에는 그대로 보유한다. 이른바 서임할 때 강등이 미치지 않은 관의 임명장이 그것이다. 역임관은 모두 관당에 쓸 수 있다. 이러한 의미에서의 1관 또는 2관은 1관차 또는 2관차를 말한다. 그러므로 직사관이면서 훈관을 지닌 자가 만약 모두 역임관이 있으면, 2종의 관이 있으면서 동시에 2관차 이상의 관이 있는 셈이다. 관인이 보유한 이 같은 여러 관은 모두 관당에 사용될 수 있다.

II. 관당의 방법

1. 관당의 도형 년 수

관으로 죄를 당하는 도형 년 수는 관인의 관품에 따라 다르고, 공죄와 사죄에 따라 다르다.

(1) 공죄와 사죄의 구별

1) 공죄·사죄 구분의 연혁
공죄와 사죄의 구별은 이미 한률에 있었다(『구조율고』, 100쪽). 진(晉) 장비(張斐)의 율표(律表)에서도 "범죄는 공죄와 사죄로 나눈다."(『晉書』권25, 703쪽)고 하였다. 진율에도 "공죄와 과실죄는 벌금형에 처한다"(『수서』권25, 703쪽)는 규정이 있으며, "공죄로 면관되었다"(『진서』권18, 248쪽)는 기사도 있다.

2) 사죄
사죄는 개인이 스스로 범한 죄를 말한다. 단 비록 공무상의 죄라도 의도에 사사로움이 개입된 경우에는 또한 사죄와 같은데, 예컨대 황제의 질문에 대한 대답을 사실대로 하지 않은 죄(사7.1)와 청탁을 받고 법을 왕곡한 죄(직45.1) 등이 그것이다. 다시 말하면 황제의 질문에 답하는 것은 비록 공적인 일이지만 임시방편으로 말하고 실정을 밝히지 않았으면 마음에 숨기고 속이는 것이 있는 것이므로 사죄와 같고, 다른 사람의 청탁을 받고 법을 굽혀 사사로운 정에 따랐다면 재물을 받지 않았더라도 또한 사죄인 왕법죄가 된다. 이러한 예는 매우 많다.

3) 공죄(公罪)

공죄는 공무를 처리하면서 범한 죄로 사사로움이나 왕곡이 없는 것이고, 사죄는 공무로 처리하면서 범한 죄라도 사사로움이나 왕곡이 있는 것이다(명17.1b의 주). 공무를 처리함에 사사로움이나 왕곡의 정상이 없다면, 비록 격·식을 어겼더라도 공죄가 된다. 또한 제·칙(制·敕)을 시행함에 황제의 뜻을 잃은 경우 사사로운 정이 개입되지 않았으면 공죄이다(명17.1b의 문답). 이 밖에 관문서의 일정을 어긴 죄(명41.3의 소), 대사(大祀)의 기일을 미리 상신하지 않거나 관련된 관사에 두루 알리지 않는 죄(직8.1의 소), 노비·말·소 등의 매매가 이미 끝났는데도 시장을 주관하는 관인이 제 때에 매매증서를 발급하지 않은 죄(잡34.3의 소), 몰래 제방을 터뜨렸으나 관을 위해 물을 사용한 죄(잡37.1의 소) 등은 공죄이다. 공죄는 대체적으로 행정범이고 사죄는 형사범이다.

4) 사죄·공죄 구별의 효과

공죄와 사죄의 구별은, 관당의 도형 년 수(명17.2), 동직이 공죄를 범한 경우의 연좌(명40.1), 공무에 과실과 착오를 범한 뒤에 스스로 깨달아서 밝히는 자각거(명41.1), 관을 옮기거나 관에서 물러난 뒤 발각된 재임 시의 유죄 이하의 공죄는 모두 논죄하지 않는 것(명16.2), 그리고 고과(직2.2의 소) 등에 효과가 있다.

(2) 관당의 도형 년 수(명17.1a2)

1) 사죄의 관당 도형 년 수

사죄의 관당은 5품 이상과 6품 이하의 두 단계로 나눈다. 5품 이상은 1관으로 도2년을 당하게 하고, 6품 이하는 1관으로 도1년을 당하게 한다. 6품 이하는 관품이 낮으므로 1관으로 도1년을 당하게 하는 것이고, 5품 이상은 관품이 높으므로 1관으로 도2년을 당하게 하는 것이다.

2) 공죄의 관당 도형 년 수

관으로 당하는 공죄의 도형 년 수는 사죄보다 각각 1년을 더한다. 즉 5품 이상은 1관으로 도3년을 당하게 하고, 6품 이하는 1관으로 도2년을 당하게 한다.

(3) 세 가지 유죄는 도죄에 비함(명17.2)

품관이 유죄를 범하면 유배하지 않고 관당하거나 속하게 하는데, 2000·2500·3000리 등 세 가지 유죄는 도4년에 비한다. 가령 8품·9품관은 1관으로 사죄의 도1년을 당할 수 있기 때문에, 이들이 유형에 해당하는 사죄를 범하면 모두 4관으로 당하게 한다. 4관이 없는 자는 먼저 관으로 죄를 당하게 하고, 남은 죄에 대해서는 속하게 한다. 가역류도 도4년에 비한다.

(4) 공·사죄가 결합된 죄의 관당

공·사죄가 결합된 죄를 관당할 경우는 반드시 사죄를 공죄에 통산하여 공죄를 관당하는 법에 따라 처분해야 한다(사8.2의 문답). 관인의 업무에 대한 고과에서 사죄는 속동 1근을 1부(負)로 하고, 공죄는

2근을 1부로 하며, 모두 10부가 1전(殿)이 된다(습유343쪽). 부·전은 벌점에 상당한다.

2. 2관을 가진 자의 관당(명17.3)

도죄를 관당할 경우, 직사관 등은 정·종의 상·하 각 계를 모두 1관차로 하고, 훈관은 정·종을 모두 1관차로 한다.

① 2관이 있는 자의 죄를 관당할 경우 먼저 직사관·산관·위관 관 가운데 가장 높은 것을 취하여 관당하고 다음에 훈관으로 관당한다. 단 직사관·산관·위관의 품계가 같으면 하나로 간주하여 관당하고 현임은 모두 해임한다. 위계가 다르면 그중 높은 것으로 관당하고 현임은 모두 해임한다. 정당한 사유로 관직을 그만둔 뒤에 아직 서임되지 않은 경우나, 비록 정당하지 않은 사유로 그만두었더라도 임명장을 추탈당하지 않은 경우는, 모두 위의 법례에 따라 먼저 역임관 중 높은 관으로 관당한다.

② 직사관 등으로 관당하고 죄가 남으면 훈관으로 관당한다. 반드시 직사관 등으로 먼저 관당하고 난 다음에 훈관으로 관당한다. 명례율 17.3c조의 소와 문답에서는 두 예를 들었는데, 이는 이러한 원칙을 예를 들어서 구체적으로 밝힌 것이다. 가령 6품 직사관과 종2품 훈관 주국 이상을 함께 가진 자가 유형에 해당하는 사죄를 범한 경우 법례에 따라 1등을 감하여 도3년으로 형을 정하고, 먼저 6품 직사관으로 도1년을 당하게 한 다음 종2품 주국으로 도2년을 당하게 한다. 또 가령 3품관이 4품 직사관을 역임한 바가 있고 또 6품 이하의 훈관을 가졌다면, 먼저 3품 직사관으로 죄를 당하게 한 다음 6품의 훈관으로 죄를 당하게 한다. 역임한 4품 직사관은 갱범에 다시 쓸 수 있을 것이다.

3. 행직(行識)·수직(守職)의 관당(명17.4)

행직과 수직은 모두 본품으로 관당하고, 현임관은 해면한다. 본품은 산관품을 말한다. 행직은 직사관이 본품보다 낮은 것이고 수직은 직사관이 본품보다 높은 것이다(선거령, 습유286쪽). 가령 본품이 종5품인 관인이 정6품의 행직에 있다가 도2년반에 해당하는 사죄를 범한 경우, 5품관이므로 법례에 따라 1등을 감하여(명9.1b) 도2년으로 형을 정하고, 본품인 종5품의 관으로 도2년을 당하게 하고 6품 현임관은 해면한다. 본품 6품의 관이 5품의 직사관을 수직하다가 역시 도2년반에 해당하는 사죄를 범한 경우, 6품관이므로 법례에 따라 1등을 감하여(명10) 도2년으로 형을 정하고 역시 본품으로 도1년을 당하게 한 뒤 나머지 도형은 속동을 징수하며, 5품 직사관은 해면한다.

4. 여죄 및 갱범의 관당(명17.5)

여죄 및 갱범이 있는 경우 역임관으로 관당하는 것을 허용한다. 여죄가 있는 경우란 2관으로 죄를 당하고 남은 죄가 있음을 말하고 역임관은 강등하고 남은 관의 임명장을 말한다. 남은 죄가 있거나 죄를 다 당했더라도 과단하지 않은 상태에서 다시 법을 범한 경우 역임관 가운데 강등이 미치지 않는 관의 임명장으로 차례로 관당하는 것을 허용한다.

이것은 처음 죄를 처단할 때 죄를 면관·관당으로 처분하는 경우를 위해 설정한 조문이다. 다시 말하면 면관·면소거관 처분되는 자가 그 관으로 죄를 당한 외에 남은 죄가 있거나 단죄가 완료되기 전에 다시 죄를 범한 경우 그대로 강등이 미치지 않는 역임관으로 죄를 당해야 하며, 먼저 동으로 속해서는 안 된다.

5. 법례에 따른 감죄와 관당의 순서

7품 이상 관인이 도죄·유죄를 범한 경우 원칙적으로 법례에 따라 1등을 감하는 법례가 있으므로(명8~10). 먼저 죄를 감한 뒤에 관당한다(명18.3b의 문답2). 가령 6품 직사관과 훈관 종2품인 주국 이상을 아울러 가진 관인이 유형에 해당하는 사죄를 범한 경우 법례에 따라 1등을 감하여 도3년으로 형을 정하고, 6품의 직사관으로 도1년을 당하게 한 다음 주국으로 도2년을 당하게 하는 경우 등이다(명17.3c의 소).

Ⅲ. 재차 처단하는 죄의 관당·면관

1. 재차 처단의 관당·면관의 요건

관당·면관·면소거관 처분된 뒤 다시 죄를 범한 자에게 역임의 관직이 남아있는 경우 모두 관당·면관하는 법에 따른다(명21.5a). 이 경우도 처음 처단할 때의 관당 또는 면관·면소거관과 마찬가지로 2관이 있는 자는 먼저 높은 것으로 관당하거나 면관·면소거관한다. 가령 어떤 사람이 면관·면소거관에 해당하는 죄를 범하여 처분되거나 또는 1관이나 2관으로 죄를 당한 뒤, 다시 관당·면관·면소거관에 해당하는 도·유죄를 범한 경우, 아직 역임관의 임명장이 남아 있다면 모두 위의 법에 따라 관당·면관 처분한다.

2. 재차 처단의 관당·면관

재차 처단의 관당·면관은 원칙적으로 최초 처단의 관당·면관 처분 방법에 따른다. 그러나 몇 가지 특례가 있다.

(1) 2관의 관당 순서

2관을 함께 가진 경우 재차 처단의 관당·면관도 먼저 높은 것으로 관당한다(명21.5a의 주). 다만 이미 관당·면관 판결을 받은 뒤라서 현임 직사관이 아니므로, 만약 훈관·직사관의 2관을 가진 자는 먼저 높은 것으로 관당한다. 가령 역임한 직사관이 6품이고 훈관이 5품이면 먼저 훈관으로 관당한다. 관당하고도 남은 죄가 있으면 역시 다음 높은 것으로 관당하되, 훈관 또는 직사관을 가리지 않는다. 다시 말하면 최초 처단의 관당은 반드시 먼저 직사관 및 산관·위관의 높은 것으로 관당하고 다음에 훈관으로 관당하는데(명17.3), 재차 처단의 관당은 직사관과 훈관을 가리지 않고 높은 관부터 죄를 당한다. 만약 1관차로 죄를 당하지 못하면 다음 1관차로 죄를 당하는 것을 반복한다.

(2) 강등의 제한

면관·면소거관·관당 처분 뒤 서용할 때는 본래의 관품에서 강등하는데, 거듭 강등해도 4등을 초과할 수 없다(명21.5b). 다시 말하면, 여러 번 강등할 경우 강등할 것이 많더라도 모두 4등을 초과하지 못한다. 가령 관당으로 관이 모두 없어진 자나 면관 처분된 자는 서용할 때 2등을 강등한다. 그러나 단죄된 뒤에 다시 면관에 해당하는 죄를 세 차례 이상 범하였더라도 4등만을 강등하여 서용하는 법에 따른다. 면소거관 처분된 자나 도죄를 관당하고 관품이 남은 자는 서용할 때 모두 1등을 강등한다. 그러나 뒤에 죄를 범한 것이 비록 많더라도 강등하는 것은 단지 4등으로 제한한다.

모두 4등을 초과할 수 없다는 것은 2관을 합산한 것을 말하지 않는다. 다시 말하면 직사관·산관·위관을 1관으로 하여 강등하는 것은 4등을 초과할 수 없고, 훈관을 1관으로 하여 강등하는 것 또한 4등을 초과할 수 없다. 즉 2관이 있는 관리가 죄를 범한 때에는 각각 4등까지 강등하며, 합산하여 강등하지 않는다.

(3) 면관·관당으로 남은 관품이 없는 자에 대한 처분

면관·관당으로 관품이 남은 것이 없고 아직 서임되지 않은 자가 다시 유죄 이하를 범한 경우, 속동으로 논할 것을 허용한다(명21.6). 연한이 아직 차지 않은 때에도 은사령 등에 따라서 서임될 수 있기 때문에 도형이나 유형의 집행을 면하고 속동으로 논하는 것을 허용하는 것이다. 가령 대공존장이나 소공존속을 구타·고소한 죄는 음으로는 논할 수 없지만(명15.5), 면관·관당으로 관품이 모두 삭제된 자의 경우는 속을 허용한다. 그러나 본래 범한 죄가 속할 수 없는 것이면(명11.2·3) 역시 속할 수 없다.

(4) 서임 시한

서임할 시한은 각각 뒤에 범한 것에 따라 년 수를 계산한다(명 21.6의 주). 즉 면관 및 면소거관에 해당하는 죄를 범하고 처분된 뒤 아직 서임되지 않은 상태에서 다시 면관 및 면소거관·관당에 해당하는 죄를 범한 경우, 각각 뒤에 범한 죄를 기준으로 년을 헤아려 서임하는 것을 허용한다. 예컨대 뒤에 범한 죄가 면관에 해당하면 다시 4년째 되는 해에 서임을 허용하고, 면소거관인 경우 다시 만1년 뒤에 서임을 허용한다. 만약 그 범한 바가 속할 수 없는 도·유죄로 도·

유형에 처해진 경우, 유형에 처해졌다면 곧 영(옥관령, 습유771쪽)에 의거하여 7년째 되는 해에 서임을 허용하고 도형에 처해졌다면 역이 만료된 후에 서임한다. 비록 역이 만료되었어도 여전히 면관 처분으로 인한 재서임 제한 기한 내에 있는 경우에는 그 기한이 만료된 뒤에 서임을 허용한다.

IV. 관당의 적용 범위

관당은 유내관에 한한다. 유내관이 도죄 또는 유죄를 범한 경우 관으로 형을 대체한다. 십악을 범하더라도 속이 허용되는 죄는 역시 관당할 수 있다. 그러나 다음과 같은 예외가 있다.

1. 범죄에 따른 제한

① 제명·면관에 해당하는 죄는 비록 도죄·유죄라도 주형을 관당할 수 없고 먼저 제명·면관 처분한 뒤 죄에 따라 실형에 처하거나 제명·면관된 관으로 주형을 관당한다.

② 5류(명11.2) 즉 다섯 가지 유죄는 관당할 수 없다. 대개 다섯 가지 유죄는 감하거나 속할 수 없고 제명과 도형·유형을 법대로 처결하므로, 당연히 관당할 수 없다.

③ 판관이 부당한 판결로 다른 사람의 죄를 더한 경우, 피해자가 본래 속할 수 있는 자이거나 장으로 대체해야 할 자이면 판관의 죄도 속동을 징수하거나 장을 속동으로 환산하여 논하는 것에 그치고 (단19.1의 주), 관당·유배·노역에 처하는 법례를 적용하지 않는다. 왜냐하면 판관이 죄를 더한 것에 대한 처벌은 무고에 대한 처벌법과

같지 않기 때문이다.

④ 단옥률 30.1a조의 소에 따르면, "과실죄는 관당해서는 안 된다."고 해석하였다. 그러나 관인의 공죄는 과실범이지만 반드시 관당해야 하므로, 소의 해석은 과실살상에만 해당하는 것으로 생각된다. 또 과실살상죄 가운데 속할 수 없는 죄는 관인이라도 속할 수 없으므로 반드시 관당해야 한다(투38의 소).

⑤ 관이나 음으로 감하거나 속할 수 없는 죄도 꼭 관당할 수 없는 것만은 아니다. 즉 5류죄 중 기친 이상 친속을 과실 살상한 죄는 유형·도형은 법대로 처단하지만, 관작이 있는 자는 모두 제명·면관·관당·속법에 따른다(명11.3의 주).

⑥ 관노비를 유인하거나 교환한 죄와 관의 낙타나 말 1필 이상을 죽인 죄는 관당하거나 속할 수 없고, 사사로이 주전한 자도 관당하거나 음을 받아 속할 수 없다(『中國珍稀法律典籍集成』갑편3책, 144쪽).

2. 죄의 종류에 따른 제한

① 관당은 도죄와 유죄에 한한다(명17). 관인의 장죄와 태죄는 속동으로 형을 면한다(명11.1). 사죄는 의장과 청장의 특권이 있는 자를 제외하고 사형에 처해야 하기 때문에 관당할 수 없다. 명례율 30.2b조의 답3은 "원래 사죄는 도죄에 비하는 조문을 두지 않고 관을 도죄로 당하는 예를 둔 것은, 제명·면관·관당의 법은 다만 유죄 이하에만 적용하는 것을 분명하게 하자는 것이다. 만약 관으로 사죄를 대신하게 하려 하면 편의에 따라 율 밖에서 따로 규정을 만든다."라고 해석하였다. 나이 80세 이상 10세 이하 및 독질인 관인이 잡범으로 사죄를 범했을 때만 책임 무능력자임을 고려하여 동으로 속하게 한다(명30.2b의 문답1).

② 관당은 반드시 관차가 죄의 도형 년 수를 당할 수 있을 때 해당하는 관차로 죄를 당하게 하는 사법적 처분이다. 따라서 죄가 가벼워 관품이 남으면 관은 보유하게 하고 속동을 징수한다(명22.1). 가령 5품 이상의 관인이 도2년에 해당하는 사죄를 범한 경우 청장의 특전에 따라 1등을 감하여(명9.1) 도1년반으로 형이 정해지는데, 도1년반은 5품 이상의 1관차로 관당할 수 있는 사죄 2년 및 공죄 3년(명17.1)보다 가벼우므로 관은 보유하게 하고 속동을 징수한다. 예를 더 들면, 9품 이상 6품 이하가 사죄를 범하였으나 도1년에 이르지 않은 경우와 공죄를 범하였으나 도2년에 이르지 않은 경우, 6품 이하의 1관차로 당할 수 있는 사죄 1년 및 공죄 2년(명17.1)보다 죄가 가벼우므로 관은 보유하게 하고 속동을 징수한다.

V. 관당의 내용

1. 본질적 내용

(1) 최초 처단의 관당
① 관당 처분된 자는 원칙적으로 1년 뒤에 원래의 관품에서 1등을 내려 서임한다(명21.3a). 이 점에서는 면소거관과 같다. 1년은 만 1년이며, 칙이 내려 해관된 날부터 다음해 만 360일이 되는 날까지이다.
② 만약 관당하고 남은 죄가 있거나 재범한 자는 역임관으로 관당하는 것을 허용한다. 역임관은 서임할 때 강등하지 않는 관의 고신을 말한다.
③ 만약 관당으로 관이 소진된 자는 면관과 같이 4년째 되는 해에 원래 관품에서 2등을 내려 서임한다(명17.3의 문답).

④ 범한 죄가 관당에는 이르지 않아 임명장을 추탈당하지 않았으면 해관된 자라도 현임관과 같으므로 도죄를 관당할 수 있으며, 서임하는 법은 고과에 따라 해면하는 법례에 따라 만 1년 뒤에 서임을 허용하고 관품은 강등하지 않는다(습유344쪽). 본래 범한 죄가 마땅히 관당해야 하는 경우에는 임명장을 추탈하여 말소한다(명17.3b의 문답).

(2) 재차 처단의 관당

최초 처단에 따라 관당한 뒤 다시 죄를 범하여 관당하였다면, 다시 서용할 때는 이용하는 관품은 누가하여 강등하지만, 다만 4등을 초과할 수 없다(명21.5b).

(3) 작은 삭제하지 않음

관당 처분의 경우 작은 삭제하지 않는다(명11.3 주의 소, 19.3 주의 소).

2. 부수적 내용

① 관당 처분된 자는 과역 대상에 포함하지 않는다(명21.7a). 과역 대상에 포함하지 않는 것은 서임 대상이기 때문이다.

② 역임의 관품이 있더라도 조회에 참예할 수는 없다(명21.7a). 가령 죄를 범하여 면관 처분을 받은 1품의 직사관에게 2품 이하의 역임 관품이 남아 있더라도, 아직 서임 기한이 차지 않은 때에는 조회에 참예하지 못한다. 면소거관이나 관당 처분된 뒤 시한이 차지 않아 서임되지 않은 자도 이에 따른다.

③ 관당하거나 속해야 할 자는 고문해서는 안 된다(단15.3의 소).

대개 원래 실형을 과하지 않고 관당이나 속할 자이므로 고문해서는
안 되는 것이다.

제3절 제명·면관 및 면소거관(명18~21)

Ⅰ. 제명·면관 및 면소거관하는 죄

1. 제명하는 죄

(1) 5류(명18.1)

가역류·반역연좌류·자손범과실류·불효류·회사유류의 다섯 가지
유죄를 범한 자는 제명한다(명11.2). 이 중 회사유류죄는 비록 은사
령이나 은강령이 내리더라도 그대로 제명한다. 불효류·반역연좌류
죄 또한 은사령이 내려도 역시 제명한다. 자손범과실류죄는 은사령
이 내리면 죄를 면하고, 은강령이 내리면 관당·속하는 법에 따르는
것을 허락한다. 가역류죄 가운데 십악에 포함되는 것은 은사령·은
강령이 내려도 여전히 제명한다. 가역류죄 가운데 왕법으로 논죄된
경우와 감림 범위 안에서 도죄(盜罪)를 범한 경우는 은사령이 내리
면 면소거관하고 은강령이 내리면 면관하며, 나머지 잡범은 은사령
이 내리면 용서하고 은강령이 내리면 관당·속하는 법에 따른다(명
18.3b의 문답2).

(2) 십악·고살죄 및 반역연좌(명18.1)

십악·고살죄를 범한 자 및 모반·대역죄에 연좌된 자 또한 제명한다.

① 십악은 모반에서 내란까지 열 가지 범주의 범죄 행위를 말한다(명6).

② 고살인은 다툼 때문이 아니라 고의로 살인한 행위를 말한다(투5.1의 소). 모살은 이미 살해한 경우에(적9.3) 제명한다. 다른 조항에 '모살·고살로 논한다.'고 하거나, 또 '모살·고살에 따른다.'고 한 경우 이미 살해한 때에는 모두 이에 준해서 제명한다. 그러나 피살자가 부곡·노비인 경우는 여기서 말하는 고살을 적용하지 않는다. 왜냐하면 '1가의 사죄에 해당하지 않는 3인을 살해한 죄'에서 '부곡이나 노비는 3인에 포함되지 않아(적12)' 십악의 부도가 적용되지 않기 때문이다. 그러나 방면하여 첩(투24.1의 소)이나 방면하여 양인으로 삼은 옛 부곡이나 노비를 고의로 살해한 경우는 본 조문의 규정에 따르면 비록 죄가 사형에 이르지 않지만(투36.2의 문답2) 고살과 같이 제명한다. 친속 사이의 고살·모살 등도 대개 십악에 포함되므로(명6.8의 주) 역시 제명한다.

③ 모반·대역에 연좌된 자에 대한 제명 처분은 명례율 11.2b조의 소에 규정이 언급되어 있다. 이에 대하여 명례율 18.1의 소는 "모반·대역죄에 연좌되어 유죄 이상을 얻은 경우를 말한다."고 해석하였고, 그 주는 "본래 연좌되어야 하나 노·장애로 면제된 자도 같다."고 해석하였다. 연좌된 사람 가운데 남자 나이 80세 이상 및 독질자와 여자 나이 60세 이상 및 폐질자는 비록 연좌된 죄는 면제되더라도 스스로 관품이 있는 경우에는 역시 모두 제명한다는 것이다. 단 관직이 있는 당사자가 이미 사망한 뒤에는, 그 자·손이 모반·대역죄를 범하여 마땅히 연좌될 자라도 제명해서는 안 된다.

④ 십악·고살·반역죄 등은 죄가 성립되었으면 비록 은사령이 내려도 그대로 제명해야 한다. 죄가 성립되었다는 것은 장물과 진상이 드러나 증명되거나, 상서성에서 판결을 마치고 아직 상주하지 않은

단계를 말한다. 장물은 횡령한 물품을 확보한 것 등을 말하고, 진상은 살인 등 범죄 행위의 진상을 파악하여 증거를 확보한 것을 말한다. 상서성에서 판결을 마치고 아직 상주하지 않은 단계는 형부에서 복심하여 판결이 종결되었으나 아직 상주하지 않은 상태이다(옥관령, 습유757쪽). 주·현에서 판결한 것도 모두 죄가 성립된 것으로 간주한다. 이 단계에서는 은사령이 내려도 그대로 제명된다(단20.2의 주, 단8.3의 주). 그러나 죄가 아직 성립되지 않았으면 은사령에 따라 사면된다.

(3) 감림·주수가 범한 죄(명18.2)

감림·주수가 감림 범위 안에서 간·도·약인의 죄를 범하거나 재물을 받고 왕법한 죄가 성립된 경우 역시 제명한다. 명례율 18.2의 소의 해석은 다음과 같다.

① 감림관이 감림 범위 안에서 양인을 간한 경우(잡28.1) 제명한다. 왕법하여 타인의 처·첩이나 딸과 혼인한 자(호37.2) 또한 제명한다.

② 감림·주수가 감림 범위 안에서 절도하여 장물이 1필 이상인 경우(명18.2의 주, 적36) 제명한다. 절도로[以盜] 논하거나 도죄의 처벌법에 따르는 죄를 범한 경우에도 또한 제명한다.

③ 감림·주수가 감림 범위 안에서 합의 없이 사람을 약취한 경우 제명한다. 피약취자의 나이가 10세 이하이면 비록 합의했더라도 역시 약취에 대한 법과 같다. 율문에서 '사람을 약취함[略人]'이라고 한 것은 양인과 천인을 구분하지 않는다는 뜻이며, 사람을 약취하여 노비·부곡 또는 처·첩·자·손으로 삼은 것을(적45.1) 말한다. 다른 사람의 노비를 약취한 경우 강도죄로 논하고, 유인한 경우 절도로[以盜] 논하므로(적46.1) 이 두 죄를 범한 자는 당연히 제명한다. 타인의 부곡을 약취한 경우(적45.4), 노비를 약취한 죄에 유추하여 제명한다

(명18.2의 문답1).

④ 감림·주수가 1필 이상의 재물을 받고 왕법한 자는 제명한다(명18.2와 주). 왕법으로 논하는[以枉法論] 경우도 또한 같다.

이상 네 가지는 죄가 성립된 뒤 은사령이 내리면 면소거관하고, 은강령이 내리면 면관한다. 이 점에서 5류나 십악 등의 죄를 범한 경우 은사령이 내려도 제명되는 것과는 다르다(명18.2 및 주). 그러나 일반 은사령으로 징계 처분을 완전히 면할 수 없다는 점에서는 같다(단20.2의 주와 소).

(4) 사망한 잡범 사죄수(명18.3)

잡범으로 사죄를 범한 자가, 수감 중에 사망하거나 사형을 면하여 특별히 처벌되거나 사형을 피해 도망친 경우도 모두 제명한다. 명례율 18.3조의 소의 해석은 다음과 같다.

① '잡범으로 사죄를 범한 자'는 위의 십악, 고살, 모반·대역 연좌, 감림·주수가 감림 범위 안에서 범한 간음·도·약인의 죄, 재물을 받고 왕법한 죄를 제외한 다른 범행으로 사죄에 해당하는 것을 말한다.

② '수감 중에 사망한 자'는 범한 죄가 사형에 해당하는 자가 수감 중에 사망한 것을 말한다.

③ '사형을 면하여 특별히 유배된 자'는 본래 사죄를 범하였으나 은전을 입어 특별히 유형이나 도형에 처해진 자 등을 말한다.

④ '사형을 피해 도망친 자'는 사죄를 범한 자가 수감 중에 탈출하여 도망한 것을 말한다.

이들 네 가지 사안은 범한 죄에 대한 죄가 성립된 경우 모두 제명한다. 사형을 피해 도망한 자는 사형과 제명으로 판결하여 법에 따라 재가를 주청하며(공식령, 습유546쪽), 체포할 때를 기다리지 않는다.

①에서 ④까지 은강령이 내리면 관당·속하는 법에 따르는 것을 허용한다. 잡범 사죄 이하로 상주하여 아직 재기를 받지 못한 상태에서 은강령이 내리면, 관품이 있는 자는 관당을 허용하고 음을 받을 수 있는 자는 속하는 법에 따른다. 본법에서 음으로 속될 수 없는 자는 역시 속할 수 없다. 그러나 은사령이 내리면 형은 면하고 현임 직사관만 해면한다. 만약 특별히 석방되거나 여(慮)[31]가 있으면 대체로 은사령이나 은강령이 내려졌을 때의 법례와 같다(명18.3b의 문답1).

(5) 사사로이 주전한 죄

신룡 원년(705)의 산반격(『中國珍稀法律典籍集成』갑편3책, 144쪽)에 따라 사사로이 주전한 자는 수범·종범 모두 관당하거나 음을 받아 속할 수 없고, 관품이 있는 자는 그대로 제명한다.

2. 면관하는 죄(명19)

면관은 2관을 면하는데, 면관 처분한 2관으로 관당하고 남은 죄가 있으면 관당·감형·속하는 법에 따를 것을 허용한다(명19.3의 주와 소).

(1) 관인이 간·도·약인과 수재불왕법을 범한 죄(명19.1)

감림이 아닌 관인이 간·도·약인의 죄를 범하거나 재물을 받았지만 왕법하지 않은 경우 면관한다. 관인의 간·도·약인의 죄는 일반적으로 제명에 해당하지만, 단 제명에 해당하는 것은 감림 범위 안에

---

31) 慮는 慮囚를 말한다. 이는 죄수의 죄상을 검열하여 장기 미결수와 冤獄을 살펴 처리하는 것을 말한다. 특히 황제의 명에 따른 會慮의 경우 죄를 사면하거나 경감하는 바가 많다. 이러한 慮는 특정 개인에 대한 감형으로 일반에게 포고되는 은강령과는 다르다.

서 범한 경우에 한한다. 여기서 말하는 간·도·약인의 죄는 감림 범위 밖에서 범한 죄이다. 감림 범위가 아닌 곳에서 간·도·약인의 죄를 범하거나 재물을 받았지만 왕법하지 않은 때는(직48.1), 반드시 도형 이상으로 판결된 경우에만 비로소 면관한다. 타인의 노비를 약취한 행위는(적46) 마땅히 도죄로 간주하여 면관한다. 간죄를 범하여 도형에 처하는 것은 양인을 범한 경우에 한한다(명18.2의 주).

(2) 유·도죄를 범하고 도망한 죄(명19.2)

혐의가 의심되는 죄나 과실에 의한 것이 아닌 유죄·도죄를 범하고 죄가 성립된 뒤 도주한 자는 면관한다. 이 죄가 성립된 뒤 도주한 자에는, 감형되었지만 아직 복역해야 할 도형이 남아 있거나, 영에 따라 보증인을 세우고 석방되어 심문을 기다리는 중이거나, 도죄에 해당하는데 구금되지 않은 자도 포함된다. 율에는 원래 수감 기한에 대하여 적시된 것이 없으니, 조사하여 도주한 것이 사실이면 이 조문을 적용한다. 심문 중에 도망한 자는 유·도죄와 면관으로 판결하여 법에 따라 재가를 주청하며, 체포할 때를 기다리지 않는다(명18.3의 소). 의죄(단34)와 과실(투38)에 의한 유·도죄는 속을 허용하므로 죄가 성립한 뒤 도망하더라도 면관하는 범위에 포함하지 않는다.

(3) 조부모·부모의 수감 중에 악을 감상하거나 혼인한 죄(명19.3)

조부모·부모가 사죄를 범해 수감되었는데 악을 감상하거나(직31.2) 혼인하여 처를 취한 자(호31.1)는 면관한다. 증조·고조 이하 조부모·부모가 사죄를 범해 수감되었는데 자·손이 만약 악을 감상했다면, 스스로 연주하거나 타인을 시켜 연주하거나 모두 같다. 혼인한 자는 남자가 처를 취한 것만을 말하고 여자가 시집간 것은 조문에 없기 때문에, 부인이 범한 경우는 면관하는 범위에 들지 않는 것이 분명하다.

3. 면소거관하는 죄

(1) 부·조의 이름을 범한 죄(명20.1)

관사나 관직의 명칭이 부·조의 이름을 범하게 되는데도 영예를 탐하여 관직에 나아간 자는(직31.1) 면소거관한다. 관사의 명칭은 성(省)·대(臺)·부(府)·시(寺) 등이 있다. 관직의 명칭은 상서(尙書)·장군(將軍)·경(卿)·감(監) 등이 있다. 가령 부·조의 이름에 '상(常)'자가 들어 있다면 태상시(太常寺)의 관직에 임명될 수 없고, '경(卿)'자가 들어 있다면 경의 직에 임명될 수 없다. 만약 이 같은 관직을 받아 임명된 자는 '영예를 탐하여 관직에 나아간 죄'를 받는다. 선거를 관장하는 관사는 오직 부·조·증조 3대의 이름에 관명이 들어 있는지를 따지며, 고조의 이름을 범한 것은 따지지 않는다. 이 때문에 증조의 이름을 범한 것까지 면소거관한다. 율에서 조부모라고 한 것은 증·고조부모도 같은 것이 원칙인데(명52.1), 이 죄의 경우는 증조까지만 포함된다.

(2) 조부모·부모를 모시지 않은 죄(명20.2)

조부모·부모가 늙고 병들어 모실 사람이 없는데도 내버려 두고 관직에 나간 자는(직31.1) 면소거관한다. 영(호령, 습유231쪽)에 따르면 80세 이상과 독질자는 모두 시중들어야 할 대상이다. 만약 부모가 80세 이상이거나 독질인데, 시중들지 않고 관직에 나아간 자는 면소거관에 처한다. 그러나 재능과 업적이 뛰어나 관에 두고 부릴 필요가 있는 자는 이 율에 구애받지 않고 관직을 가지고 있으면서 시중들게 한다. 다만 선거를 통해 관직을 얻어 부·조를 모시고 부임하거나, 관직에 부임한 뒤 비로소 꼭 모셔야 할 사유가 발생한 경우는, 단지 위령죄(잡61.1)를 적용하고 면소거관하지 않는다(명20.2의 문답).

(3) 부모상중에 자식을 낳거나 첩을 얻은 죄(명20.3)

부모상중에 자식을 낳거나(호7) 첩을 얻은 자는(호30.1) 면소거관 한다. 부모상중에 자식을 낳았다는 것은 대개 정상(正喪) 기간인 25 개월과 담제(禪制)를 지낼 때까지의 기간인 2개월을 합한 27개월 내 에 임신케 한 자를 말한다. 만약 부모가 사망하기 전에 임신케 한 자 는 비록 복상 기간 중에 자식을 낳았더라도 이 조문에 따라 처벌하 지 않는다. 만일 복을 벗은 다음에 출산하였다면, 임신한 시점을 계 산하여 그것이 복상 중일 때는 율에 따라 죄를 얻는다. 첩을 얻은 때 에도 27개월의 기한에 준한다.

(4) 부모상중에 호적을 따로 하고 재산을 나눈 죄(명20.4)

부모상중에 형제들이 적을 따로 하고 재산을 나눈 자는(호7) 면소 거관한다. 역시 27개월 내를 기준으로 기한을 삼는다. 심상(心喪) 중 에 있는 자도 같다. 심상은 첩의 자식이나 쫓겨난 처의 자식의 생모 의 복을 강등하여 25개월 동안 정식 상복을 입지 않고 경건하게 애 도하는 것을 말한다.

(5) 복상 중에 관직을 구한 죄(명20.4)

상중임을 무릅쓰고 관직을 구한 자는(직31.1) 면소거관한다. 부모 복 상 기간에 있는 자 및 심상 중에 있는 자가 관직을 구한 것을 말한다.

(6) 감림하는 범위 내의 천인을 간한 죄(명20.5)

감림관이 감림 범위 내의 잡호·관호·부곡의 처 및 비를 간한 경우

(잡22.3~4) 면소거관한다. 잡호는 전 왕조 이래 관사에 예속된 자로 과역은 백성과 같지 않으나, 노남이 되면 과역을 면하고 정남이 되면 토지를 받는 것은 백성의 예에 따르고, 모두 소속된 관사에 순번에 따라 복역한다. 관호는 전 왕조 이래 관아에 배속된 자가 서로 혼인하여 생겨난 호이거나, 당에서 관에 몰수되어 주·현에 호적이 없고 다만 주관 관사에 소속된 호이다. 부곡의 처란 일반적으로 부곡과 혼인한 양인 여자를 말한다. 비는 관·사비 모두 같다. 단 감림·주수가 감림 범위 내에서 간한 경우, 강간이거나 화간이거나 모두 이 조문을 적용한다. 이는 감림 범위 안의 양인녀와 간통하여 제명되거나, 감림 범위 밖의 양인녀를 간하여 면관되는 경우와는 다르다. 공호·악호·태상음성인을 간음한 경우 잡호 등과 마찬가지로 면소거관한다고 해석해야 한다.

II. 제명·면관의 내용

1. 제명

(1) 관·작

1) 관·작의 삭제
통상적으로 제명은 관·작 모두를 삭제한다(명21.1). 이는 초임 이래의 관·작을 모두 삭제하여 초임 이전의 출신 자격으로 되돌리는 것을 말한다.

2) 서임법

명례율 21.1a②조는 "6재(載) 후에 서임을 허용하나 출신법에 따른다."고 규정하였는데, 그 소의 해석은 좀 복잡하다. 가령 원년에 죄를 범하였으면 6년 뒤 7년 정월에 비로소 서임하는 절차가 있다. 제명 뒤의 서임법은 다음과 같은 선거령(습유-299쪽)에 따른다. 제명에 해당하는 죄를 범한 관인이 제명 기간이 만료된 뒤 서임될 경우, 문무 3품 이상은 상주하여 칙에 따르고, 정4품은 종7품하에 서임하고, 종4품은 정8품상에 서임하며, 정5품은 정8품하에 서임하고, 종5품은 종8품상에 서임하며, 6·7품은 모두 종9품상에 서임하고, 8·9품은 종9품하에 서임한다. 출신 자격으로 서임되는 관품이 이 법에 정한 것보다 높은 경우에는 높은 것에 따른다. 출신은 입사 자격을 말하는 것으로 음을 통하는 것과 수재·명경 등 과거를 통하는 것이 있다. 훈관이 제명에 해당하는 죄를 범하고 제명 기한이 만료되어 서품해야 할 때 2품은 정6품 효기위로 서품하고, 3품은 종6품 비기위로 서품하며, 4품은 정7품 운기위로 서품하고, 5품 이하는 종7품 무기위로 서품한다. 본래 범한 죄가 면관에 이르지 않으나 특별히 제명된 자의 서임법은 면관의 법례와 같다(명21.1b). 본래 범한 죄가 면관까지 이르지 않지만 죄의 정상이 책벌할 만하여 특별히 제명된 자는, 우선 범한 죄가 가벼운 점을 참작하여 면관 처분된 자의 서임 법례에 따라 서임하는 것이다.

3) 부인의 관·작

부인이 남편이나 자식으로 인하여 읍호(邑號)를 얻었는데 제명에 해당하는 죄를 범한 경우, 제명 기간이 만료된 뒤 현재 남편이나 자식에게 관·작이 있을 때는 식에 따라 서품하는 것을 허용한다(명 21.1b의 주). 대개 부인의 읍호는 남편이나 자식의 관·작에 종속되므로, 부인 자신이 죄를 범하여 제명되었어도 단지 7년째가 되기 전까지만 예우를 정지하고, 기한이 만료된 때는 그대로 당시 남편이나 자식의 관·작에 따라 서품한다. 읍호는 부인·군군·현군·향군 등을 말한다. 제명 기한이 만료되어 서품할 때 남편·자식의 관·작에 변동이 없으면 제명 전과 같이 그대로 부인·군군·현군·향군 등을 수여하고 품계를 강등하지 않는다. 만약 남편·자식의 관품이 강등된 경우에는 모두 강등하여 수여하고, 남편·자식의 관품이 오른 경우에는 오른 관품에 따라 높여 서품하는 것을 허용한다. 부인이 남편·자식의 관·작에 따라서가 아니라 별도로 읍호를 받은 경우에는 일반 봉작자의 법례와 같이 제명된 작은 다시 서품하는 법이 없으므로, 부인의 읍호도 제명되면 다시 서품할 수 없다.

(2) 과역

제명 처분된 자는 음이 없으면 서인과 같고 음이 있으면 음의 법례에 따른다(명21.1a①). 또 영에 따라 제명되고 아직 서임되지 않은 자는 요역을 면제하는 대신 노임을 납부케 한다.

2. 면관

(1) 관품에 대한 처분

1) 관의 해면

면관은 2관 모두 해면한다. 이때 작 및 서임할 때 강등이 미치지 않는 관의 임명장은 보유를 허용한다(명19.3의 주). 2관은 직사관·산관·위관을 1관으로 하고, 훈관을 1관으로 한다. 작은 왕·공·후·백·자·남이다. 강등이 미치지 않는 관은 3년째 되는 해에 서임할 때 원

래의 관품에서 2등을 강등하는 것 외의 역임관을 말한다. 정리해서
말하면 면관 처분할 때 해면하는 2관과 강등이 미치는 2등의 관의
임명장을 회수하고, 그 밖의 역임관의 임명장은 보유케 한다.

  2) 서임법
  면관 처분되어 2관이 모두 해면된 자는 3재(載) 후에 원래의 관품
에서 2등을 내려 서임한다(명21.2). 3재(載) 후에 서임한다는 것은 해
면된 뒤 4년차에 들어가면 서임을 허용함을 말한다. 면관 처분된 자
에게 2관이 있다면 각각 강등된 바의 관품에 의거하여 서임한다(명
21.4). 여기서 2관이란 직사관 등이 훈관을 가지고 있는 것을 말한
다. 따라서 원래의 관품에서 2등을 강등해서 서임한다는 것은, 가령
직사관은 정4품상의 관이 면관되었으면 4년째 되는 해에 종4품상으
로 서품하고, 훈관은 가령 정2품 상주국이 면관되었으면 4년째 되는
해에 정3품 상호군에 서품하고, 강등된 관품이 종7품 무기위 이하인
경우에는 무기위부터 서품한다는 것이다. 정4품 이하는 정·종의 상·
하 1계를 모두 1등으로 하고, 종3품 이상 및 훈관은 정·종을 모두
1등으로 한다.
  본래 범한 죄가 면소거관이나 관당에 이르지 않으나 특별히 면관
된 자의 서임법은 면소거관과 같다(명21.3b). 본래 면소거관에 이르
지 않는 죄는 위의 제명·면관은 물론 아래의 면소거관에 해당하는
죄보다 가벼운 죄를 말한다. 본래 관당에 이르지 않는 죄는 9품 이상
관의 경우 사죄는 도1년, 공죄는 도2년에 이르지 않는 죄이고, 5품
이상 관의 경우 사죄는 도2년, 공죄는 도3년에 이르지 않는 죄를 말
한다. 특칙으로 면관된 자의 서임법은 모두 면소거관된 자와 같으므
로, 만 1년 뒤에 원래의 관품에서 1등을 강등하여 서임한다.

(2) 과역

면관 처분된 자의 과역은 면제한다(명21.7a). 서임될 자격을 가지고 있기 때문에 과역을 면제하는 것이다.

(3) 조회

면관 처분된 자는 역임관이 있더라도 조회에 참예할 수 없다(명21.7a). 가령 1품의 직사관이 죄를 범하여 면관된 경우 2품 이하의 역임관을 가지고 있더라도 아직 서임 기일이 되지 않은 때에는 조회에 참예하지 못한다. 면소거관되거나 관당된 뒤 기한이 되지 않아 서임되지 않은 자도 이에 준한다.

3. 면소거관

(1) 관품에 대한 처분

1) 관의 해면

면소거관은 가지고 있는 관 가운데 1관을 면하는 것으로, 즉 직사관·산관이나 훈관 가운데 1관을 해면한다(명20.5의 주1). 면소거관으로 처분할 때 직사관을 가진 자는 직사·산관·위관이 위계가 같으면 동시에 해면하는데, 이는 직사관·산관·위관의 위계가 같은 경우에는 1관으로 간주하기 때문이다. 만약 위계가 다르면 먼저 높은 것을 해면한다. 만약 훈관을 겸하여 가졌으면 먼저 직사관을 해면하고, 직사관이 없고 훈관만 가진 자는 훈관 가운데 높은 것을 해면한다. 다만 영예를 탐하여 부·조부의 이름을 범하고 취임한 관직에서 승진되어 임용된 자는 부·조의 이름을 범한 관직의 임명장을 추탈한다(명20.5의 주2). 가령 부·조의 이름에 '상(常)'자가 있는데도 태상시

(太常寺)의 직에 부임하고 임기가 만료된 뒤에 다른 고관으로 승진한 뒤 이 사실이 드러나 형을 논할 때는, 현재 재직하고 있는 높은 관품을 먼저 해면하고, 전에 부·조의 이름을 범하고 임명된 관직의 임명장은 빼앗는다. 작은 삭제하지 않는다.

2) 서임법

면소거관 처분된 자는 만 1년 뒤에 원래의 관품에서 1등을 강등하여 서임한다(명21.3a).

(2) 과역

과역은 서임되기 전이라도 면한다(명21.7a). 서임될 자격을 가졌기 때문에 그 과역을 면제하는 것이다.

(3) 조회

역임관이 남아 있더라도 조회에 참예할 수 없다(명21.7a).

Ⅲ. 제명·면관·관당·속의 성질 및 상호관계

1. 제명·면관의 성격

제명·면관의 가장 우선적인 성격은 징계의 뜻이 있는 종형이다. 예컨대 특별히 지정된 다섯 가지 유죄, 즉 5류를 범한 자는 모두 감형하거나 속할 수 없으며 제명하고 유배하는 것을 법과 같이 한다(명11.2f). 여기서 제명은 종형이고 유형은 주형이기 때문에 병과하는 것이다. 십악 등의 죄를 범하여 옥이 성립된 경우 은사령이 내리면 주형은 사면되거나 감형되지만, 제명 처분은 그대로 집행된다. 또 감림·주수가 감림 범위 내에서 간통 등의 죄를 범하여 죄가 성립된 경우, 은사령이 내리면 주형은 사면되지만 면소거관하고, 은강령이 내리면 주형은 감하지만 면관한다(명18.2와 주). 이것이 바로 종형의 처분법이다.

제명에 해당하는 자는 관·작을 모두 삭제하고(명21.1), 면관에 해당하는 자는 2관 모두 해면하므로 면관은 제명에 가깝다. 면소거관에 해당하는 자는 2관 중 1관만 해면한다(명20.5의 주1). 관인에게 제명·면관·면소거관에 해당하는 법정 사유가 있을 때는 무조건 처분한다(명22.2a). 이에 반해 도·유죄를 관으로 당하게 하는 관당의 경우는, 죄가 가벼워 관품을 다 쓰지 못하게 되면 관직 또는 관품의 해면을 보류하고 속동을 징수한다(명22.1). 그러므로 관당은 조건부 면소거관이다.

2. 제명·면관과 관당·속의 관계

제명·면관은 관당의 특별 규정으로 제명·면관에 해당하는 죄는 곧바로 관당할 수 없고 무조건 제명·면관한다. 즉 법이 제명·면관한다고 지정한 죄를 범한 경우 해당 죄가 비록 가벼워도 예에 따라 그대로 제명·면관하고, 제명·면관된 관으로 모두 당할 수 없을 정도로 죄가 무거우면 제명·면관 처분한 뒤 다시 관당·속하는 법에 따라 처분한다(명22.2b). 즉 해당 죄의 형벌에 대해 제명·면관된 관으로 모두 당할 수 있는지 여부를 기준으로 그 처분이 서로 다르다.

(1) 제명·면관된 관으로 죄를 모두 당할 수 있는 경우

제명·면관된 관으로 죄를 당하여 형이 다하면 다만 제명·면관 처분만 하고 다시 관당하거나 속동을 징수하지는 않는다. 이는 대개 제명·면관된 자의 관품이 높거나 역임관품이 많아 주형을 모두 관당할 수 있기 때문이다. 다만 그 종형에 대해 말하면 제명·면관에 해당하는 죄를 범한 자는 비록 죄가 가볍더라도 그대로 제명·면관한다(명22.2a). 가령 5품 이상의 직사관 및 훈관을 갖고 있는 관인이 감림 대상으로부터 견 1필을 절도하였다면 본래 처벌은 장80에 해당하지만(적36), 그래도 법례(명18.2)에 따라 제명한다. 또 가령 6필1척 상당의 재물을 받았지만 왕법하지 않았다면 본래의 처벌은 도1년반에 해당하지만(직48.1b), 법례(명19.1)에 따라 면관해야 한다. 또 감림 범위 내의 비를 간하였다면 장100에 해당하지만(잡22.3과 28.1), 역시 법례(명20.5)에 따라 면소거관해야 한다.

(2) 제명·면관된 관으로 형을 모두 당할 수 없는 경우

죄가 무거워 제명·면관으로 처분이 마무리되지 않으면 관당하거나 속동을 납부해야 한다(명22.2b). 살피건대 제명·면관은 종형이므로 반드시 그 주형을 다시 논해야 하는 것이다. 다시 말하면 만약 관이 적고 죄가 무거워 그 죄를 다 관당할 수 없으면 나머지 죄는 다시 속동으로 면해야 한다. 이 점에 관해서 명례율 22.2b조의 소는 다음과 같이 해석하였다. "무릇 제명·면관에 해당하는 죄를 범한 경우 본래 범한 죄가 비록 가볍더라도 법례에 따라 반드시 제명·면관한다. 죄가 무거운 경우는 모두 범한 바에 따라 유·도죄를 제명·면관한 관으로 관당하고 남은 것은 동으로 속한다. 가령 직사관 정7품상에 있으면서 다시 역임관 종7품하를 갖고 있는 자가 제명에 해당하고 또 예감할 수 없는 유죄를 범한 경우, 유죄는 도죄 4년에 비하므로(명17.2) 직사관 정7품상 1관으로 도1년을, 역임관 종7품하의 1관으로 도1년을 당하게 한 뒤 나머지 도2년에 대해서는 동 40근으로 속하게 하고 법례에 따라 제명에 처한다. 죄가 면관에 해당할 경우에도 또한 이 같은 절차에 따라 관당·속하고 법례에 따라 면관한다."

(3) 제명 처분시의 작

제명하는 경우 작 또한 삭제한다(명21.1a①). 작이 삭제된 경우는 여죄가 있더라도 역시 속동을 징수하지 않는다(명22.3). 작은 원래 자손에 세습되는 것으로 함부로 삭제해서는 안 되는 것이다. 제명으로 인해 작이 삭제되었다면 문책한 바가 이미 깊어 그 봉국을 삭제한 것이므로 삭제된 관으로 죄를 모두 당하지 못하여 남은 죄가 있더라도 동으로 형을 속하게 해서는 안 된다는 것이다.

(3) 관당과 속동의 성질과 순서

관당과 속동은 모두 형을 대체하는 처분이지만, 다만 관인은 반드시 먼저 관으로 도죄를 당해야 한다(명11.1, 30.2b의 주). 또 관이 적고 죄가 무거워 관으로 도죄를 당하고도 죄가 남을 때는 동으로 죄를 속한다. 또 관당이나 면관으로 남은 관품이 없고 아직 서임되기 전에 다시 유죄 이하의 죄를 범한 때는 속동으로 논할 것을 허용한다(명21.6). 요컨대 관인이 도·유죄를 범한 경우 우선 관당하므로, 관당은 원칙 법규이고 속동은 예외적인 상황에서 관당을 대신하는 것이다.

IV. 제명·면관을 도형에 비함(명23.1)

1. 입법 이유

제명·면관은 비록 종형이지만 관인에게는 제재가 가볍지 않은 것이다. 범한 본죄가 비록 가볍더라도 제명·면관에 해당하는 자는 동으로 죄를 속할 수 없고(명11.1b의 소), 그대로 제명·면관 처분한다(명22.2a). 그러므로 어떤 사람이 관인을 제명·면관 처분을 받게 하거나 제명·면관 처분을 받을 사람으로 하여금 제명·면관을 받지 않게 했다면 단지 제명·면관의 죄의 주형을 표준으로 할 수는 없기 때문에 관인이 받을 수 있는 제재를 도형에 비해서 그 사람을 처벌해야 한다. 단 유외관은 제명·면관하는 율을 적용하지 않는다(명23.1). 유외관은 관품이 낮고 봉록이 적어 일반 백성과 다르지 않으므로 유외관에 대해서는 제명·면관을 도형에 비하는 법이 필요하지 않은 것이다(명23.1의 소).

2. 도형에 비하는 방법

제명은 도3년에 비하고, 면관은 도2년, 면소거관은 도1년에 비한다(명23.1). 이는 제명·면관·면소거관 처분을 죄의 경중에 따라 차례로 도형에 비한 것이다. 이 같은 제명·면관을 도형에 비하는 법은 제명·면관되는 관인의 죄가 가벼운 경우를 위해 설치된 것이다. 만약 무고자에게 반좌해야 할 죄나 부당 판결한 판관에게 반좌해야 할 죄가 위의 도형에 비한 년 수보다 무거우면, 무고한 자 또는 부당 판결한 판인은 무거운 죄에 따라 처벌한다.

3. 반드시 도형에 비하는 정형

명례율 23.1조는 제명·면관을 도형에 비하는 것에 대한 규정인데, 그 주에 "가벼운 죄로 사람을 무고하거나 부당한 판결로 가벼운 죄를 가감한 것 따위 때문에 이 비하는 방법을 정했다는 것을 말한다." 라고 해석하고, 그 소에서 다시 예를 들어 설명했다.

(1) 무고

1) 제명
가령 5품 이상의 관인이 관할하는 범위 내에서 견 1필을 훔쳤다고 고발된 경우, 만약 이것이 사실이면 훔친 관인은 마땅히 장80에 해당하여 제명 처분해야 한다. 그러나 이것이 허위라면 무고한 사람은 장에 그칠 수 없기 때문에 도3년에 비하여 반좌한다.

2) 면관
5품관이 감림하는 범위 밖에서 견 5필을 훔쳤다고 고발된 경우, 만약 이것이 사실이면 도1년에 해당하여 면관 처분해야 하지만, 만약 허위라면 무고한 사람은 도1년에 그칠 수 없기 때문에 도2년에 비하여 반좌한다.

3) 면소거관
감림관이 감림하는 범위 내에서 비를 간하였다고 고발된 경우, 만약 이것이 사실이면 장90에 해당하여 면소거관 처분해야 하지만, 만약 허위라면 무고한 사람은 장100에 그칠 수 없기 때문에 도1년에 비하여 반좌한다.

(2) 부당한 판결

1) 제명

절도죄를 범한 감림관은 반드시 제명 처분한다(명18.2). 그런데 감림관이 감림 범위 내에서 절도하지 않았는데 부당하게 절도죄로 판결하거나, 실제로 감림 범위 내에서 절도하였음에도 부당하게 절도하지 않았다고 판결하였다면, 이것이 부당한 판결로 제명 처분을 가감한 것이다. 이는 도3년에 해당하는 죄를 부당하게 판결한 죄에 비한다.

2) 면관

면관에 해당하는 죄를 가감하였으면 도2년에 해당하는 죄를 가감한 것에 비한다.

3) 면소거관

면소거관에 해당하는 죄를 가감하였으면 도1년에 해당하는 죄를 가감한 것에 비한다.

(3) 기타

① 죄인을 숨겨주거나 또는 죄인에게 통과해서 이르게 하고 물자를 공급한 죄(포18), 죄인을 위해 거짓 보증·증언한 죄(사25, 26), 죄수를 고의로 놓아준 죄(포16.4)에서, 상대에게 제명·면관에 해당하는 죄가 있는 경우는 모두 도형에 비하는 본 율문에 따른다. 즉 관인이 제명·면관에 해당하는 죄를 범하였는데, 타인이 그를 숨겨주거나, 노자를 제공해 돕거나, 또는 거짓 보증·증언하거나, 고의로 놓아준 죄 등은 모두 도죄에 비하는 법례에 따른다.

② 이 밖에 왕법하여 제명·면관 처분을 더했다면 그 주형이 본래

도형에 해당하지 않더라도 도죄를 왕법하여 더한 것과 같이 처벌한다(위25.2의 소). 또한 제명·면관 처분에 대해 망령되이 소를 제기한 경우도 모두 도죄에 비하는 법에 준한다(위25.2의 소).

③ 소속되어 섬기는 부주(府主) 등을 무고한 자는 무고한 죄에 2등을 더하는데, 만약 제명·면관에 해당하는 사안으로 무고하였다면, 또한 도죄에 비하는 법에 준하여 죄를 더한다(투49).

④ 은사령이 내리기 전의 일을 서로 고발하거나 관원이 법을 어기고 고발을 접수하여 처리한 경우, 그 사안이 제명·면관에 해당하는 죄이면 도죄에 비하는 법에 따라 죄준다(투53.1a의 소).

4. 도사·여관의 환속·고사 처분

도사·여관에 대하여 환속해야 할 자라고 무고한 죄는 도1년에 비한다. 고사해야 할 자라고 무고한 죄는 고사 10일을 태10에 비하며, 부당한 판결로 인해 이를 가감한 판관의 죄도 같다(명23.2).

① 격에 따르면, "도사 등이 함부로 속인의 복장을 착용한 경우 환속한다."고 하였다. 가령 도사 등이 임의로 속인의 복장을 입었다고 고발된 경우, 만약 이것이 사실이라면 모두 반드시 도사 등은 환속하게 하지만, 허위라면 무고자를 반좌하되 도1년에 비한다.

② 격에 따르면 "도사 등이 집집마다 방문하여 시주를 구한 경우 100일 동안 고사하게 한다."고 하였다. 실제 시주를 구하지 않았는데도 무고한 경우, 고사10일은 태10에 비하고 고사 100일은 장100에 비하여 무고한 자를 반좌한다.

③ 판관이 환속 및 고사로 판결해야 함에도 무죄로 판결하였거나, 환속 및 고사로 판결해서는 안 됨에도 부당하게 법을 적용해서 죄를 더하여 환속 및 고사로 처분한 경우, 모두 도·장형에 비하여 반좌한

다. 다만 부당하게 판결한 판관이 과실로 죄를 더했다면 3등을 감하고, 과실로 죄를 감했다면 5등을 감한다(단19.4).

VI. 특수한 관의 제명·면관·관당

1. 해임된 뒤 아직 서임되지 않은 자의 역임관

일반적으로 말하면, 정상적인 사유가 있어 해임된 관은 현임관과 같고, 정상적이지 않은 사유로 해면된 관이라도 임명장의 회수가 유보된 관은 또한 현임관과 같다(명15.1 및 주). 그러므로 죄가 관당에 해당하는 경우 역임관으로 죄를 당하고(명17.3c의 문답), 마찬가지로 제명·면관에 해당하면 역임관을 제명·면관 처분해야 한다.

2. 시품관

시품관은 정관과 같다. 시품관은 모두 유내관으로 간주하므로, 시품관으로 죄를 관당하거나 형을 감하거나 속하는 것은 모두 정관과 같다(명15.2의 소).

3. 부인의 관품 및 읍호

부인의 관품 및 읍호도 역시 관당·속하는 법에 따른다(명12.1). 단 남편이나 아들에 따라서가 아니라 별도로 읍호가 더해진 자가 제명에 해당하는 죄를 범한 경우 그 읍호를 강등한다. 면관 이하는 관품은 유보하고 속동을 징수한다(명12.2의 소).

4. 유외관의 유내관품

유내관품을 가진 유외관은 모든 관사의 영·사(令·史) 이하로서 유내관의 임명장이 있는 자를 말한다. 여기서 유내관이라는 것은 유내의 산관 및 훈관을 가리킨다. 예컨대 훈관 또는 산관을 가지고 있으면서 유외직에 임명된 자가 도형 이상의 죄를 범하여 훈관으로 관당했거나, 또는 도죄를 범하여 관품으로 죄를 다 당하지 못하여 1년 이상의 도형을 속한 경우, 모두 유외직을 해면한다(명17.6).

5. 가판관

가판관인이 유죄 이하를 범한 경우 속동으로 논죄하는 것을 허용하되 가판관으로 죄를 관당하지는 못한다. 다만 율에 비추어 속할 수 없는 죄로 도형 이상에 처해진 경우 가판관도 제명·면관한다(명15.7과 소).

6. 노·소·장애인의 관

노·소·장애인으로 속이 허락되더라도 관·작이 있다면 모두 관당·제명·면관하는 법에 따른다(명30.2b의 주).

7. 관이 없을 때 범한 죄

관이 없을 때 범한 죄가 관이 있을 때 발각되었다면 유죄 이하는 속으로 논하지만 관당·제명·면관 처분하지 않는다(명16.1 및 주).

제5장
일반인 및 천인의 처벌에 관한 특례

서설

명례율 26~28, 30~31조는 일반인의 처벌에 관한 특례이다. 26조는 부·조가 시양을 받아야 할 사람인데 기친 성정이 없는 경우 형의 집행을 유예하는 규정이고, 27조는 도형에 해당하는 죄를 범하고 복역해야 하는 죄인의 가내에 죄인 외에 다른 정이 없는 경우 장형으로 대체하는 규정이며, 28조는 특수직역인 및 부인이 유죄를 범한 경우 유배하지 않고 장형과 복역으로 대체하고 도죄를 범한 경우 장형으로 대체하는 규정이다. 30~31조는 노·소·장애인이 죄를 범한 경우 실형 대신 속동을 징수하거나 형의 집행을 면제하는 규정이다. 이상의 일반인의 처벌에 관한 특례는 대체로 형의 유예나 복역의 완화 등을 내용으로 한다.

또한 명례율 47.2조는 관호·부곡과 관사노비의 처벌에 관한 특례인데, 유·도죄를 범한 경우 장형으로 대체해서 집행하고 복역을 면하는 것이 내용이다. 이 같은 특례와는 별도로 명례율 47.1조는 관호·부곡과 관사노비의 행위주체성에 관한 규정을 두고 있다. 당률에서 관사노비는 재물과 같고 관호·부곡도 때로는 재물로 간주되는 까닭에 행위의 주체를 천인으로 특별히 지정해서 규정한 조문들을 두고 있는데, 천인에 대해서 언급이 없는 여타 조항의 죄를 천인이 범한 경우 어떻게 처분할 것인지 의문이 일어날 수 있다. 때문에 이 조항은 본조에 관호·부곡과 관·사노비에 대해 언급이 없더라도 양인에 준해서 행위의 주체가 된다는 것을 규정한 것이다. 다만 행위주체성에 관한 규정에서 관호·부곡·관노비에 대해서만 언급하고 잡호·공악호·태상음성인에 대해서는 언급이 없는데, 신분이 미천한 자들에게 행위주체성이 있다면 그보다 신분이 높은 잡호·공악호·태상음성인에게 행위주체성이 있다는 것은 의문의 여지가 없기 때문에 조문이 없을 것이다.

제1절 부·조의 시양을 위한 특례(명26)

Ⅰ. 개설

부·조가 노인·장애인이어서 시양해야 하는데 그 자손이 죄를 범한 때에는 사죄부터 도죄까지 황제에게 은전을 청할 수 있다. 예컨대 비록 사죄를 범했더라도 십악이 아니고 가에 기친 성정이 없는 경우 황제에게 집행유예를 청할 수 있다. 유죄를 범한 때에는 임시로 머물며 부·조의 봉양을 청할 수 있다. 도죄를 범하여 복역해야 할 자는 장형으로 대체해서 형을 받는 것을 신청할 수 있다(명27.3의 주). 이 집행유예 및 완화는 자손으로 하여금 효행을 다하게 하기 위한 것으로, 인정을 따라 설정한 것이다.

Ⅱ. 사죄를 범한 자의 시양 요청

1. 요건

사죄를 범하고 황제에게 사형의 면제를 청하는 것은 본래 의장(명8)·청장(명9)의 자격이 있는 자에 대해서만 허용되는 것으로 매우 큰 특전이다. 때문에 일반인이 사형의 집행유예를 청할 수 있는 요건은 매우 엄격하다.

① 반드시 그 사죄가 십악이 아니어야 한다. 즉 명례율 6조에 규정된 모반 이하 내란 이상의 열 가지 범주의 죄에 해당하지 않아야 한다.

② 증·고조를 포함해서 조부모·부모가 노인·장애인이어서 마땅히 시양해야 하는 경우에 한한다. 영에 규정된 시양해야 할 노인은 80살 이상이며, 장애는 독질이어야 한다.

③ 집에 기친 성정이 없어야 한다. 성정은 21세 이상 59세 이하 건강한 남녀를 말한다. 단 증조·고조는 증손·현손에게 기친은 아니나 시양해야 할 조건이 되면 역시 황제의 재가를 청할 수 있다. 만약 자·손이 없고 오직 증·현손 1인만 있는데 사죄를 범한 경우, 증·현손은 비록 기친이 아니지만 "단 이미 손이라 한 것은 증·현손도 같다."(명52.1)는 규정에 따라 당연히 역시 청할 수 있다. 그렇지만 증·현손이 여러 명 있는데 그 가운데 한 명이 사죄를 범하였다면 황제의 재가를 청하지 못하는데, 이는 다른 증·현손이 있기 때문일 것이다.

2. 황제의 재가를 청하는 절차

영(호령, 습유232쪽)에 따라 마땅히 시양해야 하는데 호 내에 기친 성정이 없을 경우에는 모두 형부에 보고하고 문서를 갖추어서 황제의 재가를 청하여 처분한다. 만약 황제가 허용하여 시양에 충당되었는데 집에 기친 중 정남이 생긴 때 및 존친이 사망한 때에는 다시 상주한다. 만약 원래부터 황제의 명을 받들어 거취를 정한 것은 상주하지 않으며, 이 경우 만약 은사령이 내리면 사형을 면한다(명

26.2a③의 문답1).

III. 유죄·도죄를 범한 자의 부·조 시양

1. 유죄인의 부·조 시양

(1) 임시로 머물러 봉양할 수 있는 경우

유죄를 범한 경우에는 비록 5류[32] 및 십악이더라도 역시 임시로 머물러 존친을 시양하게 할 수 있다. 단 은사령을 만나도 그대로 유배되는 죄[33]는 임시로 머물게 하는 예의 범위에 포함되지 않는다.

(2) 임시로 머물러 봉양하는 절차

유죄인을 임시로 머물게 하는 것은 형부에서 허용 여부를 판단하며 황제의 재가를 청할 필요는 없다.

(3) 임시로 머물러 봉양하는 것의 효력

① 사면의 범위에 포함되지 않는다(명26.2a②). 단 같은 계절 안에 유배되는 사람들에 준해서 그들이 출발하기 전에 은사령이 내린 경우에는 은사령에 따라 죄를 용서한다. 임시로 머물러 존친을 시양하

---

32) 5류는 加役流·反逆緣坐流·子孫犯過失流·不孝流·會赦猶流를 가리킨다(명11.2). 그러나 회사유류의 경우 머물러 시양하게 하는 예에 포함되지 않기 때문에 실제로는 가역류부터 불효류까지의 4流만이 해당된다.

33) 은사령을 만나도 그대로 유배되는[會赦猶流] 죄는 謀反·大逆을 범하거나 소공존속·종부형제를 살해한 죄와 고독을 조합한 죄이다. 전자는 은사령을 만나더라도 유2000리에 처하며(489, 단21의 소), 후자는 은사령을 만나더라도 동거가구 및 교령인을 모두 유3000리에 처한다(262, 적15).

도록 하는 경우 곧잘 여러 해가 경과되므로, 비록 은사령이 내리더라도 사면 범위에 포함하지 않는 것이다. 그렇지만 영(옥관령, 습유 770쪽)에 "유죄인은 계절별로 한 번씩 보낸다."[34)고 규정되어 있으므로, 시양이 아니라면 죄인이 유배의 길을 떠나야 하는 계절에 같이 떠날 유배인들을 기준으로 그들이 떠나기 전에 은사령이 내린 때에는 은사령에 따라 죄를 용서한다.

② 세금은 예전의 것에 따라 납부한다. 단 역은 면제한다.

(4) 임시로 머물러 봉양하는 것의 중단

만약 가내에 정남이 된 자가 생기거나 존친이 사망하고 만1년이 되면 곧 유배한다. 본래 집에 성정이 없기 때문에 머물러 시양할 것을 허용한 것이므로 만약 집에 기친으로 정남이 된 자가 생기면 머물러 시양하는 것을 중단한다. 존친이 사망하고 만1년이 되었다면 시양할 대상이 없게 될 뿐만 아니라 1년의 복상기간도 끝나게 되므로 모두 통상의 법례에 따라 유배하는 것이다.

(5) 유배 장소에 도착한 경우의 시양

앞에서 설명한 것은 유죄를 범하고 유배되기 전에 임시로 머물러 시양하게 하는 제도에 관한 것이다. 만약 유죄인이 유배 장소에 도착하여 비로소 존친이 노·장애로 인하여 마땅히 시양해야 할 일이 발생하면 모두 시양하는 법에 의거하며, 역시 존친이 사망하고 만1년 뒤부터 복역하게 한다(명26.2d).

---

34) 각 주에서 상서성 형부로 유죄인의 명단을 보내면, 형부에서 죄의 경중에 따라 배속지를 정하여 주에 알리고, 주에서는 공문이 도착하면 유죄인을 모아 계절별로 한 차례씩 보낸다. 만약 공문이 계절 말에 도착하는 경우 다음 계절에 보낼 죄인들과 함께 보내는 것을 허용한다(492, 단24의 소 및 『천성령역주』 권27, 493쪽).

2. 도죄인의 부·조 시양

도죄를 범한 죄인의 존친이 노·장애여서 시양해야 할 경우에는 장형으로 대체해서 처벌하고 석방한다(명27.3의 주). 조부모·부모가 80세 이상 및 독질이어서 시양해야 하는데 죄인의 집에 겸정이 없는 경우를 말하며, 이 경우 비록 절도죄 및 상해죄를 범한 죄인이라도 그대로 앞의 장형으로 대체하는 법에 따른다.

IV. 존친 시양 중에 있는 죄인이 죄를 범한 경우

존친 시양 중에 있는 죄인이 죄를 범한 경우에 대해서는 문답(명26.2d)으로 해석하였다. 정리해 보면 다음과 같다.

1. 시양 중의 사죄수가 다시 죄를 범한 경우

(1) 사죄수가 다시 사죄를 범한 경우

① 만약 사죄수가 다시 사죄를 범했다면 뒤에 범한 사죄는 장형으로 대체하여 집행하는데, 대체하는 장형의 수는 유죄를 대체하는 장형의 수(명28.2a)와 같다.

② 만약 본래 처벌이 교형에 해당하는데 다시 참형에 해당하는 죄를 범하였다면 곧 이에 따라 참형으로 단죄하고 앞의 교형을 장형으로 대체해서 집행하며, 다시 교형에 해당하는 죄를 범한 경우에는 역시 교형을 장형으로 대체하여 형을 집행한다. 만약 이전처럼 시양해야 하면 곧 다시 황제의 재가를 청한다.

(2) 사죄수가 다시 유죄 이하를 범한 경우

① 사죄수가 다시 유·도죄를 범한 경우에는 각각 유·도죄를 장형으로 대체하여 집행한다.

② 사죄수가 장죄 이하를 범한 경우에는 장형의 수에 따라 처결한다.

2. 시양 중의 유죄수가 다시 죄를 범한 경우

① 만약 유죄수가 사죄를 범했다면 황제의 재가를 청한다.

② 유죄수가 유죄를 범하였다면 법에 따라 장형으로 대체해서 집행하며, 시양하던 존친이 사망하면 유배하고 노역을 누가한다.[35]

③ 도죄를 범하여 복역해야할 때에도 역시 이에 준한다.

3. 시양 중의 죄인이 음·속의 자격이 있는 경우

죄인이 죄를 범했는데 음·속의 자격이 있는 경우 각각 음·속의 본법에 따라 처분한다.

---

35) 유형의 집행이 연기된 자가 다시 유죄를 범하였을 때 나중에 범한 유죄는 留住法(명28)에 따라 100~160까지의 장형과 노역 3년을 병과하는 것으로 대체된다. 그러나 장형은 집행하지만 시양으로 유형이 연기된 것이므로 거주지에서 노역을 부과할 수 없기 때문에 존친이 사망한 후 실제로 유배되었을 때에 유형에 부과되는 1년의 居作을 더해 총 4년을 복역하게 하는 것이다.

제2절 단정·특수직역인·부녀에 대한 처벌상의 특례

전언

단정·부인·특수직역인이 도·유죄를 범한 경우 장형으로 대체해서 집행하고 석방한다. 단정은 집 안에 죄인 외에 정이 없는 것을 말한다. 율에서는 죄인 외의 정을 겸정이라고 하고, 죄인 외에 정이 없는 경우는 겸정이 없다는 표현을 쓴다. 단정이 도·유죄를 범하여 복역해야 하는데 가내에 겸정이 없는 경우 그 죄인 집안의 양식이 떨어짐을 긍휼히 여기고 또한 집안이 곤궁해짐을 염려하기 때문에 장형으로 대체해서 처벌하고 복역하게 하지 않는다(명27.1a의 문답1). 특수직역인은 기예를 습득한 태상음성인 및 공·악호를 가리킨다. 이들이 유죄를 범한 경우 장형으로 대체해서 형을 집행하되 복역을 면제한다. 이들은 본래 직역을 담당하는 자들이므로 복역을 면제하는 것이다. 부인이 유죄를 범한 경우 유배하지 않고 사는 곳에서 장형과 도역으로 대체해서 형을 집행한다. 부인은 홀로 유배하지 않는 것이 원칙이기 때문이다. 단 고독을 조합하거나 소지한 자 및 조합을 교령한 자는 예외 없이 유배하는데, 부인이 조합을 교령한 때에는 예외적으로 유배하지 않고 통상적인 법에 따른다.

Ⅰ. 단정에 대한 특례(명27)

1. 요건

(1) 도·유죄를 범하고 복역해야 하는 자

도·유죄를 범하여 복역해야 한다는 것은, 죄에 대해 동으로 죄를 속할 수 있는 사람36)이 아니어서 법에 따라 몸으로 복역해야 한다는 것을 말한다. 유배 장소에 이르러 복역해야 하는 유죄인의 경우도 역시 이와 같다. 단 강·절도 및 사람을 상해한 경우에는 이 율을 적용하지 않는다(명27.3). 다시 말하면 강·절도 및 상해죄가 도형 이상에 해당하면 모두 도·유형에 처하고, 장형으로 대체하는 예를 적용하지 않는다. 모든 조항에서 "절도로[以盜] 논한다." 및 "고살상으로

---

36) 의장·청장·감장·속장의 특전이 부여된 자는 가역류·반역연좌류·자손범과실류·불효류·회사유류가 아닌 유죄 이하를 범하거나, 기친 이상의 존장과 외조부모·남편·남편의 조부모를 과실로 살해하거나, 또는 고의로 사람을 구타하여 폐질에 이르게 하거나, 도형 이상의 도죄를 범하거나, 부인이 간통죄를 범한 경우(명8~11) 및 음을 받는 친속의 조부모·부모를 범하였거나, 대공친·소공친 존장을 구타하거나 고발한 경우(명15)를 제외하면 속동으로 형을 면할 수 있다. 5품관 이상의 첩이 십악이 아닌 유죄를 범한 경우에도 속동으로 형을 면할 수 있다(명13). 또한 관인이 도형에 해당하는 죄를 범하여 관당해야 하는데 죄가 가벼워 관이 남거나, 죄가 무거워 관을 다 쓰고도 죄가 남는 경우에도 속동을 징수한다(명22.1). 한편 죄인의 연령이나 장애 정도에 따라서도 속동을 징수하는데, 70세 이상 혹은 15세 이하인 자 및 폐장애인 자가 가역류·반역연좌류·회사유류가 아닌 유죄 이하를 범한 경우 속동을 징수하며, 80세 이상 혹은 10세 이하인 자 및 독장애인 자는 절도나 상해죄를 범하여 사형에 해당되더라도 실형에 처하지 않고 속동을 징수한다(명30). 이러한 연령과 장애의 정도에 따라 속동으로 형을 면제하는 처분은 죄를 범한 시점에 해당 요건이 충족된 경우 외에도, 사건의 발각 시점이나 복역 도중의 어느 시점에 요건이 충족된 경우에도 적용된다(명31). 이상의 범위 내에 있는 이들이 동으로 형을 속할 수 있는 사람이다.

[以故殺傷] 논한다.", "투살상으로[以鬪殺傷] 논한다."고 칭한 경우에는, 각각 바로 진정 절도 및 진정 살상의 법과 같다(명53.4). 대개 강·절 도 및 상해죄는 죄의 정이 무겁기 때문에 가볍게 처분하지 않는 것 이다.

(2) 집에 겸정이 없는 자(명27.1a의 문답1~2)

① 집에 겸정이 없다는 것은 죄인의 가내에 죄인 외에 다른 정이 없다는 것을 말한다. 단 처는 21세 이상이면 겸정이 있는 것이다. 따 라서 이 경우 죄인의 도·유죄를 장형으로 대체하여 집행하지 않는다.

② 부인이 죄를 범했는데 집에 남자 겸정이 없을 경우 역시 겸정 이 없는 예를 적용한다. 따라서 부인이 도·유죄를 장형으로 대체해 서 집행한다.

③ ⓐ한 집에 2정이 있더라도 모두 도·유죄에 처해진 경우 이치상 겸정이 없는 예와 같이 즉시 한 사람을 장형으로 대체 집행하고 석 방해야 한다. ⓑ한 집의 3인이 모두 도죄를 범했는데 그 외에 다른 정이 없는 경우 한 사람을 장형으로 대체하여 집행하고 석방해야 한 다. ⓒ한 집에 4인이 도죄로 복역하고 있다면 두 사람을 장형으로 대체하여 집행하고 석방하는데, 도형의 기간 및 존비가 같지 않은 때에는 먼저 남은 복역 기간이 적은 자를 장형으로 대체하여 집행하 고 석방하며, 남은 복역 기간이 만약 비슷하다면 곧 존장을 장형으 로 대체하여 집행하고 석방한다. ⓓ남편과 아내가 모두 도죄로 복역 하고 다시 겸정이 없을 경우에는 그 부인을 장형으로 대체하여 집행 하고 석방한다.

④ 죄인 이외의 정이 정인·방인으로 멀리 변경 방위의 역에 종사 하는 것은 겸정이 없는 예와 같다. 따라서 도죄 이상을 범한 자의 죄 를 장형으로 대체하여 집행하고 석방해야 한다.

⑤ 관직에 있는 사람은 비록 정의 부류는 아니나 이미 영예와 봉록을 받고 있으므로 겸정이 없는 것과 같을 수 없다. 만약 죄인 외에 관직이 있는 사람이 있으면 죄인의 죄를 장형으로 대체하여 집행해서 석방하지 않는다.

⑥ 만약 겸정이 사건이 발각되기 전에 도주했으면, 원래 미리 알지 못한 것이므로 겸정이 없는 범위와 같을 수 있다. 그렇지만 집안 사람이 도죄를 범하고 사건이 발각된 뒤에 겸정이 되자 비로소 도주한 경우, 만약 겸정이 없는 것과 같게 하도록 허용한다면 이는 그 간사함을 조장하는 것이 되므로 정이 있는 범위와 같게 하여 법에 따라 몸으로 복역케 한다.

2. 장형으로 대체하는 방법

(1) 복역하기 전에 겸정이 없을 때(명27.1b)

도1년은 장120으로 대체하여 집행하고 복역하게 하지 않으며, 도형 반년마다 장20을 더한다. 그러므로 도3년이면 장200이 된다. 도형을 장형으로 대체하기 때문에 복역을 면제한다.

(2) 복역 중에 겸정이 없을 때(명27.2)

복역의 기한이 다 되지 않았는데 겸정이 사망하거나, 혹은 존친이 노·장애인이 되거나, 혹은 범죄나 정인·방인으로 겸정이 없게 된 경우, 앞으로 복역할 일 수에 대해 대체할 장의 수를 계산하여 장형을 집행하고 석방한다. 도형의 등급에 따른 대체 장형의 수는 다음과 같다.

① 만약 도1년을 범하였으면 360일을 장120으로 대체하므로 곧 30일마다 장10에 해당한다.

② 만약 도1년반을 범하였으면 540일을 장140으로 대체하므로 곧 38일마다 장10에 해당한다.

③ 만약 도2년을 범하였으면 720일을 장160으로 대체하므로 곧 45일마다 장10에 해당한다.

④ 만약 도2년반을 범하였으면 900일을 장180으로 대체하므로 곧 50일마다 장10에 해당한다.

⑤ 만약 도3년을 범하였으면 1080일을 장200으로 대체하므로 곧 54일마다 장10에 해당한다.

⑥ 만약 도3년반을 범하였으면 1260일을 역시 장200으로 대체하므로 곧 63일마다 장10에 해당한다.

⑦ 만약 도4년을 범하였으면 1440일을 역시 장200으로 대체하므로 곧 72일마다 장10에 해당한다.

⑧ 도 반년을 가장할 경우 장100으로 대체하니(명56.4), 180일은 장100이 되므로 18일마다 장10이 된다.

⑨ 죄인의 복역 기간이 아직 끝나지 않았는데 남은 일 수가 장10에 해당하는 일 수에 차지 않을 때에는 율에 "죄를 더하는 경우 수가 차야만 처벌한다."(명56.3)고 하였으니, 장형을 가하지 않고 석방한다.

II. 특수직역인의 도·유죄에 대한 대체 장형(명28)

율에 적시된 특수직역인은 공호·악호·잡호 및 태상음성인, 천문을 학습하는 자, 급사(給使)·산사(散使)이다. 이들이 범한 도·유죄는 다른 형으로 대체해서 집행하는데, 단 다시 처벌을 달리하는 두 범주로 나누어 볼 수 있다.

1. 특수직역인

① 공호는 소부감에 속하고 악호는 태상시에 속하여 모두 주·현에 호적이 없다. 태상음성인은 주현에 호적이 있고 태상시에서 악을 연주하는 자들이다. 공호·악호 및 태상음성인은 모두 본래 소속된 관아에 모여 기예를 학습하는데, 법에 따라 각각 규정된 과정과 시험이 있다. 학습하는 바의 기예가 완성되면 그 일을 전담할 수 있다. 따라서 기예의 학습이 완성된 자와 그렇지 못한 자의 처벌 방법이 다르다. 잡호란 전 왕조 이래 여러 관사에 나뉘어 예속된 자를 말하며 그 직장과 과역이 백성과 같지 않지만, 영에 의하여 "노남이 되면 역을 면하고 정남이 되는 것과 전지를 받는 것은 백성의 예에 따르며", 각각 소속된 관사에 상번하고 하번한다(명20).

② 비서성 태사국 소속의 천문관생 및 천문생은 천문을 익혀 살피는 것이 직무이다.

③ 내시성 및 동궁내방에 배치되는 환관을 각각 급사라 하고 여러 친왕부 이하에 배치되는 환관을 산사라 한다. 이들은 대부분 본래 양인으로, 궁중에서 봉사하는 업무를 익혀 합격한 자들이다.

2. 기예가 완성된 공호·악호·태상음성인과 천문을 학습하는 자

이들이 유죄를 범한 경우 장200으로 대체하고, 이들이 도죄를 범한 경우 모두 복역시키지 않고 겸정이 없는 예(명27.1)에 준하여 장형으로 대체해서 집행한 뒤, 돌려보내서 각자의 본업을 맡게 한다. 단 죄인에게 관이나 음이 있으면 그대로 본래 범한 죄의 형에 의거해서 관당하거나 속동을 징수하며, 만약 유내관으로 도죄를 관당한 경우 및 유외관의 직임에서 해면된 자(명17.6)에도 역시 앞과 같이 되돌려 자기 직무를 맡게 한다. 서용 기한은 각각 통상의 법(명21.3)에 따른다. 원래 관호 및 관노이면 장형으로 대체해서 집행하고 노역은 면한다(명47.2).

3. 기예가 완성되지 못한 공호·악호·태상음성인과 잡호

이들이 유죄를 범한 경우 유2000리는 장100을 치고, 1등마다 장30을 더하며, 거주지에 머무르게 하여 3년간 복역시키며, 가역류를 범한 때에는 4년을 복역시킨다. 이들은 일반 백성과 달리 직무가 오직 태상시와 소부감 등 여러 관사에 복무하는 것이기 때문에 유죄를 범한 경우에도 일반인의 예와 같이 유배시키지 않고, 장형과 복역으로 대체해서 집행하는 것이다. 이들이 도죄를 범한 경우는 식에 의거하여 복역시킨다. 단 식의 구체적인 내용은 알 수 없다.

만약 공호·악호 등의 신분이 원래 천인이면 당연히 관호·관노의 법(명47.2)에 따라 장형으로 대체해서 집행하고 복역은 면한다.

Ⅲ. 부인이 유죄를 범한 경우의 유주결장법(명28.3)

1. 부인이 스스로 유죄를 범한 경우

부인이 유죄를 범한 경우 고독을 조합하거나 소지한 경우를 제외하고 설령 5류를 범하더라도 유배하지 않으며, 관이 있는 자는 제명·면관·관당·속법을 적용할 수 있다. 부인은 유죄를 범하더라도 홀로 유배하지 않으므로 거주지에 머무르게 하여 유2000리는 장60을 치고, 유2500리는 장80을 치고, 유3000리는 장100을 치며, 모두 3년간 복역시킨다. 반드시 먼저 장을 친 뒤에 복역시킨다. 만약 가역류라면 역시 장100을 치고 곧 4년간 복역시킨다.[37]

2. 남편 혹은 아들에 따라 유배된 경우

부인이 남편 혹은 아들에 따라 유배된 경우 복역은 면제한다. 남편이 유배되면 처·첩은 반드시 남편을 따라 유배하며(명24.2), 처첩이 원하는지 여부는 논하지 않는다. 자식이 유배되면 모가 따르는 것은 자유의사에 맡긴다. 이 경우 부인은 죄가 없으므로 복역을 면하고, 장을 치지도 않는다. 남편·아들이 유배 가는 도중에 사망하면 부인은 원 거주지로 돌아올 수 있다. 부인이 관·음이 있는데 만약 남편·자식을 따라 유배되었다면 관 혹은 음으로 제면·관·당속할 필요가 없다.

3. 고독을 조합하거나 소지한 경우(명28.3a의 주)

고독을 조합하거나 소지한 죄는 교형에 해당한다. 또한 은사령을 만나 사형을 면하거나(적15.3), 관·음으로 인하여 사형을 면하거나(명8, 9), 혹은 자수로 감형된 자(적15.4의 문답3)라도 반드시 실제 유형에 처한다. 이는 부인만이 아니라 공·악호 등 특수직역인도 모

---

37) 가역류는 옛 법의 사죄 중 비교적 가벼운 것들을 태종 시기에 고쳐 새롭게 설치한 오형 20등 규정 외의 형벌이다)(명11.2의 소). 유배지까지의 거리는 비록 3000리이지만, 노역은 3년으로 세 가지 유형의 노역 1년보다 2년이 더 길다(명24.1의 주). 따라서 가역류를 범한 부인을 거주지에 머무르게 하고 장형과 노역으로 대체하여 집행할 경우 세 가지 유죄의 노역에 2년을 더해서 5년이 되어야 한다. 그러나 노역은 4년을 넘을 수 없으므로(명29.3) 4년만을 복역시키는 것이다.

두 같다. 고독을 조합했다면 모든 곳에서 용납될 수 없어 가장 먼 지역으로 추방하여 그 근본을 단절하는 까닭에 비록 부인이라도 역시 반드시 멀리 추방하며, 설령 중원으로 출가했더라도 발각되면 다시 유배지로 되돌려 보내되, 모두 유배의 법에 따라 세 가지 유형 모두 1년간 복역시키고(명24.1), 비록 은사령을 만나더라도 죄를 용서하고 면할 수 없다(적15). 단 부인이 고독을 조합하는 법을 교령한 경우에는 다만 교령죄의 처벌만 받으므로 자신이 직접 조합한 경우와는 달리 당연히 통상의 범죄에 따라 죄를 준다. 여기서 이른바 "통상의 범죄에 따라 죄를 준다."는 것은 머물게 하고 장형과 복역으로 대체해서 형을 집행함을 가리킨다.

제3절 노·소·장애인의 처벌에 관한 특례

Ⅰ. 특례의 연혁과 성격

1. 특례의 연혁

『주례』(권36, 1121쪽)에, "첫째 사면 대상은 유약자이고, 둘째 사면 대상은 노인이며, 셋째 사면 대상은 심신 허약자이다."라고 하였는데, 이에 대해서 한의 정중(鄭衆)은, "유약자와 노인을 사면하는 것은 지금 율령에서 8세 미만과 80세 이상인 자는 직접 살인한 죄가 아니면 모두 죄주지 않는다는 것과 같다."고 주해하였다. 진율에도, "80세 이상인 자는 사람을 살상한 죄가 아니면 모두 논죄하지 않는다."(『晉書』권30, 930쪽)는 조문이 있고 또, "노·소와 독질자 및 여자는 모두 속금을 징수한다.”(『太平御覽』권651, 2911쪽상)는 조문도 있다. 북위율에도, “80세 이상과 8세 이하인 자를 살상으로 논하여 처벌해야 할 경우 황제에게 주청한다.”(『魏書』권111, 2885쪽)고 규정되어 있다. 수·당의 율도 전대의 제도를 이어받아 노·소·장애인에 대해서 처벌상의 특례를 규정해 두었다.

2. 특례의 성격

당률은 70세 이상 노인과 15세 이하 어린이 및 폐질·독질인에 대하여 특별 처분하는데 그 이유에 대하여, “늙고 어리며 병든 것을 불쌍히 여기기 때문이다.”(명30.1의 소)라거나, “70세가 되면 노역을 감당할 수 없으므로 속동으로 논죄하는 것을 허용한다(명31.1의 문답, 단6.2 소).”라고 밝히고 있다. 이는 분명히 수형 능력을 고려한 것이지 책임 능력을 고려한 것은 아니다. 장애인도 일률적으로 감면하거나 죄를 속하는데, 마찬가지로 이러한 논리에 근거한다고 말할 수 있다. 다만 명례율 30.3b조의 소에, “7세 이하와 90세 이상은 대개 지력이 떨어진다.”라고 하였는데, 이는 “『주례』(권36, 1110~1111쪽)의 삼사(三赦)의 법은, 첫째 유약한 자를 사면하니 7세인 자를 말한다. 둘째 노(老)·기(耆)를 사면하니 8·90세를 말한다. 셋째 당우(戇愚)를 사면하니, 모두 식견이 저열한 자를 말한다. 성인이 이 세 종류의 사람들에 대하여 그 무지를 애긍히 여기므로 사면토록 한 것이다.”라고 한 의미와 상통하는 것이니, 이로 보면 책임 능력의 저열을 고려한 점이 없지는 않다.

II. 노·소·장애인의 처벌에 관한 특례와 제한

1. 1급 노·소(30.1)의 처벌에 관한 특례와 제한

(1) 특례

70세 이상 80세 미만인 자, 15세 이하 11세 이상인 자, 폐질이 유죄 이하를 범한 때는 속동을 징수하고 형을 면제한다. 폐질은 정신박약자, 왜소증인, 허리 못 쓰는 사람, 수족 가운데 하나를 못 쓰는 사람 등을 말한다(호령, 습유228쪽). 이들이 유죄 이하를 범한 경우 속하는 것은 불쌍히 여기기 때문이다. 다만 예외의 정형에서는 속동 징수를 허용하지 않는다. 나누어 서술하면 다음과 같다.

(2) 특례의 제한

① 사죄를 범한 경우 속할 수 없다.

② 가역류·반역연좌류·회사유류의 죄를 범한 때는 속할 수 없는데, 다만 유배지에서의 복역은 면한다. 가역류는 옛 법에서는 사형이어서 원래 속하는 예가 없으므로 속을 허용하지 않는 것이다. 반역연좌류는 반역인의 지친[38]에게 적용하는 유죄이다. 지친은 동고동락하는 자이므로 연좌로 처벌하여 범인의 마음을 무겁게 하려는 것이니, 연좌 대상이 늙거나 병들어도 역시 속면을 허용하지 않는 것이다. 회사유류는 해악이 깊고 무거우므로 비록 은사령이 내리더라도 그대로 유배시킨다. 이들 세 가지 유죄는 특히 통상의 처벌법보다

---

38) 지친이란 반역인과의 관계가 가장 친근한 친속을 말하며, 일반적으로 부모형제를 의미한다. 그러나 실제 모반·대역죄에 연좌되는 대상은 이보다 훨씬 넓어서, 父와 16세 이상의 子는 교형에 처하고, 15세 이하의 자와 모·녀·처·첩·조·손·형제·자매는 몰관하며, 백숙부·형제의 子는 유3000리에 처한다(248, 적1).

무겁게 해야 하므로 모두 속면을 허용하지 않는 것이다. 유배 장소에 이르면 복역을 면제하는 것은 그가 늙거나 어려 노역을 감당하지 못할 것을 불쌍히 여기기 때문이다. 그러나 부인에 대한 유배의 법은 남자와 다르다. 즉 늙거나 어린 여자가 가역류에 해당하는 죄를 범하더라도 역시 속동을 징수하므로 동 100근[39]을 징수한다. 또한 반역연좌류에 해당하는 경우는 적도율에 "부인의 나이가 60세 이상 및 폐질이면 모두 죄를 면한다."(적1.1)고 하였으므로, 속면할 수 없는 이 세 가지 유죄에 포함되지 않는다. 또 적도율에 "모반이지만 말의 이치가 군중을 선동할 수 없고 권위와 세력이 사람을 통솔하기에 부족한 경우더라도 역시 모두 참형에 처하고, 부·자·모·녀·처·첩은 모두 유3000리에 처한다."(적1.2)라고 하였다. 그러나 여식 및 처·첩은 나이가 15세 이하나 60세 이상이면 역시 유배를 면제하고 동 100근을 징수한다. 부인이 회사유류죄를 범한 경우는 고독을 조합한 죄에 한하여 동거하는 가구와 함께 그대로 유배한다(명28.3a의 주). 만약 모반 및 대역 이외의 연좌는 처 및 자가 15세 이하이면 속동을 징수한다.

2. 2급 노·소 및 독질(명30.2)의 처벌에 관한 특례와 제한

(1) 특례

80세 이상 90세 미만과 10세 이하 8세 이상 및 독질자는 특별 처분한다. 독질자는 조현병 환자, 수족 가운데 둘 이상을 못 쓰는 자, 장님 등을 말한다(습유228쪽). 이들이 범한 죄는 원칙적으로 논하지 않는다. 다만 반역이나 살인으로 사형에 처해야 할 경우 및 절도와

---

39) 당률에는 가역류에 상응하는 속동의 수가 규정되어 있지 않다. 동 100근은 일반적인 유3000리의 속동 수이다(명4).

사람을 상해한 경우를 제외하고 모두 처벌하지 않는다.

(2) 특례의 제한

① 반·역·살인을 범한 경우 상주하여 황제의 재가를 청한다. 모반·대역 및 살인은 늙거나 어리더라도 용서하기 어려운 까닭에 율에 준하여 마땅히 사형에 해당하는 경우 관사가 처단하지 않고 상주하여 황제의 재가를 기다린다. 단 타인의 부곡·노비를 구타해서 살해한 경우는 논하지 않는다(명30.2b의 문답2).

② 절도죄를 범하거나 사람을 상해한 때에는 속동을 징수한다. 절도는 비록 늙고 어리거나 독질이라도 모두 뜻이 재화를 탐함에 있다. 사람을 상해한 것은 분함과 원한에서 벗어나지 못한 것이다. 이 두 사안은 원래 다른 사람의 재산을 손실케 하고 신체를 훼손한 것이므로 완전한 면죄를 허용하지 않고 그에 상당하는 속동을 징수한다. 대개 율은 일관되게 절도 및 상해를 중시하므로 속동을 징수하는 것이며, 동시에 피해자에게 배상하게 하는 것이다. 다만 관·작이 있는 자는 각각 관당·제면의 법에 따른다. 즉 관·작이 있는 경우에는 반드시 관당·제명·면관하는 법(명17~23)을 따라야 하며 관·작을 그대로 두고 속동을 징수할 수 없는데, 예를 들면 사촌형·누나를 구타하여 상해하였다면 제명해야 하고(명18.1 및 명6.8), 5필 이상을 절도하였다면 면관해야 하며(명19.1의 소 및 적35.1), 일반인을 구타하여 손·발을 부러뜨렸다면 관당해야 하는 것(투4, 명17) 따위이다. 본죄가 사형에 해당하는 경우는 관당만 해서는 안 되고 반드시 동으로 속하고 또 제명 처분한다.

3. 3급 노·소(명30.3)의 처벌에 관한 특례와 제한

(1) 특례

90세 이상과 7세 이하인 자가 죄를 범한 때는 특별 처분하며, 비록 사죄를 범하였더라도 형을 가하지 않는다. 이는 어린 사람을 사랑하고 노인을 봉양한다는 뜻이다.

(2) 특례의 제한

① 다만 7세 이하인 자가 연좌되어 유배되거나 몰관될 때는 이 율을 적용하지 않는다. 이는 전적으로 7세 이하에 대한 말이다. 남자 80세 이상 및 독질, 부인 60세 및 폐질자는 모두 연좌를 면제한다(적 1.1 참조). 그러므로 명례율 30.3a조의 주의 소에, 부·조가 모반·대역을 범하여 죄가 이미 성립되었다면 그 자·손은 7살 이하라도 그대로 유배되거나 몰관한다고 해석한 것이다. 이른바 연좌되어 유배되거나 몰관되는 것은 마땅히 모반·대역에 연좌되어 유배되거나 몰관되는 경우에 한한다고 해석해야 한다.

② 이들을 교사하여 죄를 범하게 한 경우 교령한 자만 처벌한다. 이른바 간접 정범으로 처벌한다. 90세 이상 7세 이하인 자는 모두 지력이 낮기 때문에, 이들을 교령한 자의 처벌은 피교령인의 신분에 따르지 않고 교령인 자신이 범한 것으로 간주하여 처벌하는 것이다.

③ 만약 배상해야 할 장죄를 지었거나 장물을 받았다면 배상해야 한다. 혹 훔친 재물을 옆 사람이 받아 사용했다면 장물을 받아 사용한 자가 배상하게 하고, 노인이나 어린이가 직접 사용했다면 그들로부터 환수한다.

III. 노·소·장애인에 대한 기타 처벌에 관한 특례

1. 행위의 주·객체일 때

노·소·장애인이 행위의 주체 및 객체일 때 다음과 같은 특례가 있다.

① 이웃하는 집에 범죄가 발생했을 때 알고도 고발하지 않은 자는, 발생한 죄가 사죄라면 도1년, 유죄라면 장100, 도죄라면 장70에 처하지만, 15세 이하인 자는 논하지 않는다(투60.2).

② 율을 어기고 혼인하더라도 18세 이하의 남자는 논하지 않으며 혼인을 주관한 자만 처벌한다(호46.3).

③ 노·소·장애인은 밤에 이유 없이 남의 집에 들어가더라도 침범이 아니므로, 주인이 이들을 살상한 때는 처벌한다(적22.1b의 소). 10세 이하인 자를 유인한 행위는 약취와 같은 행위로 간주한다(적45.1의 주).

2. 처벌에 관한 특례

노·소·장애인의 처벌에는 다음과 같은 특례가 있다.

① 모반·대역죄의 연좌에서 15세 이하의 자는 사형을 면하여 몰관하며, 80세 이상의 남자 및 독질자, 60세 이상의 부녀 및 폐질자는 모두 형을 면한다(적1.1).

② 고독을 조합한 자의 동거가구는 모두 유3000리에 처해야 하지만, 80세 이상과 10세 이하 및 독질자에게 같이 유배될 가구가 없다면 방면한다(적15.2의 주).

③ 관호·부곡 및 관·사노비에게서 정장 및 속을 추징해야 하는데 재물이 없는 경우에는 장형으로 대체하여 집행한다. 그러나 이들이 노·소·

폐질인 경우에는 장형에 처해서는 안 되며, 그대로 방면한다(명47.3).

3. 형사법상의 특례

노·소·질자는 형사상에서도 다음과 같은 특례가 적용된다.

① 70세 이상 15세 이하 및 폐질자는 결코 고문해서는 안 되며, 모두 3인 이상의 증언에 따라 죄를 정해야 한다(단6.1, 사26).

② 80세 이상 10세 이하 및 독질자는 모두 증인으로 삼아서는 안 된다. 당률은 증인에 대한 고문도 허용하지만(투43.2 참조), 노·소·독질자는 증인 신문 중 고문형을 감당하기 어렵기 때문에(단6.2 및 소) 증인으로 삼는 것을 금한다.

③ 노·소·독질자는 원칙적으로 다른 사람을 관에 고할 수 없는데, 법을 범해도 논하지 않기 때문이다(투51.2와 소).

④ 노·소·폐질자를 무고한 자나 이들의 죄를 부당하게 가감하여 반좌해야 할 판관도 그대로 속동을 징수한다(투41.1 주, 단19.1의 주와 소).

⑤ 노·소·질자가 범한 행위는 논하지 않더라도, 비유자가 존장인 노·소·질자를 고발한 죄는 그대로 처벌한다(투45.1의 주).

Ⅳ. 노·소·장애의 시제법(명31)

죄를 범했을 때와 사건이 발각되었을 때 또는 형을 집행할 때 죄인의 책임 능력에 변동이 있는 경우, 율은 휼형주의를 채택하여 죄인에게 유리하도록 별도의 규정을 두었다. 범죄시에 노·장애가 아닌 경우 및 범죄시에 유소인 경우는 두 정형으로 나눈다.

1. 노·장애가 아닐 때 범한 죄가 노·장애일 때 발각된 경우

이는 다시 사건이 발각된 때에 노·장애인 경우와 복역 기간 내에 노·장애인이 된 경우의 둘로 나누는데, 모두 노·장애인으로 논한다.

(1) 사건이 발각되었을 때 노·장애인 경우

① 가령 69세에 죄를 범하고 70세에 발각되거나, 장애가 없을 때 죄를 범하고 폐질자가 된 뒤에 사건이 발각되었다면, 모두 속동을 징수한다.

② 79세에 모반·대역·살인을 범하여 사형에 해당하는 자가 80세가 되어 사건이 발각되거나 독질이 된 뒤에 사건이 발각되었다면, 역시 황제에게 주청하는 것을 허용한다.

③ 89세에 죄를 범하고 90세에 발각된 경우도 마찬가지이다. 사건이 발각되어 판결되었으나 집행되기 전에 특별 처분하는 연령과 장애가 시작된 때도 마찬가지로 특별 처분된다(명31.1의 문답).

(2) 복역 중에 노·장애의 시작

복역 중에 노·장애가 시작된 경우, 다시 노·장애인으로 논한다. 다만 속동을 징수할 때는 이미 복역한 일 수 만큼 속동을 탕감한다. 가령 69세 이하일 때 도2년 또는 3년에 처해져 이미 복역하고 있다가 70세가 된 경우나, 또는 복역을 시작할 때 장애가 없다가 복역 중에 폐질이 된 경우는, 죄인을 석방하고 남은 도역 일수에 대해서는 속동을 징수하되 이미 복역한 일 수 만큼 속동을 탕감한다. 도1년에 대한 속동은 20근이고(명3), 1년은 360일로 계산하므로(명55.2) 속동 1근은 노역 18일에 해당한다. 만일 남은 일 수가 18일 미만이면 속동이 1근이 되지 못하므로 속동을 징수하지 않고 그대로 방면한다.

2. 유약자일 때 범한 죄가 장성한 후 발각

가령 7세 때 사죄를 범하고 8세 때 발각되었다면 논하지 않는다. 10세 때 살인하고 11세 때 발각되었다면 황제에게 주청하여 재가를 받는다. 15세 때 절도를 범하고 16세 때 발각되었다면 그대로 속동으로 논한다. 이는 인정에 따라 설정한 것이지 이치상 당연해서 그런 것이 아니다.

제4절 천인의 처벌에 관한 특례

Ⅰ. 관호·부곡·관사노비의 행위주체성(명47.1)

1. 천인의 행위 주체성

관호·관노비 및 부곡·사노비는 비록 천인이지만 율의 규제를 받는다. 부곡 및 사노비는 설령 주인에게 징계권(투20, 21)이 있고 재물로 간주되지만(적1.1c의 소 참조), 단 법률상으로는 그대로 공형법의 규제를 받는다. 또 관사노비 및 부곡은 반인반물이지만, 단 법률상 역시 행위주체이며 축산과는 다르다. 따라서 모든 관·사 천인이 범함이 있으면 각 본조에 행위의 주체를 천인으로 특정해서 규정한 것 외에도 모두 양인에 준해서 행위의 주체가 될 수 있는 것이다. 달리 말하면 각 본조의 행위주체는 특별한 언급이 없는 이상 천인도 역시 그 안에 포함된다. 또한 행위객체 및 범죄의 정황에 대해서도 같은 논리로 역시 각각 양인에 준한다는 것은 말할 필요도 없다.

2. 본조에 규정이 있는 경우와 없는 경우의 예

명례율 47.1조의 소는, "관·사노비가 죄를 범하였는데 본조에 바로 해당하는 율문이 있는 경우는, 주인을 범한 경우 및 양인을 구타한 경우 따위를 말하며, 각각 바로 그 조항에 따른다. 본조에 바로 해당하는 율문이 없는 경우는, 난입죄·월도죄 및 같은 신분 사이의 범죄와 아울러 조부모·부모·형·누나를 저주하고 욕을 한 따위를 말하며, 각각 양인에 대한 법에 준한다."고 해석하였다.

(1) 본조에 규정이 있는 경우의 예

행위의 주체를 천인으로 특정한 경우는 명례율 47.1조의 소에 주인을 범한 것 및 양인을 구타한 것이 적시되어 있는데, 이 밖에도 다수가 있다.

① 부곡·노비가 주인을 살해하려고 모의한 때에는 모두 참형에 처한다. 부곡·노비가 주인의 기친 및 외조부모를 살해하려고 모의한 때에는 교형에 처하고, 살해를 모의하여 상해한 때에는 모두 참한다(적7).

② 부곡·노비가 옛 주인을 살해하려고 모의한 때에는 유2000리에 처하고, 살해를 모의하여 상해한 때에는 교형, 살해한 때에는 참형에 처한다(적8.2).

③ ⓐ 부곡이나 관호가 양인을 구타·상해한 때에는 일반인 사이에 범한 죄에 1등을 더한다. 노비는 또 1등을 더한다. 더하는 경우에는 더하여 사죄에 이른다. 노비가 양인을 구타하여 지체를 부러뜨리거나 어긋나게 한 때 및 한쪽 눈을 실명하게 한 때에는 교형에 처한다. 부곡·노비가 양인을 구타하여 사망에 이른 때에는 각각 참형에 처한다(투19.1). ⓑ 노비가 부곡을 구타·살상한 경우는 부곡이 양인

을 구타·살상한 법에 의거하여 처벌한다(투19.3).

④ ⓐ 부곡·노비가 주인을 과실로 살해한 때에는 교형에 처하고, 과실로 상해하거나 욕한 때에는 유형에 처한다. ⓑ 부곡·노비가 주인의 기친 및 외조부모를 구타한 때에는 교형에 처하고, 상해한 때에는 모두 참형에 처하며, 욕한 때에는 도2년에 처한다. 과실로 살해한 때에는 구타한 죄에서 2등을 감하고, 상해한 때에는 또 1등을 감한다. ⓒ 부곡·노비가 주인의 시마친을 구타한 때에는 도1년에 처하고 상해한 죄가 무겁다면 각각 일반인 사이의 범한 죄에 1등을 더한다. 주인의 소공친과 대공친을 범한 때에는 차례로 1등씩 더한다. 더하는 경우 더하여 사죄에 들인다. 주인의 시마친·소공친·대공친을 살해한 때에는 참형에 처한다(이상 투22).

⑤ 부곡·노비가 옛 주인을 욕한 때에는 도2년, 구타한 때에는 유2000리, 상해한 때에는 교형, 살해한 때에는 참형에 처한다. 과실로 살상한 때에는 일반 법례에 따라 논한다(투36.1).

⑥ 부곡·노비가 주인의 사체를 잔해하거나 시체를 수중에 버린 때에는 투살죄로 처벌한다(적19.3). 통상의 사체잔해 죄는 투살죄에서 1등을 감하는데(적19.1), 부곡·노비가 주인에 대해 범한 때에는 감하지 않는다.

⑦ 부곡·노비가 주인의 무덤에서 여우나 삵을 잡기 위해 연기를 피운 때에는 도2년에 처하고, 관곽을 태운 때에는 유3000리에 처하며, 시체를 태운 때에는 교형에 처한다(적20.3). 일반인의 무덤은 연기를 피운 것만으로는 죄가 되지 않고, 관곽을 태운 때 도2년, 시체를 태운 때 도3년에 처한다(적20.1).

⑧ 관호·관노비·부곡·사노비가 도망한 경우 1일이면 장60에 처하고, 3일마다 1등씩 더한다(포13.1). 이는 공호·악호·잡호와 같은 상급천인이 도망한 경우 1일이면 태30에 처하고 10일마다 1등씩 더하

는 것(포11.1)에 비해 무겁다.

(2) 본조에 규정이 없는 경우의 예

본조에 율문이 없는 경우는 각각 양인에 준하는데, 명례율 47.1조의 소에는 난입(위1~7 등)·월도(위25 등) 및 천인이 같은 신분 사이에 범한 경우와 아울러 천인이 자신의 조부모·부모·형·누나를 저주하고 욕을 한 따위(투24 이하)를 예로 들고, 각각 양인에 대한 법에 준한다고 해석했다. 이들 범죄에 대한 율문은 행위의 주체를 특정하고 있지 않으므로 천인도 모두 양인의 법에 준하는 것이다. 여기서 주의할 것은 같은 신분인 사이에 범한 행위는 주로 그들이 서로 신체를 침범한 것으로 여기서는 양인의 법에 따른다는 것이며, 조부모 등을 저주한 경우 등도 같다. 다시 말하면 천인도 양인과 같이 출생·혼인·양자 등으로 인해 부자·부처·친속 관계가 성립하는 것이므로, 친속이 서로 범한 죄를 가감·면할 때는 양인의 법을 따른다는 것이다. 이 밖에 부곡·노비가 만약 잡호·관호와 혼인하였다면 모두 양인이 관호 등과 함께 혼인한 것에 관한 법과 같이 처벌한다(호43.5의 소)는 해석도 있다.

II. 천인의 처벌에 관한 특례

1. 유·도형을 장형으로 대체함(명47.2)

(1) 천인의 장형 대체의 차별성

천인이 유죄·도죄를 범한 때에는 장형으로 대체하고 복역은 면제한다. 유·도죄를 장형으로 대체해서 집행하는 것은 공악·잡호 등 특수직역인이나 겸정이 없는 단정의 경우와 유사하다. 단 공악·잡호 등은 유죄를 범한 경우에 한하여 장형과 노역으로 대체해서 집행하고(명28.1,2), 단정은 도죄를 범한 경우에 한하여 장형으로 대체하고 복역을 면제한다(명27.1). 이와는 달리 천인은 유죄와 도죄 모두 장형으로 대체하고 복역은 면한다는 점에서 앞의 두 경우와 다르다.

(2) 천인의 대체 장형

천인이 도죄를 범한 경우 겸정이 없는 단정의 예(명27.1)에 준하여 장형으로 대체한다. 따라서 도1년은 장120으로 대체하고, 1등마다 장20씩 더하여 도3년은 장200으로 대체한다. 세 가지 유죄 및 가역류를 범한 경우도 역시 장200으로 그친다(명29.3). 집행한 뒤에 소속 관사나 주인에게 돌려보내고 복역시키지 않는다. 세 가지 유죄 및 가역류를 범한 경우 모두 장200으로 대체하기 때문에, 각 본조에서 부곡·노비가 범한 것에 대해 그 유형을 규정할 때는 거리를 언급하지 않는다(투22.1, 48.1, 잡26.1, 포13.2의 소).

이들에 대해서 장형만을 과하고 복역을 시키지 않는 이유는, 아마도 그들은 평일에 관이나 주인의 처소에서 노역하는 자들로 도형의 노역이나 유형의 복역과 다르지 않으므로 대체한 장형으로 형의 목적을 이룰 수 있다고 보기 때문일 것이다. 또한 그들은 주인의 재산으로 간주되기 때문에 만약 실형을 과하면 관사나 주인으로부터 그 노동력을 박탈하는 것이 되기 때문일 것이다.

2. 정장과 속동의 장형 대체(명47.3)

(1) 천인이 재산이 없는 경우(명47.3)

죄를 범하여 마땅히 정장(正贓) 및 속동을 추징해야 하는데 재물이 없는 경우, 모두 속해야 할 죄의 속동 및 정장은 동 2근당 장10으로 대체하여 집행한 뒤 관사나 그 주인에게 보낸다. 단 속동의 액수가 많더라도 장200을 초과할 수 없다. 율에서 단지 정장만을 언급한 이유는, 정장조차도 재물이 없으면 장형으로 대체하고 방면하므로, 배장 역시 재물이 없으면 법리상 당연히 처벌하지 않기 때문이다. 만약 노·소 및 폐질자라면 장형으로 대체해서는 안 되며, 재물이 없는 경우에는 방면한다. 다시 말하면 정장을 추징하거나 속동을 징수해야 할 사람이 만약 70세 이상, 15세 이하 및 폐질이면 율(명30, 31)에 따라 장형을 가해서는 안 되는데, 조사해서 다시 재물이 없는 경우에는 모두 방면하고 추징하지 않는다. 단 부곡·노비에게 정장·속을 추징해야 할 경우 모두 부곡 및 노비에게 추징해야 하고 주인에게 추징해서는 안 된다. 이것으로 유추해 보면 사천인도 재산을 소유할 수 있으며, 주인은 사천의 불법행위에 대해 책임을 지지 않는다는 점을 알 수 있다.

(2) 천인에게 재물이 있는 경우

재물이 있어 배상이 가능한 경우는 당연히 원칙에 따라 그대로 정장 및 속동을 징수한다.

3. 같은 주인의 노비가 서로 살상한 경우(명47.4)

율에서 노비는 천인으로 축산에 비유한다. 따라서 서로 살해하여 비록 죽음으로 죗값을 해야 하더라도 주인이 감면을 청구하면 감형을 허용한다. 노비가 노비를 살해한 것은 같은 신분끼리 범한 것에 해당하며, 이 경우 양인에 준하여 처벌하기 때문에 투살은 교형에, 고살은 참형에 해당한다(투5). 단 사형에서 1등 감하면 유3000리가 되는데, 앞에서 설명한 바와 같이 천인의 유·도죄는 장형으로 대체하되 장형은 아무리 많더라도 최고 한도가 200대이다. 따라서 장200으로 형을 집행하고 주인에게 돌려준다. 이는 천인인 노비끼리의 살상이기 때문이며, 또한 그 주인의 재산을 상실하지 않게 하려는 의도가 내포되어 있을 것이다.

율문에 의하면 사형에서 1등 감하는 것은 사천인에 한한다. 만약 관노들 사이에 범한 경우는 이 율을 적용하지 않고 양인의 예에 준해 사형에 처하며, 소속된 관사에서 감면을 청할 수 없다.

또한 부곡이 같은 주인의 노비를 고의로 살해하였다면 역시 사죄에 이르지만, 주인이 감면을 청구하면 역시 감하는 법과 같이 할 수 있다(명47.4의 소). 부곡이 노비를 살해한 것은 노비가 노비를 살해한 것보다 죄가 가볍기 때문에 주인이 감면을 청구하면 역시 감면하는 것이다. 반대로 노비가 부곡을 살해한 때에는 사형을 면하고 1등 감하는 예를 적용하지 않는다.

천인의 친속끼리 서로 살해한 경우는 통상의 율에 따른다. 율에 해당하는 조문이 없는 경우 각각 "양인에 준한다."(명47.1)고 했는데, 이는 모두 양인에 준하여 법을 집행하는 것이다. 따라서 천인이 서로 친속을 범하였다면, 주인이 청구하더라도 감하는 예에 따르지 않고 율이 정한 원칙에 따라(투24 이하) 사형에 해당하면 사형에 처한다.

제6장
은사의 조건 및 제한

제1절 총설

I. 은사의 의의

은사령이 내리면 은사의 명을 적은 제서(制書), 즉 사서(赦書)가 나온 날의 일출 이전에 범한 죄는 모두 사면하는 것이 원칙이다(명35.1a⑦의 소). 은사는 원칙적으로 범행의 발각 여부나 형의 확정 여부와 관계없이 적용되며, 현재 수감된 죄수나 복역 중인 죄수도 모두 포함한다. 또한 유배인이 이미 유배지에 도착했든 도착하지 않았든 모두 사면된다. 단 유배지로 가는 도중에 은사령이 내린 경우 일정[行程]을 어긴 자는 사면되지 않는다(명25.1a). 또한 사서에 통상의 은사령으로 면제되지 않는 것도 면제한다는 언급이 없는 한 사면의 범위에 포함되지 않는 죄가 있다. 단옥률 20.2조의 소에 적시된 악역(명6.4), 모반·대역(명6.1~2), 4촌형·누나 및 소공존속을 살해한 죄(투26.1·단21.2), 고독을 조합하거나 소지한 죄(적15.3), 십악·고살인과 모반·대역에 연좌되어 죄가 성립된 경우(명18.1), 감림·주수하는 범위 안에서 간·도·약인하거나 재물을 받고 법을 왜곡하여 죄가 성립된 경우가 바로 그러하다. 이들 죄는 은사령이 내리더라도 형의 전부 또는 일부가 면제되지 않는 것이다. 그러나 이는 통상의 율에 의한 은사의 제한 규정일 뿐이며, 황제가 특별히 용서해서 방면하는 경우 통상의 율에 의한 제한은 효력을 잃는다. 왜냐하면 이는 군주의 고유 권한이기 때문이다(명18.3b의 문답1).

은사는 황제가 율과는 무관하게 또는 율을 초월하여 발령하는 특단의 명령이다. 달리 말하면 은사는 심가본(沈家本) 말한 바와 같이 통상의 제도가 아니다(『歷代刑法考』2, 524쪽). 이는 통상의 법이라

할 수 있는 율에 은사 자체를 규정한 조문이 없다는 것으로도 알 수 있다. 즉 "은사의 명을 적은 제서가 나온 날의 일출 이전에 범한 죄는 모두 죄를 면제한다."는 선언적 규정이 율에 없고 율문을 해석한 소에 있는데, 이는 은사가 통상의 제도가 아니기 때문일 것이다. 이처럼 통상의 법인 율에는 은사 자체를 규정한 조문이 없는데도 불구하고, 율에는 사면의 조건에 관한 규정(명35, 36), 은사 전의 죄를 고발한 자를 처벌하는 규정(투53), 은사 전의 부당한 판결은 바로 잡아야 한다는 규정(단20.1), 통상의 은사로 면제되지 않는 죄에 관한 규정(단20.2), 은사가 있을 것을 알고 고의로 죄를 범한 자에 대한 처벌 규정(단21) 등이 있다. 이것들은 은사가 율 밖에 별도로 존재한다는 것을 전제로 하지 않으면 의미가 없는 규정들이다. 달리 말하면 고대 중국에서는 춘추시대 이후 역대왕조에서 해악의 정도나 죄의 경중을 불문하고 일체를 사면하는 대사가 주기적으로 시행되어 왔고(앞의 『역대형법고』2, 524쪽), 당에서도 이러한 관행을 그대로 유지할 것을 전제로 하고 율에 은사와 관련된 규정을 두었다고 말할 수 있는 것이다.

II. 은사의 종류

1. 은사의 종류

관련 자료들을 정리해 보면 은사는 아래와 같이 분류할 수 있다.

(1) 대사(大赦)와 상사(常赦)
율에서 대사와 상사는 같은 뜻으로 쓴다. 예컨대 명례율 38.1b조의 주의 소에 "상사로 용서되지 않는 것이라 함은, 비록 대사령이 내리더라도 여전히 사형 및 유형, 또는 제명·면소거관 및 이향에 처하는 것 따위를 말한다."라고 한 해석을 보면, 상사와 대사를 같은 범주의 사면령으로 간주하고 있는 것이 분명하다. 단『당대조령집』「제왕」편(권2~10)에 실려 있는 당대의 대사는 경우마다 사면의 범위가 일률적이지 않고, 때로는 율에서 상사로 사면되지 않는 죄까지 포함하여 사면하는 대사가 있다. 따라서 일단 대사로 사면될 수 있는 죄명의 범위는 상사에 비하여 넓다고 말할 수 있다. 다만 대사로도 면할 수 없는 죄가 있다.

(2) 보사(普赦)와 곡사(曲赦)

은사는 전국적으로 시행하는 경우가 있고, 특정 지방에 한정하여 시행하는 경우가 있다. 전국을 대상으로 하는 사면이 보사이고, 특정 지방을 대상으로 하는 사면이 곡사이다.

(3) 통사(通赦)와 특사(特赦)

은사에는 일반인을 대상으로 하는 것이 있고, 특정인을 대상으로 하는 것이 있다. 전자는 통상적인 조치이고 후자는 특별한 처단이다(명18.3b의 문답1). 그래서 시험 삼아 통사와 특사라고 칭하기로 한다(戴炎輝,『唐律通論』, 331쪽.). 특사의 예로는, 본래 사죄를 범하였으나 은전을 베풀어 특별히 유형이나 도형에 처하는 것 등을 의미하는 "사형을 면하고 특별히 유배한다."(명18.3의 소), 특별한 칙령으로 사형을 면제하고 은사령이 내린 예에 따라 이향하는 "특별히 사형을 사면한다[特赦免死]."(적18.1의 소), "별칙으로 방면한다."(직2.2의 주의소)는 것 등이 있다.

(4) 여와 강 및 상청

1) 여와 강

여(慮)는 이른바 여수(慮囚)를 의미하고, 여를 거치는 것을 회려(會慮)라고 하는데, 죄수의 죄상을 검열하여 장기 미결수와 억울한 사안을 살펴 처리하는 것이다. 여수할 때는 죄를 사면하거나 감경하는 바가 많다.

강(降)은 죄의 등급을 감하는 것이다(명18.2의 주와 소). 강의 영이 내려 은전을 입는 것을 회강(會降)이라고 한다. 적도율 52.1조의 소에는, "아직 판결하기 전에 은강령이 내리거나 여를 거친 경우, 3범의 범위에 포함하지 않는다."라고 하였고, 명례율 18.3b조의 문답1에는, "만약 여가 있어 죄를 감하는 것은 계산하는 것이 은강령이 내린 경우와 다르지 않아 관당·면관 처분도 강의 법과 같게 해야 하니, 만약 여가 죄를 전부 감면하는 것이면 도리어 특별히 방면하는 예에 따른다."라고 해석하였다.

여와 강의 차이점에 대해 『당률석문』(권2, 慮)에 "여는 강과 같다. 그러나 강이 관사가 자체적으로 감면하는 데 반하여 여는 상주하여 감면하는 것이다. 사·강·여 셋은 이름은 다르지만 모두 사의 뜻이다"라고 해석하였다. 여기서 관사가 자체적으로 감면한다는 것은 보편적이라는 뜻이고, 상주하여 감면한다는 것은 개별적이라는 뜻이다. 이로써 보면 여수가 특사의 한 형식이라는 점은 분명하다.

2) 상청

율에는 "상청(上請)하여 재가를 받는다."는 조문이 많이 있는데, 이는 황제의 재결을 받아 사면하기 위한 것이므로 특사의 한 형태라고 할 수 있다.

2. 은사의 내용

(1) 본질적 내용

사는 사와 강으로 나눌 수 있다. 본서에서는 사를 은사로, 강을 은 강으로 칭하기도 한다. 은사는 그 형을 완전히 면제하는 것이고, 은 강은 그 형을 감하는 것이다.

은사나 은강은 주형에 대해서 뿐만 아니라 제명·면관과 같은 종형에 대해서도 마찬가지로 적용된다. 예컨대 감림·주수가 간죄·도죄 등을 범한 것은 제명에 해당하지만, 은강령을 만난 경우 면관 처분한다. 또한 은강령이 내린 뒤에 다시 단죄되었으나 아직 상주하여 재가 받지 않았는데 다시 은사령이나 은강령이 내렸다면 마땅히 면소거관해야 한다(명18.2의 주의 소). 또한 잡범 사죄는 은강령이 내리면, 관품이 있는 자는 관당하고 음이 있는 자는 속법에 따르는 것을 허용한다(명18.3b와 소).

(2) 부수적 내용

① 은사령이 내리면 이전의 부당한 판결은 바로 잡아야 한다.

② 은사령이 있을 것을 들어서 알고 고의로 미리 논해서 태·장·사형을 집행한 경우 죄 없는 사람에게 고의로 죄를 준 죄를 준다(단19.1a의 주).

③ 은사령이 내리기 전의 일을 고발한 자는 고발한 바로 그 죄로 죄준다. 관사에서 접수하여 처리한 경우에는 고의로 죄에 빠뜨린 것으로 논한다(투53.1a).

④ 실정을 알면서 도망한 부녀를 취하여 처·첩으로 삼은 자는 도망한 부녀와 같은 죄로 처벌하고 이혼시킨다. 그러나 남편이 없거나 은사령이 내려 면죄된 자는 이혼시키지 않는다(호36.2b).

⑤ 절도죄를 범하고 판결되기 전에 강이나 여를 거친 경우, '세 차례 이상 범한 죄[三犯罪, 누범]'의 범위에 포함하지 않는다(적52.1의 소). 강이나 여를 거쳤다는 것은 강이나 여를 위한 영이 내려 죄가 감경되었다는 뜻이다.

III. 은사령 전의 부당한 판결에 대한 처분

1. 부당한 판결

은사령이 내리면 은사 전의 부당한 판결은 당연히 바로 잡아야 한다. 단옥률 20.1조는 이를 두 가지 정형으로 나눈다. 첫째, 가볍게 처단해야 할 것을 무겁게 한 경우 마땅히 가벼움에 따라야 한다. 둘째, 무겁게 처단해야 할 것을 가볍게 한 경우 그대로 가벼움에 따른다. 전자가 비교적 중요한데, 이는 형을 고쳐 판결해서 죄인이 은사령의 은전을 입도록 하기 위한 것이다. 이러한 규정을 둔 것은, 처단한 형의 등급에 덜거나 더함이 있어 본죄에 합당하지 않는데도 사건이 은사 이전의 사안이므로 판관이 잘못된 판결을 고집하여 고치지 않을 것을 염려하여 가벼운 쪽에 따라야 함을 분명히 밝히기 위한 것이다 (단20.1a의 소). 후자는 비록 판결이 부당하지만 죄인의 이익을 위해 중형으로 고치지 않고 죄인으로 하여금 감면의 혜택을 누리게 하는 것이다.

2. 부당한 판결의 경정(단20.1)

(1) 무겁게 한 것은 가볍게 함

이전의 부당한 판결로 인하여 은사의 이익을 누릴 수 없을 때는 먼저 본래의 처벌법에 따라 고쳐 판결한 뒤에 죄인으로 하여금 은전을 입도록 한다. 은사의 이익을 누릴 수 없다는 것은 은사령으로 전부 면하지 않는 죄도 있기 때문이다. 이에 대해 단옥률 20.1조의 소는 다음과 같이 구체적인 사례를 들어 해석하였다.

① 사촌형과 싸우다 살해했는데 친형을 살해한 것으로 간주하여 부당하게 악역으로 단죄된 경우, 사촌형을 살해한 죄로 바로 잡아 불목으로 단죄하고 은사령을 적용해야 한다. 악역은 원래 은사령이 내려도 사면될 수 없기 때문에 부당한 판결을 바로잡지 않으면 은사의 특전을 누릴 수 없다. 단 사촌형을 싸우다 살해한 불목죄는 은사령이 내리면 유2000리로 감형되지만, 이는 일반 은사령으로는 면할 수 없는 죄이므로 그대로 유형에 처한다(단21.2).

② 일반인과 싸우다 살해하였는데 부당하게 시마친존장을 살해한 불목죄로 단죄된 경우, 십악은 은사령으로 완전히 면제되지 않기 때문에(단21.2의 주) 잡범 사죄로 바로잡아 판결하고 사형을 면하여 이향 처분한다.

③ 감림 지역에서 왕법 없이 50필 상당의 재물을 받은 수소감림재물죄(직50.1a)를 범하였는데 부당하게 수재왕법죄(직48,1a)에 따라 사형으로 단죄된 경우, 수소감림재물죄로 바로잡아 판결하고 은사령에 따라 죄를 면하되 장물은 그대로 징수한다(명33.3a).

④ 가까운 거리의 유죄를 범했는데 부당하게 먼 거리의 유죄로 처단된 경우나 1관으로 당하는 도죄를 범했는데 2관 이상으로 당하는 도죄로 처단된 경우, 전자의 경우는 이미 유배지에 도착한 뒤에 은

사령이 내렸다면 가까운 거리의 유죄로 바로잡은 뒤 은사령을 적용하고 유배지에 도착하기 전에 은사령이 내렸다면 그대로 사면하며, 후자의 경우는 만일 상주하여 재가가 났으면 잘못 환수한 임명장을 돌려주고, 상주하여 재가가 나지 않았으면 그대로 사면한다.

⑤ 속동을 징수할 죄에서 가볍게 처단해야 할 것을 무겁게 처단했는데 은사령이 내린 경우, 동을 완납했다면 더 낸 만큼은 돌려주고, 미납한 경우는 가벼운 수에 따라 징수한다.

(2) 가볍게 처단된 것은 그대로 따름

은사령이 내리기 전의 판결이 무겁게 처단해야 할 것을 가볍게 처단한 경우 그대로 가벼움에 따른다(단20.1b). 가령 십악은 통상의 은사령으로는 완전히 사면되지 않지만, 그 죄가 이미 가볍게 판결되거나 면죄로 판결된 경우 모두 사면 전의 판결에 따른다(단20.1b의 소). 단 은사령이 내리기 전에 부당하게 처결한 판관은 책임에 따라 고의 또는 과실로 논죄한다(단19).

제2절 은사의 조건

I. 은사의 자수 조건(명35)

1. 개설

은사령이 내리면 죄는 용서하지만 범죄의 결과에 대해서는 존속을 용인하지 않고 원상회복을 요구한다. 그리하여 특정의 범죄에 대해서는 은사령이 내린 뒤 일정 기한 내에 죄인이 자수하기를 명하고, 자수하지 않으면 그대로 처벌한다. 다시 말해서 마땅히 자수해야 하는데 숨기고 자수하지 않으면 원래의 죄를 회복해서 그대로 처벌하며, 나아가 특별 처분하는 경우도 있다. 따라서 이 경우의 은사령은 자수를 전제로 하는 조건부 사면으로, 자수라는 전제조건을 해제하지 않으면 원래의 죄로 회복한다.

2. 자수를 조건으로 사면하는 죄

(1) 은사령이 도착한 후 100일까지 자수하지 않으면 죄가 회복되는 죄(명35.1)

1) 양인을 약취·유인한 죄(적45.1)와 팔린 자와 판 자가 서로 합의하여 사람을 판 죄(적45.2)

양인을 약취한다는 것은 술책을 세워 사람을 취하는 것을 말한다. 양인을 유인한다는 것은 피차가 위법임을 알면서 합의하에 양인을 유인하는 것을 말한다. 이러한 죄 및 합의하여 양인을 팔고 자수 기한이 지나도록 은닉하면 모두 이 조항을 적용하며 죄의 경중은 당연히 본조의 법(적45.1~2)에 따른다.

2) 부곡·노비를 약취 또는 유인하여 매도한 죄(적45.4 및 46.1a)

"약취·유인"의 뜻은 모두 위와 같다. 이들을 강제로 혹은 합의하여 스스로 머물게 하거나, 다시 출가시키거나 또는 팔거나 남에게 준 것 역시 은사령이 도착한 후 기한이 지나도록 자수하지 않으면 죄를 회복하는 것은 같다.

3) 약취·유인 또는 팔린 사람을 처·첩으로 삼거나 사들인 죄(적 48.1)

양·천을 불문하고 약취·유인 또는 팔린 사람이라는 정을 알고 처·첩으로 삼거나 사들이고 기한이 지나도록 자수하지 않으면 역시 은닉한 것으로 간주한다.

4) 도망한 부곡·노비를 숨긴 죄(적46.2b)

도망한 죄인을 감추고 숨김에는 시한이 없다. 이는 숨겨준 시간의 장단을 막론하고 숨겨주었다면 처벌한다는 것을 말한다(포18.1의 주와 소).

5) 관인을 임용함에 정원을 초과하여 임용한 죄(직1.1)

관인은 각각 영에 원액이 정해져 있다(직원령, 습유124~ 157쪽). 정원 이외에 초과하여 임용하는 것이 "한도를 초과했다."는 죄명이다. 단 이 죄는 주수(奏授)[40]가 아닌 경우에 한하여 적용된다(직1.1의 주). 그렇지만 비록 주수라도 부당하게 관인을 임용한 것을 숨겼다면 역시 같은 은닉죄를 적용한다.

---

40) 諸王, 직사 3품 이상, 문무산관 2품 이상, 都督·都護·上州刺史로 경사에 있는 자는 冊授하고, 5품 이상 관은 制授한다. 6품 이하 가운데 常參官·守5품 이상 및 視5품 이상인 경우는 勅授한다. 이들은 모두 상서이부에서 관직 수여 대상자의 이름을 황제에게 아뢰고 중서성과 문하성을 거쳐 황제의 冊文과 制勅을 받아 수여한다. 나머지 6품 이하관은 상서도성에서 관장하여 수여하되 일괄적으로 황제의 뜻을 따라 제수하는데 이를 旨授라고 하며, 지수는 奏授라고도 한다. 주수가 아닌 경우란 이상의 제수 방법에 속하지 않는 流外官 및 5품 미만의 시품관을 말한다. 이들은 필요한 경우 해당 관사에서 判補한다(『通典』권 15, 359쪽; 『唐六典』권2, 27쪽 및 『역주당육전』상, 157~159쪽).

6) 허위 관직을 사칭하거나 허위 관직을 다른 사람에게 수여하거
   나 받은 죄(사9.1)

사기로 거짓 관을 얻었다는 것은 본인에게 실제로 관이 없는데 거
짓 관을 가지고 직임을 행한 것이다. 거짓 관이 유내인가 유외인가
에 따라 받는 죄가 비록 다르지만 사기·거짓의 뜻은 모두 같다. 임
명장을 스스로 만들거나, 다른 사람에게 부탁해서 만들거나, 타인의
임명장을 얻어서 스스로 사용하거나 간에, 단지 자신이 관이 될 수
없는데 사기하여 허위 임명장을 가지고 행용하였다면 모두 이에 해
당한다. 거짓으로 다른 사람에게 관을 주었다는 것은, 담당 관사에서
거짓으로 다른 사람에게 관을 수여하는데 혹 주의(奏擬)[41]를 위조하
거나 거짓으로 해당 관사의 판보(判補)를 만든 것을 말한다.

7) 죽음을 사칭한 죄(사19.1)

죄를 피하거나 부역을 면하려고, 혹은 죄를 범하고 도망해서 마침
내 사망하였다고 속인 것 따위를 말한다.

8) 사유가 금지된 물품을 사유한 죄

사유가 금지된 물품은 갑옷·쇠뇌·창(천20.1의 소), 천문·도서·병
서·칠요력·현상기물(직20.1) 등을 가리킨다.

---

41) 奏擬는 銓選하여 수여해야 할 官을 예정[擬]하여 주청하는 문안 혹은 명단을
   말한다. 문무 6품 이하에게 관직을 줄 때 담당관사인 이부와 병부가 奏擬하는
   데, 그 관직 경력의 기간과 고과 평정의 우열을 살피고 덕행과 재예를 헤아린
   다(『唐六典』권8, 245쪽; 『역주당육전』중, 37~38쪽).

(2) 자수 기한과 감춤

1) 100일 기한

이상의 죄는 은사령이 내린 뒤 100일 내에 자수하지 않으면 원래의 죄로 회복된다. 은사령에 따른 죄의 사면은 은사령이 내린 날 일출 전에 발생한 사안 모두에 적용되지만, 자수의 100일 기한은 은사령이 소재지에 도착한 날부터 계산한다. 소재지란 주와 현의 치소를 의미한다. 대개 경사와 주현의 치소들 사이의 거리에는 차이가 있게 마련이므로, 지역 사이에 형평을 맞추기 위하여 도착한 날부터 셈하는 것이다(명35.1a⑦의 소).

2) 죄행의 결과가 현재하는데 자수하지 않고 고의로 감춤

죄행의 결과가 현재하는데 자수하지 않고 고의로 은닉했다면 사면을 취소하고 죄를 사면 이전으로 되돌린다. 죄행의 결과가 현재한다는 것은 약취·유인한 사람, 거짓으로 취한 관, 도망한 사실, 사유가 금지된 물품의 사유 등이 그대로 현재하는 것을 말한다. 사람은 양·천을 불문한다. 만약 어떤 사람이 다른 곳으로 이사 갔는데, 단지 그 사람이 현재 살면서 자수하지 않았으면 모두 고의로 은닉한 것으로 간주한다.

3) 기한 내에 사건이 발각된 경우(명35.2)

기한 내에 사건이 발각되었다면 자수하지 않더라도 은닉이 아니다. 즉 앞에서 적시한 바와 같이 양인의 약취·유인, 사유가 금지된 물품의 사유 등등의 범행은 사서가 도착한 뒤 100일 이내에 발각되었다면 비록 자수하지 않더라도 또한 은닉한 것이 아닌 것으로 간주한다. 자수 기한이 아직 차지 않았기 때문에 무죄로 할 수 있는 것이다. 다만 기한 내에 발각되었으나 심문에 승복하지 않은 경우는 역시 은닉이 된다.

(3) 처벌

이 죄들은 조건부로 사면하므로, 위와 같은 조건이 충족되지 않을 때에는 그대로 본죄의 원래 처벌법에 따른다. 원래의 처벌법이라고 했으므로 배장 등의 추징도 모두 처음 죄를 범했을 때의 본법에 따른다(명33). 다만 위법한 혼인의 중매인이나 매매의 보증인은 은사령으로 죄가 용서되므로, 비록 자수하지 않더라도 모두 처벌하지 않는다.

3. 기한을 어긴 죄의 사면

은사령이 내리기 전에 범한 공무 일정을 어긴 죄는 100일 기한을 기다리지 않고 사면하고, 다시 일정을 주어 기한으로 삼아서 일을 신속하게 처리하게 한다(명35.3과 소). 일의 처리 기한 위반죄는 직제율에 산견되며(직21, 33 이하), 각각의 일 처리 기한은 영에 정해져 있다. 영에 의하면 "공문서는 소사는 5일, 중사는 10일, 대사는 20일의 처리 기한을 준다."(공식령, 습유595쪽)라고 되어 있고, 공적인 출사(出使)에도 각각 가는 기한이 있다. 이와 같은 것들이 바로 처리 기한이다. 은사령이 나온 이후에는 모두 반드시 사안에 따라 다시 일정을 주어 기한으로 삼는다.

또한 황제가 친림하는 대집교열에 도착해야 하는 기한을 어긴 죄(천6.1)가 있고, 또한 계장 등도 영에 각각 기한이 정해져 있다(호령, 습유240쪽). 은사령이 내리기 전에 이러한 종류의 기한을 위반하였다면 100일을 기다리지 않고 사면하되, 만약 은사령이 내린 후에도 그대로 일정의 기한을 어긴 경우에는 은사령이 내린 이후 위반한 날을 계산하여 죄준다.

또 부채를 상환하지 않은 것은 은사를 입더라도 여전히 상환해야 한다. 만약 그대로 상환하지 않으면 은사 후의 일 수에 따라 처음과 같이 죄를 과한다. 은사 후의 일 수는 역시 은사 후부터 위반한 일수에 의거해서 죄를 정한다(잡10.2의 소).

4. 죄를 범하고 도망한 자의 자수 기한과 처벌

죄를 범하고 도망한 자가 은사령이 내려 죄가 면제되었는데 기한 내에 자수하지 않은 경우, 도망죄만 처벌하고 본죄는 처벌하지 않는다(명35.4). 즉 은사령이 내리기 전에 죄를 범하고 그로 인해 도망했어도 은사령을 만난 뒤에는 죄가 모두 용서되어 면제되며, 은사령이 내린 뒤부터 100일까지 여전히 자수하지 않았어도 단지 도망죄만 처벌[42]하고 그 본죄는 다시 논하지 않는다.

만약 출정·방수(防戍) 중에 도망하였다가 은사령을 만나 그 죄가 면제되었는데 은사령이 내린 뒤 100일의 자수 기한 뒤에도 출정·방수의 대열에 스스로 돌아오지 않았다면 반드시 복무해야 할 날을 계산하여 도망으로 죄를 정하고, 기한 내에 출정·방수하는 부대로 돌아왔으면 곧 집에서 도망한 자와 같이 처벌한다. 군인이 번상 중에 죄를 범하고 도망하였는데 은사령이 내린 뒤 하번에 해당하면 역시 집에서 도망한 죄를 적용한다.

---

42) 도죄·유죄를 범한 죄수가 복역 기한 내에 도망한 죄는, 1일이면 태40으로 처벌하며 3일마다 1등씩 더하여 19일이면 장100으로 처벌한다. 도망 일수가 19일을 초과하면 5일마다 1등씩 더하여 59일이면 유3000리로 처벌한다(459, 포9).

II. 은사의 정정 조건(명36)

1. 개설

명례율 36조는, 은사령이 내린 뒤 위법한 신분 등은 원래대로 정정하고 추징할 물품 등은 징수해야 하는데 장부에 정정하고 징수하지 않은 것이 확인되면 모두 본래 범한 죄로 논한다는 규정이다. 명례율 35조는 100일을 기한으로 하는 데 반해 이 조문은 장부의 검사 때까지를 기한으로 삼는다. 이 조문의 규정이 적용되는 사안은 위법의 정상이 가벼우므로, 은사령이 내린 뒤 장부를 검사하여 정정하지 않았거나 납부하지 않은 사실이 확인되어야 본죄를 준다. 해가 바뀌도록 장부를 검사하지 않았다면, 비록 심문에 승복하지 않았더라도 죄주지 않는다(명36의 문답1).

2. 은사령 후 정정해야 하는 사안

(1) 은사령 후 정정해야 하는 사안

1) 적자를 서자로, 서자를 적자로 삼은 경우(명36의 주1)
영에 따르면, 왕·공·후·백·자·남의 작은 모두 자손 가운데 적자가 세습한다. 적자가 없으면 적손을 세우고, 적손이 없으면 순서에 따라 적자의 동모제를 세우며, 동모제가 없으면 서자를 세우고, 서자가 없으면 적손의 동모제를 세우고, 적손의 동모제가 없으면 서손을 세운다. 증손·현손 이하도 이에 준한다(봉작령, 습유305쪽). 이 영의 규정에 따르지 않은 것이 적자로 할 것을 서자로 하고 서자로 할 것을 적자로 한 것이다(호9, 사10).

2) 법을 어기고 입양한 경우(명36의 주1)

영에 따르면, 자신에게 아들이 없는 때에는 동성으로 항렬이 합당한 자 가운데서 입양하는 것을 허용한다(호령, 습유233쪽). 이 영을 위반하고 양자를 들인 것이 법을 어기고 입양한 것이다(호8.2). 공호·악호·잡호 등이 같은 신분끼리 서로 양자하는 것은 율·령에 비록 해당하는 조문이 없지만 당연히 양인의 예에 준한다.

3) 사사로이 출가한 경우(명36의 주2)

사사로이 출가하였다는 것은 도사·여관·승·니가 관에서 고첩을 발급받지 않은 것을 말한다(호5).

4) 거짓으로 요역을 면제받은 경우(명36의 주2)

예컨대 당 고조가 태원(太原)에서 기병할 때부터 종군한 자들은 일생동안 과역을 면제받고, 외국에 억류되었다가 귀환한 자와 귀화한 외국인은 10년간 면제받으며, 천인에서 방면되어 양인이 되면 3년 동안 면제받는다. 면제 범위에 해당되지 않는 자가 이런 부류와 같다고 속여 면제받으면 거짓으로 과역을 면제받은 죄가 된다(사19).

5) 본업을 기피한 경우(명36의 주2)

공호·악호·잡호·태상음성인 등 천인은 각각 본업이 있는데 이를 회피하고 다른 신분으로 바꾸어 본업을 기피한 경우이다(사19).

6) 나이를 증감한 경우(명36의 주3)

나이를 늘려서 '노'라고 하거나, 나이를 줄여서 '중'이나 '소'라고 한 것을 말한다.[43] 나이를 늘이거나 줄였다면 과역을 면제받지 못하였

---

43) 당령(호령, 습유225쪽)에서는 꼭 일정한 것은 아니지만 대개 남녀 모두 1세부

더라도 죄를 받는 것은 같다(호1).

　7) 남의 전원을 침탈하거나 토지를 호적에 등재하지 않고 숨긴 경
　　우(명36의 주3)

　타인의 전원을 침점한 것(호18) 및 자기의 전원을 몰래 숨기거나
남의 전원을 훔쳐 매매한 것을 말한다(호17).

　8) 호구를 탈루한 경우(명36의 주3)

　호 전체를 호적에 올리지 않은 것을 '탈(脫)'이라 하고, 일부의 구를
숨기고 올리지 않은 것을 '누(漏)'라 한다(호1의 주). 이 밖에 장애의
증상을 더하거나(호1.2), 공호·악호·잡호를 탈루한 경우도 포함된다.

(2) 정정하지 않은 때의 처벌

　이상의 사안은 장부를 정정해서 바로 잡아야 한다(명36의 주3). 즉
은사령이 내린 뒤에 호적이나 장부를 일일이 조사 대조하여 반드시
정정해야 하며, 만약 정정하지 않은 자는 본래 범한 죄로 처벌한다.
이 밖에 사택·수레·복식·기물이 영에 위반된 경우 비록 은사령이

　터 3세까지를 황, 4세부터 15세까지를 소, 16세부터 19세까지를 중, 20세부터
　59세까지를 정, 60세 이상을 노라고 하는데, 이러한 규정은 단순히 연령을 구
　분하기 위한 것이 아니고 국가에 대한 권리와 의무에서 차등을 두기 위한 것
　이다. 즉 특히 남자의 경우 18세부터는 토지를 받을 권리가 주어지고 60세가
　되면 그 권리를 상실한다. 또 70세 이상은 나이에 따라 侍養者에게 役의 면제
　와 같은 특전과 차등 있는 免刑의 특전도 주어졌다(명30). 그러나 보다 중요한
　것은 의무인데, 20세가 되면 조용조와 같은 세역을 부담해야 하고 또 병역의
　간점 대상이 되는데, 이러한 부담은 원칙적으로 60세가 되면 면제된다(부역
　령, 습유659, 668쪽). 이 때문에 가능하면 20세가 되는 것은 기피하고 60세가
　되는 것은 선호하게 되는 것은 당연하므로, 국가로서는 이러한 民의 행위를
　범법으로 간주하여 금하려고 하였다. 율이 민의 연령에 대한 자의적인 변동을
　금한 것은 이러한 이유에서다.

내려도 모두 고치거나 제거해야 하며, 만약 은사령이 내린 후 100일 내에 고치거나 제거하지 않은 자는 본래 범한 죄로 처벌한다(잡15.2c 및 소).

또한 율을 위반하여 반드시 이혼하거나 원래 신분으로 정정해야 할 경우, 은사령이 내려도 그대로 이혼시키고 원래 신분으로 회복시킨다(호45.1). 원래 신분으로 정정하지 않은 때는 원래 범한 죄로 처벌하고, 이혼해야 하는데 이혼하지 않은 때는 율에 조문이 없지만 '해서는 안 되는데 행한(잡62)' 죄의 무거운 쪽에 따라 장80에 처한다. 이혼으로 판정했는데 이혼하지 않은 경우에는 당연히 간죄에 따라 처벌한다(호45.2b의 소).

제3절 은사의 제한

Ⅰ. 개설

은사는 일반 범죄에 대해 모두 면제하는 것을 원칙으로 한다. 다만 특정 범죄에 대해서는 사면하지 않는 경우도 있고 감경하기만 하는 경우도 있으며, 특정 사유에 따라 은사에서 제외되는 경우도 있다. 은사의 제한은 율에서 "통상의 은사령으로는 면하지 못한다."고 한 것이 가장 중요하다(단20.2). 또 은사가 있다는 것을 들어 알고 고의로 범한 자는 사면될 수 없다(단21.1). 이는 사면을 악용한 죄행으로 죄의 정상이 사면될 수 없는 것일 뿐만 아니라, 사면하면 악을 조장하게 되기 때문이다. 은사령이 내려도 사기·왕법으로 취한 장물은 그대로 추징한다(명33.5). 두 가지 이상 죄가 함께 발각되었는데 은사령에 따라 사면될 수 없는 죄가 포함되어 있으면, 그 죄만 사면 대상에서 제외한다(명45.1 주의 소). 단 통상의 은사령으로 사면될 수 없는 죄라도 은사령에 죄명을 정하여 사면하도록 하는 경우는 사면한다.

II. 통상의 은사령으로 면할 수 없는 죄(단20.2)

1. 의의

통상의 은사령으로 사면될 수 없는 죄는 법대로 처벌한다(단20.2). 통상의 은사령으로 면죄될 수 없다는 것은 은사령에 "경중의 구별 없이 모든 죄를 은사로써 면제한다."고 되어 있더라도, 통상의 은사로 면제되지 않는 죄도 면제한다고 특별히 언급하지 않았다면 면제의 범위에 속하지 않음을 말한다. 통상의 은사령으로 면죄될 수 없다는 것은, 전혀 면제될 수 없는 죄도 있고 부분적인 면제만 받거나 다른 처분을 받을 수 있는 죄도 있다는 것을 의미한다. 그 내용은 주형과 종형[제명·면관 및 장물 징수] 및 기타 처분[속동 징수 및 신분 수정 등]으로 구별한다. 통상의 은사령으로 용서되지 못하는 죄는 공범을 체포하여 자수하더라도 죄를 면할 수 없다(명38.1b의 주).

2. 통상의 은사령으로 주형을 면제받을 수 없는 죄

(1) 전부 사면되지 않는 죄
악역을 범하거나, 부곡·노비가 주인을 구타하거나 주인 살해를 모의하거나 강간한 때에는 사면되지 않는다(단21.1).

1) 악역

악역은 조부모·부모를 구타하거나 살해를 모의한 죄와 백숙부모·고모·형·누나·외조부모·남편, 남편의 조부모·부모를 살해한 죄를 말한다(명6.4). 악역은 은사령이 내려도 일체 용서되지 않는다.

2) 부곡·노비의 주인에 대한 죄

① 부곡·노비의 주인 살해모의죄는 은사령으로 사면되지 않으며, 부곡처·객녀의 주인 살해모의죄도 같다(명47.1의 주).

② 노비가 주인을 구타한 죄도(투36.1, 적7.1) 사면되지 않는다.

③ 부곡·노비가 주인을 강간한 죄(잡26.2) 또한 사면되지 않는다.

사천인이 주인을 구타하거나 살해를 모의한 죄는 친속이 아니므로 악역에 포함하지는 않지만, 대개 자손이 조부모·부모를 범한 것과 같은 것으로 간주하므로 악역과 같이 통상의 은사령으로 죄를 면하지 않는 것이다.

3) 사죄수인 조부모·부모 및 주인을 살해한 죄

사죄수에 대한 취조가 끝난 후 죄수의 자손이 조부모·부모를, 부곡·노비가 주인을 살해하거나, 다른 사람을 고용하여 살해하거나, 모두 고살로 논죄하고 통상의 은사령으로 면제하지 않는다(단3.3과 소).

(2) 은사령으로 사형을 면해도 그대로 유배하는 죄(명11.2)

은사령이 내려도 유형에 처하는 죄는 회사유류라고 하는데(명11.2e), 두 가지가 있다.

① 모반·대역을 범한 자나(적1.1) 소공존속이나 4촌형·누나를 살해한 자십악의 불목(명6.8)는 은사령이 내려 사형을 면하더라도 그대로 유2000리에 처한다.

② 고독을 조합하거나 소지한 자(적15.3)는 비록 은사령이 내려 사형을 면하더라도 동거 가구와 함께 유3000리하고, 교령인 역시 유3000리에 처한다.

(3) 은사령이 내려도 그대로 이향 처분하는 죄(단20.2의 주)

살인죄로 사형에 처해질 자는 은사령이 내려 사형을 면해도 원칙적으로 고향에서 1,000리 밖으로 이주시킨다. 부곡은 1,000리 밖으로 이주시켜 다른 사람을 섬기게 하고, 노비는 1,000리 밖으로 매도한다(적18.1 및 주).

3. 통상의 은사령으로 제명·면관을 면할 수 없는 죄(명18.1)

통상의 은사령으로 주형은 면하더라도 제명·면관 등 종형은 면할 수 없는 죄가 있다.

(1) 십악·고살·반역연좌

십악·고살·반역연좌의 죄가 성립된 때는 비록 은사령이 내려도 그대로 제명 처분한다(명18.1, 단20.2 및 소). 달리 말하면 죄가 아직 성립하지 않았으면 사면한다(명18.1b의 소). 죄가 성립되었다는 것은 죄상이 드러나 죄가 증명되어 상서성에서 판결을 마쳤으나 아직 상주하지 않은 상태를 말한다(명18.1b의 소).

(2) 감림·주수의 관할 구역 내 간·도·약취·수재왕법

감림관이나 주수가 관할 구역 내에서 범한 간·도·약취·수재왕법의 죄가 성립된 경우, 은사령이 내리면 면소거관하고(명18.2, 단20.2의 소), 은강령이 내리면 면관한다(명18.2의 주).

(3) 잡범 사죄 등

잡범 사죄 등은 은사령이 내리면 영에 따라 현임 직사관을 해임하고(명18.3b의 소), 은강령이 내리면 관당하거나 속하는 것을 허용한다(명18.3b).

(4) 면관에 해당하는 죄

면관에 해당하는 죄는 만약 은사령이 내리면 위의 조문과 같이 현임 직사관을 해임하고, 은강령이 내리면 관당하거나 속면한다(명 19.3의 주의 소).

(5) 5류

다섯 가지 유리 가운데 회사유류죄는 비록 은사령이나 은강령이 내리더라도 그대로 제명한다. 불효류죄·반역연좌류죄 또한 은사령이 내려도 역시 제명한다. 자손범과실류죄는 은사령이 내리면 죄를 면하고, 은강령이 내리면 관당·속하는 법에 따르는 것을 허락한다. 가역류죄 가운데 십악에 포함되는 것은 은사령·은강령이 내려도 여전히 제명한다. 가역류죄 가운데 왕법으로 논죄된 경우와 감림 범위 안에서 도죄(盜罪)를 범한 경우는 은사령이 내리면 면소거관하고 은강령이 내리면 면관하며, 나머지 잡범은 은사령이 내리면 용서하고 은강령이 내리면 관당·속하는 법에 따른다(명18.3b의 문답2).

4. 예외 규정

비록 통상의 은사령으로 사면될 수 없는 죄라도 은사령에 특별히 죄명을 정하여 사면토록 한 경우, 율을 인용하거나 비부하여 무겁게 처벌할 수 없다(단20.3). 위반한 자는 고의 또는 과실로 다른 사람의 죄를 더한 죄로 논한다(단20.4). 예를 들면 정관9년(626) 3월 16일의 은사령에 "사죄 이하는 모두 사면한다. 다만 통상의 은사령으로 면죄될 수 없는 죄, 십악, 요언(妖言)으로 무리를 선동한 죄, 이미 모반(謀叛)하여 이미 길을 나선 죄 등은 모두 사면하지 않는다."(『唐大詔令集』권83, 478쪽)라고 하였다. 이 은사령에 의거하면 십악의 죄는 사면하지 않는다고 하였고 모반은 십악에 해당하지만, 길을 나선 모반죄만 명시하고 길을 나서지 않은 죄는 명시하지 않았으므로, 길을 나서지 않은 모반죄가 비록 무겁더라도 은사령에 명시한 죄명에 해당하지 않기 때문에 율을 인용하여 처단할 수 없는 것이다. 만약 이 은사령을 위반하고 율문을 유추해서 적용하여 무겁게 처벌한 자는, 고의라면 고의로 다른 사람의 죄를 더한 죄로 논하고 과실이라면 과실로 다른 사람의 죄를 더한 죄로 논한다(단20.3의 소).

III. 기타 은사가 제한되는 죄

1. 은사령이 내려도 반드시 추징하는 경우

감림·주수가 관의 재물과 축산 등을 사사로이 빌려 사용하거나, 타인에게 빌려준 경우에는 반드시 추징한다(명36의 주4). 관의 재물과 축산을 사사로이 빌려 사용하거나, 관의 재물이나 축산을 타인에게 빌려주었다는 것에서(구13, 17, 18), 수레·배 등은 재물로 간주하고 매·개 등은 축산으로 간주한다. 감림·주수가 다른 사람의 재물을 빌린 경우(직52, 53)도 또한 같다.

2. 은사가 있을 것을 알고 고의로 범한 죄

은사령이 아직 반포되지 않았으나 사사로이 그 내용을 직접 들어서 알고 고의로 범한 죄는 사면하지 않는다(단21.1). 판관이 은사가 있을 것을 들어 알고 고의로 논죄하여 집행한 때는, 죄 없는 사람에게 고의로 죄를 준 죄로 논한다(단19.1의 주).

제7장
자수에 의한 죄의 감면 및
친속상용은

서설

명례율 37조는 자수에 관한 규정이다. 자수 외에 명례율 38조의 체포해서 자수하는 것[捕首], 39조의 재물 주인에게 자수하는 것[首露], 41조의 공무상 과실에 대한 자수[公事失錯自覺擧]는 유사 자수로 광의의 자수라고 말할 수 있다. 본 장에서는 먼저 제1절에서 자수를 논하고, 제2절에서 체포 자수와 재물 주인에게 자수하는 것에 대해 논하며, 제3절에서 공무상 과실에 대한 자수를 논하기로 한다.

명례율 46조는 죄가 있는 친속을 숨겨주는 것을 허용하고 죄를 묻지 않는 친속상용은에 관한 규정이다. 이는 범법한 친속을 대신하거나 또는 친속을 위해서 자수해도 죄인에게 자수의 법을 적용하여 죄를 면제하는 앞의 규정과는 행위가 상반되는 느낌을 준다. 단 다 같이 친속의 죄와 관련이 있으므로 하나의 장에 포괄해서 제4절로 가름하여 논하기로 한다.

제1절 자수 감면

Ⅰ. 개설

자수한 자에 대하여 죄형을 감면하는 제도는 중국 형법의 특색이다. 자수 감면은 고대부터 있어 왔다. 예컨대 『상서』(권14, 429쪽)에 "허물을 자백한 자는 사형에 처해서는 안 된다."라고 한 것이 있고,

『한서』(권44, 2156쪽)에는 율을 인용하여 "먼저 스스로 고한 자는 죄를 면제하는 법이다."라고 한 것이 있다. 그렇지만 특히 당률의 자수 제도는 매우 상세하고 치밀하다.

율에서 자수하면 죄를 감면하는 이유는 죄인에게 잘못을 회개하고 스스로 새로 태날 수 있는[改過自新] 기회를 허용해야 한다는 것이다. 명례율 37.1조의 소에서도 같은 뜻으로, "잘못을 범하고도 회개하지 않는 것이야말로 잘못이다. 지금 능히 잘못을 회개하고 와서 그 죄를 자수하면 모두 용서해야 한다."라고 해석하였다. 다만 자수한 자에 대해 죄를 감면하는 것은 사람을 유인하려는 혐의가 없지 않은데, 특히 같이 도망한 자를 체포해서 자수하는 포수(捕首) 및 도망자나 모반자(謀叛者)의 자수, 또는 반(叛)을 모의하고 길을 나섰다가 본래 있던 곳으로 귀환한 자 등에 대하여 죄를 면하는 규정에 그 같은 혐의가 짙다. 자수의 절차에 대해서는 투송률 52.1조에, "무릇 죄를 범하고 자수하고자 하는 자는 모두 소재지의 관사에 공문서로 신고해야 하는데, 군부의 관은 함부로 접수해서는 안 된다. 단 모반 이상의 범죄 및 도죄의 경우에는 군부도 접수를 허락하지만, 접수 즉시 가까운 관사로 보내야 한다. 만약 접수하고 1일이 지나도록 보내지 않거나 월권하여 다른 일까지 접수한 때에는 각각 본죄에서 3등을 감한다."고 규정되어 있다. 여기서 본죄란 접수한 사건의 죄를 말한다.

II. 자수 감면(명37)

1. 자수의 요건

(1) 자수로 감면이 허용되지 않는 죄

자수로 죄가 감면되는 것은 반드시 율이 감면을 허용하는 죄에 한한다. 달리 말하면 자수해도 감면되지 않는 죄가 있으며, 이 밖의 다른 죄는 자수하면 감면한다. 자수해도 감면되지 않는 죄는 아래와 같다.

1) 사람을 상해한 죄(명37.6a와 주)

사람을 상해한 경우 자수해도 죄는 감면되지 않는다. 다른 죄와 살상죄가 결합되어 있는 경우도 마찬가지이다. 단 이 경우 다른 죄를 범하다가 살상하고 자수한 자는 살상의 원인이 되는 죄는 면제될 수 있으나, 살상죄는 용서되지 않고 그대로 남으므로 고살상죄(투5.2)를 과한다. 본래 과실로 인한 것은 과실살상의 처벌법(투38)에 따를 것을 허용한다. 가령 절도하다가 고의나 과실로 사람을 살상하고(적42) 자수한 경우, 절도죄는 면제될 수 있으나 고의로 살상한 죄는 고살상으로 처벌하고 과실로 살상한 죄는 과실살상의 처벌법에 따른다.

2) 배상할 수 없는 물건을 절도·훼손·망실한 죄(명37.6b와 주)

배상할 수 없는 물건으로 죄를 범한 경우 감면되지 않는다. 보인(寶印)·부절·제서·관문서·갑옷·군기·금병기 및 금서 등은 사가에서 소유하지 못하는 것이므로 배상할 수 없는 물건들이다.[44] 그러므로 이런 물건을 절도하거나 훼손하거나 망실한 죄는 자수해도 감면되지 않는다. 다만 본 물품이 현존하는 상황에서 자수한 경우 죄를 면할 수 있다. 본 물품이 현존하면 배상할 수 있으므로 자수한 자를 감면하는 것이다.

3) 사건이 발각되자 도망한 자의 죄(명37.6c와 주)

사건이 발각되자 도망한 자는 자수해도 죄가 감면되지 않는다. 다만 범한 바의 죄는 용서되지 않지만, 도망한 죄는 2등을 감한다. 가령 절도죄가 있어 도형에 처해야 하는데 사건이 발각되자 도주했다가 며칠이 경과하고 난 뒤에 다시 자수한 경우, 도죄는 이미 발각되었으므로 자수하더라도 용서하지 않지만, 도망죄는 2등을 감하는 것을 허용한다.

4) 관을 넘어서 건넌 죄(명37.6d와 주)

관[45]을 함부로 넘어서 건넌 죄는 감면되지 않는다. 관을 함부로 넘어서 건넌 죄는 세 가지가 있는데, 월도·사도·모도[46]이다. 사도·

---

44) 寶印의 보는 황제의 御寶를, 印은 官의 印章을 말한다. 符節은 魚符와 旌節이다. 制書는 황제의 詔勅을 말한다. 官文書는 官府에서 사용하는 문서로 符, 移, 關, 牒 등을 말한다. 甲弩는 관 소유의 갑옷과 쇠뇌를 말한다. 군기의 원문은 旌旗·幡幟인데, 각종 깃발을 말한다. 금병기는 민간에서 사용이 금지된 병기를 말한다. 금서는 天文·圖書·兵書·『七曜曆』 등을 말한다.

45) 당은 경성 사면 및 수륙의 군사·교통상의 요지에 관을 설치하였는데, 설치 목적은 중외를 한정짓고 화이를 격리하며 험한 곳에 요새를 견고하게 설치하여 邪行을 방지하고 폭악 혹은 금령을 바로잡는 것이었다(『唐六典』권6, 196쪽 및 『역주당육전』상, 629쪽).

46) 越度는 관문을 피해서 다른 길로 통과하는 것을 말한다. 私度는 관문을 몰래 통과하는 것을 말한다. (82, 위25). 冒度는 타인 명의의 통행증 또는 부정 수단으로 입수한 통행증을 사용해서 관문을 통과하는 것을 말한다(83, 위26). 사도·월도는 공범 관계이지만 모도와 구별해서 특수하게 취급해야 한다. 戴炎輝(『唐律通論』, 349쪽)는 궁전 등에 난입하는 것도 사도·월도와 같이 자수하더라도 죄가 면제되지 않는다고 했는데 이것은 옳은 해석이다.

월도죄는 자수하더라도 용서하지 않지만, 모도죄는 자수하면 면제한다. 궁전에 난입하거나 궁전의 담을 넘은 것 등의 죄(위2~5)는 월도 및 사도보다 무겁고 그 본질이 서로 같으므로 당연히 역시 자수의 예를 적용하지 않으며, 주·진·수의 성 및 무고의 담을 넘은 것(위24.1) 역시 같다고 해석해야 한다.

5) 간죄(명37.6d와 주)

간죄는 자수해도 감면되지 않는다. 간은 양인을 범한 것(잡22.1, 23~28)을 말한다.

6) 천문을 사사로이 학습한 죄(명37.6e)

천문을 사사로이 학습한 경우 자수해도 죄는 감면되지 않는다. 천문은 현묘하고 심원한 것으로 사사로이 학습해서는 안 되는 것이다.

7) 고독을 조합한 죄(적15)

고독을 조합한 경우 자수해도 죄는 감면되지 않는다(적15.4의 문답3).

(2) 자수의 시점

범한 죄가 발각되기 전에 자수해야 죄를 감면받을 수 있다. 발각에는 관이 적발한 것이 있고, 고에 의하여 발각된 것이 있다. 다만 후자는 처음 고한 것을 이미 발각된 것의 경계로 삼기 때문에 부연 설명이 필요하다. 즉 고(告)는 관사에 고소·고발하는 것을 말하는데, 영(옥관령, 습유778쪽)에 따라 마땅히 3심[47]을 거쳐 접수해야 하지

---

47) 三審이란 고한 자에게 무고이면 반좌하는 법이 존재한다고 알려준 뒤 확신의 유무를 확인하고 자중할 것을 권장하는 절차인데, 이 절차를 3일 동안 3번 반복한다. 使人이 행로 중에 있어 3일 동안 3번 고장을 받을 수 없을 때는 당일

만, 처음 고한 시점부터 사건이 발각된 것으로 간주한다. 따라서 만약 누군가 문서나 구두로 고하여 관사가 3심하라고 명하였다면, 고장(告狀)이 아직 법조 당국[曹局]에 이첩되지 않았더라도 사건이 이미 드러난 것이기 때문에, 비록 죄인이 스스로 자수하더라도 자수로 성립될 수 없다(명37.1의 소). 어떤 죄가 이미 발각되었더라도 발각되지 않은 타죄에 대해 자수하면 타죄는 용서될 수 있는데, 대개 두 가지 정형으로 나눈다.

1) 죄의 발각으로 인한 타죄의 자수

가벼운 죄가 발각된 것으로 인해서 무거운 죄를 자수하였다면 무거운 죄는 면한다. 가령 소를 훔친 사실이 발각되었는데 그로 인해 주전한 사실을 자수하였다면, 주전한 죄는 용서할 수 있으나 소를 훔친 죄는 그대로 처벌하는 경우 등이다(명37.2a의 소). 중죄가 이미 발각되었는데 그로 인해 경죄가 발각되었다면 자수와 관계없이 경죄는 벌하지 않는다. 왜냐하면 2죄 이상이 함께 발각되었다면 무거운 것만으로 죄를 논하기 때문이다(명45.1a①). 다만 2죄 이상이 함께 발각되었다면 주형은 하나의 무거운 죄에 대해서만 과하지만, 그 죄들 가운데 은사령이 내려도 면할 수 없는 죄가 있는 경우에는 그대로 병과하며(명45.1a①의 주①의 소). 제명·면관·배장·몰관·배상 등의 종형은 모두 본법에 따라 모두 집행한다(명45.5).

2) 추국시의 타죄 자수(명37.2b)

탄핵된 사건으로 추국을 받으면서 별도의 다른 죄를 말한 경우도

에 삼심하는 것을 허용한다. 이런 절차는 모반·대역·모반의 세 가지 죄와 강도·살인·양인강간 및 기타 긴급을 요하는 죄의 경우에는 적용되지 않는다(옥관령, 습유776~777쪽).

용서될 수 있다. 가령 추국을 받는 과정에서 별도의 다른 사건을 말했다면, 다른 사건에 대한 죄는 용서받을 수 있다. 이것은 가벼운 죄로 말미암아 무거운 죄를 자수했다는 뜻과 같으므로 용서할 수 있는 것이다.

2. 죄인 자신의 자수로 간주하는 경우

자수에 따른 죄의 감면은 원칙적으로 죄인 자신이 자수하여 죄를 진술해야 허용된다. 단 다음과 같은 경우는 자신의 자수로 간주한다.

(1) 타인이 자수한 경우
아래에 적는 바와 같이 서로 숨겨줄 수 있는 자가 대신 자수하거나 위해서 자수하거나 고한 경우는 죄인에게 자수의 효력이 발생하는데, 다만 소추되었을 때 죄인이 관사에 출두해야만 비로소 효력이 발생한다. 달리 말하면 타인이 대신 자수하였든 위해서 자수하였든, 소추된 소식을 듣고도 죄수가 출두하지 않은 때는 죄가 용서되지 않는다. 명례율 37.3b조의 주에, "출두하지 않은 정범 본인만 처벌한다."라고 하였고, 그 소에 "자수 또는 고한 사람 및 나머지 연좌되어야 할 자는 그대로 자수의 법에 따른다."라고 해석하였다. 이는 비단 자수한 자나 고한 자뿐만 아니라, 이 밖에 연좌될 자가 자수 또는 고하지 않았더라도 형을 면한다는 뜻이다.

1) 사람을 보내어 대신 자수한 경우(명37.3a)
사람을 보내어 대신 자수한 경우 친소의 제한 없이 자수로 인정한다.

2) 숨겨주어도 죄가 되지 않는 자가 죄인 몰래 자수한 경우
(명37.3a)

만약 법에 서로 숨겨주어도 죄가 되지 않는 자가 죄인을 위해 죄인 몰래 자수한 경우, 죄인이 스스로 자수한 것과 같은 법을 적용한다. 서로 숨겨주어도 죄가 되지 않는 자는 죄인의 동거 친속 및 대공 이상 친속이며(명46.1a), 부곡과 노비는 그 주인을 위해 자수할 수 있다.

3) 숨겨주어도 죄가 되지 않는 자가 서로 관사에 고한 경우
(명37.3a)

숨겨주어도 죄가 되지 않는 자가 서로 관사에 고한 경우 고발된 친속은 스스로 자수한 것과 같은 법을 적용한다. 다만 피해인 갑이 가해인 친속 을을 고한 경우, 친속 을은 자수한 것과 같은 법을 적용받지만, 갑은 법률의 보호를 받을 수 없게 될 뿐만 아니라 친속을 고한 죄로 처벌을 받는다(투45.1a의 소). 친속이 친속을 고하는 것은 해악으로 간주하기 때문에, 친속이 친속을 고한 경우 고한 자만 처벌하고(투44~46), 고발된 사람은 자수한 것과 같은 법으로 처분하는 것이다(투44.1의 소). 부곡·노비가 주인의 타인 침해 행위를 고한 경우 주인은 스스로 자수한 것과 같고(투48.1a의 주, 소) 부곡·노비는 처벌하는데, 부곡·노비는 주인을 위해 숨겨줄 수 있지만 주인은 부곡·노비를 위해 숨겨줄 수 없기 때문이다(명46.1b의 소). 이에 대해 투송률 48.1a조의 소는, "주인을 고한 노비는 죄를 받고 주인은 죄를 면한다."라고 해석하였다.

(2) 친속의 체포 자수(명37.3a의 주)

연좌되는 죄 및 모반(謀叛) 이상 죄는 본복으로 기친 이상 친속이 체포하여 고한 경우 자수로 인정한다. 연좌되는 죄는 모반·대역과 모반하여 이미 길을 나선 경우(적1.1, 4.2) 외에 고독을 조합한 죄(적15), 적에게 공격 소식을 전한 죄(천9), 1가의 죄 없는 3인을 살해하거나 사람을 절단한 죄(적12)가 있다. 이 가운데 고독을 조합한 죄는 원래 자수로 면할 수 없으므로, 친속이 체포하여 고해도 용서되지 않는다(적15.4의 문답3). 모반 이상의 죄는 모반하여 길을 나서지 않은 경우(적4.1)나 결행하지 않은 모대역과 같이(적1.3) 연좌가 적용되지 않는 죄를 말한다. 이상의 죄는 모두 친속이라도 서로 숨겨주는 것이 허용되지 않고(명46.3), 고한 자를 처벌하지 않으며(투45.1), 실정을 알면서도 고하지 않은 자는 처벌한다(투39.1).

본복은 비록 지위가 높다는 이유로 상복의 등급을 강등하거나[尊壓] 출가한 것을 이유로 상복의 등급을 강등하여[出降] 복이 없게 되었더라도 모두 본래의 복을 기준으로 삼는다[48] 의미이다. 본복으로 기친 이상이 체포하여 관사에 송치한 경우, 모두 죄인이 스스로 자수한 것과 같이 처분한다. 단지 고한 것만으로 부족하고 반드시 체포하여 고해야 비로소 자수한 것과 같이 처분하는 것으로 생각된다.

3. 자수의 정도

죄를 사실대로 전부 자수해야 하며, 다른 사람이 고하려 한다는 것을 알기 전이어야 한다. 그렇지 않으면 그 효과는 조금 다르다. 이에 관해서는 아래에서 설명한다.

---

48) 本服은 출생·혼인 등에 의해 본래 부여되는 복을 말한다. 大夫 이상은 지위가 높다는 이유로 본래의 복제보다 등급을 낮추는데, 이를 尊壓이라고 한다. 여자가 出嫁한 경우 본가에 대해, 남자가 양자로 들어간 경우 본가에 대해, 자식이 이혼·재혼한 모친에 대해 모두 원래의 복보다 한 등급 내리는데, 이것을 出降이라고 한다(『儀禮』상, ???쪽 각주60 참조).

4. 자수의 효과

(1) 형의 감면

죄를 범하고 자수한 자는 그 죄를 용서한다(명37.1). 달리 말하면 그 형을 면한다. 다만 소공·시마친이 죄인을 위하여 자수한 때는 3등을 감한다(명37.3a의 소).

(2) 장물의 처분

정장의 징수는 법대로 한다(명37.1의 주). 정장은 배장이 아닌 본장물 상당의 장물을 말한다. "법과 같이 한다."는 것은 자수하지 않은 자를 처벌하는 법의 규정과 같이 추징하여 관이나 주인에게 돌려준다는 뜻이다(명33). 또한 왕법·불왕법·수소감림·좌장죄는 장물을 받은 자와 준 자 모두에게 죄가 있으므로 추징해서 몰관한다(명32.1a의 소). 외국인과 사사로이 교역하거나 주고받은 물건(위31.2) 역시 같다. 강제로 또는 은근히 종용하여 재물을 취득한 경우에도 추징하여 주인에게 돌려준다(명32.2b). 대개 죄인이 불법 이익을 가지지 못하도록 주형은 면제하더라도 정장은 그대로 추징하는 것이다. 자수해도 정장을 충분히 배상해야 비로소 죄를 면한다고 해석해야 한다.

(3) 종형의 처분

제명·면관에 대해서 율 및 소는 모두 언급하고 있지 않다. 다만 주형이 이미 면제되었으면 종형도 반드시 면제되는 것으로 생각된다.

III. 불완전 자수

1. 부실 및 부진한 자수(명37.4).

(1) 부실한 자수

1) 강·절도

"자수를 부실하게 했다."는 것은 강도하여 장물을 취하고 자수하였지만 절도로 취한 장물이라고 말한 것과 같은 경우이며, 이러한 경우에는 비록 자수하여 장물의 수를 모두 다 말했더라도 '강도하였으나 재물을 얻지 못한 죄'(적34.1a②)를 과한다. 따라서 부실한 자수는 주로 죄명을 진실하게 말하지 않은 것을 뜻한다.

2) 신분인 살해범(명37.4의 문답1)

신분인 살해범의 자수 부실에 관해서는 두 가지로 해석할 수 있다. 첫째는 일반인 살해를 모의하고 외숙을 살해하려고 모의하였다고 자수한 경우이고, 둘째는 외숙을 살해하려고 모의하고 일반인을 살해하려고 모의하였다고 자수한 경우이다. 첫째의 경우 일반인 살해모의죄는 가볍고 외숙 살해모의죄는 무겁기 때문에 무거운 죄로 자수한 죄를 면하는 것은 당연한데, 다만 피해자의 신분을 속인 죄는 남는다. 이 경우 '해서는 안 되는데 행한' 죄의 가벼운 쪽(잡62. 1)에 따라 태40에 처한다. 둘째의 경우 일반인 살해모의죄는 도3년이고(적9.1) 외숙 살해모의죄는 유2000리인데(적6.2) 세 가지 유형은 모두 도4년에 준하므로, 외숙이라고 말하지 않아 자수를 부실하게 한 죄는 도1년에 해당한다. 살인을 모의하여 이미 살상한 경우에는 자수에 따른 감면을 허용하지 않기 때문에, 자수 부실 문제가 발생하지 않는다.

3) 금병기 사유죄(명37.4의 문답3)

가령 을이 갑옷과 쇠뇌 및 창을 사사로이 소유하고서 창의 사유에 대해서만 자수한 경우 세 가지 죄 가운데 하나만 말한 것이므로 자수하지 않은 갑옷과 쇠뇌를 사유한 죄는 모두 그대로 남는다. 이 경우 창 사유에 대한 죄는 자수로 면할 수 있으나, 갑옷과 쇠뇌에 대한 죄는 과해야 한다. 다만 자수를 부실하게 한 것이므로 사죄에 이른 경우에는 1등을 감하는 것을 허용한다. 이는 대개 사유한 각 금병기의 죄질이 다르므로[49] 자수하지 않은 부분의 죄 전부를 주되, 스스로 뉘우치는 마음이 있고 죄상이 자수로 인해 드러나게 되었으므로 사죄에 이른 경우 1등을 감하는 것을 허용한다는 뜻이다.

4) 수재불왕법·왕법 및 수소감림죄

① 가령 감림관이 사건으로 인해 재물을 받았으나 왕법하지 않은 경우[受財不枉法] 장물이 30필 이상이면 죄는 가역류에 해당한다(직48.1b). 이 죄를 지은 사람이 장물에 대해서는 모두 자수하였으나 관할 지역에서 사건과 관계없이 재물을 받았다[受所監臨財物](직50)고 말했다면, 본래 지은 죄는 불왕법이고 자수한 죄는 수소감림으로 비록 죄가 다르지만, 장물에 대해서는 이미 모두 자수했으므로 죄줄 재물은 없게 된다. 다만 불왕법죄를 범하고 수소감림죄를 범했다고 자수한 차이만 있으므로, '해서는 안 되는데 행한' 죄의 무거운 쪽(잡62.2)에 따라 장80에 처한다.

---

49) 창[稍]을 사유한 자는 수량에 관계없이 도1년반, 쇠뇌 1장을 사유한 자는 도2년반, 갑옷 1령을 사유한 자는 유2500리에 처한다. 갑옷 3령 또는 쇠뇌 5장을 사유한 자는 絞刑에 처한다(248, 천20).

② 만약 재물을 받고 왕법했는데 자수해서는 사건과 관계없이 받았다[受所監臨]고 말하고 장물에 대해서는 모두 자수하였다면, 재물 횡령에 대해서는 처벌할 만한 것이 없으나 왕법한 죄(직48.1a)는 아직 자수하지 않았기 때문에 마땅히 왕법한 바에 따라서 죄를 과해야 한다. 이 경우 왕법한 것이 도죄와 유죄를 덜거나 더한 것이면 마땅히 도죄와 유죄를 고의로 가감한[故出入] 것으로 죄주며(단19), 만약 사죄를 고의로 가감한 것이면 그대로 사죄를 주며 자수를 부실하게 했더라도 "사죄에 이를 경우 1등을 감한다."는 규정을 적용하지 않는다. 만약 장100 이하의 가벼운 죄를 왕법하여 가감했다면 청탁을 받고 판결한 것으로 죄준다(직45.1).

(2) 자수 부진(명37.4)

1) 장죄의 자수 부진

예를 들면 왕법하고 15필의 재물을 취했는데 14필만을 취했다고 자수한 경우, 이때 자수하지 않은 1필이 자수 부진의 죄이다. 자수 부진 중 중요한 것은 장죄 자수에서 장물을 다 자수하지 않은 경우이다. 그러므로 장물의 수를 다 자수하지 않았다면 자수하지 않은 수만큼 죄를 준다(명37.4의 주). 가령 10필을 절도하고서 5필만을 자수하고 5필을 자수하지 않았다면, 절도죄의 규정에 따라 도1년(적35)에 처한다. 다만 자수를 다하지 않은 장물이 많아 사죄에 이르게 된 경우에는 1등을 감한다. 가령 어떤 사람이 20필을 강도하고서 10필만 자수하고 나머지 10필을 자수하지 않은 경우, 본래의 법(적34.1)대로라면 사죄에 해당한다. 그러나 스스로 뉘우치는 마음이 있고 죄상이 자수로 인해 드러나게 되었으므로, 사죄에서 1등 감하는 것을 허용하는 것이다(명37.4의 소). 자수를 다하지 않은 장물에 대해서는 장물을 추징한다. 단 도죄의 자수하지 않은 부분의 장물이라도 배장은 추징하지 않고 정장만을 추징하는 것으로 해석해야 한다.

2) 장죄 외의 자수 부진(명37.4의 문답2)

장죄 외의 자수 부진의 경우도 자수하지 않은 부분에 대해서 죄준다. 가령 과역이 있는 1가의 18구를 탈루하고서 9구에 대해서만 자수하였다면, 자수하지 않은 9구에 대한 죄로 가장을 도3년(호1.2)에 처한다. 또 가령 9구를 탈루하였는데 18구를 탈루했다고 무고한 경우, 조사해서 9구를 탈루한 것이 사실이라면 무고한 자를 반좌할 수 없다. 왜냐하면 9구를 탈루한 행위로써 도3년이 되어 죄가 최고형에 이르므로, 무고한 바가 비록 그 이상 많더라도 반좌하지 않는다(투41.2c).

(3) 자수 부실·부진죄의 종형 처분

자수 부실·부진의 죄로는 제명·면관·배장, 감림·주수의 가중처벌, 가역류의 법례를 적용하지 않는다(명37.4의 소).

2. 관에 고한 것을 알고 한 자수와 도망·반(叛)한 자의 자수(명37.5)

(1) 다른 사람이 고하려는 것을 알고 자수

다른 사람이 고하려는 것을 알고 자수한 자는 2등을 감한다. 즉 죄를 범한 사람이 다른 사람이 고할 것을 알았거나 은밀히 조사 중임을 알고 자수한 경우는 2등을 감한다. 사건이 아직 발각되지 않았기 때문에 원칙적으로는 자수와 같아 전부 면제해야 하지만, 고하려는 것을 알고 비로소 자수한 허물이 있기 때문에 전부 면제할 수 없어 2등을 감하는 것이다.

(2) 도망·반한 자의 자수

죄를 짓고 도망하였다가 자수한 자나, 모반하여 길을 나섰다가 자수한 자는 본래 범한 죄에서 2등을 감해 처벌한다. 사건이 이미 발각되었으므로 원칙적으로는 자수에 해당되지 않지만, 정책적으로 고려하여 특별히 죄를 2등 감하는 은혜를 부여해서 자수·복귀를 장려하는 것이다.

(3) 도망·반한 자의 본래의 처소로 귀환한 경우

도망하거나 모반의 길로 나선 자가 자수하지 않았더라도 본래의 처소로 귀환한 경우에는 역시 2등을 감한다. 본래의 처소는 본적지를 말한다. 만약 본적지가 바뀌었다면 바뀐 곳으로 귀환하더라도 같다. 이는 비록 자수하지 않더라도 다만 본래의 처소에 돌아오면 감형할 수 있다는 것으로, 망명자를 초환하려는 뜻이 담겨 있다.

제2절 체포 자수(명38)와 재물 주인에게 자수한 경우(명39)

Ⅰ. 체포 자수 및 죄인으로 인해 받은 죄의 감면

1. 개설

명례율 38.1조는 도망자를 체포하여 자수한 자에 대한 규정으로 이른바 포수법이다. 포수법은 죄인이 함께 도망한 죄인을 체포하여 자수하면 죄를 감면해 주는 제도이다. 이는 죄인을 유인하고 죄인들을 이간하여 독으로 독을 공격하려는 것으로, 가히 사람의 약점을 이용하려는 제도라고 말할 수 있다. 체포 자수 감면은 몇몇 특정 범죄 외의 모든 일반 범죄에 대하여 적용된다.

명례율 38.2조의 규정은 죄인으로 인해 받은 제3자의 죄에 대한 감면법이다. 죄인 자신이 죽거나 자수하거나 은사령이 내려 죄인의 죄가 감면된 때는, 죄인으로 인해 죄를 받은 사람도 감면된다.

2. 체포해서 자수하는 것에 관한 법(명38.1)

다른 사람이 관에 고하려는 것을 알고 도망하였다가 자수한 자나 반(叛)을 모의하고 길을 나섰다가 자수한 자는 본래 범한 죄에서 2등을 감한다(명37.5). 그러나 도망자가 함께 도망한 자를 체포하여 자수한 경우 그 죄를 면한다. 함께 도망한 자를 체포하여 자수한 자에 대한 면죄 요건은 다음과 같다.

(1) 통상의 은사령으로 용서되는 죄에 한함(명38.1b의 주)

함께 도망한 자를 체포하여 자수한 자에 대하여 죄를 감면하는 것은 통상의 은사령으로 용서되는 죄에 한한다. 다시 말하면 통상의 은사령으로 용서되지 않는 죄(단20.2)는 함께 도망한 자를 체포하여 자수해도 용서되지 않는다. 통상의 은사령으로 용서되지 않는 죄는 대사령이 내리더라도 여전히 사형 또는 유형, 또는 제명·면소거관 및 이향에 처하는 것 따위를 말하며(단20.2의 주), 이 경우 비록 함께 도망한 자를 체포하여 자수하더라도 모두 일반법에 따르고 체포하여 자수한 자에 대한 특별 처분을 인정하지 않는다. 이처럼 체포하여 자수해도 면할 수 없는 죄는 통상의 은사령으로 면죄되지 않는 죄에 한정하는데, 이 점에서 보면 체포 자수가 자수보다 오히려 면

죄의 범위가 넓다.

(2) 함께 도망한 자의 체포 자수(명38.1)

죄를 범하고 사건이 발각되어 이미 구금되었거나 아직 구금되지 않았거나, 공동범이거나 별범이거나 간에, 함께 도망한 자를 체포하여 자수하면 죄를 면제하는데, 이는 자수의 요건에 비하여 관대한 것이다. 단 체포 자수는 함께 도망한 사람을 체포해야 하는데, 죄의 경중 및 함께 도망한 사람의 수를 따지는 것과 같은 까다로운 요건이 규정되어 있다.

1) 경죄인의 중죄인 체포

반드시 경죄인이 중죄인을 체포하여 자수해야 한다. 예를 들면 유죄수가 사죄수를 붙잡거나 또는 도죄수가 유죄수를 붙잡아 자수한 경우는 가벼운 죄를 범한 자가 무거운 죄를 범한 자를 붙잡아 자수한 것으로 간주한다(명38.1a의 소). 이때 만약 중죄인이 사형에 처해질 자라면, 그를 살해하고 자수해도 또한 같다(명38.1a의 주). 여기서 '사형에 처해질 자'라는 것은 아직 단죄되지 않았더라도 범죄에 비추어 마땅히 사형에 처해질 자를 말하며, 가벼운 죄를 범한 자가 그 사죄수를 살해하고 와서 자수하면, 붙잡아 와서 자수한 법과 같이 처분한다(명38.1a의 주의 소). 이로 보면 사형에 처해질 자라는 것은 다만 그 범죄 행위가 사형에 해당하면 충분하며, 반드시 판관의 사형 판결이 끝나야 하는 것을 조건으로 하지는 않는다. 당령(옥관령, 습유757쪽)의 판결 절차는 도죄 이상은 반드시 주로 보내고 상서성에 상신하여 복심한 뒤 상주해야 하는데, 이 같은 절차와 무관하게 도망한 자가 사죄수로 인정되기만 하면 살해하고 자수할 수 있는 것이다. 다만 이른바 사형에 처해질 자는 결코 감면의 사유가 없는 자라고 해석해야 한다. 또한 체포하여 자수한 후에는 그대로 피살된 죄수가 사형에 처해질 자인지 여부에 대한 관사의 심사를 거쳐야 한다. 만약 사형에 처해질 죄수가 아니면 체포하여 자수한 자는 역시 죄를 면제받을 수 없고, 역시 살인죄로 처단해야 한다.

2) 경중이 같은 죄인의 반 이상 체포 자수

체포 자수자와 피체포인의 죄가 경중이 같은 경우 함께 도망한 자의 반 이상을 체포하여 자수해야 면죄될 수 있다. 여기서 경중이 같다는 것은 도망자가 범한 죄의 기본형을 기준으로 하며, 각종 사유로 인해 수정 적용되는 과단형을 기준으로 하지 않는다. 반 이상에는 체포한 본인을 포함하는데, 단 피체포인은 체포인에 비하여 수가 많거나 같아야 한다. 이에 대해서는 명례율 38.1조의 소와 문답에 해석이 있다.

① 가령 5인이 모두 장100의 죄를 범하고 함께 도망하였다가, 그 가운데 한 사람이 뉘우치고 두 사람을 붙잡아 자수하였다면 곧 반 이상을 붙잡은 것이 된다. 반에는 체포자도 포함된다는 의미이다. 이 경우 본죄 및 도망죄 모두 면제된다.

② 가령 장100의 죄를 범한 자 10인이 함께 도주하였다가 6인이 다른 2인을 붙잡아 와서 자수한 경우, 이는 많은 수가 적은 수를 붙잡은 것이므로 율의 본의대로라면 자수한 것으로 용서될 수 없으나, 도망죄는 자수했으므로 2등을 감하고 본죄는 법에 따라 처단한다.

③ 가령 죄의 경중이 같은 갑·을 2인이 함께 도주하였다가 갑이 을을 붙잡아 자수한 경우, 갑이 을을 붙잡아 자수했으므로 도망죄는 이미 소멸되고, 또 도망한 사람이 더 이상 없으므로 갑은 용서될 수 있다. 또 가령 사죄를 범한 10인이 모두 함께 도망하였다가 5인이 5인을 붙잡았다면 자수한 수와 붙잡은 수가 서로 반이 된다. 이미 함

께 도망한 자를 체포하여 자수하면 죄를 면하는 길을 열어놓았으므로, 이러한 경우는 모두 완전히 죄를 면제한다.

④ 여기서 문제가 되는 것은 3인의 죄가 같은데 2인이 다른 1인을 체포하여 자수한 경우 2인의 죄가 면제되는지 여부이다. 많은 수가 적은 수를 체포했으니 면죄될 수 없는 것 같으나, 단 도망자가 전부 없어졌으니 그 죄를 면해야 한다고 해석해야 할 듯하다.

(3) 시마친 이상의 체포 자수 불허(명38.1b의 문답3)

시마친 이상 친속은 체포하여 자수하더라도 죄가 면제되지 않는다. 시마친 이상 친속은 죄가 있어도 관에 고할 수 없고, 도망자를 숨겨도 오히려 죄를 감하는 것을 허용하므로(투44~46), 체포하여 자수하더라도 죄가 면제되지 않는다. 만약 함께 도망한 친속을 붙잡아 자수한 경우 도망죄는 감할 수 있으나 본래 범한 죄는 용서되지 않으며, 또한 체포하여 자수한 행위에 대해서는 친속을 살상하거나 관에 고한 법에 따라 처벌한다. 그러나 모반 이상의 죄를 범한 친속을 체포하여 자수한 경우에는 죄가 면제될 수 있다.

(4) 체포 자수할 때의 살상에 대한 처벌(명38.1a의 주의 소)

같이 도망한 사람을 체포하는 것은 원칙적으로 포망률에 준한다. 즉 살해해서 자수하는 것은 허용하지 않으며, 유죄 이하를 범한 사람이 도망한 경우 죄가 가벼운 자가 무거운 자를 체포하여 자수한 때에는 당연히 포망률 2조의 규정에 따라 일정 조건하에서는 살상해도 책임이 면제된다.[50] 단 사죄수이면 반드시 체포할 필요 없이 편

---

50) 포망률(452, 포2)에 규정된 포격법은 다음과 같다. 죄인을 체포하는데 죄인이 무기를 가지고 저항하여 그 체포자가 그를 가격하여 살해하거나, 도주하므로 추격하여 살해하거나, -도주하는 경우에는 무기를 가졌든 맨손이든 같다.- 혹

의대로 살해할 수 있다.

3. 죄인으로 인해 받은 죄의 감면(명38.2)

(1) 죄인으로 인해 받는 죄

죄인으로 인해 죄를 받은 경우는, 죄인을 숨겨주거나 도망에 편의를 제공하거나(포18.1), 보증을 부실하게 한 경우(사25.1) 등이 있다. 이 밖에 교령범과 고의로 놓아 주거나 또는 실정을 알면서 범행을 허용한 것과 같은 고의범, 범행을 적발하지 못했거나 실정을 알지 못하고 범행을 용인한 과실범, 연좌 등도 타인의 범죄로 인하여 죄에 이른 경우이다. 이러한 정형의 타인의 범죄로 인해 죄에 이른 사람은 대개 죄인과 같이 처분하거나 또는 죄인의 죄에서 감한다.

(2) 죄인이 사망한 경우의 감면(명38.2a)

죄인이 사망한 경우 그에 연루된 자는 본죄에서 2등을 감하는 것을 허용한다. 사망한 경우란 죄인이 사형에 처해진 것이 아니라 스스로 사망한 것을 말한다. 예를 들면 죄인을 숨기거나, 도망에 편의를 제공하거나, 보증을 부실하게 한 행위는 죄인의 죄에서 2등을 감하는데(포18.1), 죄인이 사망한 경우 다시 2등을 더 감한다는 뜻이다.

(3) 죄인의 자수 및 은사령에 따른 감면(명38.2b)

죄인이 자수하거나 은사령이 내려 용서되거나 감면된 경우 죄인으

은 죄인이 궁지에 몰려 자살한 경우 모두 논하지 않는다. 만약 죄인이 맨손으로 저항하는데 살해한 자는 도2년에 처한다. 이미 체포되었거나 저항하지 않는데도 살해하거나 골절상을 입혔다면 각각 후살상으로 논하고, 날붙이[刃]를 사용한 때에는 고살상법에 따른다.

로 인하여 죄를 얻은 자도 모두 죄인과 같이 용서되거나 감면된다. 이는 대개 연루된 죄인의 처벌이 본죄인에 종속되기 때문이다. 이 통칙에 대해서는 포망률(포1.3, 5.2-3, 16.2와 4) 및 단옥률(단2.2) 내에 규정이 있다.

(4) 죄인에 대한 처분에 따른 형의 완화(명38.2c)

죄인이 도죄·유죄를 장형으로 대체하여 집행하거나 또는 속해야 할 자인 경우에는, 죄인으로 인해 죄에 이른 자도 모두 장형으로 대체하거나 속하는 법례에 따른다. 가령 관호·노비가 유죄를 범했는데 그들을 위하여 도망의 편의를 제공한 자가 있는 경우, 붙잡힌 관호·노비 등은 유죄를 장200로 대체하여 처벌하며(명47.2), 도망의 편의를 제공한 자도 장200에서 감하고 유형에서 감하지 않는다. 도망한 죄인이 본래 속할 수 있는 자이면 편의를 제공한 자도 또한 속하는 법에 따르고 관당이나 장형으로 대체하거나 도·형의 실형에 처하지 않는다.

II. 재물 주인에게 자수하거나 재물을 돌려준 경우

1. 재물 주인에게 자수한 경우(명39.1)

강·절도 및 사기로 다른 사람의 재물을 취하였다가 재물의 주인에게 자수하여 밝힌 경우에는 관사에 자수한 것과 같이 죄를 면한다. 그러나 주인에게 원래의 재물을 돌려주어야 비로소 죄를 면할 수 있다. 다른 사람이 장차 관에 고하려는 사실을 알고 재물의 주인에게 자수한 경우에는 죄의 2등을 감하는데, 마찬가지로 원래의 재물을 돌려주어야 효력이 발생한다. 다만 재물의 주인이 손실된 재물가보다 더 받아 취했을 때는 좌장(잡1)으로 논한다. 가령 갑이 을의 견 5필을 절도하고 을에게 자수하였는데 이에 대해서 을이 갑에게서 견 10필을 정장 또는 배장으로 취한 경우, 자수한 때에는 단지 정장만을 추징한다(명37.1의 주)는 규정을 어기고 재물을 과다하게 취한 것이고, 감림·주수가 아닌 자가 일을 빙자하여 사사로이 재물을 받은 행위이므로 5필에 대한 좌장죄를 과해야 한다.

2. 뉘우치고 주인에게 재물을 반환한 경우(명39.2)

강·절도·사기 이외의 다른 장죄로 처벌되어야 할 자가 잘못을 뉘우치고 재물을 주인에게 돌려준 경우 본래의 죄에서 3등을 감하여 처벌한다. 비록 관사에 자수한 것은 아니지만 잘못을 뉘우치고 재물을 주인에게 돌려준 것이므로 본래의 죄에서 3등을 감하는 것을 허용한다는 뜻이다. 예를 들면 왕법하여 재물 10필을 받았다면 유죄에 처해야 하나, 잘못을 뉘우치고 주인에게 돌려주었다면 3등을 감하여 도2년에 처한다. 또한 이에 따른 종형은 면제한다.

받은 자가 재물을 돌려준 경우 재물을 준 자도 이에 준하여 죄를 감한다. 즉 왕법(직48.1), 불왕법(직48.2), 수소감림(직50), 좌장(잡1)의 경우 재물을 준 자도 죄를 받게 되는데, 만약 재물을 취한 사람이 잘못을 뉘우치고 주인에게 돌려준 때는 재물의 주인도 받은 사람과 마찬가지로 원래 재물을 준 죄에서 3등을 감하여 죄를 과한다. 재물을 준 자의 죄는 대개 취한 자의 죄에서 감하는 것이 상례인데, 취한 자가 뉘우치고 돌려준 경우 다시 3등을 감하여 죄준다는 의미이다. 장물을 주인에게 돌려주었다면, 준 자와 받은 자 모두 죄가 있는 장물이어도 이를 추징하지 않는 것으로 해석해야 한다.

감림하는 바의 재물을 빌렸다가 상환한 뒤에 사건이 발각되었으면 역시 죄주어서는 안 되는데, 이는 빌릴 때 본래 이식을 붙여 상환할 것을 약속했으므로 허물이 있는 장물을 주인에게 돌려준 것과는 다르기 때문이다.

제3절 공죄의 연좌(명40)와 자각거(명41)

Ⅰ. 관부

1. 개설

『당육전』에는 중앙 관부로 삼사·삼공·6성·9시·1대·5감·18위 및 동궁의 1부·3방·3시·10솔부와 친왕부·친왕국·공주읍사가 등재되어 있고, 지방 관부로 300여 개의 부·주와 1,500여 개의 현 및 630여 개의 절충부, 그리고 진·수·악·관·진이 등재되어 있다.

이 가운데 삼사·삼공은 단지 이름뿐으로 관부도 설치되지 않았다. 6성은 상서·문하·중서·비서·전중·내시성인데, 앞의 3성만이 국가의 정무를 위한 관부이고, 뒤의 3성은 황제의 시봉을 위한 관부이다. 중서성은 정책을 기초하고, 문하성은 정책의 심의하며, 상서성과 그 예하의 6부는 국정을 총괄하는 기구이다. 1대는 어사대로 감찰기구이다. 9시와 5감은 의례·제사·말·수레·무기·주전 등 특수 분야를 관장하는 기구이다. 18위는 각각 해당하는 절충부로부터 위사를 공급받아 궁성·황성·경성·경도를 호위하는 기구이다.

동궁 관부는 황태자에게 속한 관부로 황태자의 영을 시행하고 황태자를 보호하기 위해 설치된 것이지만 실질적인 의미는 크지 않다. 친왕부나 친왕국은 친왕을 위해, 공주읍사는 공주를 위해 설치된 관부이다.

2. 4등관(명40.1a와 소)

모든 관부에 배속된 직원의 정원수는 영에 규정되어 있고, 그 수는 시기에 따라 차이가 있다. 관부의 직원은 크게 유내관과 유외관 및 잡임으로 구분된다. 또한 관부 내의 관은 각각 그 권한에 따라 대개 장관·통판관·판관·주전의 4등관으로 나누며, 이들은 하나의 사안에 차례로 연서하는 직위이므로 동직이라고 한다. 장관의 직무는 관부 내의 일을 총괄적으로 판정하는 것이고, 통판관은 장관을 보필하며, 판관은 문안을 심찰하고 공사(公事) 및 문서의 계류와 실착을 확인하는 직위하고, 주전은 판관 이상의 처분을 받아 문안을 작성하고 행정의 실무를 담당한다.

가령 대리시를 예로 들면 장관은 대경 1인(大理寺卿), 통판관은 소경 및 정(大理寺少卿 및 大理寺正) 각각 2인이며, 판관은 승이고, 주전은 부·사이다(명40.1a의 소). 『당육전』(권18, 502~503쪽)에는 그 직무에 관해서 다음과 같이 서술되어 있다. 대리경은 나라의 옥사를 심리하여 형을 정하는 일을 관장한다. 소경은 경을 보필한다. 대리정은 승이 처단한 죄안에 참의하여 조문을 바로잡는 것을 관장한다. 승(丞)은 대리시의 사안을 나누어 판정하는 일을 관장하여, 모두 그 죄상에 따라 형의 등급을 정한다.

관부에는 위의 4등관 외에 또 검·구관이 있다. 검(檢)이라는 것은 관문서의 접수 일자를 기록하고 문서의 시행 일정 등에 대한 과실·착오를 살피는 것으로, 모든 관부의 녹사 등이 담당한다. 구(勾)라는 것은 서명하고 일일이 확인하는 것으로, 녹사참군이 담당한다.

동직이 공죄를 범한 때에는 4등관은 차례로 연좌한다. 공죄는 공무로 죄를 범했으나 사사로운 왜곡이 없는 것을 말한다. 공직의 연좌는 모반·대역 등의 연좌와는 다르다.

동직 연좌는 관부 내부의 일로 말미암은 것이 일반적이지만, 관부 외의 다른 관부의 일로 말미암은 것도 있다. 또한 특수하게 상주와 관련되어 발생하는 연좌도 있다.

II. 관부 내부의 동직 연좌

1. 4등관의 연좌

(1) 원칙(명40.1a의 소)

동직이 공죄를 범한 때는 모두 말미암은 자를 수범으로 하여 해당 죄의 전부를 주고, 나머지는 차례로 죄의 등급을 감한다. 4등관은 아래에서 위로 올라가며 감하기도 하고 위에서 아래로 내려가며 감하기도 한다. 다시 말하면 주전으로부터 판관·통판관 그리고 장관에 이르기도 하고, 장관으로부터 통판관·판관 그리고 주전에 이르기도 한다. 예를 들면 대리시의 판결에 위법이 있는데 만약 주전의 검청(檢請)[51] 잘못으로 말미암은 것이면 주전이 수범이 되고, 대리승은 제2종범이 되며, 대리소경과 대리정은 제3종범이 되고, 대리경은 제4종범이 되며, 검·구관인 주부와 녹사도 제4종범이 된다. 만약 대리승의 판정 잘못으로 말미암은 것이면 대리소경과 대리정은 제2종범

---

51) 檢請은 주전의 직무로(483, 단15,4의 문답), 재판에 필요한 사실 및 법조문을 조사하여 문서로 제출하고, 판관 이상의 裁定을 요청하는 준비 작업을 의미한다.

이 되고, 대리경은 제3종범이 되며, 주전은 제4종범이 되고, 검·구관인 주부와 녹사도 제4종범이 된다.

(2) 통판관 이상이 달리 판한 것에 과실이 있는 경우
(명40.1a의 주와 소)

1) 대리정에게 과실이 있는 경우

① 가령 한 대리정이 대리승의 판과 달리 한 판에 과실이 있고, 또 다른 대리정은 그 달리 판한 것에 동의하였다면, 두 대리정은 같이 수범이 된다.

② 만약 한 대리정이 먼저 대리승의 옳은 판에 따랐는데 다른 한 대리정이 그 동의에 이의를 제기했다면 이의를 제기한 자는 당연히 수범이 되고, 대리승과 같은 판을 한 대리정은 곧 무죄이다.

③ 대리승의 단죄가 이치에 맞고 한 대리정의 달리한 판이 이치에 어긋났는데 다른 대리정이 대리승의 판에 따랐다면, 앞의 대리정은 수범이 되고 뒤의 다른 대리정은 허물이 없다.

2) 대리소경에게 과실이 있는 경우

두 명의 대리소경이 승의 판에 이의나 동의를 제기한 경우도 또한 각각 위에 준한다.

3) 통판관 이상에게 과실이 있는 경우의 연좌

통판관 이상의 이의 제기가 맞지 않아 마땅히 연좌할 경우에는 장관 및 검·구관만 죄를 얻고 그 이하는 모두 처벌하지 않는다. 요컨대 판관 이하의 관의 판단이 옳고 통판관 이상의 관이 달리 판했는데 실착이 있을 경우 역시 다만 이판한 통판관 이상의 관만 처벌한다. 바꾸어 말하면 판관 이하의 연좌는 차단한다.

4) 장관이 옳은 법에 따른 경우

통판관 이하에게 과실이 있는데 그중 하나는 옳고 다른 하나는 그르지만 장관이 옳은 법에 따라 판하였다면 나머지는 모두 죄를 면한다. 내외의 모든 관사도 모두 이에 준한다.

5) 통판관의 판이 옳고 장관이 이에 따르지 않은 경우(명40.1a의 주의 문답)

판관의 판이 이치에 맞지 않고 통판관의 이의 제기가 이치에 맞는데 장관이 통판관의 판에 따르지 않고 도리어 판관의 판과 같이 한 경우, 사안이 만약 상급 관부에 보고해서 복심하는 것이면 상하 모두 죄를 면한다. 상급 관사에 복심을 상신해야 하는 사안에 대하여 통판관 1인의 이의 제기가 이치에 맞는 경우에도 상하 모두가 죄를 면할 수 있다. 만약 그 지역에서 단죄를 마치고 집행하였는데 어긋남과 과실이 있을 경우에는 법에 의거해서 죄를 받지만, 통판관과 장관의 이의 제기가 이치에 맞는 경우 나머지는 모든 관은 죄를 논하지 않는다.

2. 4등관에 결원이 있거나 4등관이 없는 경우(명40.1b)

(1) 결원이 있는 경우

4등관 중 결원이 있는 경우에도 원칙적으로 4등관법에 따라 처벌한다. 가령 현재 대리경 또는 대리승·대리정 가운데 1인만 존재하는데 판에 이치에 맞지 않는 것이 있다면, 당연히 판한 자를 수범으로 하고 검·구관은 그대로 제4종범으로 한다.

(2) 4등관이 없는 경우

4등관이 없는 경우라는 것은, 관(關)이나 수(戍)와 같이 장관인 관령과 판관인 관승 및 주전만 있고 통판관이 없어 3등관만 있는 관부를 말한다. 이 관부의 경우 가령 주전의 조서 작성에 잘못이 있다면 관승은 제2종범이고, 관령은 제3종범이며, 녹사 또한 제3종범이 된다. 하주·현의 시에는 시령과 주전 두 사람뿐이므로 2등관에 준하여 죄준다.

3. 검·구관의 연좌(명40.4)

검·구관의 연좌는 4등관의 최하등 종범과 죄가 같다. 검구관의 연좌는 최하등 종범과 같으므로, 만약 4등관이 있는 경우에는 4등의 종범과 같고, 3등관이 있는 경우에는 3등의 종범과 같고, 2등관이 있는 경우에는 2등의 종범과 같다. 검구관이 없어 비록 판관이 일자를 기록하고 과실 착오를 조사하더라도 만약 계류·실착이 있다면 당연히 판관으로서 죄주고 검구관으로서 죄주지 않는다.

4. 동직 가운데 사사로운 왜곡이 있는 경우

(1) 죄의 판에 왜곡이 있는 경우(명40.2와 소 및 문답2)

위의 동직연좌는 동직 모두 사사로이 법을 왜곡함이 없는 경우이다. 만약 동직 가운데 사사로움을 개입시켜 법을 왜곡한 자가 있으나 연좌되는 관인이 사사로움이 있음을 알지 못한 때는 과실로 논하지만, 실정을 안 자의 경우에는 고의로 논함은 말할 필요도 없다. 가령 판관이 법리를 왜곡해서 도1년에 해당하는 죄를 범한 사람을 면죄로 판하였으나 다른 동직 관인이 이 사정을 알지 못한 경우 당연히 공무상 과실죄에 해당하여 죄를 감한다. 다시 말하면 사사로이 왜곡한 자는 사람의 죄를 고의로 덜거나 더한 죄를 받지만(단19.3), 이를 알지 못한 자는 과실범(단19.4)의 종범으로 삼아서 다시 4등관법에 따라 차례로 죄를 감하는데, 과실로 죄를 던 자는 5등을 감하고 과실로 죄를 더한 자는 3등을 감하는 따위이다.

예컨대 판관과 주전이 사사로움을 가지고 고의로 유죄를 감면했는데 통판관 및 장관이 그 사정을 알지 못한 경우, 주전이 수범이라면 반좌하여 유형에 처해야 하고(단19), 판관은 제2종범으로 1등을 감하여) 도3년에 처해야 하며 사정을 알지 못한 통판관의 죄는 공무상 과실로 5등, 제3종범으로 2등을 감하여 모두 7등을 감하므로(단19.4) 유죄에서 7등을 감하여 장90에 처하며, 장관은 또 1등을 감하여 장80에 처한다. 또한 방면하였다가 다시 구속하여 죄를 감할 수 있거나(단19.5), 명례율에 규정된 의장·청장·감장의 특전에 따라 죄를 감할 수 있는 자(명7~14)는 모두 본래의 법조문에 따라 감한다.

(2) 일반 행정의 판에 사사로운 왜곡이 있는 경우

공무의 시행 여부를 판정하는 일에 과실이 있는 경우 각각 본조의 규정에 따라 3등을 감한다.[52] 상세히 말하면 사람의 죄를 덜거나 더한 경우 외에 기타 시행 여부를 판정하는 일에서 3등을 감하라고 규정된 경우는 3등을 감하고 그 위에서 다시 4등관법에 따라 차례로 죄를 감한다.

---

52) 과실로 범한 공죄는 고의로 범한 죄에서 3등을 감하는 것은 행정사범의 통칙이다(92, 직제2). 다만 실제로는 과실인 경우 2등만을 감하도록 한 규정도 있다(209, 구고14; 494, 단옥26). 또한 "과실로 논한다[以失論]."고 한 경우는 '以某罪'라고 한 것은 모두 眞犯과 같다는 규정(명53.4)에 따라 해당하는 本條에 따라 처벌한다는 의미이다.

(3) 사사로운 왜곡으로 장물을 취득한 경우의 연좌(명40.2의 문답1)

공죄 연좌는 수범의 행위가 사죄(私罪)에 해당하더라도 사죄에 따라 감하지 않고 공죄에 따라 감한다. 예를 들면 주전이 문안을 증감하여 사기로 장물 5필을 취했으나 판관이 적발하지 못하고 증감한 문안에 따라 판한 경우, 판관은 문안 증감을 발견하지 못한 죄에 연좌하고 사기로 장물을 취한 죄에 연좌하지 않는다. 왜냐하면 장물을 받은 사실은 문안 외의 일이고 문안을 증감한 사실만 드러났으므로, 단지 문안 증감에 따라 죄를 과할 뿐 장물에 따라 죄를 과할 수 없기 때문이다. 다시 말하면 이익을 얻기 위해 범한 문서 위조죄의 형(사13)에서 감하지 않고, 단순 문서 위조죄(사8.1)에서 감한다.

III. 다른 관부의 연좌(명40.3a)

연좌될 수 있는 다른 관부는 대등한 관부, 상급 관부, 하급 관부의 3종 정형으로 나눌 수 있다.

1. 대등한 관부 및 상급 관부의 연좌

① 대등한 관부는 이웃하는 주, 이웃하는 현 및 상서성 소속의 서로 다른 부서와 부·시·감53)과 같이 서로 관할하거나 예속되지 않는 관부를 말한다.

② 상급 관부는 수도의 모든 부서에 대하여 상서성과 어사대, 모

---

53) 府는 都督府(대·중·소도독부), 西東北三京府(京兆府, 河南府, 太原府), 6府(鳳翔, 成都, 河中, 江陵, 興德, 興原)이다. 9寺는 太常, 光祿, 衛尉, 宗正, 太僕, 大理, 鴻臚, 司農, 太府이며, 5監은 國子, 少府, 軍器, 將作, 都水이다.

든 주에 대하여 상서성, 모든 현에 대하여 주를 말한다.

위의 2종 정형에서 각 관부 내의 4등관은 각각 말미암은 바의 관을 수범으로 하는데, 단 문안을 받은 쪽은 보낸 쪽의 죄에서 1등을 감한다. 상세히 말하면 문서를 받은 관부의 4등관 전체는 문서를 발송한 관부의 4등관 전체에서 1등을 감하며, 같은 관부 내의 4등관은 그대로 4등관법에 따라 차례로 감한다. 예를 들면 주에서 상서성에 올린 문서에 착오와 과실이 있는데 상서성에서 적발하지 못한 경우, 상서성의 수범죄는 주의 수범죄에서 1등을 감한다. 동직은 4등관법에 따라 수범죄에서 차례로 감한다. 대등한 관부에서 적발하지 못한 경우도 또한 이에 준한다.

2. 하급 관부의 연좌

하급 관부는 상급 관부의 죄에서 2등을 감한다. 예를 들면 상서성에서 내려 보낸 문서에 착오와 과실이 있는데 주에서 적발하지 못했다면, 주의 수범죄는 상서성의 수범죄에서 2등을 감한다. 동직은 4등관법에 따라 수범죄에서 차례로 감한다.

IV. 상주에 관한 죄의 연좌(명40.5)

상주해야 하는 일에 과실이 있는데, 대조하고, 읽고, 살피고, 심사해야 할 관인이 박정하지 않은 경우 최하등 종범의 죄에서 1등을 감한다. 상서성에서 상주하는 일은 반드시 문하성을 통해야 하며, 문서를 문하성에 이첩하면 영과 식에 따라서 먼저 문하성의 녹사가 대조하고, 급사중이 읽고 서명하며, 황문시랑이 살피고, 시중이 심사하여, 잘못이 있을 경우에는 법에 따라 박정하여 상서성의 주관 부서로 되돌려 보낸다. 만약 실제 잘못이 있는데도 박정하지 않은 경우에는 녹사 이상은 상서성의 최하등 종범죄에서 1등을 감한다. 차례로 감한다는 말이 없으니 시중 이하는 모두 1등을 감한다. 율에 최하등 종범에서 감한다고 하였으므로 죄를 얻더라도 가장 가벼운데, 만약 다시 차례로 감한다면 나머지는 대부분 죄가 없게 되므로 모두 1등만 감하는 것이다. 박정에 대한 법은 녹사 이상에게만 적용되므로 주전은 죄가 없다.

V. 동직 연좌의 면제(명40.6)

착오가 은밀하여 발견할 수 없는 경우 동직 연좌의 죄를 면제한다. 문자를 빠뜨리거나 잘못 써서 사건의 정상이 증감되었는데 글의 상태가 은밀하여 동직 외의 다른 관이 조사하고 살폈지만 적발하기 어려운 경우에는 논하지 않는다. 다시 말하면 이와 같은 사정이 있는 경우 다른 관부의 연좌, 상주에 관한 죄의 연좌, 다른 관부의 과실이나 착오의 승계, 검구관이 관문서의 접수와 지체 여부를 파악하지 못한 일 등은 모두 논하지 않는다.

VI. 공사의 착오[失錯]에 대한 자각거

전언

공사의 착오는 공무상 과실죄이고, 자각거는 자수의 일종이다. 자각거는 다시 일반 공사의 착오에 대한 자각거와 관문서의 계류에 대한 자각거로 나눈다. 자각거가 자수와 다른 점은 그 요건이 비교적 관대하다는 것이다.

1. 일반 공사의 착오에 대한 자각거

(1) 공사의 착오에 대한 자각거의 요건

1) 공사의 착오(명41.1a)

공사의 착오는 공무로 인하여 죄가 되었으나 사사로운 왜곡이 없는 것이다. 원래 착오라고 했으므로 곧 과실범이다. 연좌인 가운데 사사롭게 왜곡한 사람이 있지만 실정을 알지 못한 다른 사람은 자각거의 처벌법에 따른다. 반대로 말하면 사사로운 왜곡이 있는 사람과 그 실정을 안 사람은 자수의 요건에 합당해야(명37) 비로소 그 죄를 면하거나 감할 수 있다.

2) 자각거(명41.1a의 소)

자각거는 착오한 사안이 발각되거나 드러나기 전에 스스로 깨닫고 고해야 효력이 발생한다. 자각거는 자수와 다르다. 자수는 다른 사람이 고하려는 것을 알고 자수한 경우 2등을 감한다. 자각거에 대해서는 원래 이 같은 조문이 없고, 다만 발각되기 전에 스스로 밝히기만 하면 모두 그 죄를 면한다. 이 점에서 자각거가 자수에 비하여 관대하다.

3) 판결의 착오는 집행되기 전이어야 함(명41.2)

자각거는 반드시 공사가 집행되기 전이어야 효력이 발생한다. 죄의 판결에 착오가 있는 경우 형이 이미 집행된 때에는 이 율을 적용하지 않는다. 다시 말하면 죄를 판결함에 착오가 있는데, 그 판결에 따른 사형 및 태형·장형이 이미 집행되었거나, 유형으로 유배지에 도착하여 역을 마쳤거나 도형으로 역을 마친 경우에는, 관사가 비록 스스로 깨닫고 밝혔더라도 죄를 면하는 법례를 적용할 수 없고, 모두 과실로 죄를 더한 법에 따라 죄준다. 예를 들면 어떤 사람이 도2년으로 잘못 판결되었는데, 이미 1년의 역을 치른 다음 관인이 비로소 스스로 깨닫고 밝힌 경우, 치르지 않은 1년의 역에 대해서는 자각거로 죄가 면제되지만, 이미 역을 치른 1년에 대해서는 과실로 죄를 더한 죄로 반좌하여 도1년에서 3등을 감하여(단옥19.4a) 장80에 처한다.

(2) 자각거의 효과(명41.1b)

공무상 착오를 범한 뒤 스스로 깨닫고 밝힌 자는 그 죄를 용서한다. 또한 연좌되어야 할 자 가운데 한 사람이 스스로 깨닫고 밝힌 경우 나머지 사람도 용서된다. 즉 함께 문안을 판하고 연서하는 장관 이하 주전 이상의 동직 및 검·구관 가운데 한 사람이 착오를 깨닫고 밝힌 경우 나머지는 모두 용서될 수 있다. 그러나 검·구관이 계류를 적발한 경우나 사안의 처리에 사사로움이 개입된 경우 주관한 관인은 법에 따라 죄를 받는다. 다만 공죄이고 정상에 사사로운 왜곡이 없는 경우에는 비록 검·구관이 계류를 적발하였더라도 모두 무죄로 한다.

2. 관문서 일정 지연의 자각거(명41.3)

(1) 관문서 일정 지연에 대한 자각거
관문서를 처리함에는 모두 일정이 있다. 즉 소사는 5일의 기한을

주고, 중사는 10일의 기한을 주며, 대사는 20일의 기한을 준다. 도죄
이상은 판정한 뒤 30일의 기한을 준다. 또한 제·칙도 문안이 작성된
이후 반포하기까지 모두 베끼는 기한을 주는데, 200장 이하는 2일의
기한을 주고 이를 초과할 경우 200장마다 1일을 추가하나, 아무리
많더라도 5일을 초과할 수 없다. 은사령의 조서는 지면 수가 아무리
많더라도 3일을 초과할 수 없다. 이 기한 안에 마치지 않으면 일정을
어긴 것이 된다. 제·칙의 일정을 어겼으나 스스로 밝힌 때에는 관문
서에 관한 법과 같이 4등관법으로 처벌하며, 모두 원인 유발자를 수
범으로 한다. 만약 사사로이 왜곡해서 고의로 일정을 어긴 경우에는
공죄가 아닌 사죄로 처벌한다.

(2) 관문서 일정 계류에 대한 자각거의 효과

관문서 일정 계류에 대한 자각거는 일반 공사의 착오에 대한 자각
거와 달리 연좌하는 동직 가운데 1관의 자각거가 반드시 다른 관의
감면의 효과를 발생시키는 것은 아니다. 대개 특수한 이유가 있으므
로 별도의 특례를 설정했는데, 장관·통판관·판관의 3등관을 하나로
하고, 주전을 다른 하나로, 그리고 검·구관을 또 다른 하나로 하여
자각거의 효과가 달리 나타나도록 규정하고 있다.

1) 판관 이상 3등관

장관·통판관·판관의 3등관에 대해서는 일반 공사의 착오에 대한
자각거의 원칙이 유지되어, 연좌인 가운데 한 사람이 자각거하면 다
른 2관도 면죄된다. 이때 주전은 그대로 전죄를 받는다.

2) 주전

관인이 스스로 밝혔으면 모두 용서될 수 있으나 주전만은 면하지

못한다. 그러나 만약 주전이 스스로 밝힌 경우에는 모두 2등을 감한다. 관인들이 스스로 적발하지 못했기 때문에 장관 이하 관인을 포함하여 모두 2등을 감해서 죄주는 것이다. 만약 관인·주전이 연서하여 밝힌 경우 관인은 모두 죄를 면할 수 있으나 주전은 그대로 2등을 감해서 죄준다. 주전에 대하여 엄격한 것은 그 직책이 관문서를 작성하고 필사하는 것이기 때문이다.

3) 검·구관

타인이 발각한 경우 검·구관은 당연히 연좌된다. 검·구관이 적발한 경우 검·구관은 처벌하지 않고, 나머지 4등관은 일반 공사의 착오에 대한 처벌법에 따라 차례로 연좌한다.

제4절 친속 및 주인의 은닉을 허용하는 원칙(명46)

Ⅰ. 개설

명례율 46조는 친속 사이에 서로 숨겨주는 것을 허용하는 규정이고, 투송률 44~46조는 친속을 관에 고한 죄에 대한 규정이다. 이는 친속은 일체이고, 친속의 일체는 화목해야 이룰 수 있다는 것을 전제로 하여 정한 규정들이다. 당률의 이 같은 규정들은 유교의 친친주의의 영향을 받은 것이다. 예컨대 『논어』「자로」편(권13, 201쪽)에 "아비가 자식을 위해 숨겨주고 자식이 아비를 위해 숨겨준다면 곧음이 그 안에 있다."라고 하였고, 『예기』「단궁」상편(권6, 196쪽)에서도 "부친을 섬김에 숨김은 있으되 범해서는 안 되며, 모시고 가서 부양함에 방향을 가리지 않는다."라고 하였다.

부곡·노비가 주인을 위해 숨겨주는 것을 허용하는 것은(명46.1b) 그를 지배하는 주인을 배반해서는 안 된다는 관념에서 비롯한 것이다.

II. 친속을 숨겨줌의 의의 및 내용

친속을 숨겨줌[親屬相容隱]을 그 글의 뜻에 따라 말하면 친속을 비호할 수 있는 것이라고 말할 수 있다. 법률상에서 구체적으로 말하면 정면 내용과 반면 내용의 두 종류로 나눌 수 있다.

1. 정면 내용

서로 숨겨주는 것을 허용하는 친속은, 실정을 알고도 죄인을 숨겨주거나 죄인에게 도망갈 길을 알려주거나 의복이나 식량을 공급함으로써 죄인이 숨거나 도피할 수 있도록 도와준 때(포18.1)에 처벌하지 않는 것은 말할 필요도 없고, 숨겨줄 수 있는 범위 내의 친속과 함께 죄를 범한 공범을 숨겨 주어도 처벌하지 않는다(포18.1의 주2). 또 그 일을 누설하거나 소식을 은밀히 전하더라도 역시 처벌하지 않는다. 가령 동전주조(잡3) 및 절도(적35) 등은 반드시 불시에 체포하고 증거물을 압수해야 하는데 죄인에게 불시에 체포하는 일을 알리어 숨거나 도망할 수 있게 했더라도 서로 숨겨주는 것과 취지가 통하기 때문에 역시 처벌하지 않는다. 또 서로 숨겨줄 수 있는 친속 사이에는 죄를 증언할 수 없다(단6.2).

2. 반면 내용

서로 숨겨줄 수 있는 자는 숨겨줌은 있어도 범함은 없어야 한다. 만약 어김이 있으면 친속을 고한 죄에 처한다(투44~46). 서로 숨겨줄 수 있는 자에게 고발된 친속은 자수한 것으로 간주하여 죄를 용서하고, 고한 사람은 그대로 친속을 고한 죄로 처벌한다. 단 같은 호적 내의 사람을 간하면 비록 화간이라도 역시 체포해서 가격하는 것을 허용하고 고한 죄로 처벌하지 않는다(포3.1의 주 및 문답).

III. 범위 및 효력

서로 숨겨주는 것은 죄가 있으면 숨겨주는 것이다. 다시 말하면 일정 범위의 친속 사이에는 죄를 범한 자를 서로 숨겨주는 것이 허용된다. 이는 서로 숨겨줄 수 있는 자의 인적 범위 및 숨겨줄 수 있는 죄의 범위로 나눈다.

1. 숨겨주는 것이 허용되는 인적 범위

(1) 친속

1) 형을 전부 면제하는 친속(명46.1a)

동거친속과 대공 이상 친속, 소공 이하라도 정이 두터운 친속이 서로 숨겨준 행위는 모두 처벌하지 않는다. 동거친속은 재산을 공유하고 같이 거주하는 친속을 말하는데, 호적의 같고 다름을 구분하지 않고 비록 상복이 없는 자라도 함께 살고 있으면 모두 동거이다. 대공 이상 친속은 각각 본복에 의거한다. 대공 이상 친속은 모두 내친이다. 외척·인척에는 대공친이 없다. 소공 이하는 단지 정이 두터운 친속에 한하여 숨겨주는 것이 인정된다. 즉 외조부모·외손 또는 손부, 남편의 형제 및 형제의 처는 복은 비록 가볍지만 정을 논하자면 무겁다.[54] 그러므로 죄가 있을 때에는 모두 서로를 숨겨줄 수 있다. 율에서 대개 조는 증·고조를, 손은 증·현손을 포함하지만 이 경우에는 해당하지 않는다.

2) 형을 감하는 친속(명46.2)

소공친 이하가 서로 숨겨주었다면 일반인이 서로 숨겨준 죄에서 3 등을 감한다. 즉 일반인이 죄지은 사람을 숨겨주면 그 사람의 죄에서 1등을 감하므로, 소공친의 경우는 총 4등을 감한다. 가령 소공친·시마친이 사죄가 있는데 숨기고 감추어 주었다면 사죄에서 4등을 감하여 도2년이 된다. 비단 서로 숨겨주고 감춰준 경우뿐만 아니라, 그 일을 누설하거나 소식을 은밀히 전하더라도 역시 같다.

(2) 부곡·노비

부곡·노비는 주인을 위해 숨겨줄 수 있다. 단 주인은 부곡·노비를 위해 숨겨주지 못한다.

2. 숨겨주는 것이 허용되지 않는 죄의 범위

다음에 서술하는 범죄는 숨겨줄 수 없다. 달리 말하면 이 범죄들

---

54) 외조부모·손부·남편의 형제 및 형제의 처는 소공친이며, 외손은 시마친이다. 손부에 대응하는 남편의 조부모는 대공존속이므로 여기에서 열거하지 않은 것이다.

외에 다른 죄는 숨겨줄 수 있다.

(1) 모반 이상의 범죄

모반 이상의 범죄는 숨겨줄 수 없다. 모반 이상은 모반·모대역·모반을 말한다(명46.3과 소). 만약 세 가지 죄를 범한 친속을 은닉한 자는 교형에 처하고, 모대역·모반을 범한 것을 알고 고하지 않는 자는 유2000리에 처한다(투39.1).

(2) 죄수 절취

죄수를 절취해서 도망시킨 자는 죄수와 같은 죄로 처벌하는데, 타인이나 친속이나 같다(적10.2a와 주). 즉 서로 숨겨줄 수 있는 관계라도 역시 죄수를 절취하는 것은 허용되지 않는다. 또한 자손이 형구를 풀 수 있는 물건을 조부모·부모에게 주거나 부곡·노비가 주인에게 준 경우에도 역시 다 같이 도2년에 처한다(단2.3).

제8장
공 범

제1절 공범의 개념과 처벌 방법

I. 공범의 개념

1. 공범의 개념

명례율 42.1조는 "무릇 공동으로 죄를 범한 때에는 조의자(造意者)를 수범으로 하고, 수종자(隨從者)는 1등을 감한다."고 규정하고 있다. 이 조항에서 규정한 공범은 사전에 공모 또는 서로 의사를 소통하여 공동으로 실행한 범죄이며, 현대 형법 이론으로 말하면 임의적 공범에 해당한다. 다시 말하면 당률의 공범은 한 사람이 실현할 것을 예상하고 규정한 범죄를 수인이 힘을 합해서 실현한 경우에 대비해서 마련된 법이다. 따라서 2인 이상의 참가나 단체의 행동을 전제로 하여 성립하는 필요적 공범은 이에 포함되지 않는다. 필요적 공범은 재물을 받고 법을 왜곡한 죄[受財枉法]나 감림 구역 내에서 재물을 받은 죄[受所監臨] 등의 뇌물죄가 대표적인 것으로 각칙에 별도로 규정되어 있다.

당률의 공범은 사전 공범만을 의미하며, 사후 공범은 공범과 별도로 논한다. 사후 공범은 정범이 죄를 범한 후 다른 사람이 정범을 방조한 것을 말한다. 예컨대 약탈하거나 절도한 물건임을 알고도 산 행위나 죄인을 숨겨준 것이 대표적인 것이다. 또한 당률의 공범은 공모 또는 서로 의사소통이 있다는 조건을 전제로 한다는 점에서 편면적 공범과도 차이가 있다. 편면적 공범은 다른 사람의 죄행을 알면서 죄인과 의사소통이 없이 범한 것이다. 주사가 죄인의 도망을 고의로 방임한 것이나 알면서 범행을 허용한 것이 좋은 예이다.

당률의 공범 개념은 확장적 정범 개념을 채택하고 있다고 해석해야 한다. 즉 공동으로 죄를 범한 경우 현행 형법의 공동정범(제30조)이든 타인의 범죄를 방조한 종범(제32조)이든 다 같이 정범이다. 다시 말하면 당률에서 말하는 "따라서 행한 자[從者 혹은 隨從者]"는 단지 범죄 행위의 일부분을 분담하여 힘을 더한[加功] 정범으로, 이는 현행법상의 종범의 개념과는 같지 않다. 이런 뜻으로 보면 현행 형법의 종범이 당률에서는 정범으로 지위가 제고되어 있으며, 단지 그 악의 성질이 비교적 가볍기 때문에 조의자의 죄에서 1등을 감하도록 규정한 것이다. 현행 형법상에서 갑·을·병이 공동정범에 상당할 경우, 당률에서는 예컨대 갑이 조의자이면 을·병 등 나머지 사람은 모두 수종자가 되어 조의자의 죄에서 1등을 감한다. 즉 공동행위로 인하여 발생한 구성요건적 결과의 전부에 대해 조의자는 전죄(全罪)를 받고 수종자는 1등을 감한다.

당률에서 교령범은 공범에 속하지 않는다고 해석해야 한다. 교령은 타인을 교도·교사하여 죄를 범하게 한 것이고, 이용된 자의 범죄 구성요건에 해당하는 행위는 그대로 교령범 자신의 행위가 된다. 따라서 교령범을 처벌하는 경우 명례율 42.1조의 "공동으로 죄를 범한 때에는 조의자를 수범으로 하고, 수종자는 1등을 감한다."는 규정을 적용하지 않는 것은 말할 필요도 없다.

교령범은 당률 이전에도 있었다. 예를 들면 『주례』「추관 서씨」편(권37, 1150쪽)에서 정중은 한율의 적률을 인용하여, "다른 사람에게 고독으로 해를 입힌 자 및 이를 교령한 자는 기시한다."라고 주석하였다. 또 『진서』(권30, 930쪽)「형법지」에, "사람을 구타한 자와 이를 교령한 자의 죄는 같다."라고 하였다.

2. 공범의 처벌 원칙

공범 가운데 조의자는 수범으로 하여 해당 조문에 규정된 전죄(全罪)로 처단하며, 수종자는 1등을 감한다(명42.1). 이것이 율에서 말하는 공범의 처벌원칙이다. 공갈로 다른 사람의 재물을 취한 경우 간접적으로 말을 전하여 재물을 받은 자는 모두 종범으로 처벌한다(적38.1의 주). 5인이 함께 하나의 사안을 보증한 경우, 먼저 계획을 모의한 자가 있을 것이므로 반드시 조의자를 수범으로 하고 나머지는 종범으로 하며, 각각 독자적으로 보증한 경우는 수범·종범의 구별이 없다(사25.3의 소). 같은 사안에 함께 재물을 공여하여 청탁한 경우, 수범은 장물을 병합하여 논하고 종범은 자기 몫에 따른다(직47.2). 구금된 자가 관사에 저항하고 도망한 경우, 살인한 자는 참형에 처하고 수종자는 교형에 처한다(포15.1). 이는 "감한다고 칭한 경우 두 가지 사형은 하나로 하여 감한다."(명56.2)는 통례에서 벗어난 예외적인 경우이다. 다만 실질적으로는 수범에서 1등을 감한 것이다.

II. 처벌 방법

1. 가인의 공범(명42.1)

가인의 임의적 공범은 국가·사회의 법익을 침해한 것과 일반인의 법익을 침해한 것으로 나눌 수 있다.

(1) 국가·사회의 법익을 침해한 경우
만약 가인이 공동으로 범했다면 존장만 처벌한다. 명례율 42.2a조의 소에, "가인이 공동으로 죄를 범했다."는 것은, 조·부·백숙부·자·손·동생·조카가 공동으로 범한 것을 말하며, 이 경우 동거하는 존장만을 처벌하고 비유자는 죄주지 않는다고 해석하였다. 대개 존장에게는 교령권이 있고 비유자는 그 처분을 받으며, 또 1가의 존장은 가를 대표하기 때문이다. 위에서 말하는 동거 존장은 남자 중 최고 존장을 말한다. 만약 존장이 법적으로 처벌해서는 안 되는 자이면 다음 존장을 처벌한다. 법적으로 처벌해서는 안 되는 자란 80세 이상과 10세 이하 및 독질인 자를 말한다(명30.2). 가령 존장이 비유자와 공동으로 죄를 범했는데, 존장이 80세 이상의 노인이거나 독질에 해당하여 율에 따라 처벌되지 않는 자인 경우에는 공범 가운데 다음 존장자에게 죄를 주며, 공범 가운데 존장인 부인이 범행을 주모했더라도 남부(男夫)만을 처벌한다는 뜻이다. 여자 존장을 처벌하지 않는 이유는, 첫째 부녀는 대외 관계에서 가를 대표할 수 없고, 둘째 부녀는 통상 감호를 받는 처지이며[三從之德], 셋째 형법상 부녀의 지위는 특별하여 죄를 면제받을 수도 있기 때문이다. 구체적인 예를 들면 다음과 같다.

① 가인이 서로 이름을 사칭하여 관을 건넌 경우, 가장은 건너지 않았더라도 가장만 처벌한다. 다시 말하면 가인이 이름을 속이고 건너거나[冒度] 몰래 건너거나[私度] 넘어서 건넜는데[越度], 일이 가장의 처분으로 말미암았다면 가장은 가지 않았더라도 역시 가장만을 처벌한다. 이것이 가인이 공동으로 범한 경우 가장만 처벌하는 대표적인 예이다(위26.1c의 소).

② 호 전체가 호적에서 탈루한 경우 가장을 도3년에 처한다. 만약 탈루가 가장으로 말미암지 않았다면 말미암은 자를 처벌한다(호1.1과 주).

③ 사사로이 도·불교에 입도한 경우 가장으로 말미암았으면 가장

이 죄를 받는다(호5.1a의 주).

④ 조부모·부모가 자·손으로 하여금 호적을 따로 하고 재산을 나누게 한 경우 도2년에 처하며, 자·손은 처벌하지 않는다(호6.2).

⑤ 감림관이 감림 대상의 딸을 친속의 첩으로 삼게 한 경우 친속은 처벌하지 않는다(호37.1b의 소).

⑥ 율을 위반한 혼인이라도 조부모·부모가 혼인을 주관한 경우에는 주관한 자만 처벌한다(호46.1).

⑦ 기친 비유 및 형제의 자·손과 외손의 부인을 팔거나, 자·손 및 자기의 첩, 자·손의 첩을 판 경우 판 사람만 처벌하고, 비록 서로 합의하여 팔았더라도 팔린 사람에게 죄를 주어서는 안 되는데, 그 이유는 팔린 비유가 존장의 처분을 받는 자이기 때문이다. 이 외의 친속을 팔았다면 원래 일반인과 같은 법을 적용하므로 가장만 처벌해서는 안 된다(적47.2의 문답2).

⑧ 이와는 조금 달리, 비유가 죄인을 숨겨주는 것을 존장이 알면서 허용하였더라도 오직 비유만을 처벌한다. 만약 존장이 죄인을 숨겨주었는데 존장이 사망한 뒤에도 비유가 계속해서 숨겨주었다면 5등을 감한다(포18.1의 주). 친속이 서로 숨겨준 것은 원래 죄가 되지 않기 때문에(명46.1) 이같이 처분하는 것이다.

(2) 일반인의 법익을 침해한 경우

가인이 공동으로 친속이 아닌 다른 사람의 재물을 침해하거나 인신을 손상한 경우에는 수범·종범으로 논한다. 가령 부·자 등 1가의 사람 모두가 공동으로 범한 경우에도 모두 수범·종범으로 논하며, 존장만을 처벌하지 않는다. 요컨대 친족 외의 다른 사람의 재산 및 신체나 생명을 침해한 경우에는 수범·종범으로 구분하며, 조의자를 수범으로 하고 수종자는 수범죄에서 1등을 감한다(명42.2b). 부·조가 타인에게 구타당할 때는 자·손이 반격할 수 있는데, 자·손이 수종한 경우에는 일반인을 구타한 죄의 수범·종범으로 구분하여 논한다(투34.3의 주와 소).

2. 감림·주수와의 공범

감림·주수와 일반인이 공동으로 죄를 범한 경우 일반인이 조의하였더라도 감림·주수를 수범으로 하고 일반인을 종범으로 한다(명42.3). 따라서 감림·주수는 수범으로 그 신분에 따른 전죄를 받게 되고, 일반인은 종범으로 일반 범죄에서 1등을 감한다. 이는 수범·종범으로 나누는 임의적 공범의 법례(명42.1)에 대한 특별규정으로, 감림·주수를 엄벌하기 위해 특별히 설정된 규정이다. 구체적인 예를 들면 다음과 같다.

① 가령 외부의 일반인이 발의하여 좌장서의 관인이나 주수와 함께 창고의 견 5필을 절도한 경우, 비록 외부인이 조의하였더라도 역시 감림·주수를 수범으로 삼아 도2년에 처하고(적36) 외부인은 일반 절도(적35)의 종범으로 하여 장100에 처해야 한다.[55]

② 관인을 임용함에 정원을 초과해서는 안 되는데 이를 어기고 임용한 경우(직1.1), 관인이 되기를 청탁한 자는 종범으로 처벌한다(직1.3a).

③ 만약 감림관과 그 친속이 뜻을 같이 하여 강제 또는 공갈로 감림 구역 내 사람의 딸을 친속의 첩으로 삼은 경우 해당하는 법에 따라 수범·종범으로 구분해서 처벌하는데, 모두 감림관을 수범으로 하

---

55) 5필을 절도한 죄는 도1년에 해당하고(382, 적35.2), 감림·주수의 절도죄는 여기에 2등을 더하니(383, 적36) 도2년이 되며, 일반인은 종범이 되어 도1년에서 1등을 감하니 장100에 해당한다.

고 혼인한 자를 종범으로 한다(호37.1b의 소).

④ 만약 수송 책임자[綱]나 수송 보조원[典]이 죄행을 서로 방임하거나 대행한 경우에는 수송 책임자를 수범으로 하고 보조원을 종범으로 한다. 설령 수송 보조원이 발의했더라도 역시 수송 책임자를 수범으로 하고 수송 보조원을 종범으로 한다(직43.2d와 소). 이는 본래 필요적 공범이다. 다만 직제율 43.2d의 소에서는 임의적 공범으로 해석하였다.

⑤ 과역을 면제받아서는 안 되는 자가 주관 관사에게 청구하여 면제받은 경우, "만약 감림관이나 주수와 공동으로 범했다면, 비록 일반인이 주동했더라도 감림관이나 주수를 수범으로 한다."(명42.3)는 규정에 따라, 주관 관사를 수범으로 하고 과역을 면제받은 자를 종범으로 한다(호23.2의 소).

⑥ 행군하는 곳[軍所]이나 진·수에서 정·방인을 풀어서 귀환시켰으면 정·방인이 도망한 것으로 논하고, 정·방인은 각각 2등을 감한다(천12.1과 소).

3. 일반인과 특별 신분인의 공범(명43.1)

신분이 달라 적용되는 처벌규정이 다른 자들이 공동으로 죄를 범하여 수범·종범이 된 경우, 각각 자신의 신분에 해당하는 본래의 조문에 따라 논하며, 종범은 그 죄에서 1등을 감한다. 특히 5등친 내의 친속이 타인과 함께 친속을 구타하거나 고하거나 재물을 침해하였다면, 비록 공범이라도 적용되는 죄명이 모두 다르기 때문이다. 구체적인 예를 들면 다음과 같다.

① 가령 갑이 외부인 을을 끌어들여 함께 형을 구타하였다면, 갑은 수범이 되니 형을 구타한 죄의 형 도2년반(투27.1)을 그대로 받아

야 하고, 을은 종범이 되니 일반인 폭행죄의 태40(투1.1)에서 1등을 감하여 태30에 처하며, 구타하지 않았다면 또 1등을 감하여 태20에 처해야 한다(명43.1의 소).

② 비유가 타인을 끌어들여 자기 집에서 10필 상당의 재물을 절도 하였다면, 비유는 수범이 되니 자기 집의 재물을 함부로 쓴 죄의 형 태10(호13.1)에 2등을 더해서 태30에 처해야 하고, 타인은 일반 절도 죄의 형 도1년반(적35.2)에서 1등을 감하고 종범으로 또 1등을 감하 여 장100에 처해야 한다(적41). 즉 신분인이 일반인을 끌어들여 공동 으로 죄를 범한 경우 신분범에 대한 특별 규정이 있고 일반인범에 대해서는 따로 보통규정이 있어 죄를 받는 것이 다르므로, 공범의 수범은 해당 신분인에 대한 특별 규정의 전죄를 받고 종범은 일반 규정의 죄에서 1등을 감한다. 이 밖에 예컨대 처첩이 타인과 모의하 여 사망한 옛 남편의 조부모·부모를 살해한 경우 타인은 수범·종범 을 구분하는 법에 따른다(적8.1c의 소).

4. 정책적 고려에 따른 공범 처벌(명43.2)

(1) 정책상 엄벌해야 할 중죄의 공범

공범에는 본래 수범과 종범이 있으나, 다만 정책상 엄벌해야 할 범죄는 수범과 종범을 구분하지 않는다. 이때 해당 조문에 '모두[皆]' 라고 명기하여 죄에 수범·종범이 없음을 표현한다. 구체적인 예를 들면 다음과 같다.

① 기친존장·외조부모 살해를 모의한 자는 모두[皆] 참형에 처한 다(적6.1). 이와 같이 해당 조문에 '모두'라고 한 경우에는 죄에 수 범·종범이 없다. 이 밖에 '모두[皆]'가 명기된 예를 들면 모반 및 대역 의 죄(적1.1), 이미 길을 나선 모반의 죄(적4.2), 부곡·노비의 주인

모살죄 및 주인의 기친을 살해하려다 상해를 입힌 죄(적7.1), 죄수를 탈취하다가 살해한 죄(적10.1), 재물을 노리거나 죄를 피하기 위한 인질의 죄(적11.1), 1가의 사죄 없는 3인을 살해한 죄와 사람을 분해한 죄(적12) 등이 있다.

② 살인을 모의한 자는 도3년에 처한다(적9.1). 이와 같이 '모두[皆]'가 명기되지 않은 경우에는 수범·종범을 구분하여 처벌하는 법례에 따른다. 가령 2인이 살인을 공모했으나 아직 실행에 옮기기 전에 사건이 발각된 경우, 조의자는 수범으로 하여 도3년에 처하고 수종자는 도2년반에 처한다.

'모두[皆]'라고 명기한 사안은 대체로 중죄이고 또 사형에 처해야 하는 죄이며, 대개는 십악에 포함된다. 다만 율에서 '모두[皆]'를 명기한 것은 대개 임의적 공범 가운데 중죄이지만, 반드시 모두 공범이 아닌 것도 있다. 예를 들면 고독을 조합하거나 소지한 자의 동거 가구는 비록 사정을 알지 못했더라도 모두 유3000리에 처하며, 이정이 고독을 조합하거나 소지한 정을 알면서 고하지 않은 경우 모두 유3000리에 처하는데(적15.1), 전자는 연좌이고 후자는 부작위범이다.

중죄 가운데에서도 '모두[皆]'를 명기하지 않아 수범·종범으로 나누는 것으로 해석되는 예가 있다. 예를 들면 대역을 모의한 죄(적1.2)의 소에, "율에 '모두'라고 말하지 않았으므로 당연히 수범·종범을 구분하는 법에 따른다."라고 해석하였고, 공동으로 모의해서 고독을 조합한 경우에 대해서 "같이 모의해서 조합한 경우는 율에 '모두'라고 말하지 않았으므로 곧 수범·종범의 구분이 있다."라고 한 해석(적15.1의 소)이 있다.

(2) 특수 범죄의 공범(명43.3)

명례율 43.3조는 강도 및 사람을 납치해서 노비로 삼은 죄와 간·

난입·도망, 관을 몰래 건너거나 넘어서 건넌 죄와 같은 특수범죄는 수범·종범이 없다는 것을 규정하고 있다. 대개 간죄는 필요적 공범이기 때문에 수범·종범으로 나누지 않는 것이 당연하다(잡27.1). 그러나 나머지 범죄는 본질상 임의적 공범의 형태로 범한 것이지만 통상의 임의적 공범과는 달리 수범·종범으로 나누지 않고 공범 모두에게 본죄의 전부를 과하는데, 이는 정책상 고려에서 비롯한 것이다. 이 밖에도 구타·상해·살해죄 및 위증죄를 공동으로 범한 경우 수범·종범의 구분이 없다.

1) 강도 및 사람을 납치해서 노비로 삼은 죄

강도는 모두 함부로 위협 또는 폭력을 사용한 범행이고, 사람을 납치해서 노비로 삼은 행위는 법리상 강도와 같다. 이 죄들을 공동으로 범한 것은 임의적 공범으로 본래 수범·종범으로 나누어야 한다. 다만 모두 함부로 위협 또는 폭력을 행사한 것이기 때문에 정책적으로 엄벌하기 위해 수범·종범으로 나누지 않는 것이다. 강도로 논하는[以强盜論] 죄의 경우도 또한 같다(예를 들면 적46.1).

2) 간·난입·도망 및 관을 몰래 건너거나 넘어서 건넌 죄

① 간죄(잡22~28)는 모두 스스로 범한 것이므로 수범·종범의 구분이 없다.

② 난입이라는 것은(위1 이하에 산견된다) 궁·전 및 출입을 금하는 장소에 함부로 들어간 것을 말하는 것으로, 함께 범했더라도 각자 직접 범한 것이므로 또한 수범·종범의 구분이 없다.

③ 10인이 모두 출정하였다가 탈영한 경우 도망자(포7 이하)는 각자가 몸소 출정의 일을 폐한 것이므로 수범·종범의 구분이 없다. 다만 함께 주사에게 저항하며 도망하다가 사람을 상해하였으나 사망에

이르지 않은 경우에는 수범·종범으로 구분한다(포15.1c의 소).

④ 관을 몰래 건넌 것은 증명서 없이 관문을 제멋대로 사사로이 통과한 것을 말한다(위25.1a의 소). 관을 넘어서 건넌 것은 문을 경유하지 않고 넘어간 것을 말한다(위25.2b의 소). 관·목책·담·울타리를 함께 몰래 건너거나 넘어서 건넌 경우, 죄를 범한 자는 몸소 범한 것이므로 공범으로 보지 않고 동시범과 유사한 범행으로 간주한다. 그래서 명례율 43.3조의 소에서, "모두 정범으로 죄주므로 수범·종범의 구분이 없다."고 해석한 것이다.

3) 구타·상해·살해죄

① 모의하지 않고 공동으로 사람을 구타·상해한 경우에는 수범·종범으로 구분하지 않고, 각각 가해한 바에 따라 논한다(투7.2).

② 투송률 28.1a조는 "조부모·부모를 구타한 자는 참형에 처한다."고 규정하고 있는데, 그 소는 "율문에 '개(皆)'자가 없으나 조문을 살펴보면 알 수 있는 것이니, 자·손이 비록 함께 구타했을지라도 원래의 정상이 모두 스스로 구타한 것이면 비록 '개(皆)'라는 글자가 없더라도 모두 참형에 해당한다."고 해석하였다.

4) 위증죄

함께 하나의 사건을 보증한 경우는 곧 먼저 공동으로 계획한 것이므로 반드시 조의자를 수범으로 하고 나머지는 종범으로 하여 처벌한다. 그렇지만 각각 독자적으로 보증한 것은 죄에 수범·종범의 구별이 없다(사25.3의 소).

III. 공범의 수범·종범에 관한 특별 규정

1. 모의살인(적9)

일반인의 모의살인죄에 대해서는 적도율 9조에 3단계로 나누었는데, 특히 수범과 종범의 처벌이 다르다.

(1) 모의살인의 3단계

1) 모의살인의 예비 단계
사람을 살해하고자 모의한 자는 도3년에 처한다. 이 단계에서는 마땅히 조의자를 수범으로 하고 수종자는 1등을 감하는 예에 따른다.

2) 모의살인의 상해 단계
살인을 모의하여 상해한 자는 교형에 처한다. 이 또한 조의자는 교형에 처하고 나머지 수종자는 1등을 감한다.

3) 모의살인의 살해 단계
수범·종범의 처벌 방법은 다음과 같다.
① 모의하여 살인한 경우 조의자는 참형에 처하며, 범행 현장에 가지 않았더라도 수범이 된다. 조의자라는 것은 살인을 원래 모의한 자를 말하며, 그 계획이 이미 이루어졌다면 그 자신이 비록 범행 현장에 가지 않았더라도 역시 수범으로 삼아 참형에 처한다. 또 사람을 고용해서 살해한 경우도 같다. 율은 고용한 사람을 조의자로, 고용되어 힘을 더한 자를 수종자로 삼는다.
② 살인을 모의하여 살해한 경우의 종범은 다시 3단계로 나눈다.

㉠ 수종자가 수종하여 힘을 더했으면 교형에 처한다. 함께 살인을 모의하여 살해할 때 힘을 더한 경우, 즉 사람을 살해할 때 직접 손대지 않았더라도 당시 함께 피해자를 붙들어 협박하거나, 도망칠 곳을 막고 서로 도와서 살해할 수 있게 한 때는, 힘을 더한 것이 많고 적음을 불문하고 모두 교형에 처한다. 적도율 9.3c조의 주에, "사람을 고용해서 살해한 경우에도 또한 같다."고 해석했는데, 이는 조의자를 수범으로 하고 고용되어 힘을 더한 자를 종범으로 한다는 것을 말한다.

㉡ 같이 모의하고 수종하였으나 힘을 더하지 않았다면 유3000리에 처한다.

㉢ 만약 종범이 범행 현장에 가지 않았다면, 범행 현장에 간 자의 죄에서 1등을 감한다. 이는 사람을 살해하고자 모의하는데 수종하였으나 범행 현장에 가지 않았다면, 간 자의 죄에서 1등을 감하여 도3년에 처해야 함을 말한다. 적도율 9.3d조의 주에, "다른 조문에서 종범이 범행 현장에 가지 않은 경우도 이에 따른다."고 해석하였는데, '다른 조문'이란 죄수를 강탈하다가 다른 사람에게 상해를 입히거나(적10.1b) 시마친 이상 존장을 살해하고자 모의하여 이미 상해한 경우(적6.2b)를 말하며, 모의하는 데 수종하였으나 범행 현장에 가지 않았다면 1등을 감한다. 그러나 예외적으로 살인을 모의한 것만으로 모두 참형에 처해야 하는 죄의 경우, 함께 모의했으면 범행 현장에 가지 않았더라도 죄를 감하지 않는다. 예를 들면 기친 존장을 살해하려고 모의한 경우(적6.1), 함께 모의하였으면 범행 현장에 가지 않았더라도 참형에 처한다.

(2) 조의자와 수종자의 책임

일반인 모의살인죄의 경우 조의자와 수종자는 모의 단계에서 살인 단계에 이르기까지 모든 결과에 대하여 공동 책임을 진다. 조의자는 비록 현장에 가지 않았더라도 그대로 수범이 되며, 따라간 자는 힘을 더하지 않았더라도 살인을 실행한 자의 죄에서 1등을 감할 뿐이다. 다만 따라가서 힘을 더한 자의 죄는 교형에 해당하여 이 통칙에 따르지 않지만, 실질적으로는 조의자의 형인 참형에서 1등을 감한 결과가 된다.

2. 공모한 구타·상해·치사(투7)

구타·상해·치사죄의 공범은 먼저 가해자가 분명한 경우와 분명하지 않은 경우로 나눈다.

(1) 가해자를 분명히 구분할 수 있는 경우
상해와 치사로 나눈다.

1) 상해
다시 두 가지 정형으로 나눈다.
① 함께 모의하여 사람을 구타하여 상해하였는데 원모자의 손댄 것이 무겁지 않다면 손을 댄 것이 무거운 자를 중죄로 하며, 원모자는 1등을 감하고 수종자는 또 1등을 감한다.
② 만약 원모자가 손을 댄 것이 무겁다면 나머지는 모두 2등을 감한다.

2) 치사
다시 두 가지 정형으로 나눈다.
① 치사의 원인을 판별할 수 있을 때는 사망 원인 제공자를 중죄로 하고, 원모자는 1등을 감하며, 나머지는 모두 2등을 감한다.

② 원인을 판별할 수 없을 때는 뒤에 손댄 자를 중죄로 하고, 원모자는 1등을 감하며, 나머지는 2등을 감한다.

(2) 가해자를 분명히 구분할 수 없는 경우

구타하여 상해한 것의 선후 경중을 알 수 없을 때는 조의자를 중죄로 하고, 나머지는 모두 2등을 감한다.

공동으로 모의하여 구타·상해·살해한 것은 공동의사주체의 원칙을 전제로 한다. 공동으로 사람을 때려서 상해한 것에 관해서는 투송률 7.1a조의 소에, "2인 이상이 같은 마음으로 계획을 모의하여 함께 사람을 구타하여 상해한 것을 말한다."고 한 것처럼 동심일체적 의사가 있다는 것을 인정하고, 야기된 전체 결과에 대하여 각 사람을 공동 행위의 지위로서 그 책임을 논한다. 다만 구타상해는 결과 발생의 원인이 되는 바의 힘을 중시하기 때문에, 원모자가 아니면서 손댄 것이 무거운 자는 원모자와 책임이 뒤바뀌게 되며, 손댄 것이 무겁지 않은 수종자는 다시 1등을 감하는 것이다. 원모자의 손댄 것이 무거운 경우에는 그 나머지 수종자의 책임은 2등을 감한다. 또 치사의 경우는 그 원인이 된 힘의 강약에 따라 원인이 가장 강한 자를 중죄로 하고 그 나머지는 그대로 치사의 책임을 묻는데, 이는 동심일체적 행위상의 지위가 같지 않기 때문으로 원모자에 대해서는 중죄에서 1등을 감하는 형을 과하고 그 나머지에 대해서는 2등을 감한 형에 처한다. 치사의 원인을 나눌 수 없을 경우, 뒤에 손댄 자를 중죄로 하고 원모자 및 수종자의 책임은 그대로 위의 예에 따른다. 가해자를 분명히 구분할 수 없을 때에는 먼저 모의한 자를 중죄로 하고 나머지 수종자는 모두 2등을 감한다. 여기서 조의자와 수종자는 구타하여 치사에 이른 결과에 대하여 그 행위상의 지위에 따라 책임을 묻는다. 이에 대해서는 투송률 7.3조의 문답2에 다음과 같이 해석되어 있다.

[문] 갑·을 2인이 같이 모의하여 사람을 구타하였는데, 갑이 원모자로 먼저 구타하여 팔다리 중 하나를 부러뜨리고 을은 수종하여 나중에 구타하여 한쪽 눈을 멀게 한 때는 모두 어떤 죄에 처해야 합니까?

[답] 위 조문(투4)에 따르면, "사람의 지체를 부러뜨리거나 어긋나게 하거나 한쪽 눈을 멀게 한 때는 도3년에 처한다. 또한 손상한 것이 두 가지 이상이거나 본래 장애가 있는데 더하여 독질에 이르게 한 때는 유3000리에 처한다."라고 하였다. ① 이것은 곧 함께 모의하여 함께 사람을 구타하여 두 가지가 손상된 경우이므로, 갑은 비록 조의자라도 도3년에 처해야 하고 을은 손상한 것이 두 가지이기 때문에 유3000리에 처해야 한다. ② 만약 함께 모의하지 않았다면 각각 한 가지를 손상하였고 둘 다 본죄를 얻으므로, 다 같이 도3년에 처한다.

이 문답에 대해 생각해 보면, 갑과 을은 사전 공범으로 두 가지 사안에 대하여 공동 책임을 지는데, 다만 그 사안이 서로 연속되는 것이므로 뒤에 손댄 자를 중죄로 하여 유3000리에 처하고, 갑은 비록 원모자이지만 1등을 감하여 도3년에 처한다는 것이다. 따라서 갑의 도3년은 팔다리 하나를 부러뜨려 받은 죄가 아니다. 만약 이들이 사전에 모의하지 않고 우연히 공동으로 범했다면, 각각의 행위에 대해 죄를 얻어 도3년을 받게 된다는 뜻이다.

3. 절도죄의 공범

(1) 절도죄의 공범에 대한 처벌 원칙(적50.1)
공모하여 절도를 범한 경우는 장물을 병합해서 논한다.

(2) 절도죄 공범의 행위상의 지위(적50.2)
① 조의자나 수종자가 범행 현장에 갔지만 자기 몫을 받지 않았거나 자기 몫은 받았지만 가지 않은 경우는, 모두 본래의 수범·종범으로 구분하여 처벌하는 법에 따른다.

② 만약 조의자가 범행 현장에 가지 않고 자기 몫을 받지도 않은 경우는, 범행 현장에 간 사람 중에서 범행을 지휘한 자를 수범으로 하고 조의자를 종범으로 하며, 절도죄가 사형에 해당하는 경우에는 1등을 감한다. 수종자가 범행 현장에 가지 않고 자기 몫도 받지 않은 경우에는 태40에 처한다.

①은 공동의사주체의 법리를 그 기초로 하고, 다만 장물을 분배받았든가 또는 동행하였으면 본래 모의를 조의한 자를 수범으로 하고 수종자를 종범으로 하여 모두 받은 장물 전체에 대하여 수범·종범으로 논하며, 종범은 1등을 감한다.

②의 경우 조의자는 장물을 분배받지도 않고 동행하지도 않았으므로 종범으로 하고, 동행하여 나아가고 물러서는 것을 지휘한 자를 수범으로 한다. 다만 절도죄에 종범의 규정이 있지만 유죄 이하는 감할 수 없으며, 반드시 사죄에 이른 때만 비로소 1등을 감하여 유3000리에 처한다. 수종자는 범행 현장에 가지도 않고 자기 몫도 받지 않았다면 절도하였으나 재물을 얻지 못한 것으로 간주하므로 태40에 처하는 것이다.

(3) 모의 없이 우연히 만나 함께 절·강도를 행한 경우(적50.3과 주)

① 만약 본래 같이 모의하지 않았는데 서로 우연히 만나 함께 절도했다면, 절도를 할 때에 이르러 범행을 지휘한 자를 수범으로 하고 그 밖의 사람들은 종범으로 처벌한다.

② 본래 같이 모의하지 않았는데 서로 우연히 만나 함께 강도했다면 수범·종범을 구분하지 않는다.

(4) 주인이 부곡·노비를 시켜 절도한 경우(적50.4)

주인이 부곡이나 노비를 보내 절도하게 한 때는, 비록 절도한 물건을 취득하지 않았더라도 여전히 수범으로 하고 천인은 종범으로 한다. 이 또한 공동의사주체의 법리에 따른 것이다. 만약 부곡이나 노비가 스스로 도죄(盜罪)를 범한 뒤 주인이 그 사정을 알고서 재물을 받았다면 강도든 절도든 모두 절도죄의 종범으로 한다.

(5) 공범이 모의와 달리 범행한 경우의 처벌(적51)

율은 모의와 다른 공범의 범행에 대하여 명문 규정을 두고 있다. 적도율 51조는 모의와 다른 공범의 범행을 두 가지 정형으로 나눈다.

① 함께 강도를 모의하고 조의자는 범행 현장에 가지 않았는데 범행 현장에 갔던 사람이 절도한 경우, 조의자가 자기 몫을 받았다면 절도죄의 수범으로 삼고 그 밖의 사람은 모두 절도죄의 종범으로 삼는다. 만약 조의자가 자기 몫을 받지 않았다면 절도죄의 종범으로 삼고, 수종자가 자기 몫을 받지 않았다면 모두 태50에 처한다. 이 경우 절도에 대해서만 죄를 논하는데, 다만 절도를 같이 범한 자는 공동의사주체가 된다. 즉 조의자가 만약 몫을 받았다면 비록 가지 않았더라도 그대로 절도죄의 수범이 되고, 나머지는 간 자든 가지 않은 자든 모두 종범이 된다. 만약 조의자가 가지 않고 몫도 받지 않았

다면, 가서 범행을 지휘한 자를 수범으로 하고 조의자를 절도죄의 종범으로 하며, 모의에는 수종하여 참여하였으나 가지 않고 자기 몫을 받지도 않은 자는 모두 태50에 처한다. 이들을 태50에 처하는 것은 원래 강도를 모의했기 때문에 현장에 가지도 않고 재물을 받지도 못한 절도죄의 종범의 형인 태40에(적50.1) 1등을 더하여 태50에 처하는 것이다.

② 만약 함께 절도를 모의하였으나 범행 때가 되어서는 조의자가 범행 현장에 가지 않았는데 범행 현장에 갔던 사람들이 강도한 경우, 간 사람들은 수범·종범으로 나누지 않고 강도로 처벌한다. 만약 조의자가 범행 현장에 가지 않고 자기 몫을 받았다면, 사정을 알았든 몰랐든 절도죄의 수범으로 한다. 조의자는 현장에 가지 않았기 때문에 대개 강도에 대해서는 인식이 없는 것이고, 다만 원래 절도를 주모한 자이기 때문에 그대로 절도의 수범으로 논하는 것이다. 조의자가 자기 몫을 받지 않았고 모의의 수종자가 자기 몫을 받았다면 모두 절도죄의 종범으로 한다. 모의의 수종자가 가지 않았고 몫도 받지 않았다면, 절도하려 했으나 재물을 얻지 못한 절도죄의 종범의 형인 태40에 처한다(적50.2).

③ 절도를 모의하였는데 절도할 때 사람을 살상한 경우 강도로 논한다. 다만 동행인이 살상의 실정을 모른 경우 또한 절도죄의 처벌법에 따른다.

제2절 교령범 및 간접정범

Ⅰ. 교령범의 본질

1. 명례율의 교령범에 관한 규정

　명례율에는 교령범에 관한 일반규정은 없고, 노·소·질병자를 교령한 경우에 대한 규정만 있다(명30.3b). 명례율에 노·소·질병자를 교령한 죄에 대해 규정을 둔 것은, 단지 그들이 교령을 받은 경우 스스로 범한 바에 따라 처벌받지 않는다는 원칙을 특별히 세워둔다는 뜻이다. 교령에 대한 일반 규정은 각칙 내에 산견되는데, 일반인에 대한 교령범은 명문 규정이 있는 것에 한하지 않는다고 해석해야 한다.

2. 조의범과 교령범

　당률에서 조의범과 교령범은 확연히 구별되는 개념이다. 교령범은 이른바 공범의 범위에 포함되지 않는다. 공범은 조의자를 수범으로 하고 수종자는 1등을 감하는데, 이 때의 조의자는 교령범이 아니고 범죄를 공모하고 먼저 주장한 자이다(명42.1의 소). 다시 말하면 조의자는 자신이 사안에 개입하여 수종자와 공동으로 모의하고 행위를 실행한 사람 중의 하나로서, 행위의 일부를 분담할 수도 있고 행위에 참여하지 않을 수도 있다(적50, 51). 조의자와 수종자의 관계는 일반적으로 조의자가 수범이 되고 수종자가 종범이 되지만, 구체적인 범죄 실행에 있어서는 행위의 지위에 따라 수범과 종범이 달라질 수 있다. 이에 대해서는 적도율 50조와 51조에 비교적 상세하게 해석되어 있고, 이미 앞에서도 설명한 바 있다.

반대로 교령인은 사건에 개입하지 않고 타인을 교사·교도하여 죄를 범하게 한 자를 말한다. 피교령인과 교령인은 공범에 속하지 않으므로 수범·종범의 관계가 없고, 각자 자신의 범죄가 성립하여 그 형사 책임을 진다. 다시 말하면 교령범은 피교령인이 책임 능력인이든 책임 무능력인이든 사기로 범행을 교사·교도 또는 유도한 자로서, 피교령인과의 관계는 자발성이 결여된 피동적이고 피지배적인 것이 일반적인 형태이다. 이 때문에 교령인과 피교령인은 공범이 아니며, 비록 피교령인이 실행한 범죄라도 사회정책상 교령인의 행위로 간주하기 때문에, 교령인은 피교령인을 통하여 실현한 범행에 대하여 전죄를 져야 한다. 예를 들면 피교령인이 90세 이상 7세 이하와 같이 완전 책임 무능력인인 경우, 교령에 따라 범한 행위는 죄가 없고, 대신 교령인이 그 죄로 처벌되며(명30.3b), 책임 능력인이라도 존장의 교령에 따른 행위나(호31의 주 등) 강제 동원에 따른 행위는 (적4.2의 주와 소) 면죄된다.

II. 간접정범

교령범은 타인이 실행한 행위를 이용하여 자신이 죄를 범한 것이므로, 이용당한 사람에게 죄가 있는지 여부는 물을 필요도 없다. 단 교령범 가운데는 이른바 간접정범이 성립하는 경우가 있다. 책임 무능력인을 교령한 경우와 위협 또는 폭력을 사용한 경우가 그것이다.

1. 책임 무능력인을 교령한 경우

피교령인이 책임 능력인이라도 교령인은 당연히 응분의 형사책임을 지지만, 만약 책임 무능력인이면 이른바 간접정범이 성립하고 이에 교령인에 대해서만 범죄가 성립한다. 이에 대한 예로는 90세 이상 7세 이하인 자를 교령한 경우가 대표적인 것이다. 90세 이상 7세 이하인 자는 사죄에 해당하더라도 형을 집행하지 않으며, 만약 다른 사람이 교령한 때는 오직 교령한 자만을 처벌한다(명30.3b).

2. 위협 또는 폭력을 사용한 경우

위협 또는 폭력으로 사람을 시켜 구타하여 사망·상해에 이른 경우, 교령인이 비록 손대지 않았더라도 중죄를 주고 손댄 자는 1등을 감한다(투8.2). 이 경우 교령인은 타인의 실제 행위를 이용하여 죄를 범한 것이다. 물론 피교령인에게 책임 배제 사유가 없을 경우는 그대로 죄를 논하지만, 항거할 수 없었던 경우는 처벌하지 않으며, 이때 이른바 간접정범이 성립하는 것이다. 예컨대 백성이 죄가 없는데 감림관이 문사(問事)56)를 시켜 백성에게 장을 치게 하였고, 문사가

---

56) 訊問 즉 사실심리의 단계에서는 장으로 수인을 때리는 하급의 吏가 있다. 『資治通鑑』 卷117, 隋 文帝, 開皇 10年 條에, "언제나 問事가 지시하고 매질하는 것이 대단치 않아서 화가나 즉시 그를 참수하라고 하였다."고 했으며, 胡三省의 註에, "問事라는 것은 장형을 행하는 사람이다"고 하였다. 『資治通鑑』 卷145, 梁 武帝, 天監 2年 8月 條에도, "먼저 問事는 힘이 있는 사람 5인을 갖추어 그를 번갈아 채찍질하고"라고 하였으며, 胡三省의 註에, "문사는 장형을 행하는 사람이다"고 해석하였다. 또한 『資治通鑑』 卷64. 漢紀, 獻帝, 建安 9年 7月 條에, "李孚는 問事杖을 치고"라고 하였으며, 胡三省의 註에 "問事는 卒이다. 杖刑을 주로 담당하는데 伍伯과 같은 것이며, 問事는 杖을 들고 친다"라고 해석하였다. 판관이 취조할 때에는 고문에 杖을 사용하는데 이것을 '囚杖'이

법에 의거해서 따라 벌장을 집행하다가 사망에 이른 경우, 관인은 살인죄를 받고 문사는 처벌을 받지 않는다(투8.2의 소).

III. 교령범의 처벌

교령범은 원래 공범이 아니기 때문에 그 처벌 또한 특수하다.

1. 전죄를 받는 교령인

교령인은 원칙적으로 피교령인과 그 처벌이 같다. 다만 신분으로 인해 형벌이 다를 경우 피교령인 및 교령인에 대한 처벌은 원칙상 각 신분인에 해당하는 조문의 규정에 따른다(명43.1).

(1) 교령인의 처벌

다른 사람을 교사·유도하여 법을 범하게 한 자는 모두 법을 범한 피교령인과 같이 처벌하므로(사17), 모두 자신이 법을 범한 것과 같은 죄를 준다. 여기서 피교령인과 같이 처벌한다든지 같은 죄를 준다는 것은 명례율 53.1조에서 규정한 '여동죄'의 뜻이 아니고 자신이 범한 때의 처벌과 같다는 뜻이다. 다시 말하면 여동죄는 제명·면관·배장, 감림·주수의 가중처벌, 가역류의 예를 적용하지 않고 본죄의 주형만으로 처벌하는데(명53.3), 교령인은 주형뿐만 아니라 제명·면관·배장, 감림·주수의 가중처벌, 가역류의 예까지 모두 적용하는 것이다. 가령 고독을 조합하거나 소지하도록 교령한 자는 직접 조합하

라 한다(『唐令拾遺』, 793쪽). 이처럼 장으로 고문하는 관리가 '問事'이다.

거나 소지한 자와 같이 교형에 처하고 제명·면관·배장, 감림·주수의 가중처벌, 가역류의 예를 다 적용하며(적15.1), 사죄수에 대한 취조가 끝난 뒤 죄수의 친속·친구가 죄수의 시킴을 받아서 남을 고용하거나 부탁을 받아 그를 살해하거나, 또는 고용되거나 부탁받아 직접 살해한 자는 모두 피살자와의 신분 관계에 따라 해당하는 본래의 살인죄에서 2등을 감해서 처벌하고 역시 제명·면관·배장, 감림·주수의 가중처벌, 가역류의 예를 다 적용한다(단3.1).

(2) 신분에 따른 처벌

만약 7세 소아를 교사하여 부모를 구타하게 하거나 90세의 노인을 교사하여 자·손을 살해하게 하였다면, 교사자는 모두 당연히 친족이 아닌 일반인을 구타하거나 살해한 죄를 적용하는데, 그 이유는 일반인에게 친족을 범한 죄를 적용할 수 없기 때문이다(명30.3의 문답).

2. 수범·종범으로 나누는 교령범

① 고용되어 다른 사람이 죄가 있다고 무고한 자(피교령자)는 자신이 무고한 것과 같이 처벌하고, 고용한 자는 교령법에 따른다(투55.2). 여기서 교령법은 아래 ②의 규정을 말한다.

② 다른 사람을 교령하여 고발하였는데, 고발한 사안이 거짓이어서 반좌해야 하거나 고발한 사안이 사실이어서 상을 주어야 할 경우에는, 모두 고발한 자를 수범으로 하고 교령자를 종범으로 한다(투56.1).

③ 다른 사람에게 시마친 이상의 친속을 고발하도록 교사하거나, 부곡·노비를 시켜 주인을 고발하게 한 자는, 모두 고발자의 죄에서 1등을 감한다. 교사되어 고발한 자는 해당 신분인에 대한 규정대로

논한다(투56.2a).

④ 다른 사람에게 그의 자·손을 고발하도록 교사한 자는 고발한 바의 죄에서 1등을 감하며, 무고의 경우도 같다. 이 경우 피교령인은 무죄이다(투56.2b의 주와 소).

⑤ 은사령이 내려 유형을 장형과 현 거주지의 노역형으로 대체할 경우라도 고독을 조합한 자는 그대로 유형에 처하지만, 고독의 조합을 교령한 부인은 스스로 조합한 자와 달리 유형에 처하지 않을 수 있다(명28.3a의 소).

3. 교령범의 종속성

피교령인의 범행이 미수에 그쳤고 해당 죄가 미수 시 처벌에 해당하지 않을 경우, 교령인의 행위 또한 미수이므로 처벌하지 않는다. 피교령인이 자수한 경우 그 효력이 교령인에게도 미친다고 해석해야 한다(명38.2b). 신분으로 말미암아 피교령인에 대한 처벌을 장형으로 대체하는 등의 특례가 있을 때는 교령인도 모두 그 처벌법에 따르는 것으로 해석된다(명38.2c).

제9장
갱범과 경합범

서설

1. 갱범과 경합범의 조문

　명례율 29조는 범한 죄가 이미 발각되었거나 판결이 끝나고 복역 장소에 배속되어 있으면서 다시 죄를 범한 자를 처벌하기 위한 규정으로, 율에서는 이를 갱범(更犯)이라 칭한다.

　명례율 45.1조는 2개 이상의 죄가 함께 발각되었다면 무거운 것으로 논한다는 규정으로, 소에서는 "2개 이상의 죄가 함께 발각된 경우[二罪以上俱發]."라고 정명(定名)하고 있는데(명45.1a①의 소), 2죄의 법(사8.1b의 소 등) 또는 단지 2죄라고만 칭하기도 한다(사15.1의 문답 등). 명례율 45.2조는 장물로 인한 죄를 여러 번 범했다면 모두 누계하되 절반하여 죄준다는 등의 규정으로, 소에서는 "장물로 인한 죄를 여러 번 범했다면 모두 누계하여 죄주는 경우."(명45.2a의 소)라고 정명하고 있는데, 소에서는 단지 빈범이라고 칭한다. 명례율 45.3조는 한 사건이 2죄로 나누어지는 경우의 처벌법에 대한 규정으로, "한 사건이 2죄로 나누어지는 경우[一事分爲二罪]."(직50.3의 소 등)라고 칭한다.

　명례율 49.1조는 하나의 행위에 적용될 명례와 본조가 경합하는 경우 본조를 적용한다는 규정으로 현행 형법의 법조경합(제8조)에 상당하고, 49.2조는 하나의 행위에 2개 이상의 죄명 혹은 본조가 적용될 수 있을 때 그중 무거운 것을 적용한다는 원칙으로, 현대 형법 총칙의 상상적 경합(제40조)에 상당한다. 49.3조는 사실의 착오에 관한 규정이다.

본장에서는 이상의 명례율 45조와 49조를 경합범으로 묶어서 논하려고 하는데, 49조의 2개항은 경합범에 상당하지만 45조는 1항의 2개 이상의 죄가 함께 발각된 경우만이 실질적인 수개 범죄의 경합으로 경합범에 상당한다. 이 외에 장죄 빈범은 장물로 인한 죄, 즉 6장[여섯 가지 장죄]과 6장에 준해서 논하는 죄 및 6장으로 논하는[以六贓論] 죄의 두개 이상이 동시에 발각된 것을 의미하는 것으로, 정확히 말하면 경합범이 아니다. 한 사건이 2죄로 나누어지는 경우는 하나의 죄명이 두 개의 죄명으로 나누어지는 것을 가리키는 것으로 본질적으로는 경합범이 아니다. 이는 당률 특유의 입법기술에서 생긴 것으로 현행 형법에서는 이에 대응하는 제도나 개념을 찾아보기 어렵다. 억지로 말해본다면 상상적 경합범의 특수형태라고 할 수 있을 것이다(일본역 『당률소의역주편1』, 288쪽).

2. 갱범과 경합범의 성질

갱범은 1죄가 발각된 후 다시 죄를 범한 것이고, 경합범은 어떤 죄가 발각되기 전에 1개 또는 수개 죄를 범한 것이다. 다시 말하면 1죄의 발각 시점을 기준으로 하여, 발각되기 전에 범한 죄가 하나 혹은 여럿이 있으면 경합범으로 간주하고 발각 시점 이후 다시 죄를 범한 것이 있으면 갱범으로 간주한다.

갱범의 경우 수개 죄의 형을 병과하는 것이 원칙이지만, 형의 가중과 최고형을 제한하는 규정도 아울러 갖추어 두고 있다. 경합범은 가장 무거운 죄의 형에 나머지 죄의 형을 흡수하거나 그 형을 가중하는 것을 원칙으로 한다. 이 같은 점들을 고려해 보면 당률에서 갱범과 경합범은 다 같이 수개 죄에 대한 양형 원칙을 세운 것이라고 말할 수 있다.

제1절 갱범의 처벌 원칙

Ⅰ. 갱범 누과의 원칙

1. 갱범(更犯)

(1) 범죄의 발각

1죄의 발각 후에 범한 죄는 갱범이 되고 그 전에 범한 죄는 경합 범이 되므로 발각의 개념을 명확히 정의해 두지 않으면 안 된다.

발각이라 함은 관사가 자체적인 적발에 의해 사건을 인지하고 형 사적 절차를 시작하거나 누군가가 관사에 고한 것을 말한다. 단 모 반 이상이 아닌 죄를 고하는 경우 영에 의해 마땅히 3심을 거쳐서 수리하지만, 첫 번째 고한 것부터 발각으로 간주된다. 즉 다른 사람 의 죄를 관사에 고한 경우 모반 이상이 아닌 한 영에 의해 세 번 심 사하여 처리하는 것이 원칙이다. 구체적으로 말하면 고장을 받는 관 사는 거짓이면 모두 반좌한다는 것을 알려주고 매번 심사해서 별도 의 날에 고장을 받지만(옥관령, 습유776쪽), 단 범죄가 발각된 시점 은 처음 고한 것을 기준으로 삼는다.

(2) 배속된 자의 범행

도·유죄를 범하고 복역하는 곳에 이미 배속되어 있는 사람이 죄를 범한 것도 갱범으로 처벌한다. 즉 1죄가 발각되어 판결되기 전에 범 한 죄는 당연히 이미 발각된 죄와 함께 병과하지만, 이미 판결되어 형이 집행 중에 있는 경우도 갱범이 된다. 만약 집행이 완전히 끝난 뒤의 재범은 갱범이 되지 않는다.

2. 형의 병과 원칙

2개 이상의 죄가 함께 발각된 것 등의 경합범의 처벌원칙은 무거운 1죄에 나머지 죄의 형을 흡수하는 것이기 때문에 형이 지나치게 가벼워질 염려가 있다. 그러므로 함께 발각되었다고 할 때 동시성의 범주를 제한할 필요가 있게 된다. 형을 병과하는 갱범의 처벌원칙은 이러한 필요에 따른 것으로, 어떤 사건이 발각되기 전에 범한 것들이 함께 발각된 것만을 경합범으로 처벌하고 발각된 뒤에 발생한 사건은 갱범으로 간주해서 병과하여 처벌한다. 그러나 병과할 경우 형이 무한히 확대될 수 있으므로 병과에 대해 역시 제한을 두어, 역은 총계하여 4년을 초과할 수 없고, 장은 200을 초과할 수 없도록 규정하고 있다. 또 이러한 제한은 집행이 개시된 이후까지 연장된다.

II. 갱범의 형 집행

1. 유죄의 갱범

(1) 유배되기 전에 다시 유죄를 범한 경우(명29.2)

유죄를 범하고 단죄되지 않았거나 이미 단죄되었더라도 아직 유배지에 도착하지 않았는데 유죄를 갱범한 경우, 뒤에 다시 범한 유죄는 공호·악호의 유주법(명28.1)에 의거하여 추가해서 장형을 가하고 유배 장소에서 3년을 복역시킨다. 따라서 복역 기간은 앞서 범한 유죄의 역 1년(명24.1)과 합해서 모두 4년이 된다. 만약 앞서 세 가지 유죄[常流]를 범하고 뒤에 가역류를 범한 경우도 역시 모두 4년을 복역시키는데 그친다. 대개 두 번 유배할 수 없기 때문에 이 같이 처결하는 것인데, 다만 전후 유죄의 거리가 같지 않은 경우 가장 먼 곳으로 유배한다.

(2) 유배지에 도착한 뒤 다시 유죄를 범한 경우

이미 유배지에 도착하여 다시 유죄를 범한 경우 역시 위와 같다. 단 이미 도착했기 때문에, 그 앞서 범한 유죄의 유배지가 가깝고 나중에 범한 유죄의 유배지가 멀더라도 곧 앞의 유배 장소에서 처결하고 다시 먼 곳으로 유배하지 않는다. 뒤에 다시 범한 유죄는 유주법에 의거하여 추가해서 장형을 가하고 유배 장소에서 3년을 복역시키는데, 이 경우 집안에 겸정이 없더라도 장형으로 대체하는 법에 따르는 것을 허용하지 않는다(명29.3b의 문답).

2. 유·도죄 갱범의 복역(명29.3)

(1) 복역 기간의 제한

역은 4년을 초과할 수 없다. 즉 도죄를 범하고 복역이 만료되지 않았는데 다시 유죄를 범하여 유배지에서 더 복역해야 하거나, 유죄의 복역이 만료되지 않았는데 다시 도죄를 범하여 복역해야 하거나, 혹은 도죄·유죄의 복역 기한 내에 다시 도죄·유죄를 범하여 복역해야 할 경우 모두 누계해도 4년을 초과할 수 없다. 원래 가역류를 범하고 나중에 또 가역류를 범해서 앞뒤의 죄를 누계한 역이 비록 많더라도 4년을 한도로 한다. 결론적으로 말하면 죄가 비록 많더라도 복역은 4년을 초과할 수 없다.

(2) 장형으로 대체하는 경우와 장형의 제한

복역해야 할 기간이 4년에 달하는데 역을 마치지 못한 상태에서 다시 유·도죄를 범한 경우 장형으로 대체한다. 즉 제 1차 갱범으로 복역 기간이 이미 4년에 달했는데 역을 마치지 못한 상태에서 도·유죄를 범한 경우 더 이상 복역시키지 않고 장형으로 대체해서 처벌한다. 도1년의 대체 장형은 장120이고, 1등마다 20을 더한다(명27.1b). 다만 대체하는 장형은 200을 초과할 수 없다.

3. 유·도죄의 복역 기간 내에 범한 태·장죄(명29.4)

복역 기간 내에 범한 죄가 장형 이하에 해당하더라도 역시 범한 바의 태·장형의 수에 따라 집행한다. 단 대체하는 태·장형은 200대를 초과하여 집행할 수 없다. 예컨대 처음에 장100의 죄를 범하고, 중간에 또 장90의 죄를 범하고, 뒤에 다시 태50의 죄를 범하였다면 모두 누계해서 240대가 되지만, 200대를 초과해서 집행할 수 없다. 대개 연속해서 200대를 초과하여 장형을 집행하면 사망할 수 있기 때문이다. 죄인이 장형으로 대체해야 할 자라도 역시 같다. 가령 공호·악호·잡호·관사노비 등은 모두 도·유형을 장형으로 대체해야 하는데(명28·47) 설령 이들이 유죄·도죄를 다시 범하여 장·태형을 누계하여 집행하더라도 역시 200대를 초과할 수 없다. 단 유·도죄를 누과한 4년의 복역 기간 내에 장형으로 대체하는 경우에만 장200의 제한을 초과할 수 없다. 반대로 말하면 4년이 지난 뒤에 도·유죄 또는 태·장죄를 범했을 때는 당연히 이 제한을 받지 않는다.

4. 사죄수의 갱범(단옥7의 소)

사죄수가 다시 죄를 범한 경우 뒤에 범한 죄의 형을 병과한다. 예컨대 죄수가 구금되어 있으면서 망령되이 타인을 끌어들여 공범으로 삼은 경우에는 무고죄로 논하는데, 만약 사죄를 범한 죄수가 망령되이 타인을 끌어들여 공범으로 삼은 경우에는 반좌될 죄의 형을 장형으로 대체하는 법에 준해서 집행한다. 단 반좌될 죄가 사형에 해당하면 무고를 반좌하더라도 사형은 누계하거나 가중해서 처벌할 수 없기 때문에 유죄를 장형으로 대체하는 법에 준해서 형을 집행한다. 만약 사죄수가 원래 속할 수 있는 신분[57]이면 유죄를 속하는 법에 준한다.

5. 본죄에 가중해서 처벌하는 갱범

갱범은 병과주의를 원칙으로 한다. 단 특수한 성질의 갱범은 가중주의를 채택하고 있는데 대개 본죄의 형을 더하는 방법을 쓴다. 예컨대 탐하거나 회피하는 바가 있어 거짓으로 관문서를 만들거나 증감했는데, 만약 탐하거나 회피하고자 한 죄가 도형 이상인 경우 각각 본죄에 2등을 더하며(사8.1b), 주사 자신이 도죄 이상을 회피하기 위하여 식을 어기고 문안을 만든 경우 회피하려 한 죄에 1등을 더한다(사8.2a). 죄인이 스스로 주사에게 법을 왜곡할 것을 청구한 때에는 청구한 바의 죄에 1등을 더하고(직45.2c), 죄인이 체포를 거부한 경우 본죄에 1등을 더한다(포2.4a).

---

57) 죄를 동으로 속할 수 있는 자에는 관품이나 음에 의해 속할 수 있는 자(명11), 노·소·폐질자(명30.1), 과실로 살상한 자(339, 투38) 등이 있으며, 이들이 유죄 이하의 죄를 범했을 때 실형 대신 속동을 징수한다.

제2절 경합범의 처벌 원칙

I. 개설

1. 2개 이상의 죄가 함께 발각된 경우

죄질이 서로 다르고 독립적인 죄 2개 이상이 함께 발각된 경우 주형은 하나의 무거운 죄에 대해서만 과하고, 종형은 모두 병과한다. 다만 형벌이 가벼워져 범죄를 조장할 염려가 있으므로 이를 피하기 위해 제한 규정을 둔다. 즉 '2개 이상의 죄가 함께 발각된 경우'의 법례를 적용하는 것은 누계해서 단죄하지 않는 2죄가 동시에 발각되거나 갑죄가 먼저 발각되고 을죄가 비록 뒤에 발각된 경우에 한하며, 그 행위의 시점이 갑죄의 발각 이전인 경우이다. 만약 1죄가 이미 발각된 뒤 다시 타죄를 범한 경우는 이른바 갱범으로 원칙상 병과해서 처벌한다.

2. 장죄를 여러 번 범한 경우

장죄 빈범은 죄명과 처벌법이 서로 같은 경우와 같지 않은 경우로 나눈다. 전자는 수개 범죄의 죄명과 처벌법이 서로 같은 경우이다. 후자는 수개 범죄가 비록 죄명과 처벌법이 같지 않지만 장물을 계산하여 하나의 형을 과하는 경우이다. 장죄 빈범은 '2개 이상의 죄가 함께 발각된 경우'의 특수 형태이다. 다만 장물의 수를 누계하고 절반해서 형을 과하는 기준으로 삼는데, 이는 결과적으로 기준 장물의 수를 높여서 형을 가중하는 것이 된다. 단 장물 수를 절반해서 형을 과하는 기준으로 삼음으로써, 형벌이 과중하게 되는 것을 막는다.

3. '한 사건이 2죄로 나누어지는 경우'

'한 사건이 2죄로 나누어지는 경우'는 고차원의 구성 요건 상 본래 1죄이나, 처벌상 2죄로 나누는 범행을 말한다. 이는 본래 하나의 행위인데[또는 집합적 1행위], 그 구성 요건적 사실이 2종의 죄명에 해당하기 때문에 2차 평가를 받아 2종 죄명 가운데 무거운 것에 따라 형을 과한다.

II. 2개 이상의 죄가 함께 발각된 경우[二罪以上俱發] (명45.1)

1. 의의

(1) 2개 이상의 죄가 함께 발각된 경우의 두 가지 정형

2개 이상의 죄가 함께 발각된 경우는 두 가지 정형이 있다. 하나는 수개의 죄가 동시에 발각된 경우이고, 다른 하나는 발각의 선후가 있지만 뒤에 발각된 범죄의 행위 시점이 먼저 발각된 범죄의 발각 시점 이전인 경우이다. 이는 현행 형법의 경합죄와 유사하다. 다만 현행 형법(제37조)의 경합죄가 판결 확정 전을 경계로 삼는 것과는 달리 당률의 2개 이상의 죄가 함께 발각된 경우는 발각 이전을 요건으로 삼는다. 또 2개 이상의 죄가 함께 발각된 경우는 원칙상 하나의 중죄로 논하는데[흡수주의] 이 점 또한 현행 경합죄가 병과주의를 채택하는 것과 같지 않다. 당률에서는 1죄가 이미 발각되었거나 이미 집행이 시작된[유형과 도형] 뒤 다시 죄를 범한 경우는 모두 이른바 갱범(명29.1)이다.

(2) 2개 이상의 죄가 함께 발각된 경우의 요건

반드시 발각된 2개 이상의 죄의 질이 서로 달라야 하고 또한 반드시 누계해서 단죄할 2개 이상의 죄가 포함되지 않아야 2개 이상의 죄가 함께 발각된 경우가 된다. 만약 함께 발각된 2죄 중 장물을 계산하여 형을 정할 수 있는 범죄가 하나 있고 같은 종류의 범죄가 또 하나 있는 경우에는 반드시 누계하고 절반하여 형을 과한다. 이는 장죄 빈범에 속한다. 또한 반드시 함께 발각된 여러 범죄의 구성 요건적 사실이 서로 관련이 없어야 비로소 두 개 이상의 죄가 함께 발각된 경우가 된다.

2. 처벌

수죄가 함께 발각된 경우 주형은 하나의 무거운 죄에 따르지만, 종형 및 다른 특별 처분은 발각된 수죄 모두에 따른다. 다시 말하면 두 개 이상의 죄가 함께 발각된 경우에는 비록 발각된 수죄의 주형을 누계해서 과하지는 않지만, 발각된 수죄의 죄상을 모두 그대로 기록한다. 발각된 죄상을 모두 기록한 소장을 갖추는 목적은 죄가 많다는 것을 드러내고 사면되지 않는 죄가 있을 것을 대비하기 위함이다. 예를 들어 사면될 수 있는 잡범 사죄와 사면될 수 없는 고독을 조합하거나 소지한 행위로 인한 유죄가 함께 발각된 경우, 은사령이 내리지 않았다면 잡범에 따라 사형에 처하는데 만약 은사령이 내렸다면 사형을 면하고 대신 고독을 조합·소지한 죄에 따라 유형에 처한다(명45.1①의 주①과 소).

2죄 이상 함께 발각된 경우는 엄격히 말하면 반드시 동시에 발각되어야 하는데, 다만 먼저 어떤 하나의 죄가 발각된 뒤에 다시 범한 죄가 아니라면 설령 하나의 죄가 발각되기 전에 범한 수죄가 뒤에 발각되더라도 그대로 2죄 이상 함께 발각된 경우에 해당한다. 이때 만약 먼저 발각된 범죄에 대하여 아직 단죄된 경우가 아니라면 전혀 문제될 것이 없으나, 이미 단죄된 뒤이면 때로는 이전 단죄를 경정하는 경우가 있다.

(1) 수죄가 동시에 발각된 경우

함께 발각된 수죄가 경중이 다르면 중죄로 논하고, 경중이 같은 경우에는 반드시 1죄로써 논한다(명45.1a).

1) 경중이 다른 경우

가령 9품 1관을 가진 갑이 ㉠견 5필의 절도죄를 범하였다면 마땅히 도1년에 처해야 하고(적35.2), ㉡또 창[稍] 한 자루를 사사로이 소유하였다면 도1년반에 처해야 하며(천20.1), ㉢또 과실로 타인의 손발 둘을 부러뜨렸다면 유3000리(투4.2)를 속해야 한다. 이 세 가지 죄가 함께 발각된 경우, 세 가지 죄 가운데 가장 중죄인 금병기사유죄에 따라 도1년반으로 형을 정하고, 도1년반 가운데 도1년은 9품관으로 관당하며(명17.1a②), 남은 도반년에 대해서는 다시 동 10근을 징수한다(명22.1b의 소). 이는 주형에 대한 처분이다. 그런데 관인으로 도형에 상당하는 절도죄를 범하였으므로 마땅히 면관(명19.1) 처분해야 한다. 이것은 종형이다. 이렇게 처단되는 이유에 대해서는 명례율 45.1a①의 주와 소로 다음과 같이 상세하게 해석하고 있다.

죄형의 경중은 태형을 가장 가벼운 것으로 하고 참형을 가장 무거운 것으로 하는 것이 통칙이다(명1~5, 56). 다만 만약 중죄는 속면할 수 있고 경죄는 도형에 처하거나 관당해야 하면 도형이나 관당에 처할 것을 중죄로 한다. 다시 말하면 본형이 무겁더라도 속할 수 있는 것은 도형이나 관당에 비하여 가벼운 것으로 간주한다. 이 때문에 위의 사례에서 ㉢죄의 유3000리보다 ㉡죄의 도1년반이 더 무거운 죄가 되어 이 죄에 대한 형으로 주형을 과하는 것이며, 관인이므로 관당 처분하고, 관인이 절도죄를 범했으므로 면관 처분하는 것이다. 속동과 대체장형은, 만약 본형이 같으면 대체장형을 무거운 것으로 하고, 반대로 장형으로 대체해야 하는 죄의 본형이 속하는 죄의 본형에 비하여 가벼운 경우는 속하는 죄를 중죄로 한다(명45.1a①의 문답).

2) 경중이 같은 경우

가령 백정이 견 5필을 절도하였다면 도1년에 처해야 하고, 또 싸우다가 골절상을 입혔다면 도1년에 처해야 한다. 이 두 죄가 같이 발각되었다면, 죄의 경중이 같으므로 반드시 그 가운데 하나에 따라 처단한다(명45.1a②의 소).

(2) 수개의 죄가 선후로 발각된 경우(명45.1b)

1죄가 먼저 발각되고 전에 범한 다른 죄가 뒤에 발각되더라도 그대로 수개의 죄가 동시에 함께 발각된 경우의 처벌법에 따른다. 만약 먼저 발각된 1죄에 대하여 이미 논죄하여 단죄가 끝났는데, 뒤에 발각된 다른 죄가 이 죄에 비하여 무거운 때는 다시 논한다. 달리 말하면 앞의 죄를 뒤의 죄의 형량에 통산한다. 반대로 뒤에 발각된 죄가 모두 먼저 발각되어 판결된 죄와 같거나 가벼운 때에는 논하지 않는다. 예컨대 갑이 을의 이 하나를 부러뜨렸다면 도1년에 해당하고, 또 병의 손가락 하나를 부러뜨렸다면 또한 도1년에 해당한다(투

2.1). 그런데 만약 이를 부러뜨린 죄가 먼저 발각되어 이미 도1년에 처했거나, 집안에 겸정이 없거나(명27.1) 부모가 80세 이상 노인이라서(명27.4의 주) 이미 장120으로 대체하여 집행된 뒤 손가락 하나를 부러뜨린 죄가 뒤에 발각되었다면, 곧 "같은 죄는 논하지 않는다."는 조문에 따른다. 그러나 뒤에 발각된 죄가 손가락을 둘 이상 부러뜨린 상해라면 도1년반에 해당하므로 다시 반년의 도형을 더해야 하는데, 만약 갑이 집안에 겸정이 없는 단정이면 장20으로 대체 집행해야 한다. 이것이 "무거운 죄는 다시 논하여 앞의 죄를 뒤의 죄에 통산"하는 처벌법이다.

III. 장죄 빈범(명45.2)

1. 장죄 빈범의 뜻

(1) 장죄

장죄는 장물을 계산하여 형을 정하는 범죄를 가리킨다(명33.1). 장죄는 강도(적34), 절도(적35), 수재왕법(직48.1), 수재불왕법(직48.2), 수소감림재물(직50) 및 좌장(잡1)의 여섯 가지가 전형적인 것이고(명33.1의 소 및 잡1.1의 소), 이 밖에도 장죄에 '따른다[從]', 장죄와 '같다[同]', '장죄로 논한다[以論]', 장죄에 '준한다[準]'고 규정된 죄도 장물을 계산하여 죄를 정한다. 그러나 비록 재산범이라도 장물을 계산해서 죄를 정하지 않는 것, 예컨대 공·사전을 몰래 경작하거나(호16) 망인 및 몰래 교환하거나 판 것(호17) 등은 이에 포함되지 않는다. 토지는 일정 장소에서 떨어질 수 없으니 이치상 동산과 달라 장물로 계산하여 죄를 정할 수 없으며, 역시 제명·면관·배장 등의 예도 적용하지 않는다(호17의 소). 상세히 말하면 설령 재산상의 이익을 침해했더라도 견가로 평가해서 죄를 주지 않는 것은 장죄가 되지 않는다. 노임과 임차료는 견가로 가치를 평가하므로(명34.2a) 이에 관한 죄는 장죄에 속한다.

(2) 빈범

빈범은 본래 범행 시점이 다른 수개의 범죄 행위를 가리키며, 피해자의 수를 따지지 않는다. 서로 다른 물주에 대한 동시의 범죄 행위도 빈범으로 간주한다. 수개의 범죄는 반드시 그 죄명이 같아야 할 필요는 없고, 같지 않아도 또한 빈범이다(명45.2a의 소).

2. 장죄 빈범의 처벌

(1) 처벌 원칙

1) 현재 발각된 장물만을 누계하는 원칙(명45.2c의 주①과 문답)

누계하고 절반하는 것은 현재 발각된 장물만을 대상으로 한다(명45.2c의 주①). 다시 말하면 장물의 원주인이 여러 명인데 일부 사람의 장물이 먼저 발각되고 나머지 사람의 장물이 뒤에 발각된 경우, 모두 선후로 나누어 장물을 누계·절반하여 형을 과한다. 다만 뒤에 발각된 장물들을 누계·절반하여 형을 과할 때 그 형이 먼저 발각된 장물들을 누계한 것의 형보다 무거운 경우 다시 논하되 앞의 죄를 뒤의 죄에 합산한다. 만일 뒤에 발각된 장물들을 누계·절반한 장죄가 먼저 발각된 장물들을 누계·절반한 장죄보다 가볍거나 서로 같은 경우에는 논하지 않는다. 가령 관인이 갑·을·병·정 4인에게서 모두 8필의 재물을 받고 왕법하였는데 먼저 갑·을 2인의 장물 16필이 발각되었다면, 누계하고 절반한 장물 8필의 왕법죄로 처결하여 율에 따라 유죄를 주고(직48.1) 제명한다(명18.2). 그 뒤에 다시 병·정 2인 에게서 재물을 받은 사실이 발각되어 그 장물을 누계하고 절반한 결과 8필이라면 앞의 장물 수와 같으므로 법리에 따라 논하지 않는다. 달리 말하면 앞의 장물 수에 누계한 장물 16필로 사죄에 처하지 않는다. 반대로 만약 물주가 1인이면 다시 앞의 장물과 합하여 전죄를 준다. 예컨대 어떤 사람이 15필을 받고 왕법하였는데 7필이 먼저 발각되어 이미 유죄로 판결된 뒤 나머지 8필이 발각된 경우, 만약 왕법하여 얻은 장물이 한 사람에게서 받은 것이라면 먼저 발각된 죄가 이미 처단되었더라도 뒤에 발각된 죄를 다시 더하여 논하므로, 앞의 장물에 뒤의 장물을 더하여 전죄를 과하여 교형에 처한다. 녹이 없는 자는 당연히 감형하는 법(직48.2a)에 따른다.

2) 누계한 장물을 절반하는 원칙

장죄 빈범은 동일 죄명에 속하는가의 여부를 불문하고 누계한 장물 수를 절반해서 형을 과한다. 장죄 빈범 또한 2죄 이상이 함께 발각된 경우의 특수한 형태이다. 다만 원래 2죄 이상이 함께 발각된 경우 반드시 하나의 중죄에 따라 처단하는데, 장죄 빈범의 경우는 죄명과 처벌법이 같은 것은 단순 누계하고, 다른 것은 가장 가벼운 죄의 장물에 무거운 죄들의 장물 수를 병합하여 누계하고 다시 이를 절반하여 가벼운 죄명에 따라 형을 과한다. 누계해서 절반하여 형을 과하는 것을 '배론(倍論)'이라고 하는데, 예를 들면 2척을 1척으로 셈하는 것을 말한다(명45.2c의 주①). 병합하여 누계하고 다시 이를 절반하여 가벼운 죄명에 따라 형을 과하더라도 기본적으로는 형을 가중하는 뜻이 있는데, 이는 재물을 탐한 행위는 관용할 수 없기 때문이다. 단 감림·주사가 사건으로 인해 재물을 받은 때에는[왕법, 불왕법] 정형에 따라 장물을 병합하여 누계하되 절반하지 않는다. 이는 감림·주사의 죄행에 대해서는 특히 형을 엄격하게 하고자 정책적으로 엄중한 가중주의를 채택한 규정이다. 대개 관인에게는 원래 특전을 주는 예감[법정감형](명8~10)이 있고, 또 도형·유형을 관당하거나 (명17) 속면을 허용하여(명11, 22), 이같이 하지 않으면 너무 관대해지기 때문이다. 이 밖에도 감림관이 아니면서 재물을 받은 경우 빈범의 장물 수를 병합하여 누계하되 절반하지 않고 죄를 과하는 경우가 있다.

(2) 처벌의 예

1) 누계하여 절반하는 경우

① 가령 관인이 감림 대상에게서 재물을 받았는데 하루 동안에 3곳에서 견 18필을 받거나 3인이 공동으로 낸 18필을 받은 때는, 모두 절반한 9필을 감림 대상에게서 받은 죄[受所監臨](명45.2a의 소)로 처벌한다. 빈범이거나 2인 이상의 재물인 경우도 그대로 장물을 합계한 뒤 절반하여 논한다. 또 1가에서 여러 번 절도하거나 한 번에 여러 집에서 절도한 경우에도 모두 누계하고 절반하여 논한다(명45.2a의 소). 이는 하나의 물주에 대한 여러 차례의 절도도 빈범이며, 일시에 여러 집에서 범한 절도도 빈범임을 보여주는 예이다. 또한 10인의 재물을 한 곳에 두었는데 동시에 절도한 경우도 역시 재물의 주인이 모두 다르고 원래 한 사람의 재물이 아니기 때문에 법리로 보아 10곳에서 절도한 것과 같으므로 여러 번 범한 것과 같이 장물 수를 절반하여 처벌해야 한다. 그러나 한 사람에게 맡겨 관리하게 한 재물을 잃은 경우는 모두 관리자가 배상해야 하는 것으로 법리상 한 사람의 재물과 같기 때문에 여러 번의 절도라고 할 수 없다(명

45.2c의 문답2).

② 이 밖에도 범죄의 대상이 여러 사람의 재물인 때는 누계하고 절반하는 예가 매우 많다(직55 등의 소). 그 중 하나의 예를 들면, 국가 창고의 주사가 한 사람의 여러 번 절도나 여러 절도 죄인을 고의로 놓아준 경우도, 장물을 누계하고 절반한다(구15.4b의 소).

③ 노임과 임차료를 장물로 삼는 경우 여러 사람의 노임을 누계하고 절반한다(천17.1과 18의 소, 직53.1과 소). 재물과 노임이 결합된 경우도 또한 누계하고 절반한다. 예를 들면 소요될 재물과 인력의 산정 등이 부실하여 손실이 발생한 경우 손실된 재물과 노임을 합하여 누계하되 절반하여 처벌해야 한다. 그렇지만 관사의 재물만 낭비하고 공력은 허비하지 않았다면 낭비한 재물에 따라 처벌하고 절반하는 범위에 두지 않는다(천17.2의 주의 소). 또한 공작을 규정대로 하지 않아 허비한 재물과 노임은 누계하고 절반하여 좌장으로 논하되 1등을 감한다(천19.1b의 소).

2) 병합하여 누계하고 절반하는 경우

① 강도·수재왕법·수재불왕법·절도·수소감림재물 등의 장죄를 범하고 함께 발각된 것이 죄와 형의 경중이 같지 않은 경우인데, 이때에는 무거운 죄의 장물 수를 가벼운 죄의 장물 수에 병합 누계한다. 가령 현령이 ㉠ 왕법으로 6필의 재물을 받았다면 도3년에 처해야 하고, ㉡ 불왕법으로 14필을 받았다면 도3년에 처해야 하며(직48.1), ㉢ 또 관할 지역 외에서 29필을 절도하였다면 도3년에 처해야 하고(적35.2), ㉣ 2필을 강도하였다면 도3년에 처해야 하며(적34.1), ㉤ 관할 지역 내에서 49필을 받았다면 도3년에 처해야 한다(직50.1a). 이상 다섯 가지 죄의 형은 모두 도3년이지만, 가장 가벼운 죄인 관할 지역 내에서 재물을 받은 죄[수소감림재물죄]의 장물 수에

나머지 장물 수를 병합·누계한 100필을 다시 절반하여, 관할 지역에서 50필의 재물을 받은 죄로 유2000리에 처한다.

② 강도와 절도가 함께 발각된 경우는 강도의 장물 수를 절도의 장물 수에 병합하여 누계한다. 가령 어떤 자가 여러 곳에서 여러 번 절도하여 82필을 취한 경우 장물을 누계하고 절반하면 41필이 되어 죄는 유3000리에 해당한다. 다시 여러 곳에서 여러 번 강도를 범하여 재물 18필을 취한 경우 장물을 누계하여 절반하면 9필이 되어 유3000리에 처해야 한다. 두 죄가 함께 발각된 경우 강도의 9필을 절도의 41필에 병합하면 50필이 차므로 가역류에 처해야 한다.

③ 왕법과 수소감림재물이 함께 발각된 경우는 왕법의 장물 수를 수소감림의 장물 수에 병합 누계한다. 가령 관인이 감림 대상에게서 여러 번 받은 장물 수를 누계하고 절반하여 21필2장이 되었다면 도1년반에 처해야 한다. 다시 왕법으로 여러 번 받은 장물을 누계하고 절반하여 2필2장이 되었다면, 또한 도1년반에 처해야 한다. 두 죄가 함께 발각된 경우, 왕법의 장물 2필 2장을 수소감림의 장물 21필2장에 병합하면 총 24필이 되므로 도2년에 처해야 한다.

④ 강도의 장물 수를 수소감림의 장물 수에 병합하여 누계할 수 있고, 왕법의 장물 수를 절도의 장물 수에 병합하여 누계할 수도 있다.

⑤ 누계 절반하는 것은 현재 발각된 장물만을 대상으로 한다(명 45.2c의 주①). 다시 말하면 장물 원주인이 여러 명인데 일부 사람의 장물이 먼저 발각되고 나머지 사람의 장물이 뒤에 발각된 경우, 모두 선후로 나누어 장물을 누계·절반하여 형을 과한다. 다만 뒤에 발각된 장물들을 누계·절반하여 형을 과할 때 그 형이 먼저 발각된 장물들의 형보다 무거운 경우 다시 논하되 전죄를 후죄에 통계하여 충당한다. 만일 뒤에 발각된 장물들을 누계·절반한 장죄가 먼저 발각된 장물들을 누계·절반한 장죄보다 가볍거나 서로 같은 경우에는 논

하지 않는다.

3) 감림·주사가 사건으로 인해 재물을 받은 경우
누계하고 절반하지 않음

감림·주사가 사건으로 인해 재물을 받았는데 여러 사람이 같은 사건에 함께 공여하거나, 한 가지 사건에 여러 번 재물을 받거나, 관할 범위 안에서 여러 번 절도죄를 범하였다면 장물을 누계하되 절반하지 않는다(명45.2c의 주③). 여기서 사건으로 인해 재물을 받았다는 것은 재물을 받고 왕법하거나 불왕법하거나(직48.1) 사건이 있을 때 재물을 받을 것을 허락하지 않았으나 사건이 끝난 뒤에 재물을 받은 경우(직49)를 가리킨다. 여러 사람이 같은 사건에 함께 공여하였다는 것은 감림관이나 주사 등이 동일 사건으로 인해서 동시에 2인 이상의 재물을 받은 것을 가리킨다. 하나의 사건에 여러 번 받았다는 것은 1인에게서 여러 번 재물을 받은 경우를 말한다. 감림관이나 주수의 도죄는 감림관·주수가 스스로 절도(적36)한 것을 말한다.

① 가령 10인이 공동으로 주전하였는데 관사가 그들에게서 재물을 받았다면, 이것이 사건으로 인해 여러 사람에게서 재물을 받은 경우이다. 10인이 함께 뇌물을 공여하였다면, 이것이 같은 사건에 공동으로 공여한 것이다. 한 사람의 사건을 판결함에 여러 번 그 재물을 받았다면, 이것이 한 가지 사건으로 여러 번 재물을 받은 것이다. 창고 관리인이 관할 창고 내에서, 또는 현령이 그 관할 지역 내에서 여러 번 절도한 것을 관할 지역 내에서 여러 번 절도한 것이라고 한다. 이 세 가지 사건은 모두 누계하되 절반하여 논하지 않는다. 만약 같은 사건에 별도로 뇌물을 주거나 또는 별도의 일에 공동으로 뇌물을 준 것은 누계하고 절반하여 논하므로 이 법례와 같지 않다. 이 세 가지 사건의 경우 누계하되 절반하지 않는 것은 예외에 속한다. 다

시 말하면 이 세 가지 사건은 단지 정책상 이유로 절반하지 않는다는 것이며, 본질상 절반할 수 없다는 뜻은 아니다. 다만 누계하되 절반하지 않는 것은 감림·주사에 한하므로 감림·주사가 아니면 그대로 절반한다.

② 만약 여러 사람이 함께 하나의 사건을 범하여 재물을 거두어준 경우, 처음 거두기로 모의한 자를 수범으로 하여 모든 장물 수를 병합 누계하고 절반해서 논한다. 그러나 모의에 따라 재물을 낸 자는 모두 자신이 제공한 몫에 따라 종범으로 죄준다(직47.2의 소).

③ 만약 관인이 받은 재물을 다른 관인에게 나누어주고 청탁한 경우, 처음 받은 자는 장물의 수를 병합하여 절반하지 않고 논하며, 나머지 관인은 모두 자신이 분배받은 몫에 따른다(직46.2).

4) 기타 병합하여 누계하고 절반하지 않는 경우

① 함께 강·절도한 경우에는 장물을 합산하여 논한다. 가령 10인이 함께 강·절도하여 10필을 얻어서 1인당 1필씩 나누어 가졌더라도 각각 10필의 죄를 받는다(적50.1과 소).

② 축산을 절도하였는데 다른 무리가 따라왔다면 합산하여 죄를 주어서는 안 된다. 만약 그것을 자기 소유로 했거나, 어미를 훔쳤는데 그 새끼가 따라온 경우에는 모두 합산하여 죄를 준다(적53의 주와 소).

③ 고의로 남의 사옥이나 쌓아둔 재물에 불을 지르고 훔친 자는 불에 타서 감손된 가치와 훔친 장물을 합산해서 강도로 논한다(적37).

④ 다른 사람의 노비를 약취한 자는 강도로 논하고, 화유한 자는 절도로 논하며, 죄의 최고형은 모두 유3000리이며, 감림·주수라도 최고형은 같다. 만약 노비가 별도로 재물을 가진 경우 그 재물에 대해서도 당연히 강도·절도법에 따라 처벌하지만, 노비의 몸값과 누계

해서 죄주어서는 안 된다(적46.1). 이는 두 개의 죄가 함께 발각된 경우로 간주하여, 노비의 몸값과 그가 지닌 재물을 누계하여 과하지 않고 무거운 한쪽에 따라서 처벌한다는 뜻이다.

IV. 한 사건이 2죄로 나누어지는 경우의 처벌

1. 의의

한 사건이 2죄로 나누어지는 경우의 한 사건은 고차원의 구성 요건이 되는 하나의 범죄 행위를 가리키며, 2죄로 나누어진다는 것은 하나의 범죄 행위가 정황에 따라 2죄로 나뉘어져 형법상 다른 평가를 받게 됨을 말한다. 다만 2죄는 고차원의 구성 요건으로 볼 때 동일 범죄에 속하므로, 주형은 마땅히 무거운 죄를 가벼운 죄에 병합하여 누계해서 형을 정한다. 그러나 병합하여 누계하더라도 죄가 가중되지 않으면 하나의 무거운 것만으로 논한다.

2. 처벌

(1) 한 사건이 2죄로 나누어지는 범행에 대한 처벌 원칙

하나의 사안에서 나누어지는 2죄는 다만 병합하여 누계하고 절반하지 않는데, 이는 대개 2죄가 단순 1행위이거나 집합적 1행위이기 때문이다. 이 점에서 위 조문의 '장죄 빈범'이 원칙적으로 절반하는 것과는 다르다. 장죄 빈범은 원래 외연이 넓고 범하기 쉽기 때문에 장물의 수를 병합 누계한 뒤에 다시 절반하는 것이다. 반대로 한 사건이 2죄로 나누어지는 경우는 하나의 사건 내의 2죄를 논하는 것으로, 원래 외연이 좁고 또 2죄가 1행위 또는 집합적 1행위에 속하므로 절반하지 않는 것이다. 그러므로 2죄의 처벌법이 같은 경우에는 단순 누계하고, 2죄의 처벌법이 같지 않은 경우에는 무거운 죄를 가벼운 죄에 병합 누계하여 가벼운 죄명에 따라 형을 과한다(명45.3).

(2) 한 사건이 2죄로 나누어지는 경우가 빈범인 경우의 처벌

만약 한 사건이 2죄로 나누어지는 경우가 장죄이면서 빈범이거나 또는 다른 종류의 죄와 장죄 빈범으로 이루어진 경우 빈범의 각 장물을 병합 누계하여 처벌한다. 예컨대 축산의 검사를 부실하게 하여 가치에 손실을 발생시킨 것 가운데 개인적으로 착복한 것도 있고 개인적으로 착복하지 않은 것도 있는 경우, 만약 이 죄들이 한 곳에서 범한 것이라면 한 사건이 2죄로 나누어지는데 처벌법이 같지 않은 경우에 해당하므로 무겁게 처벌하는 죄(착복한 것: 盜罪)의 장물 수를 가볍게 처벌하는 죄(착복하지 않은 것: 坐贓)의 장물 수에 병합 누계하여 처벌한다(구2.2의 소). 두 곳에서 범한 경우에 대해서는 해석이 없는데, 두 곳에서 범한 경우도 마땅히 누계하여 절반하지 않는다고 해석해야 한다.

(3) 한 사건이 2죄로 나누어지는 경우의 처벌 방법

한 사건이 2죄로 나누어지는 경우는 2죄의 죄명과 처벌법이 서로 같은가 다른가에 따라 누계 병합 방법이 서로 다르다. 전자는 누계하여 논하고, 후자는 무거운 죄의 장물을 가벼운 죄의 장물에 병합 누계하여 형을 과한다.

1) 처벌법이 같은 경우의 처벌 방법(명45.3a와 소)

2죄의 처벌법이 서로 같다는 것은 장물의 수량에 의거하여 주형을 과할 때 2죄가 동일한 처벌 방법에 따름을 말한다. 그러므로 주형은 단순 누계하여 과하고, 종형은 해당 조문의 규정을 모두 시행한다.

① 가령 견 5필의 가치가 있는 개인의 말을 10필의 가치가 있는 관의 말로 교환한 경우, "관물을 사물과 교역한 경우 그 값을 계산하여 등가만큼은 절도에 준하여 논하고[準盜論], 이익만큼은 절도로 논한다[以盜論]"(적43)는 율문에 따라, 개인의 말 값과 같은 5필은 준도로 논하므로 도1년에 해당하고, 이익 본 5필은 이도로 논하므로 또한 도1년에 해당한다. 그런데 절도에 준하여 논하는 것과 절도로 논하는 것은 처벌법이 같으므로, 준도죄의 장물 5필과 이도죄의 장물 5필을 누계하여 10필의 절도죄(적35.2)로 도1년반에 처해야 한다. 이는 범인이 서인으로 집안에 정이 2인 이상이 있는 경우를 위해 제정한 법이다.

② 만약 관인이나 관인의 자와 같이 속할 수 있는 자(명11.1a) 및 2인 이상의 정[兼丁]이 없는 단정(명27.1a)인 경우는 법적용을 달리한다. 가령 관인이 위와 같이 관물을 사물과 교환하여 5필의 이익을 얻었다면 곧 면관 처분해야 한다(명19). 그런데 관인이 8~9품 1관만을 가지고 있다면 면관 처분된 1관으로 도1년을 당할 수 있으므로, 나머지 도죄 반년에 대해서는 속동 10근을 추징해야 한다. 만약 6품 이하의 감림관이라면 곧 스스로 절도한 것(적36)과 같이 처단한다. 따라서 만약 절도로 논하는 5필을 절도에 준하여 논하는 5필에 누계하고 절도에 준하는 법에 따르면 도1년반에 해당하지만, 그러나 누계 병합해도 가중되지 않으면 다만 하나의 무거운 것에 따라 논하므로 곧바로 절도로[以盜] 논하는 5필에 의거해서 일반 절도죄에 2등을 더하여(적36) 도2년에 처하고 그대로 제명한다(명18.2). 관인의 자로 속할 수 있는 자라도 5필의 이익을 취해서 절도로 논하는 죄는 속할 수 없으므로(명11.3), 도1년을 중죄로 하여 실형에 처해야 한다.

③ 사건을 왕법으로 판결한 뒤에 견 10필을 받았는데, 5필만 사전에 허락하였고 5필은 사전에 허락하지 않은 것이면 전자만 진정한 왕법에 해당하고 후자는 준왕법에 해당하므로 모두 누계해서 논해야 한다(명45.3b의 주①의 소). 이 경우 주형은 준왕법 장물 10필에 따라 유3000리에 해당하고(직48.1a), 종형은 왕법 장물 5필에 의거하여 제명에 해당하며(명18.2), 장물은 몰관한다(명32.1a).

2) 처벌법이 다른 경우의 처벌 방법

2죄의 처벌법이 다른 경우, 주형은 무거운 죄를 가벼운 죄에 합산한다(45.3b). 이에 대해서 명례율 45.3의 주와 소에서는 다음과 같이 네 개의 예를 들어 해석하고 있다.

① 가령 관인이 1가에서 불법으로 견 50필의 세를 징수하여 45필을 관에 들였다면 이에 대해서는 좌장으로 논하여 도2년반에 처해야 하고, 나머지 5필을 착복했다면 이에 대해서는 왕법으로 논하여 도2년반에 처해야 한다. 그런데 2죄의 처벌법이 다른 경우 무거운 죄의 장물을 가벼운 죄의 장물에 흡수 누계해서 처단해야 하므로, 착복한 5필을 관에 들인 45필에 누계한 50필을 좌장죄로 논하여 도3년에 처한다(호24.2).

② 군대가 지키는 곳에서 관의 기물과 무기를 수령하였는데, 가령 1,000건 가운데 200건을 망실하였다면 장80에 해당하고, 400건을 훼손하였다면 또한 장80에 해당한다. 그런데 잡률 56.3a조에, "관의 기물과 무기를 청구 수령하여 망실하거나 훼손한 경우 10분 율로 논죄하며, 망실이 2분이고 훼손이 4분이면 다 같이 장80에 해당한다. 망실이 3분이고 훼손이 6분이면 모두 장100에 해당한다."라고 규정되어 있다. 따라서 망실한 200건을 훼손한 400건에 누계하면 훼손한 6분의 죄와 같으므로 장100에 처한다.

③ 직제율 2조에, "마땅한 인재를 공거하지 않은 자는 1인에 도1년에 처하고, 2인마다 1등을 더하며, 최고형은 도3년이다. 만약 조사를 부실하게 하였다면 1등을 감하고, 과실로 부실하게 한 경우에는 모두 3등을 감한다."고 규정되어 있다. 가령 9인을 조사하는데 2인은 고의로 부실하게 하고 7인은 과실로 부실하게 하였다면 전자는 장100에 해당하고 후자는 장100에 해당하므로, 고의로 부실하게 한 2인을 과실로 부실하게 한 7인에 병합 누계하여 9인을 과실로 부실하게 한 죄로 도1년에 처한다.

④ 호혼율 1조에, "脫口하여 과역을 면했다면, 1구이면 가장을 도1년에 처하고, 2구마다 1등을 더하며, 죄의 최고형은 도3년이다. 과역이 없는 구를 탈루하였다면 4구를 1구로 한다."고 규정되어 있다. 가령 12구를 누락하였는데 2구는 과역이 있고 10구는 과역이 없는 경우, 과역이 있는 2구를 과역이 없는 10구에 누계 병합하여 과역이 없는 12구를 탈루한 죄로 도1년반에 처한다.

V. 병합·누계해도 가중되지 않는 경우 무거운 것에 따르는 법

1. 병합·누계가 가중되지 않는 경우에 대한 규정(명45.4)

장죄 빈범은 병합·누계하여 절반하는데 반하여 한 사건이 2죄로 나누어지는 경우는 병합하여 누계하되 절반하지 않는다. 다만 누계하여 과하는 형이 2죄 중 가장 무거운 죄에 비하여 반드시 무겁지 않을 수도 있고, 심지어 때로는 가벼운 경우도 있다. 이는 병합·누계의 처벌법이 무거운 죄를 가벼운 죄에 병합하여 누계하고, 가벼운 죄를 기준으로 하여 형을 과하기 때문에 나타나는 현상이다. 율은 이런 경우에 대비하여 병합·누계하여 죄가 가중되지 않을 때는 2죄 가운데 무거운 죄에 따라 처단하도록 규정하였다. 이에 대해서 명례율 45.4조의 소는 한 사건이 2죄로 나누어지는 경우에 적용된 2개의 예를 들어 해석하였는데, 각칙의 소에는 한 사건이 2죄로 나누어지는 경우 및 장죄 빈범의 경우에도 적용된 예가 다수 있다. 다만 셈법이 매우 복잡하여 이해하기 어려우므로 단지 몇 개의 예만을 들어 설명한다.

2. 병합·누계해도 가중되지 않는 경우 무거운 것에 따라 처벌하는 예

(1) 한 사건이 2죄로 나누어지는 경우에 대한 처벌의 예(명45.4의 소)

1) 누계해서 논하는 경우에 대한 처벌의 예

견 5필 값의 사물로 9필 값의 관물을 교환하였다면 5필은 절도에 준해서 논하여 도1년에 해당하고, 이익 본 4필은 절도로[以盜]로 논하여 장90에 해당한다(적43). 이 경우 "죄의 처벌법이 같다면 즉 누계하여 논한다."(명45.3a)는 율문에 따라 이도의 4필을 준도의 5필에 누계하면 총 9필이 되어 도1년 이상으로 더해지지 않으므로 단지 준도로 논하여 도1년에 처한다.

2) 병합·누계하는 경우에 대한 처벌의 예

관에서 빌린 기물과 무기의 경우 망실한 것이 1/10이고 훼손한 것이 2/10이면 모두 장60에 해당하고, 망실한 것이 2분이거나 훼손한 것이 4분이면 장80하며, 망실한 것이 3분이거나 훼손한 것이 6분이면 장100한다. 만약 1/10을 망실하고 2/10를 훼손하였다면 망실한 1/10을 훼손한 2/10에 병합해서 누계해야 하는데, 이 경우 단지 3/10

을 훼손한 것이 되어 장80에 처하는 4/10에 차지 않으므로, 1/10을 망실한 것에 따라 처단한다(잡56.3a와 소).

(2) 장죄 빈범의 경우에 대한 처벌의 예

① 관물과 인공(人功)을 산정하여 신청하는데 사실과 다르게 한 자는 태50에 처한다. 만약 이미 노임이나 재물이 손실·낭비되었다면 각각 잘못 사용된 노임과 재물을 계산하여 죄가 무거운 경우에는 좌장으로 논하되 1등을 감한다. 단 비록 인력을 낭비하였더라도 누계하고 절반한 것이 관물을 낭비한 쪽보다 무겁지 않다면 다만 관물을 낭비한 죄로만 처벌한다. 이는 명례율 45.4의 "누계하여 병합하더라도 죄가 가중되지 않는 경우에는 무거운 죄만으로 처벌한다."는 규정에 따른 것이다(천17.2와 소).

② 한 집에서 여러 번 절도하거나 여러 집에서 절도한 경우 장물을 누계하고 절반하여 논한다. 단 한 곳에서 절도한 장물이 많아서 여러 집에서 절도한 것을 누계하고 절반해도 더 이상 가중되지 않는 경우에는 하나의 무거운 것에 따라 단죄하는데 그친다(적35.2의 소).

VI. 경합죄의 종형 및 최고형(명45.5)

'2죄 이상이 함께 발각된 경우'와 '장죄 빈범' 및 '한 사건이 2죄로 나누어지는 경우'는 주형에 대해 무거운 죄만으로 처벌하는 경우와 가벼운 죄에 무거운 죄를 병합하여 과하는 경우의 구분이 있지만, 종형은 주형을 과하지 않는 죄까지 포함하여 각각 본죄의 규정에 따라 모두 집행한다. 그러므로 명례율 45.5조에, "제명·면관·배장·몰관·배상 및 죄의 최고형은 모두 본법에 따라 모두 집행한다."고 규정한 것이다.

가령 8품관이 왕법으로 재물 5필을 받았다면 도2년반에 처하며(직 48.1a), 불왕법으로 재물 12필을 받았다면 도2년반에 처한다(직 48.1b). 또 24필을 절도하였다면 도2년반에 처하며(적35.2), 관할 구역 내에서 재물 39필을 받았다면[受所監臨罪] 도2년반에 처한다(직 50.1). 또 사기하여 재물 24필을 취했다면 도2년반에 처하며(사12.1), 좌장죄가 적용되는 49필의 장물을 취하였다면 도2년반에 처한다(잡 1.1). 이 모두를 총계한 153필을 절반하면 76필 2장이 된다. 또 창 10 자루를 청구하여 수령하였다가 한 자루를 망실하였다면 장60에 처해야 한다(잡56.3). 여기까지 장물의 총계는 76필 2장인데, 좌장은 50 필이면 도3년으로 죄의 최고형에 해당하므로 나머지 장물 26필 2장은 죄를 추가할 수 없다. 다시 말하면 이 경우 누계한 장물 수를 위의 범행 가운데 가장 가벼운 장죄인 좌장으로 처벌해야 하는데, 좌장은 50필이 되면 도3년이 최고형이므로(잡1.1) 나머지 장물에 대한 죄는 추가되지 않는다. 그러나 종형은 범한 모든 죄에 대해서 다 집행해야 하므로, ㉠ 왕법죄에 따라 제명 처분하고 불왕법에 따라 면관 처분하며(명19), ㉡ 절도한 것은 배로 배상하고(명33.3의 주), ㉢ 왕법·불왕법·수소감림 및 좌장죄 등의 장물은 피차가 죄가 있는 재물이므로 모두 몰관하며(명32.1), ㉣ 망실한 창은 영에 따라 배상해야 한다(잡56.3b의 소). 다만 제명 처분되면 관이 모두 삭제되므로 면관은 의미가 없다. 또한 죄인이 8품관이므로 좌장으로 처벌하는 도3년은 관당하는데, 이미 제명되는 관으로 죄를 당하게 되어 소유한 관으로 죄를 당하기에 충분하므로 실형에 처하지는 않는다. 그리고 만약 이상이 두 가지 이상의 죄가 함께 발각된 경우에 해당하면 먼저 중죄를 관당한 뒤 그대로 예에 따라 제명·면관해야 한다(명22).

제3절 법조경합 및 사실의 착오(명49)

전언

명례율 49.1조는 하나의 행위에 적용될 명례와 본조가 경합하는 경우 본조를 적용한다는 원칙에 관한 규정이다. 다시 말하면 본조의 규정이 명례율의 원칙과 다를 경우 본조에 따른다는 것이다. 이는 현행 형법 제8조 "본법 총칙은 타 법령에 정한 죄에 적용한다. 단 그 법령에 특별한 규정이 있는 때에는 예외로 한다."는 규정과 유사한 것으로, 법조경합에 상당한다.

49.2조는 하나의 행위에 2개 이상의 죄명 혹은 본조가 적용될 수 있을 때 그 중 무거운 것을 적용한다는 원칙으로, 현대 형법총칙의 상상적 경합(제40조)에 상당한다.

49.3조는 사실의 착오에 관한 규정이다. 현행 형법은 착오에 관해서 사실의 착오(제15조)와 법률의 착오(제16조)로 구분해서 조문을 두고 있으나 당률에는 사실의 착오에 관한 조문만 있다.

Ⅰ. 명례와 본조의 경합(법조경합)

1. 개설

명례는 통칙이므로 각 본조는 반드시 명례에 의거해야 한다. 단 특수한 정형으로 인해서 각 본조에 명백하게 이 통칙에 따르지 않는다고 규정되어 있으면 당연히 본조에 따른다. 이는 특별규정이 일반 규정에 우선한다는 원칙이다. 또 각 본조 내에는 역시 적용범위가 비교적 좁은 통례가 있는데 이 경우 역시 명례율의 통례를 적용하지 않는다.

2. 형태

이는 대체로 두 종류의 정형으로 나누는데, 하나는 정명의 함의가 같지 않은 것이고, 둘은 처벌이 같지 않은 것이다.

(1) 정명이 같지 않은 것

명례율 52.5조는 "자라 칭한 것은 남녀가 같다."고 규정하고, 주에 "연좌의 경우 여자는 같지 않다."고 해석하였다. 여기서 여자가 남자와 같다는 것은 일반규정이고, 연좌 시에 여자는 남자와 같지 않다는 것은 특별규정이다. 따라서 연좌의 경우에만 여자는 남자와 같지 않고 그 밖의 모든 본조의 자는 남녀가 같다. 이에 대해서 명례율 52.5조의 소에 다음과 같이 해석하였다. 자라고 칭한 것은, 투송률 47조에 자·손이 조부모·부모의 가르침이나 명령을 위반하거나 공양함에 모자람이 있으면 도2년에 처한다고 규정하였는데, 이 경우는 남녀가 같다. 연좌할 경우란 한 집안의 3인을 살해한(적도12) 것 따위를 말하는데, 이 경우 연좌는 처·자까지 미치지만 딸은 모두 면제되므로, 여자는 같지 않다고 한 것이다. 단 모반·대역을 범한 죄나(적도1.1) 고독을 조합한 죄(적도15)와 같이 본조에서 여자까지 연좌하는 규정을 둔 경우는 본법에 따른다.

(2) 처벌이 같지 않은 것

① 명례율 42.1조에는 "공동으로 죄를 범하면 조의자를 수범으로

하고, 수종자는 1등을 감한다."는 일반원칙이 규정되어 있는데, 투송률 7.1조에는 "같이 모의해서 함께 사람을 구타하여 상해한 때에는 각각 손을 댄 것이 무거운 자를 중죄로 처벌하며, 주모자는 1등을 감하고, 수종자는 또 1등을 감한다."(투7.1a)고 규정하여 일반원칙을 수정한다. 이 밖에 적도율 50.2a조의 공동으로 범한 도죄의 수범·종범, 적도율 9.3조의 모살의 수범·종범에 대한 처벌규정은 모두 명례율 42.1조에 정한 일반원칙에 대한 특례이다. 또한 가인이 공동으로 범한 경우 존장만 처벌한다는 것이 일반원칙이지만(명42.2a), 자·손 및 자·손의 첩 등 일정 범위의 친속을 제외한 그 밖의 친속을 합의해서 팔았다면 가장만 처벌해서는 안 된다(적47.2의 문답2)는 해석은 일반원칙을 따르지 않는 특례이다.

② 명례율 11.1a조에는 9품 이상의 관이 유죄 이하를 범하면 속을 허용한다는 일반원칙이 규정되어 있는데, 단옥률 30.2조의 "품관이 유외관 및 잡임에 임명되어 본사 및 관할 범위 내에서 장죄 이하를 범하면 장형을 집행하는 예에 따른다."는 규정은 일반원칙을 수정한 것이다.

③ 명례율 53조.1조와 53.3조에는 같은 죄를 주는 경우[與同罪] 가역류에 처하지 않는다는 일반원칙이 규정되어 있지만, 구고율 15.4조는 방위주사 등이 도적을 고의로 방임한 경우 도적과 같은 죄를 주되, 고의로 방임하여 잃은 재물이 만 50필이 되면 가역류하고 100필이면 교형에 처한다고 규정하여 일반원칙을 수정한다.

II. 본조의 경합

1. 본조의 경합의 의의

본조의 경합은 하나의 행위 또는 집합적 1행위에 대하여 두 가지 죄명 또는 두 개의 해당하는 조문이 있어 2차에 걸쳐 평가를 가하는 처단 방법을 말한다. 본조가 경합할 경우 하나의 중죄에 따라 단죄한다. 그러나 제명·면관·배장·몰관·배상 등 종형은 모두 시행해야 한다.

2. 처벌

(1) 주형

해당 조항에 죄명과 그 형량이 정해져 있더라도, 범행이 무거워 다른 조문에 따라 무겁게 처벌해야 할 경우에는 당연히 무거운 것에 따른다(명49.2).

① 사위율 19.1조에는, "사기로 자신의 요역을 면제받은 자는 도2년에 처한다."고 규정되어 있다. 그렇지만 만약 많은 정의 과역을 면제받았다면 호혼율 1.2조의, "1구에 도1년에 처하고, 2구마다 1등을 더하며, 그 최고형은 도3년이다"라고 한 조문을 적용하여 처벌한다. 다시 말하면 과역을 면제받은 정이 7인이어서 호혼율 1.2조에 의거하여 도2년반에 해당하거나 9인 이상이어서 최고형인 도3년에 해당하는 경우는 사위율에 따르지 않고 호혼율에 따라 처벌한다는 것이다.

② 사위율 9.3조에 따르면, "허위로 공로 및 과오와 연한을 증감하여, 그로 인해 관직을 얻은 자는 도1년에 처한다." 만약 허위로 증감한 공로로 받은 하사품을 도죄의 장물로 계산하여 도1년반 이상인

경우, 사위율 12.1조의 "관이나 사인를 속여 재물을 취득한 것은 준도로 논한다."고 한 규정을 적용하여 처벌한다.

(2) 종형

본조의 경합 역시 2죄라고 해석되므로, 제명·면관·배장·몰관·배상 등 종형은 해당 조문에 따라 모두 시행해야 한다(명45.5). 대개 하나의 행위가 원래 2종의 구성 요건에 해당하는 경우 자연히 2차 평가를 받는다. 예컨대 강간하다가 이나 손발가락을 부러뜨린 경우는 강간과 절상이 견련 관계에 있는 본조의 경합에 해당한다(잡 22.5b와 소). 이 경우 만약 절상죄가 중한 때는 주형은 이에 따라 과한다. 그러나 만약 죄인이 관인이고 강간이 십악 중의 내란죄에 해당하는 경우(명6.10) 및 감림·주수로 관할 구역 내에서 간음을 범한 경우는 제명 처분하고(명18.2), 감림이 아닌 관인은 면관 처분한다(명19.1).

III. 사실의 착오(명49.3)

1. 개설

명례율 49.3조는 사실의 착오에 관한 규정이다. 착오는 인식과 그 대상의 불일치인데, 완전히 불일치한 것은 부지이고, 부분적으로 불일치한 것은 협의의 착오이다. 착오는 다시 법률의 착오와 사실의 착오로 구별된다. 사실의 착오는 구체적 사실의 착오와 추상적 사실의 착오로 구별된다. 당률에는 법률의 착오에 관한 조문이 없다.

2. 사실의 착오

사실의 착오에 관하여 명례율 49.3조는 단지 추상적 사실의 착오에 관해서만 규정하고 있다. 단 각 본조 내에서 구체적 사실의 착오에 대해서 언급한 것이 있다.

(1) 추상적 사실의 착오

본래 무겁게 처벌해야 할 행위이지만 범행할 때에 알지 못한 경우는 일반범으로 논하고, 본래 가볍게 처벌해야 할 경우는 본래대로 따를 것을 허용한다. 이것은 착오가 2개 이상의 구성요건과 관련되어 성립하는 것이다.

1) 무겁게 처벌되는 행위임을 인식하지 못한 경우

① 가령 숙부와 조카가 다른 곳에서 나고 자라서 본래 서로 알지 못하고 조카가 숙부를 구타하여 상해하였으나 관사가 추국 심문하는 과정에서 비로소 알게 되었다면, 일반인을 싸우다 구타하여 상해한 법(투1~4)에 따르는 것을 허용한다.

② 만약 다른 곳에서 절도하다가 대사의 신에게 바치는 물품을 훔쳤다면, 이는 "범행할 때에 알지 못한" 것으로 일반범으로 논하여 일반 절도와 같이 단죄할 수 있다.[58]

③ 고의로 활을 성이나 집안에 들어가도록 쏘아 사람을 살상한 경우 투살상으로 논한다(잡5.2). 만약 화살을 쏘거나 탄환을 발사하거

---

58) 대사의 신이 쓰는 물품을 훔치면 유2500리로 처벌되며, 아직 완성되지 않은 것이나 제사에 바치고 관할 관사로 반환[廢闕]된 것을 훔쳐도 도2년으로 처벌된다(270, 적도23). 그러나 일반 절도로 논하면 훔친 물품의 값어치에 따라 장60에서 가역류 사이의 처벌을 받게 된다(282, 적도35).

나 기와나 돌을 던진 것이 친족의 존장이나 귀인의 저택을 향하지 않았는데 뜻하지 않게 살상한 때에는, 곧 무겁게 처벌되는 행위임을 알지 못하고 범한 경우의 처벌법(명49.3)에 따라 일반인 사의의 투살상으로 논하여 처벌한다(잡5.2의 소).

2) 본래 가볍게 처벌되는 행위임을 인식하지 못한 경우

예컨대 아버지가 자식인 것을 모르거나 주인이 자신의 노비인 것을 모르고 구타한 후에 비로소 알게 되었다면 모두 자식 및 노비를 구타한 본조의 법(투28, 20)에 의거하며, 일반인을 구타한 것으로 논해서는 안 된다.

(2) 구체적 사실의 착오

이는 동일 구성요건 내의 착오이다. 여기에는 방법의 착오와 객체의 착오가 있다.

1) 방법의 착오

예컨대 싸우며 구타하다가 옆 사람을 착오하여 살상한 경우 투살상으로 논한다(투35.1). 가령 갑이 을과 싸우다가 갑이 날붙이나 몽둥이로 을을 치려하였는데 잘못해서 병에게 적중되어 죽거나 혹은 다친 경우 투살상으로 논한다. 갑이 원래 해칠 마음이 있었던 까닭에 이를 과실로 논하지 않고 투살상법에 따르는 것이다. 이는 방법의 착오이며, 고의가 있어 그 결과를 발생시켰기 때문에 과실범이라 할 수 없는 것이다.

2) 객체의 착오

가령 몇 사람이 같이 모의하여 갑을 살해하려 했는데 밤중에 서두르다가 결국 착오로 을을 살해하였다면 고살죄(투5.1b)를 과해야 한다. 이는 객체의 착오이지만 그대로 고의범으로 죄를 과한다. 왜냐하면 고의가 있는 살인인데, 단지 객체를 착오한 것일 뿐이기 때문이다.

3. 법률적 착오

사위율 17조는 "사람을 속이고 교사·유혹하여 법을 범하게 한 자는 법을 범한 자와 같이 처벌한다."고 규정하였는데, 그 주에서는, "범한 자는 모르고 범한 것이다."고 해석하였고, 또 소에서는, 평범한 시골 사람은 법식에 익숙하지 못한데 간사한 무리가 고의로 교사·유혹하여 타인의 재물을 절도(적35)하게 하거나 혹은 관·진과 같은 것을 넘도록(위금25.1) 한 경우 법을 범한 자와 교사한 자는 같은 죄로 처벌한다고 부연해서 해석하였다. 이로 보면 당률은 그 행위에 위법성이 있다는 것을 모르고 범한 경우도 그대로 처벌한다. 단 소에서 예로 든 절도나 월도는 그 행위 자체가 일반적인 상식의 수준으로 볼 때도 해서는 안 되는 금기임을 고려해 보면, 이 조항은 오히려 교사자의 죄가 실제 법을 범한 자와 같다는 점을 규정한 것으로 이해해야 한다. 물론 90세 이상 및 7세 이하를 교령 또는 교사하여 죄를 범하게 한 경우 교령자만 처벌한다(명30.3b조)는 것과 같은 규정도 있지만, 사위율 17조는 법률에 무지한 평범한 시골사람이라도 상식적으로 해서는 안 되는 금기를 범한 경우 처벌하는 것을 전제로 교사자를 같은 죄로 처벌한다는 원칙을 규정한 것이다.

제10장
적용범위 및 명칭의 정의

제1절 외국인의 처벌 -속인주의와 속지주의-

Ⅰ. 속인주의(명48.1)

외국인이 같은 부류와 서로 범한 경우는 각각 본국의 풍속과 법에 의하는데, 이는 속인주의이다. 율에서 외국인은 화외인(化外人)이라 칭하는데, 별도로 군장을 세운 국가의 민족을 말한다. 이들은 각각 고유의 풍속이 있고 제도와 법률이 당과 다르므로, 같은 부류 사이에 서로 범한 경우는 반드시 본국의 제도를 물어 그 풍속과 법에 의거하여 단죄해야 한다. 다시 말하면 한 외국인이 같은 나라의 사람과 서로 범한 경우 해당국의 법에 의거해서 처단한다는 것이다.

Ⅱ. 속지주의(명48.2)

외국인이라도 다른 부류 사이에 서로 범한 경우는 당의 법으로 논하는데, 이것은 속지주의이다. 다른 부류 사이에 서로 범하였다는 것은 예컨대 고구려인과 백제인이 서로 범한 따위로, 모두 당의 법률로 논하여 형의 등급을 정한다. 외국인과 당인이 서로 범한 경우 당률에 의거해서 처단한다는 것은 말할 필요가 없다.

제2절 조문의 논리적 해석

I. 전언

율문은 매우 객관적이고 구체적인 방식으로 규정되어 있는데 조문은 한정되어 있어 율문만으로는 복잡하게 일어나는 사건을 모두 판결할 수 없는 경우가 발생한다. 따라서 바로 해당하는 조문이 없는 범행이 발생한 때에는 법률 조문을 합리적으로 해석하여 판결해야 한다. 명례율 50조는 이러한 필요에 따라 규정한 통칙이다. 이는 두 종류로 구분되는데, 하나는 죄를 가볍게 처벌해야 할 때는 "무겁게 처벌하는 것을 들어 가볍게 처벌해야 한다는 것을 밝힌다[擧重而明輕]."는 것이고, 다른 하나는 죄를 무겁게 처벌해야 할 때는 "가볍게 처벌하는 것을 들어 무겁게 처벌해야 한다는 것을 밝힌다[擧輕而明重]."는 것이다.

II. 거중이명경과 거경이명중(명50.1)

1. 죄를 가볍게 해야 할 때의 거중이명경

"무겁게 처벌하는 것을 들어 가볍게 처벌해야 한다는 것을 밝힌다[擧重而明輕]."는 것은, 어떤 사건을 판결해야 하는데 바로 해당하는 조문은 없으나 가볍게 처벌해야 할 것이면 곧 그보다 무거운 죄상이 가볍게 처벌되는 점을 들어 죄상이 그보다 가벼우니 가볍게 처벌해야 한다는 것을 밝힌다는 것을 말한다. 이른바 합리적 해석을 가하여 형을 양정하는 방법인데, 명례율 50.1조의 소는 두 개의 예를 들어 해석하였다.

① 적도율 22.2a조는 밤에 이유 없이 다른 사람의 집에 들어간 자의 경우 주인이 즉시 그를 살해하더라도 논하지 않는다고 규정하고 있으니, 가령 그보다 가벼운 골절상의 경우 처벌하지 않음이 분명하다.

② 적도율 40.1조는 시마 이상 친속의 재물을 절도하였다면 등급에 따라 일반 절도죄에서 감한다고 규정되어 있으니, 만약 시마 이상 친속에게 사기(사12) 또는 좌장(잡1)을 범한 따위는 율에 비록 감한다는 율문이 없으나, 친속 사이에 절도죄를 범한 경우 죄를 감해 주므로 그보다 가벼운 사기·좌장도 감하는 법에 따르는 것이 분명하다.[59]

2. 죄를 무겁게 해야 할 때의 거경이명중(명50.2)

"가볍게 처벌하는 것을 들어 무겁게 처벌해야 한다는 것을 밝힌다[舉輕而明重]."는 것은, 비록 가벼운 것만 언급하고 무거운 것에 대해서는 언급이 없더라도 가벼운 죄상에 대해 형을 과했으니 그보다 죄상이 무겁다면 마땅히 죄를 과해야 한다는 것을 밝힌다는 것이다. 소에서는 두 개의 예를 들어 해석하였다.

① 적도율 6.1조는 기친존장을 살해하려고 모의한 자는 모두 참형에 처한다고 규정하고 있으나, 살인을 모의하여 이미 살해하거나 상해한 것에 대해서는 율문이 없다. 따라서 만약 기친존장에 대한 살상이 있을 경우, 살해를 모의한 것은 죄상이 가벼운데도 오히려 사

---

59) 도죄(282, 적35)의 형은 장물이 1척이면 장60, 1필 장70, 5필 도1년 등이고, 坐贓(389, 잡1)의 형은 1척 태20, 1필 태30, 10필 도1년 등이다. 사기(373, 사12)는 절도에 준하여로 논한다. 따라서 사기·좌장은 도죄에 비하여 가볍다.

죄를 받음을 들어 살해했거나 살해를 모의하여 상해를 입힌 것은 이보다 죄상이 무거우니 모두 참형에 처해야 한다는 것을 밝힌다. 이같은 논리로 말하면, 율에는 부모를 살해하려고 모의한 것에 대해서 언급이 없으나, 기친존장을 살해하려고 모의한 자가 모두 참형에 해당하므로 부모 살해를 모의한 자는 모두 모두 참형에 해당한다.

② 명례율 15.5조는 대공존장이나 소공존속을 구타하거나 관에 고한 경우 음으로 논할 수 없다고 규정하고 있으니, 만약 기친존장을 구타하거나 고발하였다면 이는 대공존장·소공존속을 범한 죄보다 무거우니 역시 음으로 논할 수 없음이 분명하다.

제3절 다른 죄를 준거로 삼는 방법

I. 개설

당률은 죄명을 규정할 때 구체적·객관적 태도를 취하므로 그 죄명이 번다하고 죄의 구성요건 또한 번다하다. 동시에 범죄에 대해 형을 과할 때 법관에게 자유 재량권을 주지 않고 엄격한 법정형주의를 채택하여, 실해, 주·객체의 신분, 범죄방법, 행위의 발전단계 및 기타 정황에 따라 그 형을 달리 규정하고 있다. 이런 이유로 당률의 형법이 더욱 복잡하게 되었는데, 만약 이 같은 사정을 모두 고려하여 죄의 단계마다 각각 형법을 정한다면 법조문이 무한히 확대될 수밖에 없다. 때문에 죄조에서 형을 규정할 때는 일단 먼저 죄조 자체에서 형을 정하지만, 때에 따라서는 전부 혹은 일부를 다른 죄조의 형에 준거하는 것이 있게 되는데, 그 수가 적지 않다. 그리고 준거의 방법을 이용하여 정한 죄조가 적지 않은 만큼 이에 관한 명칭도 적지 않은데, 명례율 53조에 준거에 관한 명칭을 정의해 둔 것 외에도 각칙에 별도로 정의한 용어도 있다.

명례율 53조에서 정의한 준거의 명칭은 "반좌(反坐)한다." · "죄지(罪之)한다." · "좌지(坐之)한다." · "여동죄(與同罪)한다." · "왕법(枉法)에 준하여 논한다." · "도(盜)에 준하여 논한다." · "왕법(枉法)으로 논한다." · "도(盜)로 논한다."고 칭한 것이 있다. 각칙에서 사용한 준거의 방법에 관한 용어는 "○○와 같다[如之]." · "○○와 죄가 같다[罪同]." · "○○에 의거한다[依]." · "○○에 따른다[從]"와 같은 것이 있다. 또한 율 및 소에는 본죄 혹은 본법에 의하거나 "본법에 더한다."고 하는 경우도 있는데, 여기서 '본(本)'은 '해당하는'이라거나 '원래' 또는 앞의 뜻이다.

II. "반좌한다." · "죄지한다." · "좌지한다." · "여동죄한다." (명53.1)

1. 개설

명례율 53.1조에서는 "반좌한다." · "죄지한다." · "좌지한다." · "여동죄한다."고 칭한 것은 준거할 그 죄의 주형만을 처벌하는데 그친다고 규정하고, 주에서는 "사형의 경우는 교형에 그친다."라고 해석했으며, 소에서는 진범과 다르게 그 죄를 처벌하는데 그친다고 해석했다. 이는 단지 소극적으로 그 같지 않은 점만 언급한 것으로 구체적인 내용은 전혀 없다. ① 그 중 "좌지한다."는 율문을 조사해 보면 그 준거하는 죄명의 형을 감하는 것으로 통상의 감형과 다르지 않다. ② "반좌한다."는 무고인에 대한 경우 같은 형으로 되갚는다는 것이며,

반좌해야 할 형은 구체적으로 무고한 바의 죄의 경중에 따라 죄를 준다. ③ "죄지한다."는 그 죄로써 죄준다는 것이니, 타인이 받은 혹은 받아야 할 형으로 죄인을 처벌한다. ④ "여동죄한다."는 공범에 대해 같은 죄를 준다는 것으로, 역시 구체적으로 타인의 형으로 죄인을 처벌한다는 뜻이다.

2. 반좌(反坐)

(1) 무고반좌

무고한 사람은 반좌하며, 진상을 규찰하여 탄핵해야 할 관인이 사사로움을 품고서 사건을 탄핵함에 사실대로 하지 않은 때에도 역시 같다(투40~43, 45, 46, 48, 49, 단7). 무고반좌는 원칙적으로 무고한 바의 죄의 형으로 반좌한다. 다만 역시 무고한 바의 죄의 형에 가중하는 경우가 있고(투45.1, 48.1, 49). 무고한 바의 죄에서 감하는 경우도 있다(투46.1b). 또한 무고한 바의 죄가 설령 참형에 이를지라도 교형에 그치며(명53.1의 주, 단 투40.1 참조), 또 가역류에 처하지 않는다(명53.3).

무고반좌는 원칙적으로 무고당한 사람이 받을 수 있는 본법으로 무고인을 처벌한다. 다시 말하면 고한 바가 사실이라고 가정할 때 피고인이 받을 수 있는 형으로 무고인을 벌한다. 그렇지만 관인 및 음이 있는 자를 무고한 경우 관인 및 음이 있는 자는 고한 바의 죄가 사실일 때 감하거나 속할 수 있지만, 무고한 자는 일반법에 의해 반좌한다(투41.1의 주).

(2) 고의로 사람의 죄를 더한 경우

관사가 고의로 사람의 죄를 더한 경우 더한 만큼으로 관사에게 반좌한다. 이는 단죄하는데 관사가 고의로 사람의 죄를 더한 것이므로 무고의 법을 적용하지 않지만, 죄 없는 사람에게 죄를 준 경우 전죄로 논하고(단19.2), 가벼운 죄를 무거운 죄로 더한 경우는 더한 바로 논하므로(단19.1), 무고반좌의 법과 같다. 단 만약 재물을 받고 고의로 사람의 죄를 더한 것은 곧 수재왕법죄(受財枉法罪)가 되는데(직48.1a의 소), 이는 수재왕법한 것과 고의로 사람의 죄를 더한 것의 2죄가 함께 발각된 경우(명45.1a①)에 해당하여 2죄 가운데 무거운 것에 따라 처벌하므로, 만약 재물을 받은 장죄가 무거우면 당연히 무거운 것에 따라 죄준다. 따라서 이 경우 고의로 사람의 죄를 더한 것에 따라 반좌하지는 않는다.

관사가 사람의 죄를 더한 경우는 죄인이 본래 속할 수 있거나 장형으로 대체해야 할 자이면 관사도 속하거나 장형으로 대체하는 법에 따른다(단19.1의 주). 가령 관인과 음이 있는 사람 및 폐질자에게 유죄를 더했는데, 그 사람이 더 받은 죄를 속할 수 있으면 관사 역시 속으로 논하고, 혹은 관호·부곡·노비와 아울러 단정인 사람에게 죄를 더해서 그 사람이 장형으로 대체해야 할 자이면 관사도 대체하는 장형의 수에 따라 속동을 징수하며, 관당 및 유배·복역하는 예를 적용하지 않는다. 이것은 관사가 사람의 죄를 더한 것이기에 무고의 법과는 같지 않게 처분하는 것이다. 여기서 관인은 장형에 처하지 않고 역시 관당을 적용하지도 않으며 속동을 징수한다.

(3) 고문장의 반좌

관사가 죄수를 고문한 장의 수가 200을 초과한 때에는 초과한 만큼 반좌하고(단9.2b), 죄수에 대한 고문장이 한도에 찼는데 자복하지 않는 경우 고한 사람을 반고(反拷)한다(단10.1a). "고한 사람을 반고한다."는 것은, 피고를 고문한 수에 준하여 거꾸로 고한 사람을 고문한다는 것을 말한다(단10.1a의 소).

3. 죄지(罪之)

죄지한다는 것은 반좌의 성질이 있는 것과 공범의 성질이 있는 것의 두 가지 정형이 있다.

(1) 반좌의 성질이 있는 경우

예컨대 은사령이 내리기 전에 범한 일을 관에 고한 자는 그 죄로 죄준다(투53.1a). 즉 은사령이 내리기 전에 다른 사람이 범한 죄를 은사령이 내린 후 관에 고한 자에게는 고한 그 죄를 되돌려 준다는 뜻이다.

(2) 공범의 성질이 있는 경우

예컨대 밤에 궁전을 출입할 수 있는 자가 정원을 초과해서 사람들을 인솔하여 출입한 경우, 인솔한 자는 초과된 사람 각각이 받을 죄로 죄준다. 즉 만약 인솔된 사람이 출입할 수 있는 자이면 난입으로 논하고, 문적이 없는 자이면 2등을 더한다(위15.3a와 소). 주수가 죄수의 도망을 고의로 방임한 때에는 체포 기한을 주지 않고 곧 죄수의 죄로 죄를 준다(포16.4a).

4. 좌지(坐之)

"좌지한다."라고 한 것은 처벌한다는 의미 외에 다른 뜻을 찾을 수 없다. 명례율 53.1조에서 이에 관한 규정을 둔 뜻은, "좌지한다."고 칭한 경우 제명·면관 처분하지 않고, 배장을 징수하지 않으며, 감림·

주수는 죄를 더하지 않고, 가역류를 과하지 않는다는 데 있다(명 53.3). 용례는 대략 다섯이 있다.

① 다른 사람이 고발하려는 것을 알고 자수하거나, 도망하다가 자수하거나 또는 적에게 도망하다가[叛] 자수한 자는 죄를 2등을 감해서 처벌한다(명37.5a).

② 절도·사기 외의 다른 장죄를 범하고 잘못을 뉘우치고 장물을 주인에게 돌려준 경우 본래의 죄에서 3등을 감하여 처벌한다(명 39.2).

③ 관물을 공해에 충당하거나 공해의 물품을 사적으로 사용한 경우, 또는 관물을 내다파는 것을 부탁받은 사람이 사적으로 사용한 경우, 문기(文記)가 없으면 절도로[以盜], 문기가 있으면 절도에 준하여 논하되 각각 1등을 감하여 죄준다(구17.2a).

④ 동거하는 비유가 타인을 데리고 자기 집의 재물을 절도했는데 데리고 온 타인이 살상한 경우 설령 비유가 사정을 알지 못했더라도 여전히 본조의 살상법에 따라 처벌한다(적41.2의 주).

⑤ 도망한 노비를 취득하였는데 관에 보내지 않고 판 자는 유인죄로 논하고, 숨긴 자는 유인죄에서 1등을 감하여 처벌한다(적46.2).

5. 같은 죄를 줌(與同罪)

(1) 여동죄하는 경우

1) 관사의 부작위범이나 작위범

주사가 고의로 범법을 방임하거나[故縱](위1, 17, 구15, 천12, 사5, 잡18, 포7, 9, 11, 13, 16, 단33), 범법을 알면서 행위를 허용하거나[知而聽行](위5, 직2), 범법의 정황을 알면서 금하지 않거나[知情而不禁]

(위1, 잡16), 혹은 청탁을 허락하거나(직45.1), 지급해서는 안 된다는 정을 알면서 지급한 때에는(잡20.4) 곧 죄인과 같은 죄를 준다. 고의로 방임한 것 및 알면서 허용한 것은 부작위범이고, 허락하거나 급여한 것은 작위범이다.

2) 일반인의 공범

일반인의 공범은 역시 죄인과 동죄이다. 이는 필요적 공범과 사후적 공범으로 나눈다.

(a) 필요적 공범

사사로이 노비로부터 자·손을 사거나 걸취한 자는 절도에 준하여 논하고, 노비가 자·손을 다른 사람에게 맡기거나 판 경우 같은 죄를 준다(적46.3).

(b) 사후적 공범

죄수를 절취해서 도망한 자는 죄수와 같은 죄를 준다(적10.2a). 정을 알면서 도망한 부녀를 취해 처첩으로 삼은 자는 부녀와 더불어 같은 죄를 준다(호36.1). 노비·부곡이 먼저 은닉하고 주인이 뒤에 알았다면 노비·부곡과 같은 죄를 준다(포18.1의 주1).

3) 기타

(a) 교령범

예컨대 고용·청탁을 받고 타인을 위해 상해한 자도 스스로 고의로 상해한 것과 같은 죄를 준다(사20.2a). 사람을 속여서 교사·유혹하여 법을 범하게 한 자는 모두 법을 범한 자와 같은 죄로 처벌한다(사17).

(b) 간통한 처첩

간통을 범한 남자가 여자의 남편을 살해하였다면 간통한 처나 첩이 사정을 알지 못했더라도 살해한 자와 같은 죄로 처벌한다(적6.1의 주). 이는 연좌에 해당한다.

(c) 통역인

통역인이 거짓으로 통역하여 죄를 덜거나 더함이 있게 한 때에는 고의로 죄를 덜거나 더한 것과 같은 죄를 준다(사26).

(2) 여동죄의 처벌방법

여동죄는 원칙상 공범에 대해 동형을 과하되, 죄인의 죄가 참형에 이르는 경우 명례(명53.1의 주)에 의거해서 교형에 그칠 뿐이다. 적도율 10.2조의 소에, "죄수와 같은 죄를 준다는 것은 사죄수를 절취한 때에는 되돌려 사죄를 받고, 유·도죄수를 절취한 때에는 되돌려 유·도죄를 받는 것 따위를 말한다."라고만 해석하고 참형수와 교형수를 구별하지 않았는데, 이는 대개 명례율 53.1조의 주에 여동죄는 단지 교형에 그친다고 해석하여 참형수를 절취했더라도 교형에 처하기 때문이다. 다만 율은 때때로 "죄인의 형이 사형에 이른 경우 공범은 가역류에 그친다(천13.2b)."는 규정이나, 속인 정을 안 때에는 같은 죄를 주되[與同罪] 속인 자의 죄가 사형에 이른 때에는 경우 1등을 감한다(호36.1, 사27)는 규정 등이 있다. 여동죄는 본래 공범의 성질이 있지만, 단 수범·종범을 구분하는 통상의 공범(명42)과는 같지 않으므로, 공범과 죄인은 같은 죄를 주는 것이다. 다만 제명·면관·배장과 감림관은 죄를 더하는 것 및 가역류하는 예는 적용하지 않는다(명53.3). 또한 관을 몰래 건넌[私度] 자에게 다른 중죄가 있는 것을 주사가 정을 알았다면 주사는 그 중죄로 논하는데(위28), 이 역시 여동죄에 속한다.

III. 왕법·절도에 준하여 논하는 처벌방법(명53.2)

1. 왕법·절도에 준하여 논하는 경우의 처벌 원칙

왕법·절도에 준한다는 것은 준거하는 본죄에 정한 주형만을 해당 범죄에 대한 형으로 과한다는 것을 의미한다. 따라서 제명·면관·배장 등의 종형을 과하지 않으며, 죄의 최고형은 유3000리에 그치고 또한 가역류에 처하지 않는다. 또한 감림·주수가 범한 경우도 통상의 절도와는 달리 2등을 더하지 않는다. 왕법·절도에 준하는 범죄의 성질은 원래의 왕법·절도와 같지 않고 정상이 가볍기 때문에 이 같이 처벌하는 것이다.

2. 왕법·절도에 준하여 논하는 경우 처벌 원칙의 수정

왕법·절도에 준하는 범죄의 성질은 정상이 가볍기 때문에 통상적으로 원래의 왕법·절도죄보다 형이 가볍다. 단 준왕법·절도로 논하는 경우 오히려 형을 가중하는 죄도 있는데, 공갈로 타인의 재물을 취한 자는 준도로 논하되 1등을 더한다(적38.1)는 규정이 바로 그렇다. 공갈은 비록 절도에 준하여 논하지만 절도에 비하여 무겁다고 보기 때문에 일반 절도보다 형을 가중하는 것이다. 단 공갈죄는 준도로 논하기 때문에 최고형이 유3000리인데 반해서 절도죄의 최고형은 가역류이다(적35.2). 이처럼 공갈죄는 절도죄보다 형을 가중하도록 규정되어 있으면서도 최고형은 오히려 가볍게 되어 있어, 합리적이지 못한 점을 내포하고 있다. 또한 감림·주수가 관이나 사인을 사기하여 재물을 취득한 때에는 일반인이 범한 경우 준도로 논하는 것과는 달리 절도의 법에 따른다(사12.1의 주)는 규정도 준도로 논하는 경우의 처벌 원칙을 수정한 예이다. 대개 준도로 논하는 경우 감림·주수라도 죄를 더하지 않으므로(명53.3) 이 조항에는 특별히 주를 더하여 감림·주수의 도죄(적36)에 따라 일반 도죄에 2등을 더하게 한 것이다.

IV. 다른 죄를 준거로 하는 경우 주형 외의 처분 (명53.3)

1. 다른 죄를 준거로 하는 경우 주형 외의 처분

"반좌한다."·"죄지한다."·"좌지한다."·"여동죄한다."·"왕법에 준하여 논한다."·"절도에 준하여 논한다."고 칭하여 다른 죄를 준거로 하여 처분하는 경우 원래 죄의 주형만을 해당하는 범죄의 형으로 삼고, 제명·면관·배장 및 감림·주수의 경우 죄를 더하는 예나 가역류에 처하는 예는 적용하지 않는다. 여기서 제명·면관은 면소거관을 포괄한다(명18~23). 배장은 도죄(盜罪)의 경우 반드시 배로 배상해야 하는 장물을 말한다(명33.1의 주). 감림·주수의 경우 죄를 더한다는 것은 감림·주수가 스스로 절도한 경우와 감림하는 바의 재물을 절도한 경우(적36) 및 감림·주수하는 범위 내에서 간죄를 범한 경우(잡28.1) 죄를 더한다는 뜻이다. 가역류는 전 왕조에서 본래 사죄였던 것을 경감하여 고친 것이다(명11.2).

2. 가역류에 처하지 않는 법례의 수정

"반좌한다."는 것부터 "절도에 준하여 논한다."는 것까지 다른 죄를 준거로 삼는 경우는 다 같이 가역류에 처하지 않는다는 것은 의문의 여지가 없다. 단 특별히 법례를 만들어 가역류에 처하는 경우가 있다. 예컨대 구고율 15.4a조는 창고를 지키는 주수가 고의로 절도를 방임한 때에는 각각 절도한 자와 같은 죄를 준다[與同罪]고 규정하면서도, 그 장물이 견으로 만 50필이 되면 가역류에 처하고 100필이면 교형에 처한다고 규정함으로써, 다른 죄를 준거로 하여 같은 죄를 주는[與同罪] 경우임에도 가역류에 처하고 또 교형에 처하는 것으로 수정하고 있다. 이 점에 대해서 그 소는 "명례율(명53.3)에 같은 죄를 주는[與同罪] 경우에는 가역류의 예를 적용하지 말라고 했기 때문에 창고에 관한 조문 내에 특별히 이 예를 만든 것이다."고 해석하였다.

V. "왕법으로 논한다."·"절도로 논한다."는
따위로 칭한 경우(명53.4)

1. 개설

명례율 53.4조는 "왕법으로 논한다." 및 "절도로 논한다."고 칭한 것 따위는 모두 진범과 같다고 규정하고 있다. 율문에서 따위라고 한 것은 왕법·절도로 논하는 것 외에도 "고살상으로 논한다."·"투살상으로 논한다." 및 "간으로 논한다."는 것 등도 역시 진범과 같기 때문이다(명53.4의 소). 율과 소에서는 언급이 없지만, 각칙에는 "관할구역에서 재물을 받은 것으로 논한다[以受所監臨財物論]."는 것(단4.2b)

이나 "사람의 죄를 고의·과실로 더한 것으로 논한다[以入人罪故失論]."는 것(단33)도 있다.

2. 왕법·절도로 논한다고 칭한 것 따위의 처벌 원칙

(1) 완전히 의거하는 경우

"왕법으로[以枉法] 논한다." 및 "절도로[以盜] 논한다."고 칭한 것 따위는 모두 진범과 같다(명53.4). 달리 말하면 왕법·절도로 논한다고 칭한 것 따위는 원칙상 완전히 왕법·절도죄의 형에 의거하는 것으로 반좌·죄지·좌지·여동죄한다고 칭한 경우와는 달리 사형은 교형에 그친다는 예(명53.1의 주)를 적용하지 않으며, 왕법·절도에 준하여 논한다고 칭한 경우와는 달리 죄는 유3000리에 그친다는 예(명53.2)를 적용하지 않는다.

(2) 수정해서 의거하는 경우

왕법·절도로 논한다고 칭한 것 따위는 다른 죄의 형을 수정하여 의거하는 것이 있는데, 등급을 가감하는 경우와 1등을 감하여 사형을 면하는 경우의 두 종류로 나눈다.

① 등수를 가감하는 것에는 도로 논하고 1등을 더하는 것(적33), 절도로 논하고 1등을 더하는 것(적39.2), 간으로 논하고 2등을 더하는 것(호37.2)이 있다. 또한 왕법으로 논하되 15필이면 가역류에 처하며(왕법의 본조에서는 15필 교형), 30필이면 교형에 처한다는 것(단4.1)이 있다. 이 밖에 사람의 죄를 고의·과실로 더한 것으로 논하되 1등을 감하는 것(단33)이 있다.

② 1등을 감하여 사형을 면하는 것에는 노비를 약취한 경우 강도로 논하고 유인한 경우 절도로 논하되 죄는 각각 유3000리에 그친다

(적46.741a)는 것이 있다. 이는 강도의 최고형은 사형에 이르고(적 34.1b), 절도의 최고형은 가역류에 이르는 것(적35.2)을 수정한 것이다. 사죄에 이른 경우 가역류에 처하는 것이 있다. 예컨대 본래 다른 이유로 사람을 구타하고 그로 인하여 그 재물을 빼앗은 경우에는 장물을 계산하여 강도로 논하되 사죄에 이른 경우 가역류에 처한다(적 39.1).

(3) 왕법·절도로 논한다고 칭한 것 따위의 종형

왕법·절도로 논한다고 칭한 것 따위는 의거하는 본죄의 진범과 같으므로 명례율에 규정된 제명·면관·면소거관·배장 및 감림·주수는 죄를 더하는 예 및 가역류의 예가 해당하면 그대로 처분한다. 몇 개의 예를 들면 다음과 같다.

① 축산을 검사할 때 부실하게 하여 사적으로 착복한 자는 절도로 논한다(구2.2). 따라서 죄인이 제명·면관·배장 처분에 해당하면 그 처벌법을 다 적용한다.

② 감림·주수가 관의 물품을 사사로이 빌렸는데 문기(文記)가 없는 경우 절도로 논하므로 역시 일반 도죄에 2등을 더한다(구17.1a와 소).

③ 잡률 47.1조는 대사의 신령이 쓰는 물품 등을 버리거나 훼손한 자는 각각 절도로[以盜] 논한다고 규정했는데, 그 소에 절도로 논하는 것은 진정 절도와 같이 십악(명6.6)을 적용한다고 해석했다.

④ 명례율 27.3조는 겸정이 없는 경우 도죄(徒罪)를 범하여 노역을 져야 하는 자는 장형으로 대체해서 집행하지만 절도 및 사람을 상해한 경우에는 이 율을 적용하지 않는다고 규정했는데, 그 소는 모든 조항에서 "절도로 논한다." 및 "고살상으로 논한다.", "투살상으로 논한다."고 칭한 경우에는 각각 진정 절도 및 진정 살상인의 법과 같기 때문이라고 해석했다.

⑤ 호혼률 4.1조는, 관사가 탈루·증감하여 과역을 덜거나 더해서 착복한 경우 왕법으로 논한다."고 규정했는데, 그 소(호4.2의 소)는 왕법으로 논하여 1필 이상이면 곧 제명한다고 해석하였다.

Ⅵ. "이와 같다[如之]"·"같다[同]"·"의거한다[依]"· "따른다[從]"

1. 이와 같다[如之]

율에서 "이와 같다[如之]"고 칭한 것은, 전항의 죄 및 그 형을 받아서 후항의 죄 및 형으로 한다는 것이니 역시 전항의 죄와 같다는 것을 말하며, 때로는 "죄 역시 이와 같다[罪亦如之]."고 칭한다. 전항과 후항은 비록 행위가 다르더라도 그 죄명으로 말하면 같은 범주에 속하기 때문에 그 형법도 같은 것이다. 예컨대 단옥률 19.3조에, "단 죄를 던 경우에도 각각 이와 같다."고 규정했는데, 이는 전항의 죄를 더한 경우의 법과 같다는 것을 말한다. 대개 율에서 죄명을 정함에는 구체주의를 채택하기 때문에 전항과 후항의 죄명에 다름이 있는 것 같지만 단 법률상 평가는 하나인 것이다. 이 때문에 『청률집주』(名例, 稱與同罪條)에서도 "'죄 역시 이와 같다[罪亦如之].'라고 칭한 경우는 전항에서 논해서 정한 죄를 그대로 따른다는 것을 말한다. 범한 바가 비록 피차에 다름이 있지만 경중의 차이가 없어 사형에 이르기까지 같으니 오히려 '죄가 같다[罪同]'의 뜻이다."라고 해석한 것이다.

2. 같다[同]

율에서 "같다[同]"고 칭한 것은 "어떤 법과 같다[同某法]."·"죄가 같다[罪同]." 및 "역시 같다[亦同]"가 있다. 이는 응당 "더불어 같은 죄이다[與同罪]."와 구별해야 한다. 전자는 갑 행위와 을 행위가 약간 다르더라도, 단 죄명을 논하면 서로 같기 때문에 그 처벌 역시 같다는 것이다. 그러나 여동죄는 원칙상 공범에 대해 동형을 과하는 것이다.

(1) "어떤 법과 같다[同某法]."는 것의 예
유실한 금병기를 습득하고 30일이 지나도록 관으로 보내지 않은 것은 금병기를 사유한 법과 같다(천20의 주).

(2) "죄가 같다[罪同]."는 것의 예
관사가 모반 이상에 대한 고발을 받고도 즉시 엄습하지 않고 반일이 경과한 경우 각각 불고죄와 같다(투39.2a).

(3) "역시 같다[亦同]"는 것의 예
위조한 인장을 문서에 찍어 시행했거나, 만약 타인에게 빌려주었는데 빌린 자가 시행하였으면 역시 위조와 같다(사4.2).

3. "의거한다[依]"

"의거한다[依]"고 칭하는 것은 어떤 형법에 의거한다는 것과 어떤 죄 혹은 어떤 예에 의거하여 논한다는 것의 두 종류가 있다.

(1) 어떤 형법에 의거하는 경우

율에서 어떤 형법에 의거한다고 칭한 것은 모 범죄 행위는 모죄의 형법에 완전히 의거한다는 말이다. 예컨대 위금률 20조에 "행궁의 외영문은 궁문과 같으며, … 어재소에 이르면 위 조항에 의거한다."고 하였다. 여기서 행궁의 어소는 어재소에 관한 죄명을 규정한 어재소(위2.2)와 완전히 같다는 것이다. 바꾸어 말하면 행궁의 어소에 대해서는 어재소에 대한 법을 완전히 적용한다는 것이다. 율에서 사용된 "어떤 형법에 의거한다."는 것의 용례는 다시 통칙적인 것과 각칙적인 것으로 구분해 볼 수 있다.

통칙적인 것은 "상률에 의거한다(위28, 29.2a, 투34.3, 단옥20.2).", "상례에 의거한다(명26.2c).", "각각 본조(명43.1)의 수범·종범으로 구분하는 법에 의거한다(적50.2).", "각각 본조의 형법에 의거한다(적38.3b).", "과실은 속동을 징수한다는 법에 의거한다(투37.2)." 등등이 있다.

각칙적인 것은 정황, 예컨대 결과, 주·객체 및 수단 등에 비추어 보충적으로 타죄의 법에 의거한다는 것 등이 있다. 율에서 적용한 예가 많기 때문에 구체적인 것은 생략한다.

(2) 어떤 죄 혹은 어떤 예에 의거하여 논하는 경우

율에서 어떤 죄에 의거하여 논한다[依論]고 칭한 것은 어떤 죄로 논한다[以論]고 칭한 것에 비해 그 어기가 비교적 무거운 것 같다. 어떤 죄에 의거하여 논한다는 것의 예를 들면 친속의 재물을 절도한 경우 일반 도죄에서 감하여 처벌하지만 절도하다가 살상한 자는 각각 본조의 살상죄에 의거하여 논한다(적40.2)는 것 등이 있다. 어떤 예에 의거하여 논하는 경우는, "노·장애에 의거하여 논한다(명31.1).", "유·소에 의거하여 논한다(명31.3).", "본률에 의거하여 수범·종범으로 논한다(명43.1).", "본복에 의거하여 논한다(명52.6).", "일반범에 의거하여 논한다(명49.3a)."는 것 등이 있다.

4. "따른다[從]"

율에서 "따른다[從]"고 칭한 것은 어떤 본조의 법에 따른다거나 어떤 죄에 따라 논한다는 것 등이 있다.

(1) 어떤 죄에 따르는 것

어떤 죄에 따르는 것은, 예컨대 군사가 경급한데 계류하여 폐하거나 궐한 바가 있게 되면 앞의 조항(직34.1c와 주)에 따른다거나, 싸우다가 일단 시간이 지난 뒤 살상한 경우 고살상법에 따른다(투5.3)는 것 등이 있다.

(2) 어떤 죄에 따라 논하는 것

예컨대 황제의 거가를 맞이하여 소를 올리는데 고의로 정상을 증감하거나 감추거나 거짓이 있을 경우에는 상서를 속이고 사실대로 하지 않은 것에 따라 논한다(투57.1의 주)는 것 등이 있다.

VII. 본죄에 의하거나 본죄에 더하는 방법

율에서 이른바 본(本)이라 한 것은 대략 세 가지 뜻이 있으니, '원래'·'해당하는'·'앞'이 그것이다. 또 본은 본죄 및 본법의 용법이 있다. 본죄는 전적으로 죄명에 쓰고, 본법은 죄명은 물론 명례에도 쓴다.

1. 본법이 명례를 가리키는 경우

본법이 명례율의 해당하는 법을 뜻하는 경우가 있다. 예컨대 명례율 45.5조의 "단 제명·면관·배장·몰관·비상·죄지는 각각 본법을 모두 적용한다."고 한 율문의 본법은, 어떤 죄행에 대해 앞의 명례율에 정한 종형이 해당하는 경우 모두 과하라는 뜻이다. 즉 경합죄의 경우 주형은 가장 무거운 죄 하나만을 과하지만 나머지 죄는 주형은 면하더라도 명례율에 정한 종형이 해당하는 경우 모두 과한다는 의미이다. 또 예를 들면 투송율 38조에는 "과실로 사람을 살상한 때에는 각각 그 정상에 따라 속으로 논한다."고 규정되어 있는데, 그 소는 "단 본래 노역해야 하거나(명11) 관당해야 할 경우(명17)에는 당연히 본법에 따른다."고 해석하였다. 여기서 본법은 역시 명례율의 종형을 뜻한다.

2. 본죄 혹은 본법이 본조 내의 죄명을 가리키는 경우

(1) 원래[原] 죄의 뜻

이는 죄인이 전에 범한 모죄가 있는데 뒤의 갱범이 원범과 관계가 있는 별죄이면, 이 때 본죄는 원래 죄의 뜻이다. 예를 들면 다음과 같다.

사위율 8조는, "①거짓으로 관문서를 만들거나 증감한 자는 장100하고, 탐하거나 회피하고자 한 바에 준하여 도죄 이상이면 각각 본죄에 2등을 더한다. ②주사 자신이 회피할 바가 있어 식을 어기고 문안을 만들거나 증감하였는데, 회피하려는 바가 장죄 이하이면 장100하고, 도죄 이상이면 각각 회피하려 한 바의 죄에 1등을 더한다."고 규정되어 있다.

①의 본죄는 관문서를 증감한 죄와 탐하거나 회피하고자 한 바의

죄를 가리킨다. 즉 탐하거나 회피한 바의 죄가 도형 이상에 해당하는 경우, 그 죄가 발각된 것이면 갱범의 법(명29.1)에 의거하여 각각 본죄에 2등을 더해서 병과하고, 아직 발각되지 않은 것이면 '두 개 이상의 죄가 함께 발각된 경우[二罪從重]'의 법(명45.1)에 의거하여 무거운 쪽으로 죄준다.

②의 율문 중 회피하고자 한 바에 1등을 더한다는 것은 곧 회피하고자 한 바의 본죄에 1등을 더한다는 뜻이다.

(2) 해당하는[該] 죄의 뜻

율은 신분을 중시하며, 주체·객체의 신분으로 인한 가감은 더욱 중요하다. 침신범은 존장이 비유를 범하면 감경하고 비유가 존장을 범하면 가중한다. 침재범은 일반인범에서 감하는데 존비를 구분하지 않는다. 이때 각 신분인에 대해서는 별도로 다른 형법을 설정하므로 모종의 신분인은 각각 해당하는 규정이 있는데, 각각 해당하는 규정이 본법이다. 죄명이 다른 별조의 율문 혹은 소에서 "반드시 본조에 따른다."라고 한 경우 해당하는 본조의 죄 혹은 그 규정이 곧 여기서 이른바 본죄 혹은 본법이다. 상세히 말하면 일반인이 통상적으로 서로 범한 경우 그 본법이 있고, 특별신분인이 통상적으로 서로 범한 경우 역시 그 본법이 있다. 여기서 본죄의 법에 의거하는 사유는 3종이 있다.

(a) 단순히 각각의 신분인에 해당하는 죄의 법을 가리키는 본법

적도율 38조는 "무릇 공갈로 다른 사람의 재물을 취한 자는 절도에준하여 논하되 1등을 더한다. 비록 만약 두렵거나 꺼려할 정도는 아니라도 재물의 주인이 두려워서 스스로 준 경우도 역시 같다. 만약 재물을 입수하지 못한 때에는 장60에 처한다. 시마 이상 친속이 스스로 서로 공갈하거나 존장을 범했다면 일반인으로 논하고, 비유를 범했다면 각각 본법에 의거한다."라고 규정하고 있다. 여기서 일반인으로 논한다는 것은 이 조항의 공갈죄로 논한다는 뜻이고, 본법에 의거한다는 것은 친속 사이의 도죄에 관한 규정인 적도율 40조에 의거한다는 의미이다. 그런데 이 조항은 도죄에 준하되 1등을 더하므로 도죄에 비하여 무겁고, 적도율 40조의 친속 사이에 범한 도죄는 일반 도죄에서 친속의 등급에 따라 차례로 경감하므로 가볍다. 따라서 친속이 서로 공갈하거나 존장을 범한 행위는 무겁게 처벌해야 하므로 그대로 이 조항을 적용하며, 존장이 비유를 범한 경우는 가볍게 처벌해야 하므로 적도율 40조에 따라 시마·소공친 비유를 공갈해서 재물을 취득한 경우에는 일반인의 경우에서 1등을 감해 5필이면 도1년에 처하고, 대공친 비유를 범한 경우는 2등을 감해 5필이면 장100에 처하고, 기친 비유를 범한 경우는 3등을 감해 5필이면 장90에 처하는 것이다.

또 사위율 21.1조는 "의사가 본방을 어기고 허위로 병을 치료하면서 재물을 취득한 때에는 절도로[以盜] 논한다."고 규정되어 있는데, 그 소는 "감림관과 일반인은 각각 본법에 의한다."고 해석했다. 여기서 감림관의 본법은 적도율 36조의 "감림·주수가 스스로 절도하거나 감림하는 바의 재물을 절도한 때에는 일반도죄에 2등을 더한다."는 규정을 가리키고, 일반인의 본법은 적도율 35조의 일반 도죄에 관한 규정을 가리킨다.

(b) 모 죄명의 형이 가벼운데 결과로 인하여 본법으로 행위인의 죄를 고치는 경우

친속이 서로 절도한 때에는 일반도죄에서 감한다(적40.1). 단 절도하다가 착오로 살상한 때에는 각 본조의 살상죄로 논한다(적40.2).

여기서 본조의 살상죄란 각 신분에게 해당하는 살상죄를 가리킨다. 또 적도율 41.1조에 "동거하는 비유가 타인을 데리고 자기 집의 재물을 훔친 경우에는, 사사로이 함부로 재물을 사용한 것으로 논하되(호13) 2등을 더한다. 데리고 온 타인은 일반 절도죄에서 1등을 감한다. 만약 살상한 경우에는 각각 본법에 따른다."고 규정되어 있는데, 그 주에는 "타인이 살상한 경우 설령 비유가 정을 알지 못했더라도 여전히 본조의 살상법에 따라 처벌한다."라고 해석했다. 여기서 율문의 본법이나 주의 본조의 살상법은 다 같이 각 신분인에 해당하는 형법을 가리킨다.

(c) 특별형태의 죄에 대해 전형적 죄명의 형법에 의거하거나 혹은 그 형을 감하는 경우

증오하는 바가 있어 염매를 만들거나 부적을 만들어 저주하여 사람을 살해하고자 하였다면 각각 모살로 논하되 2등을 감하고, 이 때문에 사망했다면 각각 본조의 살해법에 따른다(적17.1). 또 사람을 희살상한 때에는 투살상죄에서 2등을 감한다. 만약 귀천·존비·장유의 관계가 있다면 각각 본투살상죄에 따르되 2등을 감한다. 여기서 본살상죄는 해당 신분관계에 따른 살상죄를 가리킨다.

(3) 앞의[前] 타인의 죄의 뜻

예컨대 황제를 비판한 것[指斥乘輿] 및 요언(妖言)을 알고도 관에 고하지 않은 자는 각각 본죄에서 5등을 감한다(투39.1). 여기서 본죄는 앞의 황제를 비난한 죄 및 요언을 한 죄를 가리키는 말이며, 이 본죄는 타인의 죄이다. 또 예컨대 군부(軍府)의 관이 월권하여 다른 사건에 관여한 경우 본죄에서 3등을 감한다. 이 본죄도 관여한 바의 타인의 죄이다. 또 관사가 죄를 처단할 때 형을 집행해 하는데 속동

을 징수하거나 속동을 징수해야 하는데 형을 집행한 경우, 혹은 관당해야 하는데 관당하지 않거나 관당해서는 안 되는데 관당한 경우, 각각 죄인이 범한 바의 본죄를 고의나 과실로 죄를 덜거나 더한 죄에서 1등을 감한다(단30.1). 따라서 이 경우의 본죄도 역시 타인의 죄이다.

제4절 일·년·나이 및 중·모(명55)

Ⅰ. 일 및 기간

1. 개설

율에서 죄와 형을 정하는데 일을 기준으로 하는 것이 많으며, 보고의 기한은 상해 수단에 따라 일 수가 다르다. 또한 도형의 복역 기간은 년으로 정하며, 제명·면관·면소거관 및 관당 처분 후의 관을 서용하는 연한이 있다. 그러므로 명례율에 일과 년의 정의와 계산법이 규정되어 있는 것이다. 또 월은 복제와 관련된 범죄에서 쓴다.

2. 일 및 노임(명55.1)

(1) 일(日)

당의 제도에서 주야 하루는 12시간으로 나누며, 1시간은 8각20분이다. 또한 1각은 60분이며, 1일은 100각이다.

율에서 일이라 칭한 것은 만 하루 즉 100각을 말한다. 예컨대 관인이 이유 없이 출근하지 않은 때에는 1일이면 태20에 처하는데(직5.2), 반드시 주야를 통틀어 100각이 지나야 처벌한다. 역마를 타는 사인이 가는 일정을 지체한 때에는 1일이면 장80에 처하며, 급한 군무를 폐하거나 그르친 바가 있을 때에는 1일을 어기면 가역류에 처하는데, 이 경우 일이라 칭한 것은 반드시 100각을 채워야 처벌한다(직33.2b와 소). 다만 외지에는 원래 물시계가 없으니 단지 해가 한 번 도는 시간을 취해서 기한으로 삼는다(단29.3의 소). 일과는 구별되는 것도 있는데, "하룻밤을 경과했다면[經宿] 곧 처벌한다."(직3의 주)는 것이 그것이다. 이는 하루 즉 100각을 말하는 것이 아니라 단지 하룻밤이 지났으면 곧 처벌한다는 것을 말한다.

(2) 노임[庸]

노임을 계산하는 것은 아침부터 저녁까지로 한다. 예컨대 감림하는 관인이 사사로이 감림 대상을 사역한 때에는 각각 노임을 계산하여 수소감림재물(직53.1)로 논하는데, 이 경우 아침부터 저녁까지가 곧 1일이니 100각에 준하여 계산할 필요는 없다. 만약 사역한 인원의 노임이 많은 경우 비록 하루가 차지 않더라도 모두 시간을 합해서 날 수를 셈한다. 가령 2인을 아침부터 정오까지 사역했다면 1일의 공으로 하고, 혹은 6인을 사역하여 1시간이 지났다면 역시 1일의 공으로 한다. 설령 일시에 많은 사람을 사역하거나 또는 1인을 여러 날 사역하더라도 모두 반드시 시간을 합해서 일 수를 셈한다. 요컨대 인력과 노임은 6시간(현재의 12시간)을 1일로 삼으므로, 만약 다수의 사람을 사역할 때에는 1인의 역이 6시간이 차지 않으면 인 수에 시 수를 곱하여 공용일을 구한다.

II. 년(年)·재(載) 및 사람의 나이

1. 년 및 재(명55.2)

(1) 년이라 칭한 것은 360일로 한다.

율에서 년이라 칭하는 것은 대부분 도형의 복역에 관한 것이다. 이 경우 1년은 360일로 셈하며, 12개월을 1년으로 칭하지 않는다. 1년은 통상 기 혹은 기년이라 칭한다. 명례율 21.3a조의 소에, "기라고 칭한 것은 4시가 도는 것을 기라 하니, 칙이 내려 해관된 날부터 다음해 만 360일이 되는 날까지이다. 년이라고 칭한 것은 360일로써 한다."고 해석하였다. 년은 원래 일 수를 계산하므로 윤월은 영향이 없다. 단 부모에 대한 복상 기간 27개월은 윤월을 셈해서는 안 된다 (명20.4의 소). 즉 윤월은 27개월 내에 산입하지 않는다는 뜻이다.

(2) 재와 년의 구별

년(年)과 재(載)는 다른 조대에 사용된 별개의 명칭이다.[60] 단 당률에서는 함께 쓰되 용도를 달리하였다. 가령 원년에 제명에 해당하는 죄를 범하였으면 6년 뒤인 7년 정월에 이르러 비로소 서용할 수 있으며, 그 사이에 비록 윤월이 있더라도 다만 재에 의거해서 말하고 년을 칭하여 360일을 기한으로 하지 않는다(명21.1a②의 소). 요컨대 재는 제명 및 면관 등에 사용되는데 제명·면관된 년은 역시 1년으로 셈하므로, 단지 역법에 따라 기한이 만료되는 다음해 정월에

---

60) 『唐律釋文』에 따르면 年·載·祀는 모두 고대에 한 해를 일컫는 명칭이었다. 즉 요순 이전에는 한 해의 할 일이 일신하는 바를 취하여 載라 하였고, 하·주 때는 사시의 제사가 일순하는 것에서 祀라 하였으며, 진한 이래로는 곡식이 한 번 익는 때에서 뜻을 취하여 年이라 하였다.

비로소 관에 서용된다. 따라서 윤월이 든 윤년이라도 오직 다 같이 1년일 뿐이다.

2. 사람의 나이(명55.3)

"사람의 나이"라고 칭한 것은 호적으로 정한다. 가령 용모는 커도 호적의 나이는 적거나 혹은 용모는 작아도 호적의 나이는 많으면 모두 호적에 의거해야 하며 용모에 준해서는 안 된다. 호적은 원래 3년에 한 번 작성하므로, 호적을 만드는 해가 아니면 기왕의 호적에 따라 나이를 계산한다. 요컨대 사법행정의 안정성을 위해 연령은 모두 호적을 근거로 삼으며, 외모로 그 연령을 추정해서는 안 된다는 것이다. 명례율 55.3조의 문답은 이를 다음과 같이 해석하였다.

[문] 호령(습유242~243쪽)에 의하면 "속임이 있다고 의심되면 용모에 따라 나이를 정한다."고 하였습니다. 만약 죄를 범한 자의 나이와 용모가 현격히 다른 경우 호령에 의해 용모로 나이를 정해서 죄를 줄 수 있습니까?

[답] 영은 과역을 위해 만든 조문이며 율은 형을 정하기 위해 세운 제도이다. 형은 오직 긍휼해야 하는데 용모는 곧 속임수가 생길 수 있다. 과역은 약간 가벼운 사안이므로 때에 따라 용모로 나이를 정할 수는 있으나, 형법은 사안이 중대하므로 다만 호적의 기록에 의거해야 한다. 율과 영은 뜻이 다르니 율을 무시하고 영에 따라서는 안 된다. 용모가 성인인 자가 사죄를 범했는데 호적의 나이가 7세여서 죄줄 수 없거나(명30), 혹 호적의 나이가 16세 이상으로 사형의 죄를 범하였는데 그 용모를 살펴보니 7세를 넘지 않을 것 같은 경우처럼 용모와 호적의 나이가 현격히 다른 자가 유죄 이상 및 제명·면관·관당에 해당하는

죄를 범한 경우는 상서성에 보고하여 헤아려 죄를 정한다. 반드시 상주해야 할 경우는 그 때마다 주문한다.

III. 중(衆) 및 모(謀)

1. 중(명55.4)

"중"이라 칭한 것은 3인 이상이다. 예컨대 7품 이상 관인이 죄를 범한 경우 고문하지 않고 모두 중인(衆人)의 증언에 의거해서 형을 정하는데, 반드시 3인 이상이라야 비로소 중이 성립된다(단6.1a의 소). 또 예컨대 성 안의 사람의 무리[衆] 가운데로 까닭 없이 수레나 말을 달린 자는 태50에 처하는데, 이 경우의 무리도 3인 이상을 말하고(잡4.1a의 소), 요서나 요언을 전하거나 써서 무리를 미혹한 자는 교형에 처하는데, 여기서 무리도 3인 이상이다(적21.1b의 소).

2. 모(명55.5)

"모"라 칭한 것은 2인 이상이다. 예컨대 적도율에 "살인을 모의한 자는 도3년에 처한다."라고 규정하였는데, 모두 반드시 2인 이상이어야 모가 성립한다(적9.1과 소). 다른 조항에서 모라 칭한 것은 각각 이 예에 준한다. 다른 조항은 예컨대 적도율 1조의 모반 및 모대역, 적도율 4조의 모반, 적도율 5~8조의 특별모살 등이 있다. 다만 모의 정상이 명백히 드러났다면 비록 1인이더라도 2인이 모의한 것과 같은 법을 적용한다(명55.5의 주). 가령 어떤 사람이 칼이나 무기를 가지고 남의 집에 들어갔는데 원한이 있는 자를 찾아서 죽이려 한 것이 확인되었다면, 비록 1인뿐일지라도 역시 모에 대한 법과 같게 한다. 따라서 2인 이상의 통모가 모이지만, 1인이라도 사전에 계획이 있으면 모이다. 모에는 예비의 뜻이 있으며, 또 계획의 뜻도 있다.

제5절 장물의 평가

Ⅰ. 개설

각칙의 조문에는 장물이나 노임[庸] 및 임차료[賃]의 수에 근거하여 형을 정하는 경우가 매우 많은데, 이에는 일정한 표준이 있다. 즉 장물이 된 물품의 중품 값을 계산하고 이를 상품의 견 값으로 환산한다. 각 해당 조항에서 장죄가 성립하는 견의 최소 단위는 1척부터이나, 평가의 기본 단위는 1필이다. 견 1필은 길이 40척, 폭 1척 8촌을 말한다(잡30.1a의 소).

Ⅱ. 장물의 평가(명34.1)

장물은 죄인이 취한 물품을 말한다. 장물에 대한 평가는 모두 범행 장소의 당시 물가와 상품의 견가를 기준으로 한다. 당령(관시령, 습유716쪽)에 따르면, "매월 순[10일 단위] 별로 상·중·하 3등급으로 공정가를 정한다. 장물은 범행이 있었던 그 순의 가격으로 평가하고, 죄를 정할 때는 죄를 범한 그 순의 상품의 견가로 환산한다."고 규정되어 있다. 가령 어떤 자가 포주에서 소금을 훔치고 휴주에서 발각되었는데 소금이 이미 소비되어 없어졌다면, 영(관시령, 습유718쪽)에 따라 '현평(懸平)'을 행한다. 즉 포주의 중품의 소금 가격으로 장물의 가치를 계산하고, 포주의 상품의 견가로 환산하여, 휴주에서 판결한다. 비록 매매가격에 변동이 있어 공정가와 다르더라도 공정가에 따라 견의 수량을 정한다. 이에 대해서는 다음과 같이 구체적으로 예를 들어 해석한 것이 있다(명34.1의 문답).

[문1] 장물이 범행 장소에 현재한다면 장물을 가지고 대조하여 평가할 수 있습니다. 만약 그 장물이 이미 소비되어 없어졌다면 현평은 어떤 것을 기준으로 합니까? 또 장물을 획득한 곳과 범행 장소가 다르고, 그 거리가 혹 멀기도 하고 가까울 수도 있는데, 거리에 관계없이 모두 범행 장소로 보내어 평가해야 합니까?

[답1] 현평할 장물은 영에 의해 중품의 공정가를 기준으로 한다. 그 장물을 획득한 곳이 범행 장소에서 먼 경우에는 다만 범행 장소에서 현평할 수밖에 없다. 그 이유는 만약 장물을 범행 장소로 운반하여 그 물건의 공정가에 준한다면, 곧 운반비가 들고 출산하는 비나 가축 부류는 손상될 우려가 있으며, 이로써 부정이 발생할 수 있을 뿐 아니라 운반할 사람이나 양식이 나올 곳이 없다. 일률적으로 범행 장소에서 현평하게 함이 이치로나 편리함에서 적당하다.

[문2] 중국인이 외국에서 죄를 범함이 있으면 송환하여 중국에서 단죄합니다. 혹 변경의 주에서 장죄를 범했는데 그곳에 공정가가 없다면, 장물을 평가하고 죄를 정하는 것은 어떤 가격을 취해야 공정합니까?

[답2] 외국은 원래 풍속이 달라 그곳에서 평가한 공정가를 이첩받

을 수 없으니, 오직 외국에 가까운 주·현의 공정가를 참작하여 적용하는 것이 마땅하다. 공정가가 없는 지역에서 죄를 범한 경우에는 주·부에서 자세히 조사하여 가격을 정한다.

Ⅲ. 노임 및 임차료의 평가 단위

1. 노임[庸]의 평가(명34.2a)

정남의 노임은 1인당 1일을 견 3척으로 계산하며, 소·말·낙타·노새·당나귀·수레의 임차료도 모두 사람에 준하여 1필당 1일을 견 3척으로 계산한다. 사람을 사역시킨 경우 노임의 계산은 1일에 견 3척으로 하지만, 사람에게는 강한 자와 약한 자가 있어 힘이 한결같지 않다. 나이 16세 이상과 69세 이하는 죄를 범한 경우 실제 도형에 처하는 자이므로, 그에 대한 노임은 정남의 예에 따른다. 그러나 15세 이하 및 70세 이상이나 폐질자는 원래 노역을 감당할 수 없는 자이므로 노임은 정남의 노임에서 감해야 하되 마땅히 해당 지역의 노임에 준한다. 만약 노임이 견 3척보다 낮으면 낮은 가격으로 장물의 가치를 계산하여 죄를 과하고, 노임이 낮지 않은 경우는 그대로 정남의 예에 따른다(직53.1의 소). 여기서 1일은 아침부터 저녁까지를 말한다(명55.1).

2. 임차료[賃]의 평가(명34.2b)

임차료의 평가는 범행시의 임차료에 따른다. 배·물레방아·저점 등은 크기가 한결같지 않고, 한가하고 긴요할 때의 차이가 있으므로 당시 임차료에 따라야 하며, 고정된 임차료를 기준 가격으로 평가해서는 안 된다.

3. 장물로 환산되는 노임·임차료의 제한(명34.2c)

노임이나 임차료를 평가할 때는, 노임이나 임차료를 계산하여 비록 많더라도 사역한 소·말 등의 가치를 초과할 수 없다. 가령 나귀 1마리를 빌어 100일을 탄 경우 그 노임은 견 7필 2장으로 계산되는데, 나귀의 공정가가 견 5필의 가치에 불과하다면 다만 5필로써 죄를 정한다. 다른 조항에서 노임이나 임차료를 장물로 계산하여 사역대상의 가치보다 많은 경우, 모두 이에 준한다.

제6절 황제 및 황실에 관한 칭호

Ⅰ. 황제와 삼후(三后)에게 동등하게 적용되는 명칭 (명51.1)

1. 명칭

(1) 승여(乘輿)

승여는 본래는 황제가 타는 것을 가리킨다(직15.1, 16.1, 적24.2, 잡47.1 등). 다만 때로는 황제 본인을 지칭하는 용어로도 쓴다(직32.1, 적17.4, 투39.1 참조). 명례율 6.6조의 주①의 소는, 황제라는 존호를 감히 직접 칭할 수 없는데 군주는 천하를 가로 삼으며 수레[乘輿]를 타고 순행하므로 이를 빌어 칭한 것이라고 해석하였다. 황제를 지칭하는 용어로 상대(上臺)를 쓰기도 한다(명51.3의 소).

(2) 거가(車駕)

본래는 황제의 수레를 가리킨다(위17.1a). 단 때로는 황제 본인을 가리킨다(투57.1, 58.2b).

(3) 어(御)

황제의 소유 혹은 황제의 동작, 또는 황제가 어떤 행위의 대상이 됨을 가리킨다.

1) 황제의 소유

어보(황제의 인장; 명6.6의 주②, 적24.1, 잡47.1), 어도(황제의 길; 위9.2a), 어재소(황제의 거처; 위2.2b, 8.1a, 16.1c), 어소(황제의 거처; 위20, 투10.1b), 어막문(황제가 있는 장막의 문; 위20), 어선소(황제의 음식을 조리하는 곳; 2.3, 직17), 어약(황제의 약; 직12.1), 어선(황제의 음식; 직13.1), 어주(황제의 배; 직14.1), 복어물(황제가 입고 쓰는 물건; 직15.1 등) 등등이 있다.

2) 황제의 동작

복어(황제가 입고 쓰고 드심)·식장어(황제가 장차 드실 음식)·식어(황제가 드실 음식)(적24).

3) 행위의 대상

진어(황제에게 올림; 직12.3a, 13.3, 15.2 등),

2. 황제와 삼후가 동등하게 적용되는 명칭의 예

승여(乘輿)·거가(車駕) 및 어(御)라고 칭한 것은 태황태후·황태후·태후도 모두 같다. 태황태후·황태후·황후를 삼후(三后)라고 칭한다. 적도율 24.2a조에 의거하면 황제[乘輿]의 복어물을 절도한 자는 유2500리에 처한다고 하였으니, 태황태후·황태후·황후의 복어물을 절도한 자도 모두 같은 죄를 받는다. 또 위금률 17조에 의거하면 황제[車駕]가 행차하는데 호위 의장대의 대열에 부딪친 자는 도1년에 처한다고 하였으니, 만약 삼후의 의장대의 대열에 부딪친 자도 역시 도1년에 처한다. 또 다른 조항(위2)에서 난입해서 어재소에 이른 자는 참형에 처한다고 하였으니, 삼후가 있는 곳에 이른 자도 역시 참형에 처한다. 단 예외가 있다. 예컨대 황제의 어보를 절도한 자나 태황태후·황태후·황후의 보을 훔친 자나 다 같이 교형에 처하지만(적24.1과 소), 황제의 보를 위조한 자는 참형(사1.1a), 삼후의 보를 위조한 자는 교형에 처한다(사1.1b).

II. 황제에 대한 죄에서 1등을 감해 적용하는 명칭

1. 제(制)·칙(敕)과 영(명51.2)

황제의 명은 제라고 또는 칙이라고 한다(『당육전』권9, 273~274쪽). 삼후 및 황태자의 명은 영이라고 한다(공식령, 습유548쪽). 만약 각 본조에서 삼후 및 황태자의 영에 대한 죄명이 없는 경우 모두 제·칙에 대한 죄에서 1등을 감한다. 예컨대 직제률 22.1조에 제서를 받아 시행하는 바가 있는데 위반한 자는 도2년에 처한다고 하였으니, 만약 삼후 및 황태자의 영을 위반하였다면 각각 1등을 감하여 도1년반에 처한다.

2. 동궁에서 범한 경우(명51.3)

동궁은 황태자를 가리킨다. 본조에 동궁에 관한 죄명이 없으면 모두 황제에 대한 죄에서 1등을 감한다. 즉 동궁에 대해서 범함이 있거나 과실로 범한 경우 및 동궁의 호위에 위반이 있는 경우 황제에 대해 범한 죄에서 1등을 감한다.

(1) 고의로 범한 경우

1) 황태자를 가리키는 경우
① 황제를 비판한 죄는 정과 이치가 매우 위해한 경우는 참형, 매우 위해하지는 않은 경우는 도2년에 해당한다(직32.1). 따라서 동궁에 대해서라면 전자는 유3000리, 후자는 도1년반이 된다.
② 황제의 명을 받든 사인[制使]에 맞서 신하의 예를 갖추지 않은 죄는 교형에 해당한다(직32.2). 따라서 동궁에 대해서라면 유3000리가 된다.
③ 황제가 탈 수레·말 따위가 조련되지 않거나 수레·말을 모는 도구가 견고하지 않은 경우의 죄는 도2년에 해당한다(직15.3). 따라서 황태자가 탈 것이라면 도1년반에 해당한다.

2) 장소를 가리키는 경우
① 궁문에 난입한 죄는 도2년, 전문에 난입한 죄는 도2년반에 해당한다(위2.1). 따라서 동궁의 궁문에 난입한 죄는 도1년반, 전문에

난입한 죄는 도2년이 된다.

② 숙위할 자가 숙위를 할 수 없는 사람으로 이름을 사칭하고 자신을 대신하여 숙위하게 한 죄 및 그를 대신한 자가 궁 안으로 들어간 죄는 유3000리에 해당한다(위5.1.a). 따라서 동궁의 궁신이나 숙위가 이름을 속여 서로 교대한 죄는 도3년에 해당한다.

③ 숙위가 병장기를 몸에서 멀리한 죄는 장60, 함부로 직무를 이탈한 죄는 장70, 다른 곳에서 밤을 새운 죄는 장80에 해당한다(위19.1). 따라서 동궁에서 이를 범한 경우는 각각 1등을 감한다.

(2) 과실로 범한 경우

① 황제의 약을 조제함에 잘못하여 본래의 처방대로 하지 않거나 겉봉의 설명을 잘못한 죄는 교형에 해당하므로(직12.1), 황태자의 약에 대해서 이를 범한 죄는 유3000리가 된다.

② 궁문에 난입하는 것을 적발하지 못한 죄는 도1년, 전문은 도1년반에 해당한다(위1.3a와 2.1). 따라서 동궁의 궁문에서 이를 범했다면 장100, 전문에서 범했다면 도1년에 해당한다.

(3) 범한 것이 황제에 대해서라면 십악에 해당하는 경우(명51.3의 주)

황태자에 대해서거나 동궁에서 범한 것은 황제 및 황제의 궁·전에서 범한 것에서 1등을 감한다. 단 황제 및 황제의 궁·전에서 범한 것이 본래 십악에 해당하는 경우는 비록 황태자 및 동궁에서 범했더라도 감하지 않고 그대로 십악을 적용하고 역시 본법에 따라 처벌한다. 예컨대 동궁을 비판하거나, 황태자의 명을 받든 사인을 가로막거나, 황태자의 약을 조제함에 의사가 잘못하여 본래의 처방대로 하지 않거나 봉제를 잘못한 죄는 만약 황제에 대해서 범했다면 십악의 대불경(명6.6의 주)에 해당하므로, 비록 동궁에 대해서 범했더라도 감하지 않고 십악에 포함하고 본조의 법에 따라 처벌한다. 삼후에 대해 이를 범한 경우 역시 십악을 적용한다는 것은 말할 필요도 없다. 또한 삼후 및 황태자와 황태자비에 대한 모살 및 구상살은 마땅히 십악을 적용한다고 해석해야 한다. 황태자비에 대한 경우는 황태자에 대한 것으로 유추한다(적24.1의 소).

제7절 친속에 관한 명칭(명52)

전언

율에서 친속은 비록 예의 복제를 기초로 하지만, 단 율은 특수성이 있으므로 복제와는 다른 규정을 두고 있다. 이는 직계내친에 대해서 특히 현저하고, 그 다음은 기친이 두드러진다. 다만 해당 조항에 명문이 없는 경우는 그대로 복제에 따른다.

I. 직계내친

1. 조부모·부모와 손·자

(1) 개설

직계내친은 방계내친과 매우 다르다. 직계내친은 복제로 말하면, 자는 부를 위해서 참최복을 입고, 모(부가 생존할 때) 및 조부모를 위해서는 기복, 증조부모를 위해서는 최 5월, 고조부모를 위해서는 자최 3월을 입으며, 부모는 장자를 위해서 참최복, 중자를 위해서 기복, 조부모는 적손을 위해서 기복, 서손을 위해서 대공복, 증조는 손을 위해서 시마복, 고조는 현손을 위해서 역시 시마복을 입는다. 단 율에서는 복제에 의거해서 단죄하지 않는다. 투송률 44.2조의 문답2에 "자·손과 조부모·부모는 모두 조·부·자·손이라는 이름이 있지만, 단 서로 범한 것에 관한 율문에서는 대부분 복제에 의거하지 않고 단죄한다."고 해석한 것은 바로 그런 뜻이다.

(2) 조부모·손이라 칭한 경우 증고조·증현손도 같음

1) 조부모라고 칭한 경우(명52.1)

조부모라고 칭한 경우 증조·고조도 같다. 예컨대 호혼률 6.1조에 "조부모·부모가 살아있는데 자손이 호적을 따로 하고 재산을 달리한 때에는 도3년에 처한다."고 규정되어 있는데, 증조·고조가 생존해 있는데 호적을 달리하고 재산을 나눈 죄 또한 같다.

2) 손이라고 칭한 경우(명52.2)

손이라고 칭한 경우 증손·현손도 같다. 예컨대 투송률 47조에 "자·손이 부모·조부모의 가르침이나 명령을 위반하거나 범한 때에는 도2년에 처한다."고 규정되어 있는데, 증손·현손이 증조·고조의 가르침이나 명령을 위반하거나 범한 때에도 역시 도2년에 처한다. 또한 자·손이 죄수로 수감되어 있는 부모·조부모에게 날붙이나 형구를 풀 수 있는 물건을 준 죄(단2.3), 자·손이 부모·조부모의 묘에 연기를 피워 여우나 삵을 잡은 죄(적20.3), 손이 조부모의 음을 취하는 경우(명9.1) 등은 이 규정이 적용된다. 이것이 원칙인데 단 예외가 많다.

3) 남편의 증·고조

남편의 증·고조 역시 남편의 조부모에 대한 법과 같다. 그리고 이는 증·현손의 부인까지 확대된다. 예컨대 남편의 조부모를 살해한 것은 악역을 적용하는데, 남편의 증·고조부모도 역시 같다(명6.4의 소). 반대로 말하면 증·현손의 부인 역시 손부와 같다. 예컨대 증·현손의 부인·첩을 무고한 경우 자·손의 부인·첩을 무고한 것과 같다(투46.2의 소). 증·현손의 부인을 간한 것은 역시 자·손의 부인을 간한 것과 같다(잡25.1의 소). 단 음을 취할 때 증·현손의 부인은 자·손의 부인과 같지 않다(명9.1의 소).

(3) 부모와 조부모 등이 다른 경우

1) 상복에 관한 죄

손 이하가 조부모 이상을 범한 것은 부모를 범한 것과 다르다.

① 부모 및 남편의 상을 듣고 숨기며 거애하지 않은 자는 유2000리(직30.1a), 기친존장의 상이라면 도1년에 처하는데(직30.2a), 조부모, 증조부모 및 고조부모에 대한 상이라면 기친존장의 상과 같은 죄를 받는다(직30.2a의 소).

② 부모 및 남편 상중에 시집·장가간 자는 도3년에 처하는데(호30.1a), 기친 상중에 시집가고 장가간 자는 장100에 처한다(호30.3a).

③ 부모 상중에 있는 자가 법적으로 혼인할 수 있는 사람을 위해 혼인을 주관한 때에는 장100하지만(호32), 조부모 상중의 경우는 조문이 없다.

④ 부모 상중에 자식을 낳은 자 및 형제가 호적을 따로 하거나 재산을 달리 한 자는 도1년에 처한다(호7). 조부모 상중의 경우는 조문이 없다.

⑤ 부모상의 담제가 아직 끝나지 않은 경우 및 심상 기간 안에 있는데 애통함을 무릅쓰고 관직을 구한 자는 도1년에 처한다(직31.1과 주). 조부모 상중의 경우는 조문이 없다.

2) 부·조의 이름을 범한 죄

관부의 칭호나 관직의 칭호가 부·조의 이름을 범하는데도 영예를 탐하여 관직에 취임한 자는 도1년에 처한다(직31.1), 단 선거 담당 관사는 오직 부·조·증조 3대의 이름에 관명이 들어 있는지만 따지며,[61] 고조의 이름을 범한 경우는 따지지 않는다.

2. 적손이 조부를 바로 승계한 경우

(1) 적손이 조부를 바로 승계한 경우의 조부모(명52.3)

적자인 아버지가 조부의 생존 중에 사망하여 장손이 조부의 후사를 이은 경우 제사의 중임을 계승한다는 의미로 승중(承重)이라고 한다. 이 경우 적손, 혹은 적현손·적증손은 조·고조·증조를 위해 부에 대해서와 마찬가지로 3년의 참최복을 입는다(『大唐開元禮』권132, 凶禮 五服制度; 封爵令, 습유305쪽). 적손이 바로 승계한 조부모에 대한 예는 부모에 대한 법과 같다. 대개 통상 정형에서는 부·자와 조·손을 논할 필요가 없지만, 위에서 언급한 바와 같이 구별되는 경우가 있으므로 이 조항의 규정이 있는 것이다. 만약 승중자가 조의 사망

---

61) 選司는 文武官의 銓選을 주관하는 尚書吏部와 尚書兵部를 말한다(『新唐書』권 45, 1171쪽). 이들 부서에서 전선 시에 서용할 직임과 그 관부의 명칭이 應選人의 부·조·증조 3대의 이름과 같은지를 확인한다는 의미이다. 각 주현에서 중앙으로 보내는 응선 공문에는 응선인의 명적과 출신·고과성적 외에도 응선인의 부조관명·혼인관계 및 연령·용모 등이 세세하게 기록되었다(『通典』권 15, 360쪽).

소식을 듣고도 숨기고 거애하지 않았다면 유2000리에 처한다(직30.1의 소). 또 승중자의 처는 남편의 증고조에 대해 역시 남편의 부모와 같이 기복을 입는다(명6.4의 주의 소).

(2) 연좌할 경우의 조·손(명52.3의 주)

적손이 조부를 바로 승계했더라도 연좌할 경우는 각각 조·손의 본법에 따른다. 적도율 1.1조에 의하면, 반역자의 부와 16세 이상의 자는 모두 교형에 처하고, 조·손은 관에 몰수한다. 그러나 만약 적손이 조를 승계한 경우 역시 몰관하고 사형에 처하지 않는다. 그러므로 "각각 조·손의 본법에 따른다."고 한 것이다. 대개 연좌되는 사람에게 유리하도록 이 특례를 둔 것이다.

3. 비혈연부모

(1) 적모·계모·자모와 양부모(명52.4)

① 적모는 적부인에 대해 서자가 부르는 칭호이다.

② 계모는 적모가 사망하거나 쫓겨나 부가 재취한 적부인이다.

③ 첩 가운데 자식이 없는 자와 첩의 자식 가운데 어머니가 없는 자가 부의 명으로 모·자가 되면 그 모를 자모(慈母)라 한다. 부의 명이 아닌 경우는 예에 의하면 소공복을 입으므로 친모와 다르다.

④ 아들이 없어 동성의 자를 수양한 경우 그 부모를 양부모라고 한다.

이상의 부·모는 모두 친부모와 같다. 이것이 원칙인데 단 다음과 같은 예외가 있다. 적모·계모·자모·양부모가 자를 살해한 때에는 친부모가 살해한 죄에 1등을 더한다(투28.2c). 적모·계모·자모·양부모는 정이 소원하여 어기기 쉽기 때문에 자를 살해한 경우 친부모가 살해한 죄에 1등을 더하는 것이다. 또한 적모·계모·자모가 자의 부를 살해한 때 및 수양한 바의 부모가 그 본생부모를 살해한 때에는 관에 고하는 것을 허용한다(투44.2). 적모·계모·자모·양모가 개가한 경우 기친존장과 같고, 쫓겨난 경우 일반인과 같다(투44.2의 문답2). 사망한 옛 남편[故夫]의 적모·계모·자모·양모가 개가하여 타인의 처첩이 되었다면 옛 시모[舊姑]가 될 수 없다(투30.2의 문답).

(2) 출가한 모와 쫓겨난 모

출가한 모는 부가 사망하고 모가 출가하면 그 자에게는 출가한 모가 된다. 단 출가한 모도 그 친생자에게는 친모와 같다. 모가 부에게서 쫓겨나면 쫓겨난 모가 되는데 그 친생자에게는 역시 친모가 같다(직30.1b의 소).

(3) 계부(투32.2a와 소)

계부라는 것은 어머니가 후에 시집간 남편을 말하며, 전에는 동거였으나 지금은 이거인 경우를 말한다. 여기서 동거는 단순히 함께 거주한다는 의미와는 다르다. 동거란 계부와 동거하며, 계부가 계자의 생부를 위하여 가묘를 세워 주어 그 때문에 의로써 기년복 관계가 성립한 경우를 말한다. 다시 말하면 계자에게 대공친 이상의 친속이 없고 계부에게도 역시 대공친 이상의 친속이 없으며, 계부가 자신의 재산으로 문 밖에 계자의 생부를 위한 가묘를 만들고 때마다 계자가 제사지낼 수 있도록 한 경우 동거가 되는 것이다. 그런데 계부에게 자식이 생기거나 또는 계자에게 대공친 이상의 친속이 생기게 되면 비록 동거하고 있더라도 역시 이거로 간주한다. 만약 원래 동거가 아닌 경우는 이거자로 간주하지 않으며 곧 일반인의 법례와 같이 처벌한다.

이처럼 전에는 동거였으나 지금은 이거인 자가 계부를 구타하였다면 시마 이상의 친속을 구타한 죄와 같으므로 도1년에 처해야 하며, 상해가 무거운 경우에는 모두 일반인을 구타한 죄에 2등을 더하고, 살해했다면 참형에 처한다. 동거자는 비록 기년복을 입지만 원래 친속이 아니므로 범한 경우에도 정복의 친속과 같게 하지 않고, 단지 시마존속을 범한 죄에 1등을 더한다. 따라서 구타한 경우에는 도1년 반에 처해야 하며, 상해가 무거운 경우에는 일반인을 범한 죄에 3등을 더한다. 계부가 처의 전 남편[前夫]의 자식을 구타·상해한 경우 일반인을 구타·상해한 죄에서 1등을 감하고, 동거인 경우는 또 1등을 감하며, 사망에 이른 때에는 교형에 처한다(투32.1). 바꾸어 말하면 시마친비유의 예에 포함하지 않고(투32.2a의 소), 일반의 죄에서 감한다.

4. 자(子)

(1) 자라고 칭한 경우 남녀가 같음(명52.5)

자라고 칭한 경우 남녀가 같다. 예컨대 투송률 47조에 "자·손이 부모·조부모의 가르침이나 명령을 위반하거나 공양함에 모자람이 있으면 도2년에 처한다."고 규정되어 있는데, 이 경우 남녀가 같다는 것이다.

(2) 연좌할 경우(명52.5의 주)

단 연좌할 경우는 남녀가 같지 않다. 연좌할 경우란 한 집안의 3인을 살해한 경우(적12) 따위를 말하는데, 이 경우 연좌는 처·자까지 미치지만 딸은 모두 면제되므로 남녀가 같지 않은 것이다. 이 밖에도 양자가 양부모를 버린 경우(호8.1)나 처를 쫓아낼 7가지 사유[七

ⓑ 중 하나인 자가 없는 경우(호40.1의 소) 역시 딸은 자에 포함되지 않는다. 단 모반·대역을 범하거나(적1.1) 고독을 조합한 죄(적15.2)의 본조에서 연좌가 여자까지 미치는 경우는 본법에 따른다. 단 딸의 출가가 허락되어 혼인이 정해졌으면 그 남편에게 보내고 연좌를 적용하지 않는다.

II. 기친

1. 기친의 특수성

(1) 개설

친속 상범에서 기친존장과 비유 사이의 가감 등수는 비록 직계내친에 비할 바는 아니지만 대공 이하의 친속 상범에 비해서 매우 크다. 이는 기친이 지친이기 때문이다. 기친과 관련하여 특별한 것을 들어보면 다음과 같다.

① 처가 남편의 형제의 자식(기친비유)을 구타하여 살해한 때에는 교형을 면하고 단지 유3000리에 처한다(투33.2a).

② 기친상중에 시집·장가든 자는 장100에 처하지만(호30.3), 대공 이하 친속의 상중에 시집·장가든 것에 대해서는 조문이 없다.

③ 기친 또는 외조부모가 친속의 부곡·노비를 살해한 때는 주인이 살해한 것과 같다(투20의 주).

④ 기친이 수절하는 부인을 강제로 출가시킨 경우 대공친 이하가 범한 죄에서 2등을 감한다(호35.1b).

⑤ 비유가 외지에 있고 존장이 후에 그를 위해 정혼하였는데 비유가 외지에서 스스로 처를 얻어 이미 성혼된 경우에는 혼인을 합법적

인 것으로 인정한다. 아직 성혼되지 않은 경우에는 존장의 뜻에 따른다. 어긴 자는 처벌한다. 여기서 존장은 조부모·부모 및 백숙부모·고모·형·누나를 말한다(호39와 소).

⑥ 율을 위반한 혼인인데, 기친존장이 혼인을 주관하였을 경우에는 혼인을 주관한 자를 수범으로 하고, 남녀를 종범으로 한다. 다른 친속이 혼인을 주관하였을 경우에는 그 일이 혼인을 주관한 자에게서 비롯되었다면 혼인을 주관한 자를 수범, 남녀를 종범으로 하고, 그 일이 남녀에게서 비롯되었다면 남녀를 수범, 혼인을 주관한 자를 종범으로 한다(호46.2).

⑦ 한 집안에서 사죄에 해당하지 않는 3인을 살해한 경우의 한 집안은 호적이 같은 자 및 기친을 포함한다. 기친은 호적이 다르더라도 역시 1가로 간주한다는 뜻이다(적12의 주와 소).

⑧ 살인하여 사형에 처해야 하는데 사면령을 만나 면제된 경우 1000리 밖으로 이향한다. 단 피살된 집에 기친 이상이 없는 경우 이향의 범위에 두지 않는다(적18.1a와 소).

⑧ 음은 황실 외에는 대개 기친까지 미친다(명9~11).

⑨ 연좌는 기친을 범위로 한다(적1.1). 단 고독을 조합하거나 소지한 경우는 동거가구로 확대된다(적15.2).

(2) 정복기친과 가복기친

정복기친은 부계의 지친으로 형제자매를 가리킨다. 가복기친은 조부계의 친속으로 백숙부와 조카를 가리키는데, 원래는 대공친이나 복의 등급을 더하여 기친이 된 것이다. 통상 정형에서는 양자를 나누지 않지만, 때로는 구별한다.

1) 친속에 대한 음

관·작이 청장에 해당하는 5품 이상의 음은 그 형제자매(정복기친)에만 미친다(명10). 의장에 해당하는 자의 음은 기친 이상에게 미쳐 청장의 특전을 향유할 수 있다(명9.1a②). 다시 말하면 의장에 해당하는 자의 음은 정복기친만이 아니라 가복기친(백숙부모·고모·형제의 자)까지 미친다.

2) 연좌

반역연좌는 형제자매(정복기친)는 모두 몰관하는데 반하여, 백숙부모 및 형제의 자는 유3000리에 처한다(적1.1).

3) 기친존장으로 간주하는 친속

기친이라고 칭하거나 조부모라고 경우는 증조·고조도 같다(명52.1). 이것은 아래에서 서술한다. 여기서 서술하려는 것은 각 조항 내에서 기친이 아니면서 기친존장으로 간주되는 외조부모(소공친)·시조부모(대공친)·남편(참최3년)에 대한 것이다. 외조부모는 비록 외친 소공존속이지만 단 의가 중하기 때문에 기친존장과 나란히 논한다. 남편의 조부모 역시 같다. 남편을 범한 것에 대해서는 복상과 관련된 범죄를 제외하고 도리어 낮추어 기친존장과 동열에 둔 것이다. 각칙에서 외조부모·시조부모·남편을 기친으로 간주하는 예를 들어 보면 다음과 같다.

① 모살죄(적6.1)와 증오하여 열매를 만들어 살인한 죄(적17.a의 주)의 경우⇒외조부모·시조부모·남편은 기친으로 간주하여 처단한다.

② 외조부모·시조부모·남편은 내기놀이를 할 수 없는 대상(투37.3)이고, 무고하고 거짓임을 실토하더라도 1등을 감하지 않는 대상(투43.2c)이다.

③ 관에 고하거나 무고한 경우(투45.1) 외조부모·시조부모·남편은 기친으로 간주하여 처단한다. 또한 이들을 살해하면 다 같이 악역을 적용하고(명6.4의 주), 이들을 과실로 살해한 경우 다 같이 죄를 감하거나 속할 수 없다(명11.3).

④ 재물을 노리거나 죄를 피하려고 사람을 잡아서 인질로 삼은 자는 모두 참형에 처한다(적11.1). 촌정·이정이나 이웃이 알거나 보았으면서도 인질을 피하여 인질범을 가격하지 않은 때에는 도2년에 처한다(적11.2). 그렇지만 기친 이상 친속이나 외조부모가 인질이 된 경우에는 그 가인이 피하고 가격하지 않을 것을 허락한다(적11의 주).

⑤ 사천이 주인의 외조부모를 모살한 죄는 기친을 모살한 죄와 같다(적7.2). 외조부모가 외손을 구타해서 살해한 것은 형제의 자식을 구살한 것과 같다(투27.4a). 외손을 무고한 경우 역시 자손을 고한 경우와 같이 논죄하지 않는다(투46.2). 사람을 시켜 외손을 관에 고하도록 한 경우 역시 사람을 시켜 자손을 고하게 한 것과 같이 고한 바의 죄에서 1등을 감한다(투56.2b의 소).

2. 기친이라 칭한 경우 증·고조부모도 같음(명52.1)

통상 기친이라 칭한 것은 위에서 서술한 바와 같이 형제·백숙부모를 가리키지만, 율에서 기친이라 칭한 때에는 증·고조부모도 포괄한다는 뜻이다. 그렇지만 증·고조부모는 위에서 서술한 바와 같이 조부모와 같은 존속으로 간주하고, 조부모는 통상적으로 부모와 같은 예를 적용하기 때문에 증·고조부모를 기친으로 볼 필요가 없다. 다만 예외가 있기 때문에 이 조항의 규정이 필요한 것이다. 명례율 52.1조는 두 개의 예를 들어 해석했다.

① 호혼률 30.3a조에 "기친상중에 시집·장가든 자는 장100에 처한

다."는 규정되어 있는데, 이 경우 증조·고조의 상도 모두 기친상과 같다. 증조의 상기(喪期)는 자최 5월, 고조의 상기는 자최 3월이다.

② 호혼율 6.1조에 "조부모·부모가 생존해 있는데 자·손이 호적을 따로 하고 재산을 달리 한 때에는 도3년에 처한다."고 규정되어 있는데, 그 소는 "증조·고조가 생존해 있어도 역시 같다."고 해석하였다.

3. 손이라 칭하는 경우 증·현손도 같음(명52.2)

(1) 원칙

투송률 47조에 "자·손이 부모·조부모의 가르침이나 명령을 위반하고 범한 때에는 도2년에 처한다."고 규정되어 있으니, 곧 증손·현손이 증조·고조의 가르침이나 명령을 위반하고 범하면 역시 도2년에 처한다.

(2) 예외

① 의장의 특전이 있는 자의 기친은 음을 받을 수 있는데, 이 경우의 기친에 자·손의 부인은 포함되지만 증손부와 현손부는 포함되지 않는다(명9.1a②의 소).

② 형제의 자·손을 자손을 구타해서 살해한 경우 죄를 감해서 처벌한다. 단 형제의 증·현손을 살해한 때에는 미치지 않으니 본복에 따라 논한다(투27.4의 주).

Ⅲ. 대공 이하 친속 및 무복친

1. 대공 이하 친속

대공친부터 시마친까지 존비장유가 서로 범한 것은 원칙적으로 규칙적으로 가감한다. 단 대공 이상 존장과 소공존속을 구타·고한 경우 불목을 적용하고(명6.8의 주), 또 음으로 논할 수 없다(명15.5). 또한 사촌형·누나를 구타하여 일반투상죄에 준하여 유3000리에 처해야 할 경우 교형에 처한다(투26.1f). 이는 명례율 56.3조의 더해서는 사형에 이를 수 없다는 원칙과는 달리 더해서 사형에 이를 수 있는데, 대개 사촌형·누나는 소공 이하 존장에 비하여 더 친하기 때문이다. 반면 사촌동생·여동생을 구타 살해한 자는 사형을 면하고 유3000리에 처하며, 사촌형제의 자·손(소공·시마 비속)을 살해한 경우도 역시 같다(투26.2d).

2. 무복친

무복친은 율에서 때때로 역시 유복친에 준한다. 이는 친속 사이의 혼인 및 간죄에서 특히 현저하다.

(1) 친속 사이의 혼인
① 동성과 혼인한 자는 각각 도2년에 처한다(호33.1a).
② 동모이부자매를 처로 취한 경우 간한 것으로 논한다(호33.2).
③ 부모의 내외이종사촌자매 및 이모, 또는 모의 고모·당고모, 자신의 당이모 및 재종이모, 사촌자매의 여식, 사위의 자매와 혼인해서는 안 되며, 어긴 자는 각각 장형100에 처한다(호33.3).

④ 전에 단문친(9·10촌)의 처였던 여자와 혼인한 경우 양자를 각각 장100에 처하고(호34.1a), 외숙·생질의 처였던 여자와 혼인한 경우는 도1년에 처한다(호34.1b). 단 조항의 소(호34.3의 소)는 그 처들이 쫓겨나거나 혹은 다른 사람에게 개가하였다면 전 남편에 대한 상복 관계와 도의는 모두 끊어진 것이므로, 간한 경우에는 율에 의하여 단지 일반 간죄가 되고, 만약 혼인하였다면 또한 일반 간죄에 관한 처벌과 같이 한다고 해석하였다. 그러나 일반 간죄는 도1년반에 해당하여 혼인한 죄보다 무거우므로, 이 해석은 이해되지 않는 점이 있다. 아마도 쫓겨나거나 개가한 경우의 혼인은 통상의 혼인과 같이 허용되는 것일지도 모른다.

(2) 친속상간

동모이부자매를 간하면 일반 간죄에 3등을 더한다(잡23.1). 자가 있는 부·조부의 첩을 간한 자는 교형에 처한다(잡25.1). 자식이 없는 첩이면 1등을 감한다(잡25.1의 소). 부조가 총애한 비를 간한 경우는 2등을 감한다(잡25.2). 그 비가 부조의 사망 후 타인에게 개가한 경우는 일반 간죄의 법과 같다(잡25의 문답).

(3) 기타

자신의 첩이나 자·손의 첩과 같이 복이 없는 비유를 노비로 판 경우 본조의 투살죄를 적용한다(적47.1a 및 주와 소). 여기서 본조 투살죄는 자신의 첩이나 자·손의 첩을 살해한 죄를 의미하며 도2년에 해당한다(투29.2c와 소).

Ⅳ. 존압 및 출강, 의복과 정복(명52.6)

1. 존압 및 출강

복제는 통상적으로 부모를 위한 참죄복, 기친을 위한 자최복(또는 기복), 대공복, 소공복, 시마복의 5복이다. 단 5복 외에 단문(袒免)이 있는데, 단문은 오복 다음의 복이다. 단(袒)은 상의 왼쪽 소매를 벗어 어깨를 드러내는 것, 문(免)은 관을 벗고 머리를 묶는 것을 의미한다(『의례』권34, 738쪽). 율에서 단문복에 관한 규정은 황제의 음은 단문 이상 친속에 미친다든가(명7.1의 주①), 호혼률 34조에 "예전에 단문친의 처였는데 혼인한 때에는 장100한다."(호34)는 규정이 있다.

율에서 칭하는 단문 이상의 복은 본복에 의거하는 것이 원칙이다. 다시 말하면 율에서 친속의 등급 수는 복제를 기초로 하는데, 단 복제는 각종 원인으로 인해 그 복의 등급 수를 내릴 때도 있지만, 율은 그대로 본복에 의거하여 논하고 강등된 복으로 논하지 않는다. 율에 적시된 강등의 원인은 존압과 출강 두 가지이다.

(1) 존압(尊壓)

존압은 존강(尊降)·압강(壓降)의 준말인데, 자신의 신분이 높기 때문에 친속에 대한 복을 낮추는 것이다(『의례』권30, 664~665쪽). 예컨대 황제와 황제의 자는 동성의 직계존속, 정처, 장자와 장자의 처를 위해서는 원칙대로 상복을 입지만 그 외의 친속에 대해서는 일체 복이 없다.

이 밖에 부가 생존하면 모를 위해서는 기복을 입는데, 존압의 일종이다. 예컨대 『의례』(권30, 658쪽)에 "부가 생존하면 왜 기복으로 하는가? 굴하기 때문이다. 지존이 생존하면 감히 사적인 존을 펼 수 없는 것이다."라고 한 것은 바로 이를 말한 것이다.

또한 명례율 6.4조의 문답에 따르면, 외조부모는 일단 모친을 낳 았다면 복의 유무에 관계없이 모두 한가지로 외조부모이다. 이와 같 이 되는 이유에 대해서는 "율(명52.6)에 존압 및 출강으로서 하지 않 는다."고 규정한 때문이라고 해석했다. 대개 비록 쫓겨난 모의 부모 는 복이 없어졌지만 이에 따르지 않고 그대로 본복에 따라 논한다. 그러므로 쫓겨난 모의 부모를 살해한 경우 그대로 악역을 적용한다 (명6.4의 주).

(2) 출강

출가한 부인 또는 밖으로 입양된 남자의 경우 본가에 대한 복을 1 등을 내리는데, 이것을 출강(出降)이라 한다. 그러나 만약 범함이 있어 죄를 받거나 음을 받는 경우 각각 본복에 의거하고 출강에 의한 가벼 운 복의 법에 따라서는 안 된다. 직제율 30.3조의 소는, "출강이란 고 모·자매의 본복은 기년이지만 출가한 때에는 9개월인 것을 말한다. 만약 9개월 안에 상복을 벗고 길복으로 갈아입은 경우 죄는 기친존장 과 같이 주되 단 복상하는 기간은 대공친의 복상 월 수에 준한다. 다 른 친속이 출가하여 복이 강등된 경우도 이에 준한다."고 해석하였다.

(3) 상강

복의 강등에는 존압·출강 외에 상강이 있다. 직제율 30.3조의 소 는, "만약 상강(殤降)[62]으로 복상 기간이 7개월이 되는 따위는 역시

---

62) '殤'은 성년이 되기 전에 사망한 것을 말하며, 16세에서 19세 사이에 사망한 것을 長殤, 12세에서 15세까지를 中殤, 8세에서 11세까지를 下殤이라고 하며, 8세 미만은 無服의 殤이라고 한다(『儀禮』권31, 692쪽). 성년이 되기 전에 사망 한 경우는 本服에서 내리는데, 곧 嫡子 이외의 자식에 대해서는 本服은 1년이 지만, 차례로 내려서 長殤은 9개월, 中殤은 7개월, 下殤은 5개월이 된다.

내린 월 수에 준하여 복상 기한으로 삼지만, 죄는 본복에 따라서 준다고 해석하였다.

2. 의복은 정복과 같음(명52.6)

의복이라는 것은 처·첩이 남편을 위해, 첩이 남편의 장자를 위해, 또는 며느리가 시부모를 위해 입는 것 따위로, 서로 범한 경우는 모두 정복과 같다. 이에 의거하면 정복이라는 것은 자연 혈친의 복제이고, 의복이라는 것은 법률상 또는 예제상 친속관계가 있는 자에 의제한 복제이다. 이는 자연 혈연친속 관계와 법적 혈연친속 관계를 구별하기 위한 것이다. 투송률 22.3a조의 소에, "부곡·노비가 주인의 시마친을 구타한 때에는 정복·의복을 불문하고 모두 도1년에 처한다."라고 한 해석이 그 예의 하나이다. 오직 의복과 정복을 구별한 예는 적도율 13조의 소에, "서로 숨겨줄 수 있는 관계(명46.1)인 경우에는 먼 친속이 가까운 친속을 살해하거나 의복친이 정복친을 살해하거나 비유가 존장을 살해하였다면 역시 고할 수 있다. 단 고하지 않았더라도 역시 죄는 없다."고 한 해석에서 찾아볼 수 있을 뿐이다.

제8절 감림·주수

Ⅰ. 감림(명54.1)

감림관은 관인의 범죄, 관인이 서로 범한 경우, 관인 및 그 친속의 처벌 상에서 특례가 있으므로 명례편에서 정명의 규정을 두었다. 감

림은 넓은 의미에서 주수를 포괄한다. 감림 범위 내의 사람 및 물건
을 '관할하는 바'라 칭한다. 감림관과 피감림인과의 관계는 광협의
구별이 있다. 또한 감림은 상대적 개념이다. 대개 특정 관사 내의 직
은 4등관(장관·통판관·판관·주전)으로 나누는데 지위가 높은 자가
지위가 낮은 자를 감림한다. 그리고 이 관사가 만약 하급 관사이면
상급 관사의 관할되는 관사가 된다. 감림관은 그 실질에 따라서 말
하면 통섭 및 안험하는 관이므로(명54.1) 주수와는 같지 않다. 여기
서 통섭(統攝)이라 함은, 내외 모든 관사의 장관이 관할하는 바를 전
반적으로 지배 통제하는 행위를 말한다. 안험(案驗)이라 함은, 모든
관사의 판관이 특정사안에 대해 판단하는 것을 말한다. 단 모든 주
의 참군사 및 소녹사는 관할 범위 내에서 통상 감림이 될 수 없는
데,[63] 이들은 관이 있지만 감림이 아닌 자이다. 그러나 만약 이들도
일이 수중에 있어 편의상 안험하는 바가 있으면 곧 감림주사가 된다
(직56.3의 소). 감림관은 주(도독부 포괄)·현·진·수·절충부 및 기타
관사로 나눈다.

1. 주·현·진·수·절충부

주·현·진·수·절충부 등의 판관 이상은 각각 관할하는 바의 안에
서 모두 감림이 된다. 다시 말하면 주·현·진·수·절충부 등의 판관
이상은 비록 관장하는 업무와 직장은 다르더라도 관할 범위 안이면
모두 감림의 예를 적용한다. 이들 관사들은 지방관서로 직접 백성

---

63) 上州에는 刺史·別駕·長史·司馬·錄事參軍事·錄事·司空·司倉·司戶·司兵·司法·
司士各參軍事(分判官) 및 參軍事가 있다(『唐六典』권30, 上州條). 여기에서 말
하는 참군사는 이 소속이 없는 참군사를 가리키고, 소녹사라는 관명은 없지
만 녹사참군사에 대하여 단순히 녹사의 속칭일 것으로 생각된다.

및 관할하는 병졸과 직접 접촉하므로, 판관 이상은 비단 그 부하만이 아니라 일반 백성에 대해서도 감림이 된다.

다만 주·현과 진·수 및 절충부는 구별되어야 한다. 왜냐하면 주·현은 관할 지역 내의 모든 사람을 대상으로 하지만 진·수·절충부는 소속의 방인 본인만 통섭하므로 그 가족은 감림 대상이 되지 않는다. 단 감림 대상의 가족에 대해서 간죄를 범하거나 재물을 취한 경우 감림관이 범한 것이 된다. 가령 모든 위(衛)는 소속한 부·사 본인만을 관할하지만 관사가 부·사의 가족을 간하거나 부·사의 집에서 재물을 취하였다면, 모두 감림의 법과 같이 처벌한다. 가족을 관할하지 않는 내외의 관사가 간하거나 재물을 취한 경우는 모두 이에 준한다. 단 위사의 집에서 절도한 것은 감림 범위 내에서 재물을 취한 것에 포함되지 않는다(명54.1의 문답). 이에 반해서 모든 주·현은 관할 내에서 임시로 거주하거나 머물며 상업 활동을 하는 등으로 호적이 주·현에 있는 자에 대해 감림 대상이 되며, 모든 백성은 비록 호적에 올라 있지 않더라도 역시 감림 대상이 된다(『송형통』권6, 103쪽).

또한 검교 및 섭판의 관은 역시 감림관이 된다(명16.2의 문답). 그러나 이정·방정은 직책이 세역을 독촉하는 것이지만 원래 관품이 없기 때문에 결코 감림의 예를 적용하지 않고, 단지 관이 있지만 감림이 아닌 자의 예에 따르는데 그친다(직56의 문답).

2. 기타 기관의 감림

주·현·진·수·절충부를 제외한 모든 관사, 즉 성·대·시·감 및 모든 위 등의 판관 이상은 각각 본사 안을 감림 통섭하므로 본사에 이름이 등록된 자는 모두 감림관이 된다. 상서성은 비록 주·부를 관장하지만 문안이 관계가 없다면 통상적인 감림 관계가 성립하지 않는다. 내외의 모든 관사도 모두 이에 준한다. 이는 상하급 관사의 감림 관계에 대한 것이다. 만약 상급 관사의 관이 하급 관사로 와서 일에 참여하면 안험의 관이 되며 역시 감림의 예를 적용한다.

II. 주수(명54.2)

주수는 문서의 시행과 관리를 담당하는 이속으로 오로지 그 문서 [事][64]를 관장하거나 창고·감옥나 재물 등을 지키고 담당하는 따위를 말한다. 바꾸어 말하면 4등관 내의 주전이 곧 주수이다. 감림과 주수를 연칭할 때는 감·주라고 한다. 율 내에서는 통상 감림·주사라고 하는데, 예컨대 감림·주사의 수재왕법·불왕법(직48.1), 혹은 감림·주사가 관할 내에 범법이 있음을 알고도 적발하지 조사하지 않은 것 (투60.1) 등이다.

III. 임시 감림·주수

비록 그 직책이 통섭·보전하는 것이 아니고 임시로 감림·주수가 되었더라도 역시 감림·주수이다. 그 직책이 통섭·보전하는 것이 아니라는 것은, 관할 통섭하는 관사가 아니고 임시로 파견되어 감림주수가 된 경우를 말하며, 역시 감림·주수이다. 예컨대 감림관이 감림하는 범위 내에 있는 사람의 딸을 첩으로 삼은 경우, 원래 직무가 통

---

64) 남북조와 수당 시기의 사료에서 '事'는 문서를 의미하는 경우가 매우 많은데 (周一良, 『魏晉南北朝史札記』, 456.460쪽) 본문에서의 '事' 역시 관문서를 가리키는 것으로 보인다.

섭은 아니고 임시의 감림·주수가 되어 첩을 얻은 자도 또한 감림관과 같이 처벌한다(호37.1d의 소).

제9절 도사·여관·승·니

I. 도사·여관이라고 칭한 경우 승·니도 같음(명57.1).

율에서 도사·여관이라고 칭한 경우 승·니도 같다. 다시 말하면 율문에 도사·여관이라는 명칭이 있는 경우 승·니 역시 그 안에 포괄된다는 것이다. 도사·여관일 때 간죄를 범하고 환속 후에 사건이 발각되었다면 역시 범한 때에 의거하여 죄를 더하고 그대로 백정과 같이 도형에 처하며 고첩(告牒)으로 그것을 당하게 해서는 안 되는데, 승·니도 역시 그렇다는 것이다. 또한 잡률 28.2조에 의거하면 도사·여관이 간한 때에는 일반인의 간죄에 2등을 더하는데, 이처럼 이 조항에서 오직 도사·여관이라고만 칭하고 있더라도 승·니도 모두 같으며, 다른 조항도 역시 그렇다는 것이다.

II. 사와 제자

1. 제자가 사를 범한 경우(명57.2a)

도관·승니가 사에 대해서 범한 것은 백숙부모에 대해서 범한 것과 같다. 여기서 사는 죄를 범한 도관·승니가 도관·불사 안에서 몸소 경전의 가르침을 받아 마땅히 스승이 되는 자를 말하며, 만약 그를 범하였다면 백숙부모를 범한 죄와 같다. 투송률 27.2조에 의하면 백숙부모를 욕한 자는 도1년에 처하므로, 만약 스승을 욕하였다면 역시 도1년에 처한다. 다른 조항에서 스승을 범한 것은 모두 백숙부모를 범한 것과 같다.

2. 사가 제자를 범한 경우(명57.2b)

사가 제자에 대해서 범한 것은 형제의 자식을 범한 것과 같다. 다시 말하면 위에서 해석한 바의 스승이 그 제자에 대해 범함이 있다면 속인이 형제의 자식을 범한 법과 같다는 것이다. 투송률 27.4조에 의하면 형제의 자식을 구타하여 살해한 때에는 도3년에 처하고, 적도율 40.2조에 의하면 노리는 바가 있어 고의로 기친 이하의 비유를 살해한 자는 교형에 처한다고 규정되어 있다. 형제의 자식은 기친 비유이다. 따라서 만약 스승이 노하여 다투다가 제자를 구타하여 살해한 때에는 도3년에 처하고, 만약 노리는 바가 있어 고의로 살해한 때에는 교형에 처한다.

III. 도관·불사의 부곡·노비와 삼강·도사의 관계

1. 부곡·노비와 삼강의 관계

도관·불사의 부곡·노비와 삼강의 관계는 부곡과 그 주인의 기친과의 관계와 같다. 도관에는 상좌(上座)·관주(觀主)·감재(監齋)가 있고, 불사에는 상좌(上座)·사주(寺主)·도유사(都維那)가 있는데 이것이

"삼강(三綱)"이다.[65] 관·사의 부곡·노비가 삼강에 대해서 범하였다면 속인의 부곡·노비가 그 주인의 기친을 범한 경우와 같이 처벌한다. 투송률 21.1a조에 의하면 주인이 부곡을 구타하여 살해한 때에는 도1년에 처한다. 또 투송률 20.1조에 의하면 노비가 범함이 있는데 그 주인이 관사에 처벌을 요청하지 않고 살해한 때에는 장100에 처한다고 규정되어 있고, 그 주에 주인의 기친이 살해한 때에는 주인과 같으며, 아래 조항의 부곡도 이에 준한다고 하였다. 또 투송률 22.2조에 의하면 부곡·노비가 주인의 기친을 구타한 때에는 교형에 처하고 욕한 때에는 도2년에 처한다. 따라서 만약 삼강이 도관·불사의 부곡을 구타하여 살해하였다면 도1년에 처하고, 노비가 죄가 있는데 관사에 처벌을 요청하지 않고 살해한 때에는 장100에 처한다. 그 부곡·노비가 삼강을 구타한 때에는 교형에 처하며 욕한 때에는 도2년에 처한다.

2. 부곡·노비와 나머지 도사의 관계

부곡·노비와 나머지 도사의 관계는 그 주인의 시마친과의 관계와 같다. 예컨대 투송률 22.3a조에 의하면, 부곡·노비가 주인의 시마친을 구타한 때에는 도1년에 처하고 상해죄가 도1년보다 무거운 때에는 각각 일반인을 범한 죄에 1등을 더한다. 또 투송률 23.1a에 의하면, 시마친의 부곡·노비를 구타하여 골절상 이상을 입혔다면 각각 일반인의 부곡·노비를 살상한 죄에서 2등을 감한다. 또 투송률 19.2a

---

65) 당대 도관은 觀主 1인, 上座 1인, 監齋 1인을 두었으며, 佛寺는 上座 1인, 寺主 1인, 都維那 1인을 두었다. 上座는 장로격이며, 觀主·寺主는 사무책임자이며, 監齋·都維那는 기율 유지 책임자이다. 이들을 합쳐서 三綱이라고 하며 觀·寺의 지도자에 해당한다(『唐六典』권4, 尚書禮部, 125쪽 및 『역주당육전』상, 446·449쪽).

조에 의하면, 타인의 부곡을 구타하여 살상한 때에는 일반인을 범한 죄에서 1등을 감하고, 타인의 노비를 범한 때에는 또 1등을 감한다. 따라서 도관·불사의 부곡이 당해 관·사의 나머지 도사·여관·승·니 등을 구타한 때에는 각각 도1년에 처하고, 상해죄가 도1년보다 무거운 때에는 각각 일반인을 범한 죄에 1등을 더한다. 따라서 부곡이 도사 등을 구타하여 치아 하나를 부러뜨린 때에는 도2년에 처하고,[66] 노비가 같은 죄를 범한 때에는 또 1등을 더하여 도2년반에 처한다.

3. 간죄·절도를 범한 경우

간죄·절도를 범한 경우는 일반인 사이에 범한 것과 같다. 삼강 이하 도사·여관·승·니가 간·절도를 범한 것은 법에서 가장 무겁기 때문에 당해 도관·불사의 부곡·노비를 범하였더라도 간·절도는 곧 일반인을 범한 것과 같다.[67] 또한 부곡·노비가 삼강 등에 대해 간·절도를 범한 때에는 모두 하나같이 일반인에 준해서 죄를 받는다. 제자가 만약 스승의 물건을 절도하거나 스승이 제자의 물건을 절도한 경우 등도 일반 절도의 법과 같다. 단 공동재물을 제자가 사사로이 취하여 사용한 경우 곧 호혼율 13.1조의 "동거하는 비유가 사사로이 함부로 재물을 사용한 때에는 10필이면 태10하고 10필마다 1등씩 더하며, 죄는 장100에서 그친다."고 한 규정과 같이 처벌한다. 만약 10필에 차지 않은 경우는 처벌하지 않는다.

---

66) 일반인끼리 구타하여 치아 하나를 부러뜨렸다면 도1년인데(303, 투송2), 부곡이 양인에 대해서 범한 죄는 1등을 더하므로(320, 투송19) 도 1년반이 되고, 해당 觀의 道士는 주인의 시마친과 같아 다시 1등을 더하므로 도2년이 된다.
67) 예컨대 본래 간죄의 처벌은 도1년반이지만(410, 잡22), 도사·여관이 간한 경우 1등을 더하므로(416, 잡28) 처벌은 도2년이 된다. 당해 觀·寺의 부곡·노비를 간한 경우도 마찬가지이다.

참고문헌

○ 당률

** 법전
- (唐) 長孫無忌 等 撰, 『唐律疏議』 劉俊文 點校本, 中華書局, 1983.

** 출토문서
- 唐耕耦·陸宏基 編, 『唐律疏議』殘卷, 『敦煌社會經濟文獻眞蹟釋錄』 第二輯, 敦煌吐魯蕃文獻研究叢書(一), 新華書店, 1990.
- 吳震 主編, 『中國珍稀法律典籍集成』甲編 제4책, 科學出版社, 1994.

** 『당률소의』 역주서
- 한국어역, 『당률소의역주』(전3권), 김택민 주편, 경인문화사, 2021.
- 중국어역, 『唐律疏議譯註』, 曹萬之 찬, 吉林人民出版社, 1989.
- 중국어역, 『唐律疏議新注』, 錢大群 찬, 南京師範大學出版社, 2007.
- 일본어역, 『譯註日本律令』(5~8), 律令研究會編, 1979~1998.
- 英譯, 'The T'ang Code', Wallace Johnson, Princeton University Press, 1979. 'The T'ang Code, Volume II', 1997.

○ 律令 관련 문헌 및 律令 輯逸書

- (秦) 睡虎地秦墓竹簡整理小組, 『睡虎池秦墓竹簡』, 文物出版社, 1978.
- (漢) 竹簡整理小組, 『張家山漢墓竹簡』二四七號墓, 文物出版社(北京), 2006.
- (唐) 李林甫 等 撰, 陳仲夫 點校, 『唐六典』, 中華書局, 1992.

- (宋) 王溥 撰, 『唐會要』, 臺北 世界書局印行, 1981.
- (宋) 孫奭 撰, 『律 附音義』, 上海古籍出版社, 1984.
- (宋) 竇儀 等 撰, 『宋刑統』, 吳翊如 點校, 中華書局, 1984.
- (宋) 『天聖令』, 『天一閣藏明鈔本天聖令校證: 附唐令復原研究』(上)·(下), 中華書局, 2006.
- (宋) 찬자미상, 中國社會科學院 歷史研究所 點校, 『名公書判淸明集』, 中華書局, 1987.
- (宋) 『慶元條法事類』, 新文豊出版公司 影印本, 1975.
- (元) 『至正條格』 影印本, 韓國學中央硏究院, 2007.
- (明) 懷效鋒 點校, 『大明律』, 遼瀋書社, 1990.
- (明) 『大明律講解』, 初譯本, 서울대학교 법과대학 大明律講讀會, 2006.
- (淸) 吳壇 撰, 呂建石 等 校注, 『大淸律例通考』, 中國政法大學出版社, 1992.
- (淸) 薛允升, 懷效鋒·李鳴 點校, 『唐明律合編』, 法律出版社, 1998.
- (淸) 沈之奇 撰, 懷效鋒·李俊 點校, 『大淸律輯註』(上·下), 法律出版社, 2000.
- (淸) 沈家本 撰, 『歷代刑法考』(上·下), 商務印書館, 2011.
- (日) 『令義解』, 吉川弘文館(東京), 1977.
- (日) 『令集解』(1)~(4), 吉川弘文館(東京), 1977.
- (日) 仁井田陞, 『唐令拾遺』, 東京大學出版會(東京), 1964.
- (日) 池田溫 主編, 『唐令拾遺補』, 東京大學出版會(東京), 1997.
- (고려) 영남대학교민족문화연구소 편, 『고려시대 율령의 복원과 정리』, 경인문화사, 2010.

○ 律令 관련 문헌 및 律令 輯逸書의 번역본

- 김지수 역, 『절옥귀감』, 광주: 전남대학교출판부, 2012.
- 김택민 주편, 『역주당육전』(상), 서울: 신서원, 2003, 『역주당육전』(중), 2005, 『역주당육전』(하), 2008.

- 김택민·하원수 주편,『천성령역주』, 도서출판 혜안, 2013.
- 南晩星 역,『大明律直解』, 법제처, 1964.
- 박영철 역,『명공서판청명집 호혼문 역주』, 서울: 소명출판, 2008.
- 윤재석 역,『수호지진묘죽간 역주』, 소명출판, 2010.
- 이근우 역,『영의해 역주』(상·하), 세창출판사, 2014.
- 韓沽劤 等 역,『經國大典』飜譯篇, 韓國精神文化研究院, 1985.

○ 經典과 史書

- 『周禮』·『禮記』·『儀禮』·『尙書』·『周易』·『春秋左氏傳』등 경서, 北京大學出版社 十三經注疏本.
- 『史記』·『漢書』·『後漢書』·『三國志』·『晉書』·『魏書』·『宋書』·『陳書』·『周書』·『北齊書』·『隋書』·『舊唐書』·『新唐書』등 정사, 中華書局 標點校勘本.
- (前漢) 董仲舒,『春秋繁露』, 蘇興 義證, 鍾哲 點校, 中華書局, 1992.
- (後漢) 班固 撰,『白虎通』, 淸 陳立 疏證, 吳則虞 點校, 中華書局, 1994.
- (晉) 袁宏 撰, 周天游 校注,『後漢紀』, 中華書局, 1994.
- (唐)『龍筋鳳髓判箋注』, 蔣宗許·劉雲生 等 箋注, 法律出版社(北京), 2013.
- (唐) 杜佑 撰,『通典』, 王文錦等 點校本, 中華書局(北京), 1988.
- (唐) 白居易 撰,『白氏六帖事類集』, 文物出版社(北京), 1989.
- (唐) 張鷟 撰, (明) 劉允鵬 注, (淸) 陳春 補正,『龍筋鳳髓判』, 商務印書館(上海), 1939.
- (宋) 司馬光 撰,『資治通鑑』, 中華書局(北京), 1996.
- (宋) 宋敏求 撰,『唐大詔令集』, 中華書局(北京), 2008.
- (고려) 김부식 찬, 이강래 옮김,『三國史記』, 한길사, 1998.
- (조선) 정인지 등찬,『高麗史』, 아세아문화사 1990.
- (일본) 坂本太郎 등 校注,『日本書紀』, 岩波書店, 1987.

○ 로마법

Gaius 지음, 성중모 역, 『법학제요』, 『법사학연구』제44~47호, 2011~2013.
Gaius 지음, 정영호·신영호·강승묵 옮김, 『법학제요』, 세창출판사, 1917.

○ 『당률총론』

• 戴炎輝, 『唐律通論』, 正中書局(臺北), 1963.

○ 현행 한국법과 『형법총론』

* 법전
• 『小法典』, 현암사, 2020.

* 『형법총론』
• 김성돈, 『형법총론』 SKKUP, 2021.
• 김일수, 새로 쓴 『형법총론』 박영사, 2018.
• 박상기, 『형법총론』 박영사, 2012.
• 배종대, 『형법총론』 홍문사, 2021.
• 이재상, 『형법총론』 박영사, 2019.

○ 기타 역사서

• 김지수, 『傳統 中國法의 精神』, 전남대학출판부, 2005.
• 유인선, 『새로 쓴 베트남의 역사』, 이산, 2002.
• 니시다 다이이찌로(西田太一郎) 지음, 천진호 등 역, 『중국 형법사 연구』 신서원, 1998, 9.

- 도미야 이따루(富谷 至) 지음, 임병덕 등 역, 『유골의 증언』, 서경문화사, 1999, 9.
- 范忠信·鄭定·詹學農 지음, 李仁哲 譯, 『中國法律文化探究』 一潮閣, 1996.
- 시마다 마사오(島田正郎) 지음, 임대희 등 역, 『아시아법사』, 서경문화사, 2000, 5.

○ 당률 및 중국법 연구서

** 중국·타이완의 연구서

- 高明士 主編, 『唐律與國家秩序』, 臺北: 元照出版公司, 2013.
- 高明士, 『律令法與天下法』, 臺北: 五南圖書出版, 2012.
- 喬偉, 『唐律硏究』, 濟南: 山東人民出版社, 1985.
- 瞿同祖, 『中國法律與中國社會』, 中華書局(北京), 1981.
- 瞿同祖, 『瞿同祖法學論著集』, 北京: 中國政法大學出版社, 1998.
- 沈家本, 『歷代刑法考』 全4卷, 中華書局, 1985.
- 楊廷福, 『唐律初探』, 天津人民出版社, 1982.
- 楊廷福, 『唐律硏究』, 上海古籍出版社(上海), 2012.
- 楊鴻烈, 『中國法律思想史』, 上海書店, 1984.
- 劉俊文, 『唐代法制硏究』, 臺北: 文津出版社, 1999.
- 劉俊文, 『唐律疏議箋解(上,下)』, 中華書局(北京), 1996.
- 俞榮根, 『儒家法思想通論』, 南寧: 廣西人民出版社, 1992.
- 張中秋, 『唐代經濟民事法律述論』, 北京: 法律出版社, 2002.
- 錢大群, 『唐律硏究』, 法律出版社(北京), 2000.
- 錢大群, 『唐律與唐代法制考辨』, 社會科學文獻出版社, 2013.
- 丁凌華, 『五服制度與傳統法律』, 商務印書館, 2013.
- 程樹德, 『九朝律考』, 中華書局, 1988.
- 曹小雲, 『《唐律疏議》詞彙硏究』, 安徽大學出版社, 2014.
- 陳顧遠, 『中國法制史』, 中國書店, 1988(초판 1934).

- 陳寅恪, 『隋唐制度淵源略論稿』(外二種), 石家庄: 河南教育出版社, 2002.
- 馮卓慧, 『唐代民事法律制度研究-帛書·敦煌文獻及律令所見-』, 商務印書館, 2014.
- 黃源盛 主編, 『法史學的傳承·方法與趨向』, 臺北: 中國法制史學會, 2004.
- 黃源盛, 『漢唐法制與儒家傳統』, 臺北: 元照出版公司, 2009.
- 黃源盛, 『唐律與傳統法文化』, 臺北: 元照出版公司, 2011.

**   일본의 연구서

- 內田智雄 編, 『譯注中國歷代刑法志』, 東京: 創文社, 1977.
- 梅原郁, 『前近代中國の刑罰』, 京都: 京都大學人文科學研究所, 1996.
- 陶安あんど, 『秦漢刑罰體系の研究』, 東京: 創文社, 2009.
- 富谷至, 『秦漢刑罰制度の研究』, 京都: 同朋社, 1998.
- 富谷至, 『東アジアの死刑』, 京都: 京都大學出版社, 2008.
- 辻正博, 『唐宋時代刑罰制度の研究』, 京都: 京都大學學術出版會, 2010.
- 仁井田陞, 『支那身分法史』, 東方文化學院, 1942.
- 仁井田陞, 『中國法制史研究』刑法, 東京大學出版會, 1959.
- 仁井田陞, 『中國法制史研究』土地法·取引法, 東京大學出版會, 1960.
- 仁井田陞, 『中國法制史研究』法と慣習·法と道德, 東京大學出版會, 1964.
- 仁井田陞, 『中國法制史研究』家族農奴法·奴隷農奴法, 東京大學出版會, 1962.
- 滋賀秀三, 『中國家族法の原理』, 創文社(東京), 1967.
- 滋賀秀三, 『中國法制史論集-法典と刑罰』, 創文社(東京), 2003.
- 中村裕一, 『唐代制敕研究』, 東京: 汲古書院, 1991.
- 中村裕一, 『唐令逸文の研究』, 東京: 汲古書院, 2005.
- 中村裕一, 『唐令の基礎的研究』, 東京: 汲古書院, 2012.
- 池田雄一, 『中国古代の律令と社会』東京: 汲古書院, 2008.

中文摘要

戴琳剑 译

《唐律疏议》对中国古代中世史的研究者而言必不陌生。笔者一直认为，《唐律》不仅仅是一本法典，其本身更是一部生动展现中国古代社会历史面貌的宝贵资料。基于这一想法，笔者以《唐律》总则《名例律》的条例为资料来源，执笔了此次出版的《唐律通论》一书。不过，由于书名类似于现行的《刑法通论》，体例上亦有诸多模仿之处，本书不免会被视作从刑法角度解释《唐律》总则的唐律通论教材。然而笔者执笔的初衷并不在于要从刑法学角度来帮助理解《唐律》，而是希望写就一本能反映出唐史某个断面的历史书籍。之所以在使用《唐律》总则材料的同时还保留刑法总则教材的体例，除了暂未想到更合适的不同体例之外，更是因为笔者认为，在展现总则所蕴含的历史性这一点上，此种体例反而可能是一种有效路径。

《唐律》凡十二篇，其中首篇为总则《名例律》。不过，《名例律》凡五十七条虽然简称为总则，但与现行刑法总则多有不同。简言之，现行刑法总则重点在于罪名成立与否，而《唐律·名例律》重点在于"特标十恶"，继而规定皇戚、官人和官人亲属的减刑以及针对官人违法的特殊处分。因此，如若详考何为不赦之罪、何人获得刑事上的特殊待遇，这一时代的历史面貌或将有一个崭新呈现。因本书的撰写基于古代法典，读者不免会有艰涩之感，故此处对书中内容作一概述。

《唐律通论》由总论篇（共三章）和名例篇（共十章）构成。

〈总论篇〉

第一章阐明了《唐律》的基本性质，其要点如下：

①《唐律》的普适性有一定范围。因我国深受中国《唐律》及其后继之法的影响，所以很容易会认为该法律在其他世界也同样适用。然而《唐律》只传播至中国周边一部分农耕地区，除此之外的外界地区几乎未见其迹。《唐律》的普及力度之所以不强，其原因在于作为中国文化中心的儒教礼法价值观无法在外界地区形成共鸣。虽然《唐律》的普适度有局限性，我国依然深受其影响，在现实中更是将继承了《唐律》的明律适用于本国之法当中。因此，说我国继承了以中国法律为基础所形成的一部分文化遗产，这也是不争之实。今天我们要将《唐律疏议》作为历史来研读，其原因也正在于此。

　　②《唐律》的立法初衷在于实现全面的御民管理。《唐律》的立法者曾指出，律乃逍遥法外者之"衔勒"；这与罗马法当中所宣言的"盛德而活、勿为害人、施舍他人"以及"正义是永恒而持久的意志，在于向每个人赋予其权利（《法学提要》第一章）"大相径庭。当然了，若考虑到罗马法重在私法而《唐律》是刑法公法这一点，那么后者完全没有涉及到个人品德或权益，这也就不足为奇了。但是，显而易见的是，《唐律》的立法者并未将人民视为享有各自权益并"盛德而活"的存在，而是将他们视为若不加以制御便会犯罪的存在。不过，不能因此就说《唐律》当中缺乏与个人权益相关的条例。事实上，《唐律》不仅在各项条目中精心配置了保护个人人身与财产安全的条款，而且通过最近刚出土的文书可以确定，这些条款在现实生活中曾经得到过运用。

　　③《唐律》是由皇帝拍板的法律。众所周知，唐代前期的法律体系为律、令、格、式，此外还有其他具备法律效力的事物。但重要的是，立法权只在皇帝手中，且法律的施加是自上而下的。当然了，一般而言这些都是人尽皆知的事实，故并无特殊之处。

　　第二章是关于《唐律》总则的内容。

　　《名例律》虽然是《唐律》的总则，但其中相当于罪论部分的只有与更犯、竞合犯和共犯相关的条目，剩下的基本都是关于刑罚和行刑，以及量刑减免的总则。关于《名例律》中所规定的总则，在本书"名例篇"中会有说明，兹不赘。关于罪的总则虽然不见于《名例律》，但它在律的运用上是必不可少的法则。《唐律》中关于罪的总则，在各则所需要的部分当中有所规定，而其中以通例形式来规定的十分少见，大部分都是在该条目下以该罪行的处罚方式来规定的。因此，将这些内容网罗一处并以某种体系来加以考察，这是一项十分复杂且艰辛的工作。对此，本书借用了戴炎辉的佳作（《唐律通论》第一编第四章，犯罪）来进行说明。对刑法学兴趣不大的读者，跳过本章亦无妨；不过由于本章包含了大量可以揣摩《唐律》刑法水准的内容，仍荐读之。

第三章是本书核心内容之一，涉及到《唐律》的思想基础以及罪行的结构特征。《唐律》的思想基础源自儒学思想，即实行"一准乎礼"的原则。律最初出现于战国时代，其雏形与儒学礼教相去甚远；然而在儒学者们的不断推动下，最终诞生了以礼为基础的《唐律》。"一准乎礼"的律，其核心内容有以下三点：

①皇戚、官吏、官亲比普通百姓享有更高的刑事特权，原则上他们所犯的罪行会单独处理。由于这些人群的身份特殊，在量刑上会考虑减免刑罚；另外，官吏是皇帝的左膀右臂，故对于官吏的犯罪，会采取以官品降等来代替罪罚这种异于他人的处罚方式。

②《唐律》中规定，纵使所有罪状的客观危害程度不相上下，但根据不同身份，罪状的等级会有区分。此处身份是指官品高低、良贱之分、亲属的尊卑长幼及亲疏远近等，罪行的轻重判定根据这些身份的不同亦有区别。相同危害程度的相同罪行，若罪犯的官品较低，则量刑更重；反过来，若罪犯的官品较高，则量刑较轻。同样地，贱人若对良人以上犯罪，则罪责加重，反之则罪责减轻。另外，"卑幼"若对"尊长"犯罪则属于重罪，反之则属于轻罪；其中"卑幼"罪行的加重程度又与亲疏关

系的亲近程度成正比，反之亦然。身份在刑法上所产生的影响效果对于理解《唐律》而言甚为重要。

③《唐律》中设置有礼的程序性规范及相应的违禁处罚措施。

〈名例篇〉

第一章论述了有关刑罚及行刑的内容。

《名例律》第一至五条中所规定的五刑二十等如同秤星一般，全天下的罪状都依照这二十等的刻度来定量。卫禁律以下445条中所规定的成百上千条罪状的量刑，要么以"笞刑四十"至死刑共十七等为基准择其之一，要么以本条所规定的基本定量或其他条例中所规定的基本定量为基准进行增减来实现。所以，《唐律》各则凡445条中的所有罪状，其量刑都是在五刑二十等中择其一等来进行的。不过，就算危害程度或罪行的性质相同，根据身份或犯罪情节的不同，量刑的等级也会发生变化。另外，就算量刑相同，若身份不同时行刑方式亦不相同，这种情况下将按照本条中所规定的量刑基准来替代。一言蔽之，五刑二十等既是决定罪行轻重的标尺，又是要以其他量刑来替代时的基准。

定刑后根据不同的身份及犯罪情节，其行刑方式会有区别。例如，过失罪原则上须交铜赎罪；但就算是普通百姓犯罪，若存在家庭生计会因罪人伏法而出现困难的情形或特殊职役者触犯流、徒罪的情形，允许以杖刑来替代原有刑罚；妇人触犯流罪者或者祖父母父母年迈身残需要侍奉者，允许以杖刑及劳役来替代流刑。官吏触犯流、徒罪时以历任官品来当罪。像这样，《唐律》当中就算是相同的定刑，但根据犯人的犯罪情节，其行刑方式上会有差异。

《唐律》各则中的财产犯罪有诸多类型，其中基本的"以赃入罪"包括强盗、窃盗、受财枉法、受财不枉法、受所监临、坐赃六种类型，还有其他以此为准的各项罪名。《名例律》中规定了对于上述罪行中的赃物处理及评价方法。

论罪过程中，已经定刑的罪行也可以被拿来重新讨论并量刑。例如，事后有新的证据出现，或者判官有意无意加减了罪刑，或者丢失物品事后找回，或者漏逃犯人重新抓捕归案等情况中，罪刑需要重新讨论决定；若已按照之前的定刑行刑了一部分，则只需要讨论余下的量刑部分予以增减即可。

第二章是关于十恶的内容。

《名例律》第六条中，列举了不可饶恕的十条罪项，每一项除了标注一个或几个罪名之外并无其他特殊规定。但在第七条之后所规定的特别处理条目中，大部分都特别标出了其不适用于十恶。换言之，触犯十恶者，不能拥有皇帝亲属和官人及其亲属所享有的刑事特权，若犯人为官吏则不适用于特殊待遇，因需要侍奉祖父母父母而申请死刑缓刑的情况亦不被允许。另外，十恶中有一部分罪名是平时的恩赦令也赦免不了的。

关于十恶条目的意义，疏议解释道："亏损名教，毁裂冠冕，特标篇首，以为明诫。"此处的"名教"指代三纲六纪。三纲即君为臣纲、父为子纲、夫为妇纲。纪者，理也，作为三纲的补充，六纪包括"师长，君臣之纪也，以其皆成己也；诸父、兄弟，父子之纪也，以其有亲恩连也；诸舅、朋友，夫妇之纪也，以其皆有同志为己助也"。十恶各条目下所标注的四十余条罪名中，大部分属于违反三纲六纪的行为。其中相当于"君为臣纲"的部分占据绝大多数，第二多的是相当于"父为子纲"的部分；"夫为妇纲"虽然是三纲之一，但作为罪行的比重，较之前二者而言明显较低。相当于"六纪"的罪行与相当于"三纲"的罪行相比亦微不足道。因此可以说，选定十恶罪名的基准，首先是要违反三纲伦理，其次是要违反其中的"君为臣纲"，再者是违反"父为子纲"。

自不必说，违反"君为臣纲"的罪行最先被包括在十恶当中，这可以理解为是宣告了此类罪行属于极恶罪状而绝不姑息的态度。换言之，"君为臣纲"作为维持皇帝支配体系的伦理而存在，而违反它的罪行被最先选入十恶之中，即意味着危害皇帝支配体系的行为是不可饶恕的。因而可以说，《唐律》是保证皇帝支配体系的一种刑法装置。而违反"父为子纲"的行为被定为十恶罪行则意味着《唐律》又保护着父权制家庭秩序，违反"夫为妇纲"的行为被定为十恶罪行则意味着《唐律》同时还强制保证着父权制下妻子对丈夫的从属性质。要言之，十恶是危害皇帝支配体系、损害父权制家庭秩序及丈夫权威的行为，故不可饶恕；也因此，其中明确阐明了，以皇帝恩泽所施与的一系列特权在十恶面前通通无效。从这一意义上而言，十恶可以说是贯通了《唐律》整体的通则与纲领。

第三章介绍了赋予统治阶级刑事特权的相关规定。

《名例律》第七到十六条议章、请章、减章、赎章等九个条目是关于统治阶级的特权部分。所谓议章，即犯人是"皇帝袒免以上亲及太皇太后、皇太后缌麻以上亲，皇后小功以上亲"者和"职事官三品以上"犯十恶以外死罪者时，行刑与否需要先奏请议，议定奏裁，"流罪以下减一等"。所谓请章，即"皇太子妃太功以上亲"、"应议者期以上亲及孙"、"官爵五品以上犯死罪者"为犯人时，上请皇帝裁定，"流罪以下减一等"。不过该特权并不适用于如下罪状：十恶、杀人罪、强奸罪、盗罪、抢劫罪等。所谓减章，即"得请者之祖父母父母"和六品七品官员犯流罪以下之罪时，"各从减一等之例"；其特权的适用范围与请章相同。所谓赎章，即"得减者"、七品以上官人部分亲属、九品以上之官、五品以上官人之妾等犯罪之时，除十恶等特殊罪名以外，不按有期徒刑处罚，可交铜赎罪。由上可见，皇帝亲属或皇帝姻亲即便触犯死罪亦可免刑，流罪以下则减罪并以交铜方式代替有期徒刑；官吏当中，高官品者可免死罪，亦拥有减罪、赎章等特权。

第四章介绍了对于官吏罪行的特殊处分。

对于官吏的特殊处分体现在《名例律》第十七至二十三条这七条上，具体为官当、除名、免官、免所居官等。所谓官当，即官吏犯流、徒罪者，可用官品来当罪。除名，是指特殊罪状犯罪者，免去一切官爵而回到除授之前的状态。免官、免所居官是指免去所持官品的一部分。受到以上处分的官吏会从当下职位上被撤下，经过一定时间后再被叙用，但原则上重新叙用后的官品将会降等。此时降等的官品任命状会被回收，以这部分官品来当罪。这些处分固然有惩戒的性质，但因为可用官品来当所犯之罪以免去徒刑，故同时也具有特权的性质。

第五章介绍了《名例律》第二十六至二十八、三十至三十一条中所规定的良人、贱人的相关处分特例。简而言之，相关特例如下：①"祖父母父母老疾应侍，家无期亲成丁（二十岁以上）者"，可缓刑；②"犯徒应役而家无兼丁者"，可以杖刑代之；③特殊职役人及妇人犯流者，不配流，以杖刑和劳役代之；④老少废疾犯罪者以交铜赎罪或免刑替代徒刑；⑤官户部曲及官私奴婢犯流、徒罪者，"加杖，免居作"。

第六章介绍了关于恩赦的条件及限制。

恩赦制度很好地展示了绝对皇权的性质及皇帝的法律运用方式。其原则如下：下颁恩赦令后，自赦书成文当日日出之前的罪行一概赦免。原则上恩赦的适用范围不受犯罪事实败露与否或定刑与否之影响，监禁中或服役中的囚犯亦包括其中。不过，流配犯"在道会赦，计行程过限者，不得已赦原"。另外，既然赦书上未写明平时无法靠恩赦令赦免的罪亦可赦免，就说明有罪名存在于赦免范围以外。但是这一范围只是平时按照律所划定的范围，若皇帝亲自特赦，则律的效力也将失效。因为恩赦乃君主所特有的权力。另外，下颁恩赦令虽然可饶恕罪行，但对于犯罪所造成的结果则并不允许其继续存在，需要将一切恢复原状。因此，对于某些特定罪行，要求罪犯在恩赦令颁发后一定时日内自首，否则将照常处罚。

第七章介绍了有关自首减免的内容。

犯罪后自首的话原则上可免罪。未自首出逃后与共同逃走者被捕而自首者，亦可免罪，但有如下条件：捕到比自身罪更重者或"同获半以上"等。犯窃盗罪等赃罪后向主人自首并归还财物的话，同样免罪。公事失错而自觉举者，可免罪。而与自首相反的包庇犯罪亲属这一行为，规定上亦不问罪。

第八章介绍了共犯。

《名例律》对于共犯有如下处罚规定："诸共犯罪者，以造意为首，随从者减一等。"此处所规定的共犯，是指事前共谋以及相互通气后的共同犯罪行为，以现代刑法理论来看，即任意共犯。因此，需要二人以上参与或需要集体行为才能构成犯罪的必要共犯则不属于此列。典型的必要共犯有受财枉法、受所监临等行贿罪，在各则中都有单独规定。《唐律》中的教令犯不该被归入共犯当中。教令指教导、教唆他人实施犯罪，教令犯本人的行为即相当于被教唆者的犯罪构成要件。因此，教令犯并不适用于《名例律》的共犯条件。

第九章介绍了更犯和竞合犯。

更犯是指"犯罪已发及已配而更为罪者"。此种情形将"累科之"。竞合犯是指同时触犯两种以上罪名的行为，此时以重者论罪。若以赃致罪频犯者，则并累科，但亦有"以重赃并满轻赃，各倍论"之规定，此处倍为减半之意。此外还有如下情形，均以竞合犯来进行说明：一事分为二罪的处罚方式；本条与例同适用于一事时，依本条；一事俱发二罪以上或适用于本条时，以重者论；关于事实错误的处罚原则等。

第十章介绍了律的适用范围以及律当中所使用的名称定义。

《名例律》中还有如下诸般规定：贱人有犯而本条无正文者，各准良人；化外人中，同类自相犯者各依本俗法论之；本条别有制，与例不同者，依本条；本应重而犯时不知者，依凡论；断罪而无正条者，以类推适用之等等。《唐律》中不仅根据身份及犯罪情节的不同来决定罪的轻重，根据不同情况还会出现罪的增减，针对单独指定的特殊身份加重处罚等情形，所以对于名称的定义相当重要。此外，以其他罪为基准来适用时所使用的用语亦不在少数，理解这些用语也十分关键。

目录 (小目录除外)

찾아보기

당률총론

초판 인쇄 | 2021년 9월 09일
초판 발행 | 2021년 9월 16일

지 은 이   김택민
발 행 인   한정희
발 행 처   경인문화사
편   집   김지선 유지혜 박지현 한주연 이다빈
마 케 팅   전병관 하재일 유인순
출판번호   406-1973-000003호
주   소   경기도 파주시 회동길 445-1 경인빌딩 B동 4층
전   화   031-955-9300 팩 스   031-955-9310
홈페이지   www.kyunginp.co.kr
이 메 일   kyungin@kyunginp.co.kr

ISBN 978-89-499-4985-7   93360

값 45,000원